Hohe Schule der Musik

Handbuch der gesamten Musikpraxis

Herausgegeben von
Josef Müller-Blattau

Laaber-Verlag

Band IV

Gustav Scheck

Der Weg zu den Holzblasinstrumenten

Gottfried Ritter von Freiberg
Fritz Ramin

Der Weg zu den Blechblasinstrumenten

Hans Gärtner

Der Weg zu den Schlaginstrumenten

Franz Jelinek

Die Harfe als Orchesterinstrument

Hermann Schmidt

Militär- und Marschmusik

Wilhelm Stauder

Tanzmusik

Richard Hagel

Die Lehre vom Partiturspiel

ISBN 3 9215 1852-0
1981 Laaber-Verlag Dr. Henning Müller-Buscher

Lizenzausgabe mit freundlicher Genehmigung der
Akademischen Verlagsgesellschaft Athenaion, Wiesbaden

Printed in W.-Germany

Inhaltsverzeichnis.

Der Weg zu den Holzblasinstrumenten

von

Gustav Scheck,

Lehrer an der Staatl. akad. Hochschule für Musik, Berlin

Vorwort.

Der Weg zu den Holzblasinstrumenten gliedert sich in die drei Abschnitte:
Labialpfeifen- oder Flöteninstrumente,
Rohrblatt- oder Klarinetteninstrumente,
Doppelrohrblatt- oder Oboeninstrumente.

Die erste Gruppe umfaßt die Blockflöten im allgemeinen, die Flûte douce des 18. Jahrhunderts, die Querflöte vom Barocktraverso bis zur Böhmflöte, einschließlich der kleinen und der alten Flöte.

In der zweiten Gruppe wird die Klarinette samt ihren Verwandten (Bassetthorn und Baßklarinette) und das Saxophon behandelt.

Zur dritten Gruppe zählt die Barock- und die moderne Oboe mit ihren Alt- und Baßverwandten, dem Englischhorn und dem Heckelphon, und das alte und moderne Fagott und Kontrafagott.

Die Reihenfolge der Beschreibung entspringt keiner historischen Betrachtung, vielmehr soll durch sie das Verständnis für das Wesen der einzelnen, heute in Kammermusik und Orchester gebräuchlichen Holzblasinstrumente im Sinne eines Weges organisch entwickelt werden.

Aus diesem Grunde beginnt der „Weg" mit der heute wieder absolut lebendigen und ernstzunehmenden Längsflöte, an welcher die akustischen, technischen, klanglichen und musikalischen Wesensgrundzüge aller Holzblasinstrumente am verständlichsten zu entwickeln waren. Den alten Instrumenten wurde der angemessene Raum gegeben, den sie durch ihre Wiederverwendung in der Barockmusik heute verdienen. Die entsprechenden Erfahrungen wurden im Lauf der Jahre bei der Kabeler Kammermusik gesammelt. Allgemeine Gebiete, wie die Physiologie der Atmung und die Fingerübung, wurden grundsätzlich nur im Kapitel der Längsflöte behandelt, weniger der Raumersparnis halber als aus dem Wunsch, dadurch die Starrheit des heute üblichen Spezialistentums zu lockern, d. h. etwa den Fagottisten zu veranlassen, sich bei der Fingerübung zugleich auch mit der Problematik der Blockflöte auseinanderzusetzen oder den

Oboisten, die alten Artikulationsformen aus der Beschäftigung mit dem Querflötenkapitel zu erlernen, wie ja auch die Bläserschulen des 18. Jahrhunderts stets Hinweise auf die anderen Instrumente enthalten.

Zum besseren Verständnis der Entwicklungsstufen der Instrumente wurde eine Dreiteilung in diatonische, halbchromatische und vollchromatische Typen vorgenommen. Diese Einteilung bezieht sich lediglich auf die Grundlagen der Applikatur, bzw. auf die Löcherbohrung, nicht auf die Erzeugungsmöglichkeit der chromatischen Grundtonskala, die auf allen, auch den klappenlosen Instrumenten mehr oder weniger vollständig hervorzubringen ist.

Unter dem ersten Typ ist die einfache Form der Holzblasinstrumente im 17. und 18. Jahrhundert zu verstehen, bei welcher die natürliche Applikatur auf der Diatonik der sechs bis acht Grifflöcher aufgebaut ist, während die Zwischenhalbtöne durch Gabelgriffe entstehen. Dieser Typ hat nur einzelne Klappen entweder für die Deckung von den Fingern unerreichbaren Löchern oder für den einen oder anderen durch Gabelgriff nicht zu erzeugenden Halbton.

Zur zweiten Gruppe gehören die Instrumente, bei denen noch unverändert die Diatonik der Grifflöcher die Grundlage der Applikatur bleibt, die aber bereits geschlossene Klappen für die Zwischentöne haben, so daß die Gabelgriffe in Wegfall kommen.

Die dritte Gruppe bilden die Böhminstrumente, bei denen an die Stelle der Löcher und Klappen eine gleichmäßige chromatische Bohrung getreten ist, die zur Deckung der stark vergrößerten Löcher einen Kombinationsmechanismus mit fast durchweg offenen Ring-, bzw. Deckelklappen besitzt.

Mit Hilfe dieser Systematik wird die Erkenntnis der zahlreichen Typen von Instrumenten wesentlich erleichtert.

Die Längsflöte.

Die stumme Vorbereitung.

Name, Wesen und Entwicklung.

Die Längsflöte tritt in der Geschichte der Musik unter verschiedenen Namen auf. Bezeichnungen, wie Blockflöte im Deutschen, Flûte à bec (Schnabelflöte) und Flûte douce im Französischen, Recorder im Englischen und Flauto dolce im Italienischen weisen auf ihre einstige große Verbreitung hin.

Sie ist eine am Kopfende angeblasene, konisch nach unten verengte Pfeife. Die Bohrungsweiten sind verschieden. Die Renaissanceflöten sind weit mensuriert und klingen darum dunkel und volltönig, haben aber nur eineinhalb Oktaven Umfang. Diese Skala genügt für die Ausführung der Musik des 15.—17. Jahrhunderts völlig, da die Instrumentalstimmen der Zeit den vokalen Umfang nicht überschreiten. Die Spätbarockflöten sind eng mensuriert, um den für die Instrumentalmusik Bachs und Telemanns notwendigen Umfang von zwei Oktaven und einem Ton zu haben und klingen hell und zart.

Das Material der alten, noch erhaltenen Blockflöten ist hauptsächlich Buchsbaumholz. Von 31 Instrumenten der Sammlung alter Musikinstrumente an der Berliner Musikhochschule sind 20 aus Buchs und 9 aus Elfenbein. Heute werden Blockflöten aus Buchs, Ebenholz, Schwarz- und Rotgrenadill (Cocopolo), Birnbaum- und Ahornholz gebaut. Die Instrumente des 16. Jahrhunderts waren noch aus einem Stück. Um den unterschiedlichen Gebrauch der Hände Rechnung zu tragen, war das Kleinfingerloch doppelt gebohrt. Das unbenutzte Loch wurde mit Wachs verschlossen.

In ihren reiferen Formen ist die Längsflöte dreiteilig gebaut. Sie besteht dann aus dem Kopfstück, dem Mittelstück und dem Fußstück. Das Mittelstück hat sechs Grifflöcher und ein Überblaseloch, das siebente Griffloch ist in das Fußstück eingebohrt. Das Kopfstück besteht aus dem Schnabel, dem Kern oder Block, dem Kernspalt und dem Labium. Der Block ist in die Bohrung so eingeschoben, daß zwischen ihm und der Rohrwand ein Windkanal entsteht, der Kernspalt. Durch den Kernspalt wird die eingeblasene Luft zu einem Luftband geformt, dieses Luftband wird so gegen das Labium getrieben, daß etwa ein Drittel der Luft über das Labium hinweg ins Freie, zwei Drittel aber in das Rohr strömen. Das Luftband selbst wirkt als schwingendes

Blatt und erzeugt durch wechselnde Verdichtung und Verdünnung der Luftsäule im Rohre deren periodisches Schwingen. Diese Schwingungen nehmen wir als Ton wahr.

Die periodische Ablenkung des Luftbandes durch das Labium ist folgendermaßen erklärbar: die in das Rohr strömende Luft erzeugt eine Stauung der darin lagernden Luftsäule. Zugleich übt der über das Labium ins Freie abgespaltene Teil des Luftbands eine Saugwirkung aus. Ist nun die Stauungsphase bis zu ihrem Höhepunkt gelangt, dann schlägt der ins Rohr abgespaltene Teil über das Labium hinweg ins Freie. Weil aber der nach außen abgespaltene Luftstrom im Gegensatz zu dem nach innen abgelenkten kontinuierlich frei weiterströmt und in dieser Phase außerdem noch durch die herauspendelnde Luft verstärkt wird, ist seine Saugwirkung nun so stark, daß er Luft aus dem Rohre mitreißt. Infolgedessen hört nicht nur der Überdruck im Rohre auf, sondern es entsteht sogar ein Unterdruck, der das Luftband wieder in das Rohr saugt. Bei diesem Durchschlagen des Luftbandes erfolgt wieder die Spaltung am Labium, und das Spiel wiederholt sich.

Die Luft ist also bei den (Längs- und Quer-) Flöten sowohl Klangerreger wie Klangträger (Luftblatt und Luftsäule). Dies Phänomen der tönenden Luft verleiht ihnen den eigentümlich körperlosen und schwebenden Ton, der sich von dem der anderen Holzblasinstrumente mit einfachem und doppeltem Rohrblatt wesentlich unterscheidet.

Wie alle alten Instrumente tritt die Blockflöte chorisch auf. Die Diskant- und Altflöten werden mittels eines Schnabels angeblasen, die Tenöre und Bässe haben eine kompliziertere Blasvorrichtung. Die Luft wird dabei nicht direkt in den Kernspalt geblasen, sondern in eine Kammer am oberen Ende des Kopfstücks, die Windkapsel. Die Einblasöffnung befindet sich auch nicht dem Kernspalt gegenüber, jedenfalls liegt sie nicht in der gleichen Achse. Die Luft staut sich folglich vor dem Abfließen wirbelbildend in der Kapsel und strömt dann gleichmäßig in den Kernspalt. Deshalb klingen die Tenor- und Baßflöten noch stiller und unbewegter als die Schnabelinstrumente, wie man leicht feststellen kann, wenn man zum Versuch die Kapsel abnimmt und direkt in den Kernspalt hineinbläst. Von der Windkapsel wird gesagt: „darumb man sie dann auch destoweniger zwingen und im Ton nachzugeben nicht sonderlich helfen kann ..." Wir finden sie auch bei den Krummhörnern und Rauschpfeifen, und sie gibt uns wichtige Hinweise auf das Wesen der Blockflöte wie überhaupt auf das der alten Instrumente.

Der stille, undynamisch starre, fromme Klang der Blockflöte hat sie vom Mittelalter bis in die Mitte des 18. Jahrhunderts wechselnd den Singstimmen, Lauten, Violen und Gamben als Kunstgenossin zugesellt. Sie hat die königlichen Zeiten der Laute und der Orgel bescheiden und nützlich miterlebt und diente in den Häusern der musikliebenden Bürger, in den Stadtpfeifereien, an den Höfen und in den Kirchen. Erst im Spätbarock wurde sie virtuos-konzertant und mit eigenen Kompositionen und obligaten Partien in Kantaten und Konzerten bedacht. Sie ist ein Instrument typisch mittelalterlichen Musizierwillens, daran ändert auch ihre spätere Weiterbildung zur engmensurierten, umfangreicheren und virtuoseren Flûte douce nichts. Dies zeigt ein Vergleich mit der seit dem Mittelalter auch schon in Europa nachweisbaren Querflöte.

Im physikalischen Prinzip sind beide Flötenarten gleich: ein Luftband wird gegen eine scharfe Kante im Rohrkorpus getrieben und wird an ihr so gespalten, daß das Luftband als durchschlagene, oszillierende Zunge schwingungserzeugend auf die Luftsäule im Rohr wirkt. Nur sind es bei der Querflöte die kunstreichen Lippen des Bläsers selber, welche die „Kernspalte" bilden, durch die der Luftstrom aus der Lunge zum Luftband geformt wird, während bei der Längsflöte die ins Holz gearbeitete Kernspalte die eingeblasene Luft, unabhängig von der Erfahrung des Bläsers, gegen die Kante — das Labium — weiterleitet.

Fern vom sinnlichen Dasein des Bläsers erklingt objektiv und körperlos unsinnlich der Ton der Blockflöte. Ihre „Ausdrucksarmut" aber ist wesentlich für die geistige Haltung der mittelalterlichen Musik, ebenso wesentlich wie die ausschließliche Bevorzugung der kühlen, unsinnlichen Knabenstimme gegenüber der Frauenstimme und wie bei gotischen Plastiken die Verhüllung der Körper in die schweren Falten der Gewänder.

Daß diese Ausdrucksarmut das Ergebnis von gar nicht einfachen technischen Vorrichtungen ist, sehen wir an dem Kernspalt und an der Windkapsel. Gegenüber der viel primitiveren Querflöte mit dem einfachen Anblaseloch stellt die Blockflöte eine technisch höhere Stufe dar.

Trotzdem herrscht die Blockflöte in der Kunstmusik jahrhundertelang vor. Ein Beweis dafür, daß die Kunst sich immer diejenigen Ausdrucksmittel formt, deren sie bedarf, ohne daß dabei die technische Stufe eine Rolle spielt. Ein anderes Beispiel bietet das Cembalo im Vergleich zu Klavichord und Hammerklavier. Obwohl es zu einer technisch höheren Stufe entwickelt ist, wird es durch den Klangwillen des Rokoko in der zweiten Hälfte des 18. Jahrhunderts von Klavichord und Hammerklavier abgelöst. Der empfindsame Stil brauchte die Ausdrucksfähigkeit der letzteren Instrumente und entwickelt folglich die beiden Typen, insbesondere das Hammerklavier mit Vorrang weiter. Das Ergebnis ist eine technische Vervollkommnung des Hammerklaviers und eine allmähliche Verkümmerung des Cembalo. Wie mit dem Cembalo, so verhält es sich auch mit der Längsflöte. Sie stellt an technischer Vollendung so lange einen höheren Grad dar, als sie ihrem Zeitideal als adäquates Klangmittel dient. Aber schon zu Seb. Bachs Zeit, in der die Blockflöte die letzte Entwicklungsstufe in der Flûte douce erreicht hat, erwächst ihr durch den Affektwillen des Rokoko in der nun auch technisch weiterentwickelten Querflöte die siegreiche Nebenbuhlerin.

Matthesons Wort: „Ob nun gleich eine solche Flûte douce das allerleichteste Instrument ist und scheinet, so fatiguieret es doch den Spieler sowohl als den Hörer wegen der sanften und kriechenden Eigenart" ... kennzeichnet die wachsende Entfernung des Rokoko von der Klangvorstellung des Barock. Die Bezeichnung „Flauto", die bis ca. 1750 ausschließlich der Blockflöte vorbehalten war, geht in der zweiten Hälfte des 18. Jahrhunderts allmählich auf die Querflöte über. Bach unterscheidet im allgemeinen zwischen Flauto und Flauto traverso (oder einfach Traverso). Die bei ihm bisweilen vorkommende Bezeichnung Flûte à bec, bei Telemann Flauto dolce, zeigt den Übergang und die damit verbundene Unsicherheit der Benennung deutlich an.

Die Blockflöte taucht soziologisch dann schnell unter und wird schließlich im 20. Jahrhundert Straßeninstrument der Lumpensammler und, ein letzter Schimmer ihres früheren Daseins, endlich zum Kinderflötchen der Jahrmärkte. Erst die musikalische Jugendbewegung in Deutschland regte mittelbar durch Vertiefung in die musikalischen Schöpfungen der vorbachischen Epochen eine Instrumentenrenaissance an. Universelle Instrumentenbauer, wie Dolmetsch in England und Peter Harlan in Deutschland, bauten zuerst wieder Blockflöten. Waldemar Woehl schrieb die erste Blockflötenschule unserer Zeit. In erstaunlich kurzer Zeit wurde die Längsflöte wieder Hausmusikinstrument, und auch die Berufsbläser begannen sich mit ihr zu beschäftigen.

Bis vor wenigen Jahren begnügte sich die Aufführungspraxis bei Werken Joh. Seb. Bachs mit den Querflöten. In den Brandenburgischen Konzerten Nr. 2 und Nr. 4 verlangt Bach aber in der Besetzung des Concertino einmal Flauto, das andere Mal zwei Flûtes à bec. Nur im Brandenburgischen Konzert Nr. 5 schreibt er ausdrücklich Flauto traverso vor. Eine Durchsicht der Kantaten Bachs zeigt, daß bis zur mittleren Schaffenszeit die Flautobesetzung vorwiegend ist.

Ebenso verhält es sich mit den Flötensonaten Händels. Vier davon sind für den Recorder geschrieben, deutlich erkennbar an dem Tonumfang und an der Gestaltung.

Was die Querflötisten durch diese Tatsache zunächst an herrlicher Literatur einbüßen, wird ihnen doppelt wiedergeschenkt durch die Erlernung und Beherrschung der Blockflöte. Wer einmal den „Actus tragicus": „Gottes Zeit ist die allerbeste Zeit" von Bach oder das Brandenburgische Konzert Nr. 4 mit Blockflöten erlebt hat, wird diese Werke nie wieder mit Querflöten hören wollen.

Die Atemübung.

Phrasierung und Atmung. Was für das Streichinstrument der Bogen, das ist für das Blasinstrument der Ausatmungsstrom: das Mittel zur Tonerzeugung und zur Phrasierung.

Die Phrasierung der musikalischen Linie ist die Gliederung nach Zusammenhängen, das geistige Atemholen der Melodie.

Voraussetzung zur Gestaltung der Linie ist die Erkenntnis dieser Gliederung und ihre Verdeutlichung durch die Atemphrasierung. Die verschiedenen Stile verlangen eine immer andersartige Atemtechnik.

Das Melos des homophonen Stils seit dem Ende des 18. Jahrhunderts ist liedhaft erfunden und gesanglich atmend gegliedert, während den weitgespannten Linien der Barockmusik ein gleichsam unendlicher Atem innewohnt, der nur geistigen Gesetzmäßigkeiten, nicht den physischen der menschlichen Brust unterworfen ist.

Deshalb ist die Atemtechnik bei der polyphonen Musik für den Bläser zunächst sehr schwer. Verzagt sieht er sich der Diskrepanz zwischen dem geistigen und dem physischen Atem gegenüberstehen. Aber mit dem wachsenden geistigen Eindringen erkennt er die reiche Gliederung der Sequenzen, der Zwischenspiele und der Kontrapunkte und findet damit zahlreiche Ruhepunkte zum Atemholen.

Gerade die durch die Physis ihm gesetzten Grenzen zwingen ihn zu klarer Erkenntnis und plastischer Wiedergabe der musikalischen Phrase. Der Bogen des Streichers hat durch die Umkehrbarkeit der Bewegung die Möglichkeit, seinen Ton unendlich fortzusetzen; er kann folglich leichter einmal über eine unklar phrasierte Stelle hinweggleiten. Der Bläser aber braucht Atempausen, die, an falschen Stellen gemacht, unbarmherzig die Linie mißdeuten oder gar zerstören. Deshalb gehört die Beherrschung der Atemtechnik mit zu den wichtigsten Elementen der Bläserkunst.

Die beiden Phasen der Atmung, das Ein- und das Ausatmen, vollziehen sich normalerweise in regelmäßigen Intervallen wie die Schläge des Herzmuskels. Im Gegensatz zu diesen ist jedoch die Atmung auch willkürlich zu beeinflussen, denn wir können sie beschleunigen, verlangsamen und sogar anhalten, bis der Gasaustausch in der Lunge einen Luftwechsel erfordert. Diese willkürliche Beeinflussung nützen wir beim Blasen aus, indem wir die Einatmung beschleunigen und die Ausatmung aufs äußerste verlangsamen.

Die Physiologie der Atmung. Die Lunge ist ein schwammähnliches Organ mit Luftzufuhrwegen (Bronchiolen), die in eine Unzahl von Bläschen (Alveolen) führen, in denen der Gasaustausch zwischen dem Blut und der Luft stattfindet. Der Luftwechsel erfolgt durch abwechselnde Vergrößerung und Verkleinerung der Brusthöhle (Thoraxraum). Die Einatmung geschieht durch das Heben und Weiten des Brustkorbs mittels der Zwischenrippenmuskeln (M. intercostales und intercartilaginei) und durch vertikale Erweiterung der Brusthöhle mittels des Zwerchfells (Pleura diaphragmatica). Dieses ist vor der Einatmung kuppelartig nach oben gewölbt und zieht sich beim Einatmen in seinen muskulösen Teil so zusammen, daß es abgeflacht wird und den Bauchinhalt und die Bauchmuskeln nach unten und nach vorn drängt. Durch die Erweiterung des Brustkorbs werden passiv die elastischen Lungenwände gedehnt und damit Luft aufgesogen.

Die Ausatmung erfolgt (normalerweise) mehr passiv durch elastische Entspannung der beim Heben leicht verdrehten Rippenknorpel und durch Rückkehr des Zwerchfells in seine erste Lage, die durch Zurückdrängen des Bauchinhalts und der Bauchmuskulatur in die Ruhestellung unterstützt wird. Dadurch wird der Thoraxraum verkleinert, und die elastischen Lungenwände ziehen sich zusammen, jedoch nicht so weit, daß alle Luft aus den Alveolen entweicht. Die stets zurückbleibende Luftmenge heißt Residualluft. Sie wird immer nur mit frischer Luft vermischt.

Die normalerweise ein- und ausgeatmete Luftmenge (300—500 ccm) stellt keineswegs die Höchstaufnahmefähigkeit der Lungen dar, die zwischen 3500 und 6000 ccm liegt. Die Differenz von beiden Quanten ist die Reserveluft, bzw. die Komplementärluft. Es kann nämlich an jede normale Ausatmung durch Nachschub des Zwerchfells noch eine tiefe Ausatmung angeschlossen werden, der eine tiefe Einatmung (die komplementäre) folgen muß.

Die Atemmenge. Diese Reserveluft wird beim Blasen eines Instruments angewandt, jedoch ist nichts falscher als der erste Atemgrundsatz mancher Bläserschulen: der Schüler hole tief Atem. Die aufzunehmende Atemmenge muß sich vielmehr stets nach der Länge der zu spielenden Phrasen richten, und sie muß so minimal wie möglich sein. Bei einer abnorm tiefen Einatmung tritt eine Verkrampfung des Zwerchfells und der Bauchmuskulatur ein, welche nicht nur die gleichmäßige Ausatmung hindert, sondern auch die neue Einatmung hemmt.

Die Zwerchfellfunktion. Das Zwerchfell erweist sich als der Hauptatemmuskel. Seine willkürliche Beherrschung geschieht durch Bewußtmachung. Die Jedermannserfahrung vom „zwerchfellerschütternden Lachen“ gibt den sprachlichen Hinweis auf das Bewußtsein der Zwerchfellbewegungen. Das Lachen ist eine Stakkatobewegung des Zwerchfells, die befreiend wirkt und die manchen Menschen nur verkrampft gelingt, den Melancholikern überhaupt nicht. Zwischen der Zwerchfellfunktion beim Atmen und dem seelischen Zustand herrscht eine gewisse Wechselbeziehung, wie jeder Bläser oder Sänger Unterrichtende feststellen kann. Psychisch gehemmte Menschen atmen flach und verkrampft, natürliche Menschen (und die Tiere) atmen tief und mit lockerem Zwerchfell. Die natürliche Singbegabung der Italiener liegt nicht zuletzt in der Psyche des südlichen Menschen begründet. Belcanto ist die Singkunst mit einem Minimum an Luft. Das Zwerchfell kommt bei dieser Atemtechnik in den Zustand des Schwingens zwischen Aktivität und Passivität, zwischen Spannung und Entspannung, der sich als Vibrato äußert. Bruns gibt in seinem ausgezeichneten Buch: „Minimalluft und Stütze“ an, daß er bei der Durchleuchtung eines singenden Sängers mit Röntgenstrahlen eine handbreite Schwingungsamplitude des Zwerchfells beobachtet hat. Dem romanischen Sänger und Bläser ist die Lockerheit des Zwerchfells eingeboren, wie man allgemein feststellen kann. Sie ist so selbstverständlich, daß z. B. in der großen „Méthode de flûte" von Taffanel-Gaubert eine allgemeine Ablehnung des Vibrato bekundet wird (gemeint ist allerdings die Unart des „Chevroter", des Meckerns mit den Stimmbändern), während in der Tat alle französischen Bläser ein sehr deutliches Zwerchfellvibrato hören lassen.

Im Gegensatz dazu spielen heute noch in den germanischen Ländern (Deutschland, England, Skandinavien) die meisten Bläser ohne Vibrato. Die Ursache ist die gleiche wie bei manchen Sängern: durch die Einatmung von zuviel Luft wird das Schwingen des Zwerchfells unterbunden. Der Einfluß des Zwerchfells auf den Ton ist deutlich festzustellen. Bei Anwendung von Maximalluft wird der Ton zwar stärker und durchschlagender, zugleich aber stumpfer und weniger tragend. Mit Minimalluft kommt er kleiner und lockerer aus dem Instrument, aber er entfaltet sich durch die Schwingungen im Raum und wird weittragender als der „große", starre Ton. Deshalb ist die Lockerung des Zwerchfells von grundlegender Bedeutung.

Die Zwerchfellaktivierung. Die Atemkapazität der Lunge nach Art der älteren Methode durch Tiefatmung und Atemanhalten bis aufs äußerste steigern zu wollen, hieße die krankhafte Lungenerweiterung absichtlich herbeiführen. Die Höchstaufnahmefähigkeit der Lunge ist durch den individuellen Bau begrenzt, aber die Mehraufnahme über die normale Luftmenge hinaus (Reserveluft) bis zur Höchstkapazität ist durch die Übung des Zwerchfells zu steigern.

Man entspanne stehend vor den Übungen die Muskulatur des ganzen Körpers und atme dabei tief, aber gewaltlos, durch den leicht geöffneten Mund aus. Wenn man dann bei geschlossenem Mund schnüffelnd durch die Nase Luft einzieht, fühlt man die Bewegungen des Zwerchfells an den Reflexbewegungen der Bauchmuskulatur. Die zweite Übung ist gleichfalls den Tieren abgesehen. Man atme, nach vorausgegangener Körperentspannung und Ausatmung, „lechzend" durch den offenen Mund die Luft in kurzen Stößen ein und aus. Die über die Flanken gespreizten Hände fühlen dann die Zwerchfellbewegungen.

Die dritte Übung ist eine Art Umkehrung der ersten. Nach der Entspannung des Körpers mit gleichzeitiger Ausatmung atme man durch die Nase leicht ein und stoße in Umkehrung des „Einschnüffelns" die Luft ruckweise durch den Mund aus. Sind diese Übungen erst zwanglos, aber bewußt geglückt, dann ist das Zwerchfell aktiviert und dient willig als wunderbar feiner Regulator der variablen Luftspannungen, die den Ton nicht nur erzeugen, sondern ihm auch seine Tragfähigkeit, seine Färbung und Dynamik geben.

Die Fingerübung.

Die Übungen. Zur Erlangung der Fingertechnik gibt es verschiedene Wege:

1. Die Übung am musikalischen Stoffe selbst.
2. Die Etüde.
3. Das stumme Üben (Fingergymnastik und Kombinationsübungen).
4. Die Tonleiter- und Akkordübungen.

Die beiden ersteren Arten vermitteln die erstrebte Technik auf dem Weg des Musizierens. Die Etüde im üblichen Sinn birgt aber hinter der musikalischen Fassade einen rein technischen Übungszweck, der oft sogar in einem Vorwort als Übung etwa für einen besonderen Finger oder für eine bestimmte Klappe genau bezeichnet ist. Zu diesem offen zugegebenen mechanischen Zweck will dann das vorgeschriebene Furioso oder Con sentimento schlecht passen, denn entweder leidet der technische Zweck Schaden, oder es tritt das mechanische Element auf Kosten des musikalischen in den Vordergrund. So betrachtet zeigt die Etüde große Ähnlichkeit mit jenen als Burgen cachierten Fabriken und anderen Zweckbauten des 19. Jahrhunderts, dem sie ja auch entstammt. Trotzdem ist der Etüde ihre historische Bedeutung nicht abzusprechen. Sie war bedingt durch die gesteigerten Anforderungen an die Technik der Instrumentisten, die seit Beethoven von der Romantik gestellt wurden. Im Geiste der Romantik lag es auch, das Erüben der Technik an den Meisterwerken selbst als Profanierung aufzufassen. Die technische Vorbereitung auf sie gab die Scheinmusik der Etüde, die wiederum von Klaviermeistern, wie Schumann, Chopin und Liszt, zu konzertanten, impromptuartigen Formen gesteigert wurde. Die Kreutzeretüden für die Geige, die Flötenetüden Fürstenaus etwa sind gleichfalls musikalisch hochwertig, aber niemand wird auf den Einfall kommen, sie nur aus reiner Musizierfreude zu spielen, weil der technische Zweck immer wieder den musikalischen Wert überwuchert. Der musikalische Geschmack kann durch die Etüden nicht gebildet werden, aber als Häufung technischer Einzelprobleme und als Leseübungen sind sie uns noch heute wertvoll. Die Technik selbst erarbeiten wir uns auf andere Weise.

Das 18. Jahrhundert kannte noch keine Etüden in unserem Sinne, weil es noch keine Virtuosität im Sinn einer brillanten, aber mehr oder minder geistlosen Fingerfertigkeit kannte. Die Virtuosität des 18. Jahrhunderts war spiritueller, sie forderte die Fähigkeit der Improvisation, also Produktivität. Diese Fähigkeit war nicht durch leere Etüdenwiederholung zu wecken, allein durch Übung am musikalischen Stoff. In diesem Sinn sind die Klavierbüchlein Bachs für Anna Magdalena und für Friedemann, seine kleinen Präludien und die zwei- und dreistimmigen Inventionen wirklich als Klavierübungen für Anfänger und Fortgeschrittene aufzufassen, jedoch ohne etüdenhafte Spekulation. Aus Forkels Werk „Über Joh. Seb. Bachs Leben, Kunst und Kunstwerke“ erfahren wir, daß Bach diesen Stücken für seine Schüler monatelange, nach seinen eigenen Worten am liebsten jahrelange Anschlagsübungen vorausgehen ließ, also abstrakte technische Fingerübungen.

Damit kommen wir zur Betrachtung der zweiten Gruppe der oben angeführten Übungsarten.

Bei den meisten Menschen sind nicht beide Hände gleichmäßig ausgebildet. Noch viel weniger sind es die einzelnen Finger, deren Beweglichkeit und Kraft ganz verschieden ist.

Der Daumen ist kräftig, aber etwas schwerfällig. Am beweglichsten sind von Natur aus der Zeige- und der Mittelfinger, weniger schon der kleine Finger. Der Ringfinger ist am schwächsten und physiologisch gehemmt. Eine gute Fingertechnik ist aber nur möglich, wenn sämtliche Finger gleich beweglich und kräftig sind. Zur Erreichung dieser Gleichwertigkeit dient die Fingergymnastik.

D i e F i n g e r g y m n a s t i k. Znächst entspannen wir die Arme, Finger- und Handgelenke durch Lockerung von den Schultern her. Dann legen wir die Hände in Klavierhaltung, also mit leicht gekrümmten, aber nicht eingezogenen Fingern auf eine ebene, horizontale Fläche. Nun üben wir das Heben und Senken der einzelnen Finger in der Reihenfolge 1 2 3 4 5, mit dem Daumen beginnend. Jede Hand übt einzeln, und es ist darauf zu achten, daß nicht einzelne schwächere Finger am unteren Gelenk einknicken.

Sobald wir fühlen, daß diese Gymnastik bei allen Fingern hemmungslos geglückt ist, verbinden wir sie mit dem Rhythmus, indem wir im $^{5}/_{4}$-Takt auftaktig mit der Hebung des Daumens beginnen:

1. 2. 3. 4. 5. 1. Finger

Haben wir so die einzelnen Finger rhythmisch trainiert, dann entspannen wir die Hände zunächst dadurch wieder, daß wir sie aus der Übungsstellung nehmen und auflockern. Sodann und in der Folge immer wieder nehmen die Hände die Übungsstellung ein und exerzieren folgendermaßen: wir beginnen wieder mit dem Daumen, üben dann aber das Heben und Senken der Finger jeder Hand einzeln in der Reihenfolge: 1 3 2 4 3 5, danach in der Folge: 5 3 4 2 3 1. Erst wenn wir das Gefühl wirklicher Entspanntheit in der Bewegung jedes Fingers haben, üben wir sie wieder im ($^{5}/_{4}$-) Rhythmus.

Die vorangehenden Übungen im regelmäßigen Ablauf 1 2 3 4 5 konnten wir ebensogut ausführen, wenn wir die Finger nicht mit den Augen beobachteten. Nehmen wir aber die unregelmäßige Reihenfolge der nächsten Gruppe ohne Augenbeobachtung vor, so fallen sie uns bedeutend schwerer, und die Finger werden leicht verkrampft. Zur richtigen Ausführung müssen wir unsere Gedanken stark konzentrieren. Sobald die Vorstellung der Bewegung funktioniert, gehorchen auch die Finger, und die Gymnastik wird mühelos. Diese Feststellung ist sehr wichtig, weil sie den Sitz der Technik von den Fingern als den nur ausführenden Organen ins Gehirn verlegt. Geist und Technik sind untrennbar.

Die Fingerkombinationen. Mit der letzten Übung haben wir das Gebiet der Fingerkombinationen schon gestreift. Die Tätigkeit der einzelnen Finger ging bereits in vorgeschriebenen Verbindungen, wenn auch noch zeitlich hintereinander, vor sich.

Parallelbewegungen. Mit Parallelbewegung im Gegensatz zur Gegenbewegung soll das gleichzeitige Heben und Senken der Finger bei sonst ruhender Hand bezeichnet werden.

Wir wollen zunächst zwei Finger gleichzeitig bewegen. Die Hände gehen nach vorherigem Entspannen in die Grundstellung. Wir üben — erst außer, dann im Rhythmus — in folgenden Kombinationen:

1 1	(beide Daumen)	1 1	5 5	1 1	5 5	1 1
2 2	(beide Zeigefinger)	3 3	3 3	2 2	4 4	3 3
3 3	(beide Mittelfinger)	2 2	4 4	1 1	5 5	1 1
4 4	(beide Ringfinger)	4 4	2 2	3 3	3 3	2 2
5 5	(beide kleinen Finger)	3 3	3 3	1 1	5 5	1 1
4 4	usw.	5 5	1 1	4 4	2 2	4 4
3 3				1 1	5 5	1 1
2 2				5 5	1 1	5 5
1 1						

und anderen selbst zu findenden Varianten.

Die vierten Finger zeigen, daß sie der meisten Gymnastik bedürfen, um trotz ihrer physiologischen Abhängigkeit von den Nachbarfingern selbständig genug zu werden.

In dieser Gruppe wollen wir zwei und drei Nachbarfinger erst mit einer, dann mit beiden Händen gleichzeitig bewegen.

a)	1 2	5 4	1 3	5 3	1 4	5 2
	2 3	4 3	2 4	4 2	2 5	4 1
	3 4	3 2	3 5	3 1	1 5	5 1
	4 5	2 1				

b)	1 2 3	5 4 3
	2 3 4	4 3 2
	3 4 5	3 2 1

Gegenbewegungen. Alle bisher geübten Kombinationen vollzogen sich in einer Richtung. Sämtliche beteiligten Finger hoben und senkten sich gleichzeitig. Jetzt aber sollen die Finger und Fingergruppen in Gegenbewegung üben. Zur Notation dieser Gegenbewegung brauchen wir ein neues Schema. Die Numerierung der Finger bleibt gleich, die Gegenbewegung wird durch einen Strich zwischen den Zahlen angedeutet. 1—2 3 heißt demnach, der Daumen senke sich, während gleichzeitig Zeigefinger und Mittelfinger sich heben.

Zunächst sind Kombinationen für zwei Finger, mit einer Hand beginnend, zu üben:

1—2	5—4	1—2	5—4	1—3	5—3
2—3	4—3	1—3	5—3	2—4	4—2
3—4	3—2	1—4	5—2	3—5	3—1
	2—1	1—5	5—1		

Die Umkehrungen sind der wechselnden Akzentuierung wegen keineswegs überflüssig.

Kombinationen für drei Finger, erst mit einer, dann mit beiden Händen:

1—2 3	5—4 3	1—2 4	5—4 2	2—1 3	5—4 2	3—2 4	5—4 2
1—3 4	5—3 2	1—3 5	5—3 1	2—3 5	5—3 1	3—2 5	5—4 1
1—4 5	5—2 1					3—1 4	

Kombinationen für vier Finger:

1 2—3 4	5 4—3 2	2 3—1 4	3 4—1 4
1 2—4 5	5 4—2 1	2 3—1 5	3 4—2 5

Kombinationen für fünf Finger:

1—2 3 4 5
2—1 3 4 5
3—1 2 4 5
4—1 2 3 5
5—1 2 3 4

besonders die Übung 4—1 2 3 5 erfordert große Kraft und Beherrschung des vierten Fingers.

In dieser letzten Übungsgruppe haben die Hände ihre Stütze auf dem Tisch völlig aufgeben müssen. Diese systematische Verselbständigung kommt uns für die angewandte Technik auf dem Holzblasinstrument sehr zugute. Die notwendige schwebende Bereitschaft der Finger über den Löchern, bzw. den Klappen, wird nun müheloser erreicht. Da wir die erdenklichsten Kombinationen abstrakt geübt haben, wird uns das Tonleiter- und Akkordstudium, das wir zur Erzielung einer weiträumigen Geläufigkeit nicht entbehren können, nicht zuviel Zeit wegnehmen. Statt wie in der Czerny- und Clementi-Epoche der Klavierübung durch stundenlanges Wiederholen der Tonleitern, Akkorde und Übungen unserem ermüdeten Hirn die Logik der Bewegungen einzuhämmern, können wir nach kürzerer konzentrierter Abstraktübung musizierend zum Geist der Musik vordringen.

Die klingende Vorbereitung.

Die Blastechnik.

Das Blasen der Blockflöte verlangt im Gegensatz zu den anderen Holzblasinstrumenten keine besondere Kunstfertigkeit der Mundmuskulatur, den sog. „Ansatz". Die Lippen dienen lediglich dem Umschließen des Mundstücks. Eine Beeinflussung des Klanges ist also nicht möglich und wäre nach den früheren Ausführungen auch nicht dem Wesen der Blockflöte entsprechend.

Nur die Tonhöhe ist durch verschiedenartige Luftspannung mit Hilfe des Zwerchfells beeinflußbar. Diese Einwirkung ist aber keineswegs willkürlich, vielmehr fordert die Eigengesetzlichkeit jeder Blockflöte ein gewisses Maß von Atemintensität und -quantität, das von der Größe des Kernspaltes abhängt. Eine Tenorflöte braucht mehr Luft als eine Altflöte, eine Baßflöte mehr als ein Tenor.

In jedem Fall muß sich die Aufnahmefähigkeit der Flöte (Atemquantität) und die Spannung des Luftstromes (Atemintensität) das Gleichgewicht halten, damit ein konstanter Ton entstehe. Wenn eine Blockflöte zu schwach angeblasen wird, dann sinkt die Atemspannung und mit ihr der Ton. Der Ton wird zu tief und spricht nicht mehr an. Bläst man zu stark, dann wächst die Spannung zu sehr, und der Ton wird zu hoch, oder er schlägt in höhere Teiltöne um.

Die willkürliche Erzeugung dieser Obertöne nennt man „Überblasen", im Gegensatz zu dem „Anblasen" der Grundtöne. Zu tiefe Töne kann man „treiben", zu hohe Töne „fallen lassen", indem man die Atemintensität erhöht oder herabsetzt. Die Blockflöte erfordert infolge ihres vokalen Charakters nur eine minimale Spannung des Atems und geringe Luftmengen. Das Gefühl dafür stellt sich mit Hilfe des Gehörs bald ein.

Die Artikulation. Wenn ein Anfänger versucht, eine Blockflöte anzublasen, dann haucht er den Ton meistens ohne Anstoß einfach an. Dabei kommt die zum Labium strömende Luft erst allmählich in Spannung, und die Wirkung ist die einer Fabriksirene: der Ton beginnt zögernd und zu tief und heult dann nach oben, bis er konstant wird. Um dem Ton gleich den notwendigen Anfangsimpuls zu geben, muß die Luft schon vor dem Berühren des Labiums in die richtige Spannung versetzt werden.

Diese Funktion übt die Zunge aus, indem sie sich gegen den oberen Gaumen hinter der Zahnreihe stellt und wie ein Ventil die Luft in dem Mundhöhlenraum dahinter am Ausströmen verhindert. Diese Haltung ist die Ausgangsstellung der Zunge bei der Artikulation dü, die man zum Anstoßen der Töne gebraucht. Sowie die Zunge zur Bildung des Vokals den oberen Gaumen verläßt, hat die bereits in Spannung befindliche Luft freien Austritt zum Instrument.

Die Intensität des Anstoßes hängt von der Härte des Konsonanten ab. Für die Blockflöte ist im allgemeinen die Silbe „dü" am günstigsten. Die Dauer des Tones wird durch die Rückkehr der Zunge hinter die obere Zahnreihe abgeschnitten, so daß durch Wiederholung des lautlos, ohne Beteiligung der Stimmbänder artikulierten „dü" eine Kette von-Einzeltönen entsteht.

Die Zunge bedarf fleißiger Übung, um die ständige Wiederholung dieser Silbe auch in schnellem Tempo zu bewältigen. Besonders macht die Gleichzeitigkeit von Zunge und Fingern anfangs sehr viel Mühe. Die Zungenbewegungen müssen möglichst zweckmäßig, das heißt schnell und klein sein. Es soll deshalb nur die Zungenspitze in Funktion sein. Durch dieses Mittel wird auch das störende Klopfgeräusch der Zunge vermieden, das man oft bei Block- und Querflötenspielern hört.

Ganz allgemein gilt für den Gebrauch der Zunge, daß jeder nicht gebundene Ton nnd der erste einer Reihe gebundener Töne angestoßen, also niemals angehaucht wird.

Der Klangcharakter der Blockflöten und ihre vorwiegend vokale Literatur verlangt eine weiche, aber klare Artikulation. Sie müssen so gespielt werden, wie Tromlitz sagt, der den guten Sänger als Vorbild nennt: „Jeder Ton muß gelinde markieret werden." Die Zunge darf, besonders beim Spielen von Vokalmusik, nur dü, nicht tü artikulieren, während der Atem gleichsam legato weiterströmt. Die alten Pfeiferartikulationen: diridiride dienen der innigeren Verbindung zusammengehöriger Töne, ohne doch ihre Selbständigkeit aufzuheben. Sie stellen eine seither ausgestorbene Artikulationsform dar.

Die rein instrumentale Spätbarockmusik verlangt eine etwas kürzere Artikulation, zumal bei Sprüngen in der Melodik. Hotteterre sagt: „Die Zungenstöße müssen gemäß dem Instrument mehr oder minder artikuliert werden, z. B. markiert man sie auf der Schnabelflöte etwas mehr als auf der Querflöte, auf der Oboe mehr als auf der Blockflöte." In der Musik des 18. Jahrhunderts wird die Artikulation auch der Blockflötenpartien reicher, und Bach verlangt viele und weiträumige Bindungen von der Blockflöte. Eine ausführliche, dem Wesen der alten Musik gemäß auf alle Blasinstrumente anzuwendende Darstellung der alten Artikulationen befindet sich im Querflötenkapitel.

Die Griffnotation. In der Epoche der vokalen Polyphonie treten auch die Instrumente chorisch auf. Den Violenkonsorts entsprechen die Blockflötenchöre, die sich wie die menschlichen Stimmen in Soprane, Alte, Tenöre und Bässe gliedern. Die verschiedenen Stimmlagen werden durch die unterschiedliche Länge der Flöten erzeugt. Allen gemeinsam ist die Proportion der Grifflöcher, die stets einer Durtonleiter entspricht, sodaß es naheliegt, die durch die gleichen Griffe erzeugten Töne auf allen Flöten gleichmäßig zu bezeichnen, anstatt sie jeweils nach dem absoluten, wirklichen Klang zu nennen. Ob man die Grundtonleiter des einzelnen Instruments nun mit den Tönen der C-Dur-Tonleiter benennt, mit den Tonika-do-Bezeichnungen oder mit Intervallbegriffen, wie 1., 2. usw. Stufe, ist nur eine Frage der Methodik, gemeint ist immer eine relative „Grundtonart". Aus dem jeweiligen Grundton einer Flöte ergibt sich von selber, ob die Griffe c—c^1 tatsächlich die absolute C-Dur-Tonleiter produzieren oder eine andere. Die Griffe selbst werden bei allen Holzblasinstrumenten durch Markierung der unberührten Löcher (bzw. Klappen) durch einen leeren Kreis, der berührten durch einen schwarz ausgefüllten Kreis bezeichnet. Das Schema ist der Löcher- (bzw. Klappen-) Lage nachgebildet, bei der Blockflöte also folgendermaßen:

◐ 1. Finger (Daumen)	linke Hand	○ = offenes Loch
● 2. (Zeige-) Finger		◐ = halbgedecktes Loch
● 3. (Mittel-) Finger		● = geschlossenes Loch
● 4. (Ring-) Finger		
○ 2. (Zeige-) Finger	rechte Hand	
○ 3. (Mittel-) Finger		
○ 4. (Ring-) Finger		
○ 5. (kleiner) Finger		

Die Grifftechnik.

Jedes Holzblasinstrument besteht zunächst aus der Anblasevorrichtung und dem Röhrenkorpus, die Löcher werden erst zuletzt eingebohrt. Der beim sanften Anblasen erklingende Ton ist der tiefste Ton des Instruments, der Gundton. Da die Tonhöhe der Länge der schwingenden Luftsäule proportional ist, muß ein kürzeres Rohr einen höheren Grundton haben, wie man an den Pfeifenreihen eines Orgelregisters sieht. Die Erzeugung verschiedener Tonhöhen auf Holzblasinstrumenten geschieht durch mechanische Veränderung der Röhrenlänge und durch Überblasen der Grundtöne wie auf den Trompeteninstrumenten.

Die Veränderung der Röhrenlängen kann durch einen verschiebbaren Stabstöpsel, der am unteren Ende der Röhre herausragt, bewerkstelligt werden. Der Stöpsel verschließt die Röhre, so daß eine gedackte Pfeife entsteht. Diese Vorrichtung findet sich außer bei der Vogellockpfeife nur bei einem Typ der Blockflöte, der lotus-whistle. Ihr bemerkenswertes Auftauchen im Jazzorchester der Jahre 1923—1924 demonstrierte uns diese Art der mechanischen Tonhöhenänderung, die den Vorteil aufweist, eine absolut reine Intonation zu ermöglichen. Die Intonation ist dabei wie auf der Posaune völlig dem Bläser anheimgestellt, während bei der anderen Art der Instrumentenmacher die Intonation des Instruments bestimmt und der Bläser mit vielfältigen Kniffen die Töne allenfalls nur „hinziehen" kann, wie er sie braucht. Der Bläser ist dabei den guten oder schlechten Ohren des Instrumentenbauers seinem Modell und sogar dem Material des einzelnen Instruments ausgeliefert, da selbst bei mathematisch genau gleichen Mensuren die Stimmung der einzelnen Instrumente nicht gleich ausfällt, wie die Instrumentenmacher selbst bezeugen.

Die Korrektur der Stimmung durch den Bläser ist aber nur minimal möglich, so daß von dem Gehör und der Erfahrung des Verfertigers viel abhängt. Diese zweite Art der mechanischen Röhrenlängenänderung ist die allgemein gebräuchliche der Tonlöcherbohrung.

Bohrt man nämlich die Röhre an einer Stelle an, dann wird an diesem Ort die Luftsäule unterbrochen. Durch Bedeckung des Loches mit der Fingerkuppe wird seine Wirkung wieder aufgehoben. Der unterhalb des offenen Loches befindliche Teil der Luftsäule ist jedoch nicht völlig ausgeschaltet. Ebenso wie beim Erklingen des Grundtons die schwingende Luftsäule etwas aus dem Fußende herausragt, verlängert sie sich unterhalb des offenen Loches etwas in den übrigen Teil der Röhre hinein und versetzt dadurch diese kurze Luftsäule in Schwingungen, die auf die Höhe und Klangfarbe des Tons von Einfluß sind.

Je kleiner das Loch, desto unvollständiger ist die Unterbrechung der Luftsäulenlänge und desto dumpfer klingt der Ton und umgekehrt. Der Vergrößerungsmöglichkeit der Löcher ist jedoch durch die Dimensionierung der Fingerkuppen eine obere Grenze gesetzt, die erst durch die Deckelklappen des Böhmflötensystems durchbrochen wird. Die Löcherzahl ist notwendig begrenzt durch die Anzahl der verfügbaren Finger. Die beiden Daumen dienen bei den primitiven Typen ohne Überblasloch nur zur Stütze des Instruments. Das obenständige Überblasloch des reifen Blockflötentyps, den wir heute gebrauchen, wird durch den Daumen der oberen Hand bedeckt. Es dient, seinem Namen entsprechend, zum Überblasen der Grundtöne. Der kleine Finger derselben Hand bleibt unbenutzt.

Halten wir auf der Blockflöte das Überblasloch vorläufig bedeckt, so bleiben sieben Finger zum Bedecken von sieben Tonlöchern übrig, deren Bohrungsabstände so gehalten sind, daß sie den Ganz- und Halbtonverhältnissen der Durtonleiter entsprechen.

Die Haltung der Hände war bis gegen das Ende des 18. Jahrhunderts, d. h. bis zur Beteiligung des kleinen Fingers der oberen Hand, infolge Anbringung chromatischer Klappen auf Querflöten, Oboen, Klarinetten und Fagotten variabel. Die Blockflöte könnte infolge des drehbaren Fußstücks heute noch verschieden gegriffen werden, jedoch ist es seither gebräuchlich, die linke Hand dem Anblasestück zunächst zu halten. In der Folge soll also die linke Hand als die obere verstanden werden.

Alle alten Blasinstrumente mit Grifflöchern sind nach dem Prinzip der diatonischen Skala gebohrt. Vorkommende Zwischentöne werden durch Gabelgriffe erzeugt und klingen folglich anders, d. h. dumpfer und glanzloser. Hieraus ergibt sich, daß alle diese Instrumente eine eigene Grundtonart und benachbarte Lieblingstonarten haben, die im Dominant- oder Subdominantverhältnis (bzw. deren Parallelen in Dur und Moll) stehen. Je weiter sich die Tonart von der Grundtonart entfernt, desto blasser oder andersfarbiger klingt sie. Die Dominanttonart ist die zweithellste usw., so daß sicn durch die Klangfarben eine Art Kadenzwirkung ergibt. Tonarten mit drei Vorzeichen sind in Blockflötenpartien schon selten.

Die Grundtöne. Die Verkürzung des Rohres um den Ganzton c—d erfolgt durch das Öffnen des ersten Loches.

Durch Öffnen des zweiten Loches entsteht der Ganzton d—e.
„ „ „ dritten „ „ „ Halbton e—f.
„ „ „ vierten „ „ „ Ganzton f—g.
„ „ „ fünften „ „ „ „ g—a.
„ „ „ sechsten „ „ „ „ a—h.

Beispiel 1

Durch das fortschreitende Aufheben der Finger vom tiefsten Loch an erhalten wir demnach die Tonleiter (Beisp. 1). Die Übung dieser Töne beginnt zweckmäßig bei dem höchsten, weil die Ansprache der tiefsten Töne schwierig ist.

Die Gabelgriffe. Öffnet jetzt der linke Zeigefinger das siebente Loch, dann erklingt nicht c, sondern cis. Um das c, das unsere Grundtonleiter vervollständigen soll, zu erhalten, bedecken wir das sechste Loch wieder. Wir üben dabei eine Praxis aus, welche die Holzbläser als Gabelgriff bezeichnen. Zwischen zwei löcherdeckenden Fingern, der Gabel, bleibt ein Finger erhoben. Ein Gabelgriff ist also die Vertiefung eines Tons um einen Halbton durch Decken des zweiten Loches unterhalb des tonbestimmenden Loches (in diesem Fall des Überblasloches). Akustisch ist der Gabelgriff so zu erklären, daß durch das Abdecken eines oder mehrerer Löcher des ausgeschalteten Röhrenabschnitts der schwingende Teil der Luftsäule etwas verlängert wird. Je weniger offene Löcher der unterhalb des tonbestimmenden Loches befindliche Teil der Röhre hat, desto mehr wirkt die Luft in ihm als kompakte Luftsäule. Nimmt man alle Finger von den Löchern weg, dann ertönt ein etwas zu hohes d. Durch Decken des sechsten Loches wird es brauchbar. Bei den übrigen Halbtonvertiefungen genügt oft der einfache Gabelgriff nicht, um eine genügende Vertiefung herbeizuführen. Manchmal beträgt sie nur ungefähr einen Viertelton. In diesem Falle hilft man durch weiteres Abdecken tieferer Löcher in regelmäßiger oder unregelmäßiger Reihenfolge nach, also eventuell durch einen weiteren Gabelgriff. Diese Griffweise ist für jeden Blockflötentyp verschieden.

Dolmetsch in England hat seine Quartette so durchgestimmt, daß sämtliche Instrumente die gleiche Griffweise haben. Das Spiel wird dadurch leichter, zugleich geht aber die vielfältige Möglichkeit des nichttemperierten Spiels verloren, also z. B. die Unterscheidung zwischen b und ais, die den alten Blasinstrumenten einen Reiz gibt, den die modernen entbehren müssen, um der Enharmonik der spätromantischen Musik gerecht werden zu können.

Bei den unteren drei Tönen der Blockflöte ist eine chromatische Vertiefung nicht mehr gut möglich. Die Bedeckung des tiefsten Loches genügt nicht ganz, um e in es zu vertiefen. Bei Bach kommt in den Blockflötenstimmen das tiefe es häufiger vor. Im Actus tragicus „Gottes Zeit" tritt es in Achteln und im Triller auf (Beisp. 2).

Beispiel 2

Wenn man nicht ein Doppelloch für d hat, wie es Dolmetsch macht, dann gebe man durch Rollen des Fingers das d-Loch halb frei, um d—es zu bekommen. Auf jeden Fall bleibt der Triller schlecht, und das es ist im freien Einsatz oder in Sprüngen leicht unrein. Für cis besteht überhaupt keine Abdeckungsmöglichkeit mehr, es sei denn ein Doppelloch vorhanden.

Die Bildung der übrigen chromatischen Zwischentöne soll vom Schüler auf Grund seiner bisher erworbenen Erfahrung selbständig versucht werden, wenn er sie im Spiel braucht. Sein Gehör muß ihm aus dem musikalischen Zusammenhang heraus zu dem richtigen Griff verhelfen. Für den Zweifelsfall bleibt immer noch die Grifftabelle.

Die überblasenen Töne. Wenn man bei den ersten Blasversuchen mit den Grundtönen zu heftig in die Flöte bläst, dann ertönt die höhere Oktave; man hat den Grundton überblasen. Bei noch schärferem Anblasen stellt sich auch die Duodezime ein. Die Freigabe des halben Überblaslochs (technisch kurz als Halbloch bezeichnet) macht die Ansprache noch weiterer Töne möglich. Es erklingen beim Anblasen des Tones c^1 mit wachsendem Luftdruck hintereinander: c^2, g^2, c^3, e^3. Diese Töne sind also latent schon in dem Grundton vorhanden, man nennt sie Obertöne. Theoretisch sind alle Teiltöne (Partialtöne) aus jedem Ton zu erzeugen, aber bei der Blockflöte spricht auf den übrigen Grundtönen nur noch die Oktave erträglich an.

Das Ansprechen der höheren Partialtöne beim schärferen Anblasen — dem Überblasen — beruht auf der wachsenden Frequenz des pendelnden (Luft-) Blattes und den dadurch bedingten kürzeren Teilschwingungen der Luftsäule, die den schnell aufeinanderfolgenden Bewegungsimpulsen in ihrer ganzen Länge nicht mehr zu folgen vermag. Je schärfer also eine Röhre angeblasen wird, desto kürzer sind die Teilschwingungen (Schwingungsbäuche), desto höher die Zahl der Schwingungsknoten und desto höher also der Ton.

Die zuerst ansprechende Oktave steht zum Grundton in dem Verhältnis 2 : 1, d. h. die Oktave hat die doppelte Schwingungsknotenzahl wie der Grundton. Durch das Überblasloch wird die Bildung des zweiten Knotens begünstigt, und infolgedessen spricht die Oktave nach Halb- oder Ganzöffnung des Überblasloches mühelos von selbst an. Diese Tatsache ist für den Klang bedeutsam. Tönte vorher beim Überblasen der ganzen Rohrlänge die Oktave dumpf und lag sie gleichsam als dünne Oberschicht auf dem mitsummenden Grundton, so klingt sie nach Öffnen des Überblasloches hell und ohne die Tendenz des Umschlagens in den Grundton. Eine Reihe von Tönen wird mit Hilfe des Überblasloches als zweiter Teilton überblasen, nämlich: e, f, g, a. Andere Töne wie fis schlagen in die None um, so daß mit dem fis-Griff gis^1 zu erzeugen ist. Mit zunehmender Höhe werden die Griffe komplizierter, und die Töne bedürfen stärkeren Anblasens.

Beispiel 3

Wie schon früher gesagt wurde, begünstigen enge Mensuren der Röhre die Ansprache der hohen Töne. Deshalb ist die Flûte douce des Spätbarocks die engste Blockflöte. Bach mutet ihr in jedem Part Beweglichkeit in der höchsten Lage zu. Den Umfang seiner Partien zeigt Beispiel 3 (Griffschrift).

S p i e l h i l f e n. Eine besondere Schwierigkeit der Blockflötentechnik stellt die Halbdeckung des Überblaslochs dar. Sie geschieht durch „Kanteln" wie beim Halbloch der Oboe, d. h. durch leichte Drehung des Daumens nach unten, ohne daß der Finger sich von seiner Position abhebt. Auf diese Weise wird das Zweckmäßigkeitsprinzip der kleinsten Bewegung erfüllt, das auch für die übrigen Finger gilt. Diese sollen in nur geringem Abstand über den Tonlöchern schweben.

Da die Halbdeckung stets schwierig bleibt, übergehe man sie in gewissen Fällen. So läßt sich z. B. die zweite Terz oder Quarte in Verbindung mit der Oktave des Grundtons ohne Daumen greifen, wenn ihr nicht höhere Töne folgen (o bedeutet, daß das Überblasloch frei bleiben soll. Beisp. 4).

Beispiel 4

Um den schwierigen Wechsel zwischen dem Daumen und den übrigen Fingern der linken Hand in den Folgen c^2—e^2 und cis^2—e^2 zu vermeiden, sind c^2 und cis^2 in Akkorden folgendermaßen zu greifen:

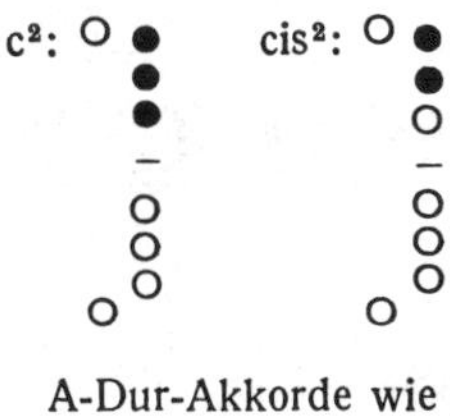

Beispiel 5

A-Dur-Akkorde wie im Actus tragicus „Gottes Zeit" von Bach z. B. lassen sich ohne Daumen bedeutend leichter ausführen (Beisp. 5).

Beispiel 6

Grifftabelle.

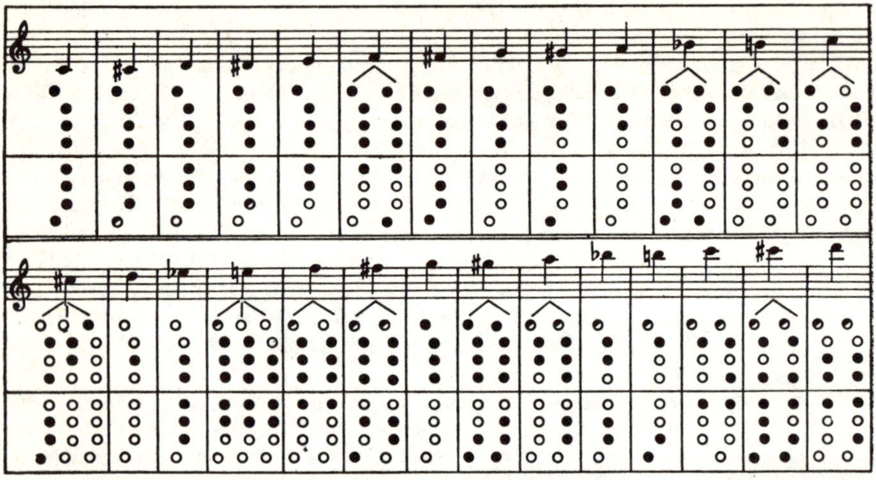

Der Triller. In der nachfolgenden Trillertabelle ist der trillernde Finger mit ∼∼∼ bezeichnet. Prinzipiell beginnen alle alten Triller von oben, weil sie die Bedeutung mehrmals wiederholter Vorhalte, also einen harmonischen Sinn haben. Im Gegensatz zum modernen Triller, der motorisch-bewegungshaft die lineare Intensivierung eines Tones durch rapiden, vibratoartigen Austausch mit einem Nachbarton darstellt, soll der Barocktriller rhythmisiert als Sechzehntel- oder Zweiunddreißigstel-Bewegung ausgeführt werden. Im Adagio muß er (nach Quantz) besonders langsam geschlagen werden. Über die alte Trillerornamentik unterrichtet genauer die Klavierschule (l'art de toucher le clavecin) von Fr. Couperin. Leichter erreichbar ist Bachs Trillerausführungstabelle in dem Klavierbüchlein für Wilh. Friedemann Bach, deren Kenntnis unerläßlich ist.

Beispiel 7

Trillertabelle.

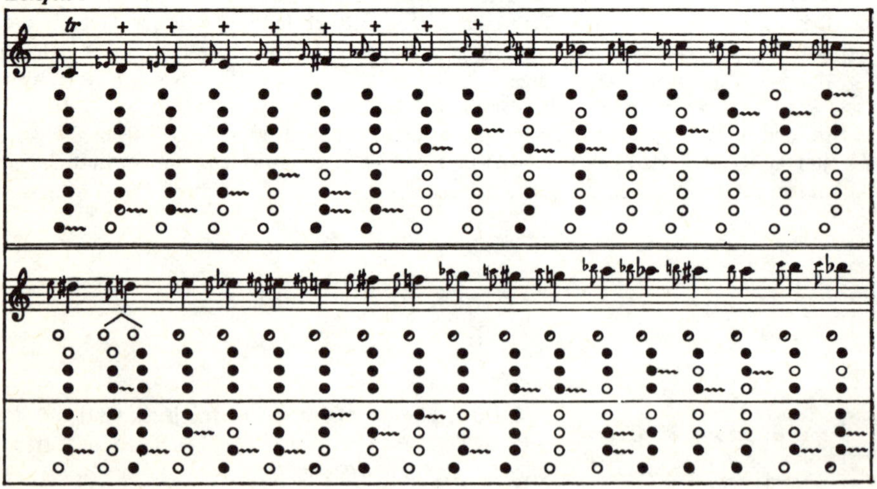

Blockflötenstimmungen, Notation und Zusammenspiel.

Die Blockflötenchöre sind so gestimmt, daß die Abstände Baß—Alt und Tenor—Sopran jeweils eine Oktave betragen. Die Zwischenabstände sind Quinten und Quarten. Folgende Sätze sind üblich:

Sopran . . .	a'	h'	a'
Alt	e'	e'	d'
Tenor . . .	a	h	a
Baß	e	e	d

Während diese drei Chöre Kopien alter, in Sammlungen noch erhaltener Instrumente sind, ist der vielgebräuchliche Satz: c^2 f^1 c^1 f eine Art „Transposition" des alten e—h-Chores, der in der um einen Halbton tieferen Spätbarockstimmung ein f—c-Chor war. Seine Bevorzugung beim heutigen Musizieren hat ihre Ursache in dem leichteren Zusammenspiel mit den Klavierinstrumenten in absoluter, unveränderlicher Stimmung. Insbesondere die Sololiteratur des 18. Jahrhunderts ist nur mit einer f-Altflöte (flauto dolce) ausführbar. Solange sich die Erkenntnis nicht durchgesetzt hat, daß die Cembali und Clavichorde in der alten, tiefen Stimmung erst richtig klingen und daß die Flûtes à bec nur mit alten Blasinstrumenten und den Streichinstrumenten in ursprünglicher Mensur gut zusammenpassen, wie die Kabeler Musiken immer wieder beweisen, solange mögen auch hohe Blockflöten gespielt werden.

Das chorische Spiel. Einer der schönsten Liedsätze der Renaissance diene als Beispiel, H. Isaaks „Innsbruck, ich muß dich lassen":

Beispiel 8

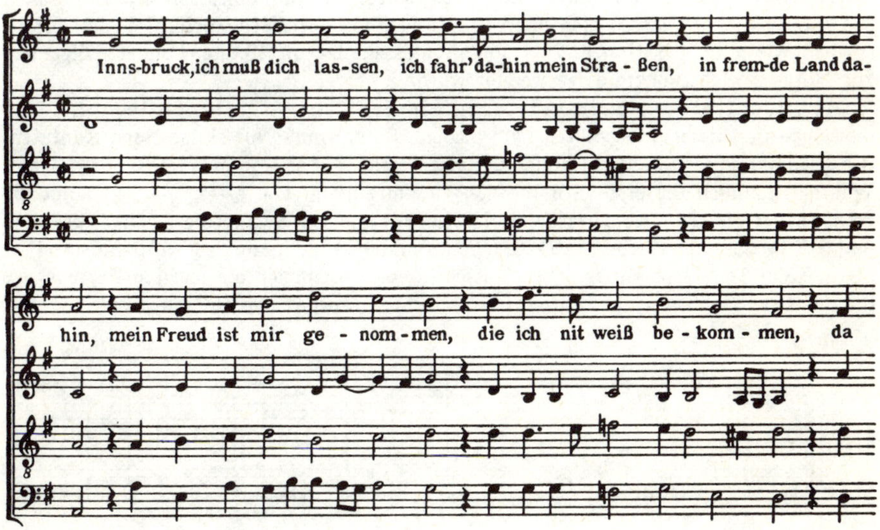

Der vorliegende Satz ist in der Neuausgabe von Jöde auf zwei Schlüssel vereinfacht. Der Tenor ist in einem durch das Oktavzeichen vertieften Violinschlüssel notiert. Bei der Einrichtung der Spielhöhe bzw. bei der absoluten Tonhöhe ist zu beachten, daß keine Stimme den Umfang der einzelnen Flöte unter- oder überschreite. Den größten Umfang hat die Baßstimme, nämlich eine Dezime. Da die zweite Quinte der obere Grenzton der Baßflöte ist, bleiben nur zwei Tonarten zur Ausführung übrig, die der ersten und zweiten Stufe (Griffschrift C-Dur und D-Dur). Weil die der ersten Stufe klanglich günstiger ist, entscheiden wir uns für diese, nachdem wir festgestellt haben, daß die um eine Oktave höhere Altflöte die Altstimme auch wirklich ausführen kann (Quarttransposition nach oben). Haben wir für die Tenorstimme eine Tenorflöte mit Quartabstand von der Baßflöte zur Verfügung, dann kann der Tenor die Stimme, ohne zu transponieren, abspielen. Steht der Tenor eine Quinte höher als der Baß, dann muß er einen Ganzton tiefer gespielt werden.

Die Oberstimme kann von einer zweiten Altflöte gespielt werden. Sie kann auch mit einem Sopran im Oktavabstand vom Tenor besetzt werden. Rechnen wir mit f—c—f—c-Flöten, dann erklingt auf der Baßflöte (von der ersten Stufe aus) ein absolutes F-Dur. Die c-Tenorflöte muß folglich, um F-Dur zu erzeugen, von der vierten Stufe aus spielen. Die oberen Stimmen richten sich in Oktavabständen ein.

Die Transposition wird mit Hilfe der relativen Tonartvorstellung, der Tonika-Do-Methode, am leichtesten bewerkstelligt. Statt absoluter Tonhöhen werden dabei nur Intervallverhältnisse gelesen und auf jeder beliebigen Funktionsbasis wiedergegeben. Mit dieser Methode lassen sich auch ungebräuchlich gewordene Schlüssel einfach abspielen, wie z. B. der französische Violinschlüssel, der im 18. Jahrhundert allgemein zur Notation der Blockflöte verwendet wurde.

Die Blockflöte als Soloinstrument in der Bachzeit. Im Spätbarock treten die hohen und tiefen Längsflöten bald in den Hintergrund. Nur einige Bach-Kantaten, wie „Komm' du süße Todesstunde", weisen Flûte à bec-Stimmen in Tenorlage auf. Während nämlich die erste Stimme den Gesamtumfang von e^1—e^3 hat, verlangt die zweite sogar d^1—e^3. Das herrschende Instrument aber ist die Flûte à bec in f, die nach der Grifftabelle von Hotteterre (1707) in absoluter Tonhöhe notiert wurde, also mit f^1 als tiefstem Ton. Die Flûtes à bec-Spieler konnten demnach die meisten Partien, wie die des Brandenburgischen Konzerts Nr. 4, ohne Transposition einfach abspielen. Für

Beispiel 9

den heutigen Blockflötisten, der mit Stufensystem und Tonika-do spielt, ist auch der französische Violinschlüssel des Originals überwindbar: Beispiel 9.

Für den Griffschrift-Geübten ergibt sich folgendes transponiertes Bild:

Beispiel 10

Beim Transponieren vom Blatt mag als Brücke die Vorstellung der originalen Notenhöhen im gewöhnlichen Violinschlüssel und mit E-Dur-Vorzeichen dienlich sein.

Erheblich problematischer erscheint zunächst die Flötenstimmung und Besetzung im Actus tragicus „Gottes Zeit ist die allerbeste Zeit" von Seb. Bach. Ihre Tonarten: Es-Dur, f-Moll, b-Moll und c-Moll sind auf f-Flöten nicht ausführbar. Die in der ältesten Abschrift C. F. Penzels, eines Thomasschülers, in b-Stimmung notierten Flötenstimmen beweisen einwandfrei, daß die Partien dieser Kantate auf es-Flöten gespielt wurden, die in f-Dur, g-Moll, c-Moll und d-Moll notiert wurden, damit die Bläser sie, ohne transponieren zu müssen, wie f-Flöten spielen konnten. In Ermangelung enger es-Flöten, also nur aus technischen Gründen, wurde die ganze Kantate bei der Aufführung der Kasseler Musiktage 1933 nach F-Dur transponiert. Die Sonatina dieser Kantate möge den Beschluß des Blockflötenkapitels bilden. Selbst wer der Blockflöte noch fremd gegenübersteht, wird beim Anhören dieser wunderbar schönen Trauermusik, deren „verhülltes und träumerisches Kolorit" Spitta schon bei der Besetzung mit Querflöten empfand, die Unersetzbarkeit der Blockflöten durch die Querflöten begreifen. Der fromme, milde Klang der Blockflöten vereint sich mit dem sanft-dunklen der Gamben zu einer wahrhaft unirdischen Musik jenseits von Schmerz und Trauer, überschimmert vom Glanze himmlischer Heiterkeit, wie die Antlitze musizierender Engel.

Beispiel 11

Seb. Bach, Actus tragicus

Die Querflöte.

Die stumme Vorbereitung.

Name, Wesen und Entwicklung.

Die Heimat der Querflöte ist Asien. Über die osteuropäischen Hirtenländer kam sie nach Deutschland, wo sie so heimisch wurde, daß alle übrigen europäischen Völker sie nach ihrer zweiten Heimat als deutsche Flöte bezeichneten (flûte allemande, flauto allemanno, flauta alemana, german flute, duitsche fluit). Die Querflöte ist wie die Längsflöte eine Labialpfeife, hat aber an Stelle des Aufschnitts mit dem Labium nur ein seitliches Anblasloch im Oberteil. Der Kernspalt wird durch die Lippen des Bläsers selber gebildet, die so über dem Mundloch der seitlich gehaltenen Flöte schweben, daß diese nur leicht in der Kinngrube aufliegt.

Das durch den Lippenspalt geformte Luftband wird an die gegenüberliegende Kante des Mundlochs gelenkt und dort wie bei der Längsflöte periodisch gespalten. Im Gegensatz zu dem starren Kernspalt der Blockflöte ist aber der Lippenspalt durch die Variabilität der Lippenspannung elastisch veränderbar, so daß die Form des Luftbandes, seine Intensität und seine Richtung gegen die Mundlochkante und damit der Ton willkürlich geändert werden kann. Die Mundlochkante selbst, das einzige starre Element der Anblasvorrichtung, wird durch das leichte Drehen der Flöte um ihre Längsachse ebenfalls relativ elastisch.

Der Starre des Blockflötentons steht die Elastizität des Querflötentons gegenüber. Die Tonbildung einer Blockflöte ist nicht durch den Bläser beeinflußbar. Ihr Klang bleibt unverändert, ob sie ein Meister oder ein Schüler spielt. Zwischen den Spielenden und die Musik schiebt sich scheidend und bindend das Instrument, nur der musikalischen Gestaltung, nicht dem subjektiven Ausdruck des Bläsers dienend. Die Blockflöte war also typisches Instrument einer Musik, die nur sich selbst, nicht den Spielenden ausdrücken wollte. Bei der Querflöte dagegen formen die Lippen des Bläsers kunstvoll und unmittelbar den Klang. Stimmung und Gefühl, jede Gemütsbewegung, die das Blut wechselnd in die Lippen treibt und den Mund feuchtet oder austrocknen läßt, wirken auf den Ton ein. Er ist deshalb erregend wie die menschliche Stimme und ebenso individuell wie diese, so daß kaum zwei Flötisten einen ähnlichen Ton haben, auch wenn sie auf dem gleichen Instrument spielen. Diese Eigenschaft, subjektive Empfindungen ausdrücken zu können, hat die Querflöte im 18. Jahrhundert zum Lieblingsinstrument gemacht, als in der Musik wie in der Literatur der Wille durchbrach, Affekte und Stimmungen auszudrücken. Die verschiedenartigen Register ihres Klanges machten sie dazu vorzüglich geeignet. Die unterste Lage klingt infolge der Obertonarmut des Instruments wie um eine Oktave tiefer. Ihr dunkles Timbre ist mittels des Ansatzes von hohler Blässe bis zu satter Fülle nüancierbar. Das mittlere Register voll milder Heiterkeit und Klarheit kontrastiert wieder gegen die leuchtende Helligkeit und Transparenz der oberen Lage. Gegen den stillen und gleichmäßigen Klang der Blockflöte hebt sich der Querflötenton als affektreicher und differenzierter ab. Dort fromme Starre, hier panischer Klang. Im Rokoko wird die Flöte völlig zum Klangideal, sodaß die Sonaten von der Mitte des Jahrhunderts häufig das eingestrichene d, den tiefsten Ton der damaligen Flöte, nicht unterschreiten, auch wenn sie als Sonate per il Violino o Flauto traverso betitelt sind.

Seb. Bach hat den Affettuosocharakter des Flauto traverso in seinen Werken auf das wunderbarste zum Ausdruck gebracht. Die schönste Flötenkomposition, zugleich eines der größten Werke Bachs überhaupt, ist die h-Moll-Sonate. In ihr strömt der Affettuosogeist des Instruments voll unerschöpflicher Schönheit und im ersten Satz in einer Geistesleidenschaftlichkeit, wie sie bei Bach selten so die Form durchdringt.

Aus dieser Musik klingt das Wesen der Flöte am reinsten. Obwohl die dynamischen Grenzen ihres Tones eng sind, ist sie alles andere als ausdrucksarm. Ihr Ton ist körperlos schwebend und doch so erregend intensiv, daß der Nachhall im Innern noch lange währt, wie manches Gedicht über den Flötenklang zeigt.

Die älteste bildliche Darstellung einer Querflöte stammt aus der zweiten Hälfte des 12. Jahrhunderts. Sie zeigt eine zylindrisch gebohrte Flöte. Auch die Flötenspielerin des Frauentrios von dem „Meister der weiblichen Halbfiguren" aus dem 16. Jahrhundert spielt auf einer zylindrischen Flöte.

Diese Feststellung ist interessant, weil die Gegner der Boehmflöte die Zylinderbohrung als dem Wesen der Flöte zuwiderlaufend verwerfen. Freilich ist diese Tatsache als Antithese nicht allzu schlagkräftig, da schon in der zweiten Hälfte des 17. Jahrhunderts wie bei der Blockflöte die zylindrische Bohrung zugunsten der konischen aufgegeben wird. Gleichzeitig wird die Dreiteilung der bisher aus einem Stück bestehenden Röhre durchgeführt und zu den sechs Grifflöchern eine geschlossene dis-Klappe hinzugefügt.
Ein bedeutender Anteil an dieser Verfeinerung des Instruments wird der französischen Musiker- und Instrumentenmacherfamilie Hotteterre zugeschrieben. Louis Hotteterre le Romain, der Musiker am Hofe Ludwigs XV. war, schrieb Anfang des 18. Jahrhunderts die erste Schule und die ersten Soli für die Querflöte. Er scheint für die Entwicklung der Querflöte als Erfinder, Flötenbauer, Theoretiker und Komponist von ähnlicher Bedeutung wie anderthalb Jahrhunderte später Theobald Boehm. Der in seiner barocken Balusterdrechselung prächtige Flötentyp Hotteterres, von dem die Sammlung der

Berliner Hochschule ein schönes Exemplar besitzt, ist bereits zu der technisch hohen Stufe entwickelt, in der er, allmählich äußerlich formenschlichter und in Einzelheiten verbessert, bis zum Ende des 18. Jahrhunderts im wesentlichen unverändert weiterbesteht. Das Material der alten Flöten war hauptsächlich Buchs, Quantz nennt außerdem Grenadill-, Königs- und Ebenholz, das er besonders empfiehlt. Auch Flöten aus Glas und Bernstein, häufiger noch Elfenbein wurden im 18. Jahrhundert gebaut.

Joh. Joachim Quantz vervollkommnete diesen Typ durch die Einführung des Stimmzugs und durch die Erfindung der beweglichen Korkschraube im Kopfstück, die bei Veränderung der Rohrlänge durch Einsatzmittelstücke auch die Kopfstücklänge regulieren läßt. Die enharmonische es-Klappe zur Erzeugung des Kommaunterschieds zwischen dis und es, die auch Tromlitz hat, ist gleichfalls seine Erfindung.

Abgesehen von diesen Verbesserungen zur Korrektur der Stimmung bleibt die Flöte bis zum Ende des 18. Jahrhunderts das diatonische Instrument mit sechs Grifflöchern und einer Klappe, auf dem die chromatischen Zwischentöne mittels Gabelgriffen hervorgebracht werden. Es ist der Flauto traverso Seb. Bachs und seiner Zeitgenossen, der Flauto der Mannheimer und Haydns und Mozarts. Der Tonumfang dieser Flöte war d^1 bis g^3. Hotteterre gibt in seiner Schule noch keinen Griff für fis^3, wohl aber für g^3 an. Quantz verwendet sie nur bis zum dreigestrichenen e, das er als den höchsten brauchbaren Ton bezeichnet (4. Hauptstück).

Ihr Klang ist infolge des sehr kleinen, der Kreisform angenäherten Mundlochs (durchschnittliche Proportion $8 \times 8{,}5$ mm) und der konischen Bohrung zart wie der Ton einer Blockflöte, aber doch von größerer Helle und Durchdringlichkeit. Er ist von einer so bezaubernden Süße und Wärme, daß der Ton auch eines konischen Instruments des 19. Jahrhunderts dagegen fast leer und lieblos erscheint.

Die saubere Intonation besonders der entfernteren Tonarten, wie g-Moll, Es-Dur und c-Moll, ist durch die Häufung der Gabelgriffe schwierig.

Der Berliner Kammermusiker Müller und der Verfasser haben durch die Beschäftigung mit den Barockflöten und durch Konzertieren auf diesen Instrumenten die Möglichkeit eines sauberen Spiels erwiesen. Der Verfasser hat bereits im Oktober 1930 öffentlich das h-Moll-Konzert von Hasse auf der alten Flöte gespielt, in den folgenden Jahren die h-Moll-Suite von Bach, einzelne Flötensonaten und Trios von Bach und Quartette Telemanns, Konzerte von Phil. Em. Bach, Symphonien und Quartette von Mozart. Selbst sehr kritische Musiker und Sänger haben die gute Intonation des alten Instruments anerkannt, die allerdings nicht rein im Sinne der modernen Instrumente ist, nämlich temperiert. Die ungenaue Stimmung der Gabelgriffe zwingt zur deutlichen Unterscheidung der großen und kleinen Halbtöne durch Applikatur und Ansatz, also zu nichttemperierter Stimmung, worüber die alten Schulwerke ausführlich abhandeln. Außerdem erfordert die reiche Farbigkeit des alten Klanges nicht die temperierte Reinheit wie der ausgeglichene Klang der modernen Instrumente.

Noch mehr als bei der Blockflöte unterscheiden sich die Gabelgrifftöne von den hellen Grundtönen durch den schwachen und dumpfen Klang. Aber der Klangwille des 18. Jahrhunderts empfand dies noch als Vorteil. Es sei auf die Kadenzwirkung der Klangfarben hingewiesen, wie sie im Blockflötenkapitel beschrieben wurden. B. T. Berbiguier berichtet in seiner „Nouvelle méthode de flûte" (um 1820), daß sein Lehrer F. Devienne noch die chromatischen Klappen ablehnte, weil dadurch die matten Halbtöne in Oboentöne (sons d'hautbois) verwandelt würden!

Gegen das letzte Jahrzehnt des 18. Jahrhunderts aber setzen sich die chromatischen Klappen für f, gis und ais unaufhaltsam durch, und die Polemik gegen die einklappige Flöte beginnt in dem Werk des Flötisten und Flötenbauers J. G. Tromlitz „Über die Flöten mit mehreren Klappen, deren Anwendung und Nutzen" (Leipzig 1800). Darin sagt er von den Anhängern der alten Flöte: „Sie bleiben bei ihrer einen Klappe und blasen damit ihre Lebensjahre in d und g hinweg, ohne zu bemerken, daß auch diese zwei Tonarten nicht richtig sind."

Mit diesen Klappen ist aus dem diatonischen Instrument, das die Zwischentöne nur durch Gabelgriffe erzeugen konnte, ein halbchromatisches geworden. Die alte Spieltechnik besteht noch weiter, besonders in schneller Bewegung (siehe Tromlitz), im langsamen Tempo aber werden zu den Zwischentönen Klappen benützt, deren Zahl sich durch die Hinzufügung von Trillerklappen ständig vermehrt.

Im wesentlichen ist mit der Tromlitzflöte eine neue Entwicklungsphase des Instruments vollendet, die in der Folge durch Korrekturklappen, Hilfsmechaniken und dergleichen nur ausgebaut wurde. Den äußersten Ausläufer dieser Entwicklung stellt die Schwedler-Kruspe-Flöte dar.

Das halbchromatische Instrument von Tromlitz ist die Flöte Beethovens und Webers, Schumanns und Mendelssohns. Der untere Umfang wurde bis zum kleinen h erweitert, nach oben nutzen ihn die Komponisten bis a^3 aus. Durch Vergrößerung des Mundlochs auf 10×12 mm wurde der Ton der Klappenflöte voller und kräftiger und trug so der wachsenden Stärke der Orchester Rechnung, nicht minder auch der Angleichung an den romantischen Klang der Klarinette, der zum Zeitideal wurde. Mit der Intonation war es aber trotz oder gerade wegen der Klappen noch übel bestellt, denn für die dadurch bedingte enharmonische Auswechslung der Halbtöne wurde eine genau temperierte Bohrung notwendig. Aber die Lage der Löcher war begrenzt durch die Handhaltung, und selbst wenn die äußerste Spannweite der Finger in Betracht gezogen wurde, war sie nicht genau genug, um eine reine Intonation zu ermöglichen.

Während alle anderen Holzblasinstrumente bis heute den halbchromatischen Typ weiterentwickelten, nur ständig durch Hilfsmechaniken und -löcher akustisch verbessert, erfand Theobald Boehm 1832 eine vollständig neue Flötenart, zu der ihn die Versuche Nicholsons mit vergrößerten Tonlöchern und die gewichtige Erfindung der Ringklappe durch Gordon (beide in London) anregten.

Boehm verband beide Erfindungen, ging aber noch einen bedeutenden Schritt weiter, indem er die diatonische Bohrung aufgab und durch Bohrung der Löcher in Halbtonabständen den vollchromatischen Typ schuf. Bei der Bohrung nahm er weder Rücksicht auf die alte Applikatur noch auf die Unmöglichkeit, die 13 Löcher für die chromatische Reihe cis^1 bis cis^2 mit den 9 Spielfingern zu decken. Zu diesem Zweck ersann er einen genialen Kombinationsmechanismus, bei dem die von den Fingern nicht mehr deckbaren Löcher durch Klappen geschlossen wurden, die durch das zwangsläufige Niederdrücken von Ringen über den Grifflöchern betätigt wurden. Diese erste Erfindung hatte noch konische Bohrung; Boehm nannte sie Ringklappenflöte. Sie verbindet den konischen Klang mit der neuen Applikatur und wird heute noch von der Münchner Tillmetz-Schule gespielt.

Damit war ein so vollkommenes Klappensystem geschaffen, daß es bis heute noch keine ernsthaften Verbesserungen erfahren hat. Die Intonation aber befriedigte Boehm noch nicht, deshalb schuf er nach langjährigen theoretischen Vorbereitungen mit Professor Schafhäutl 1847 die Flöte mit Zylinderbohrung, deren Schwingungsverhältnisse exakter zu berechnen waren. Diese Bohrung erlaubte auch zur besseren Unterbrechung der Luftsäule besonders große Tonlöcher, die durch Deckelklappen geschlossen wurden, da die Fingerspitzen dazu nicht mehr ausreichten.

In den romanischen Ländern wird ein zylindrischer Boehmflötentyp gespielt, bei dem fünf Deckelklappen Löcher von 7 mm Durchmesser haben, deren teilweise Freigabe für Nachintonation oder bessere Ansprache einzelner Töne gute Dienste leistet.

Freilich hat die Flöte einen klanglichen Reiz eingebüßt, als sie die Zylinderbohrung annahm. Die Eigenart der (Längs- und Quer-) Flöten gegenüber allen anderen Blasinstrumenten war ja, daß sie im Kopfstück weit und gegen den Fuß zu konisch konvergierend waren. Diese Bohrung gab ihnen den typisch geschlossenen, gleichsam eingekapselten Ton. Die längsten Luftsäulen mußten dabei in den engsten Rohrstellen schwingen, was ihre Erzeugung schwierig machte.

Dieser physikalische Widersinn reizte die Flötenbauer wohl von jeher zur Abänderung, wie sich an der Bohrung der Rokokoflöten um 1780 nachweisen läßt. Während nämlich die Bohrung vom Kopfstück bis zum Ende des Mittelstücks konisch konvergierend verläuft, divergiert sie im Fußstück von der Verbindungsstelle mit dem Mittelstück bis zum Ende um etwa 1,5 mm. Infolgedessen klingt der Grundton d wie der einer Zylinderflöte, indes dis und die höher folgenden „konischen" Klang haben. Diese Tatsache entspricht dem instrumentalen Grundtongefühl der alten Musik völlig. Im übrigen wurden die tiefsten und höchsten Töne der Blasinstrumente nur äußerst selten berührt, ganz im Gegensatz zur romantischen Musik, in der mit den Grenzwerten der Empfindungen auch die der Instrumente mit Vorliebe berührt werden. Man denke an die tiefen Klarinetten in der Freischützouvertüre, die das Unheimliche und Schaurige malen, oder an die irrlichternde tiefe Flöte im Sommernachtstraumscherzo.

Aus den neuen Anforderungen an die virtuose Produktion dieser Grenzregister ist die Verdrängung der konischen Flöte trotz ihrer anhaltenden Vervollkommnungen durch die in der Tiefe vollere Zylinderflöte zu erklären. Die Zylinderflöte, von nun an als Boehms eigentliches Arbeitsergebnis kurz Boehmflöte genannt, hat ihrerseits Anregung dazu gegeben, ganz neuartig für sie zu komponieren, wie die gesamte neuere Orchester- und Kammermusikliteratur zeigt.

Der Hauptgewinn bei der Boehmflöte ist die reinere und gleichmäßigere Intonation, die auf der mathematisch-genauen Tonlöcherstellung beruht, und die vollkommenere Technik. Die Finger bewegen sich fast durchweg ohne Gleiten von einer Klappe zur andern auf den gleichen Deckeln, wodurch die Technik in allen Tonarten gleichmäßig und ohne die bedeutenden Schwierigkeitsunterschiede der alten Applikatur verläuft.

Die Töne der Boehmflöte erscheinen in Passagen übergangslos ausgeglichen, ohne daß die Register aufgehoben sind. Ihr Klang ist offen und klar. Die Tiefe ist volltönig wie der Ton einer Klarinette und verführt leicht zum Forcieren, wodurch sie unschön und prahlerisch klingt[1]). Die Höhe wird bei zu festem Ansatz hart. Überhaupt ist der Klang der Zylinderflöte zweifellos leerer als der konische Klang, dafür aber intensiv und leuchtend. Den Ton mit Wohlklang zu sättigen und ihn locker zu machen, erfordert auf der Boehmflöte mehr Kunst als auf der konischen Flöte. Das Material der modernen Boehmflöte ist hauptsächlich Grenadill- und Kokusholz sowie Silber. In den germanischen Ländern wird im allgemeinen die Holzflöte bevorzugt, in den romanischen Ländern

[1]) Es sei an R. Wagners Wort von den „Kanonen" und „Gewaltröhren" erinnert.

und in Amerika ausschließlich die Silberflöte. Der Ton der Silberflöten, insbesondere der dünnwandigen, ist leichter und kleiner als der der Holzflöten, aber doch tragender und zugleich wärmer und süßer und an den konischen Klang erinnernd. Dafür mangelt ihnen die Fülle und das Pathos der Holzflöten, auch ist das Stakkato nicht so nebengeräuschlos wie auf diesen. Die Stimmung der Silberflöte ist — im Gegensatz zu der oft noch wahrzunehmenden Meinung — konstanter als die der Holzflöte, weil sie bereits vom ersten Durchhauchen vollständig erwärmt wird.

Die Transparenz des Silberflötenklangs hat die französischen Komponisten seit Bizet angeregt, der Flöte in zart-intensiven Linien die melodische Führung anzuvertrauen, statt sie, wie sonst so oft, nur in Oktavverdopplung mit Oboe und Klarinette auftreten zu lassen. Debussy und Ravel haben durch ihre klanglich und musikalisch so herrliche Verwendung des Instruments (Debussy, „Nuages") eine neue Ära der Flöte als virtuoses Soloinstrument hervorgerufen. Die Virtuosität liegt bei dieser Musik weniger in der Steigerung der Technik als im Klanglichen, das eine äußerste Verfeinerung erfuhr, wie das folgende Beispiel zeigt.

Beispiel 1

M. Ravel, Daphnis et Chloe.

Herrliche Soli hat die Flöte in den Symphonien von Brahms und Bruckner, und in den Werken von Richard Strauß wird ihre Technik auf das virtuoseste gesteigert. Unter den neueren deutschen Komponisten haben besonders Paul Hindemith und Heinrich Kaminski die Flöte solistisch verwandt. Im Concerto grosso von Kaminski spielt die Flöte über einem Paukenwirbel ein großes Rezitativ, in der Fuge verwandelt sich sogar das Thema, wenn die Flöte es übernimmt, ins Flötenmäßige, in die Flötensprache, wie Kaminski sagt. Paul Hindemith hat die Flöte wunderbar in der „Jungen Magd" und in der „Kanonischen Sonatine für zwei Flöten" behandelt.

Die klassischen Probespielstellen, die jedem Flötisten vorgelegt werden, sind:

L. van Beethoven, 3. Leonorenouvertüre und Finale der Eroikasymphonie.

Rob. Schumann, Symphonie B-Dur.

Felix Mendelssohn, Sommernachtstraumscherzo.

Rich. Strauß, Till Eulenspiegel, Tod und Verklärung, Salome (Tanz), Rosenkavalier (Menuett und Frisierszene, Anfang des 3. Aktes).

Oft werden noch folgende Solostellen verlangt:
Bach, Matthäuspassion (Arie).
Brahms, 4. Symphonie.
Bruckner, 9. Symphonie (Scherzo).
Wagner, Meistersinger (Finale des 2. Aktes).
Humperdinck, Königskinder (1. Szene und Vorspiel zum 3. Akt).
Thomas, Mignonouvertüre.
Liszt, E-Dur-Polonaise.

Die Haltung.

Der Flötenspieler ist um seiner anmutig-galanten Haltung willen auf unzähligen Gemälden des 18. Jahrhunderts dargestellt worden. Aber die ungewöhnliche Querhaltung des Instruments und das dadurch bedingte Abspreizen der Arme führt leicht zur Verkrampfung. Der Flötist muß sich deshalb einer elastischen, harmonischen Gesamthaltung befleißigen.

Die Flöte wird etwas aus der Horizontalen herabgeneigt gehalten, damit das sich bei kühler Außenluft bildende Kondenswasser abfließt. Das Instrument wird dabei auf das erste Glied des gekrümmten linken Zeigefingers gelegt, während der Daumen der rechten Hand und ihr kleiner Finger die Flöte an ihrem unteren Teil halten. Das Kopfstück darf nur leicht und ohne Druck an das Kinn gelegt werden, das nur bei wenigen, ohne den linken Daumen gegriffenen Tönen als Stütze dienen soll, weil durch zu festes Andrücken der Ton gepreßt klingt.

Die Lippen und die Flöte müssen unbedingt in einer Geraden gehalten werden, damit das Luftband nicht schief auf die Mundlochkante trifft und so Nebengeräusche hervorruft. Bei der Haltung der Hände ist auf elastische Lockerheit in den Handgelenken zu achten. Die Finger müssen, mit Ausnahme der beiden Daumen, leicht gerundet höchstens einen Zentimeter hoch über den Klappen schweben und dürfen beim Schließen derselben nicht durchknicken. Je kleiner und zweckmäßiger die Fingerbewegungen sind, desto besser die Technik.

Die Atemtechnik.

Der Luftverbrauch beim Flötenspiel ist ein sehr großer, da ein Teil der eingeatmeten Luft über die Mundlochkante hinweg ins Freie strömt und weil die Durchblasöffnung (der Lippenspalt) im Verhältnis zu denen der übrigen Holzblasinstrumente sehr weit ist. Zudem wächst der Verbrauch mit zunehmender Klangstärke in viel steilerer Kurve an als bei den anderen Instrumenten. Deshalb sind Phrasen, die der Oboe ohne weiteres gemäß sind, auf der Flöte unmöglich. So z. B. ist die Linie im Vorspiel zum 3. Akt des „Tannhäuser“ von der Oboe mühelos zu bringen, während die Imitation der Flöte schon Mühe bereitet, weil die reine Intonation gerade dieser Töne eine nicht zu geringe Atemintensität verlangt. Andere Beispiele bietet die dritte Leonorenouvertüre (Beisp. 2) und Claude Debussys Vorspiel zu „l’Après-midi d’un Faune“ (Beisp. 3).

Beispiel 2

Beethoven, Leonorenouverture III

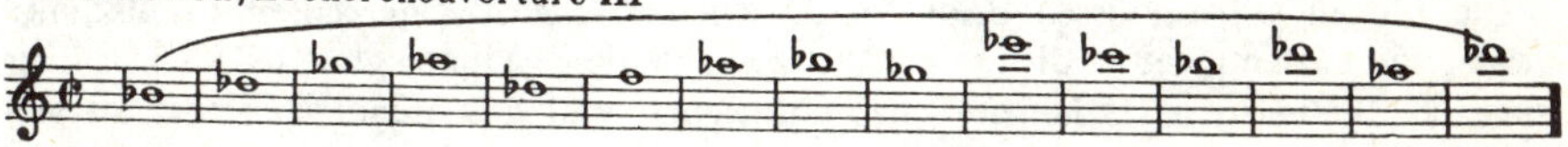

Beispiel 3

Debussy, l'Après-midi d'un Faune

Die Komponisten nehmen nicht immer Rücksicht auf diese Eigenart der Flöte, deshalb gehört es zur Kunst des Flötisten, den Atem gut einzuteilen und so unbemerkt Luft zu holen, daß es nicht auffällt. Man hole am Anfang durch die Nase Luft und vermeide, während des unvermeidlichen kurzen Atemholens durch den Mund geräuschvoll und wie nach Luft schnappend einzuatmen, damit dem Zuhörer Pein und dem Spieler Mitleid erspart bleibe. Das Geräusch beim Einatmen entsteht nur, wenn die Kehlkopfmuskulatur krampfhaft zusammengezogen wird. Bei lockerer Zwerchfellatmung (siehe die Atemübung im Längsflötenkapitel) wird auch diese Hemmung wegfallen. Wie beim Gesang, so soll auch beim Flötenspiel der Luftverbrauch ein möglichst geringer sein, um den Ton leicht und ohne Pressung zu erzeugen. Eine ruhige und beherrschte Atmung, die ohne Hast und Anstrengung vor sich geht, gehört unbedingt zur Virtuosität des Instruments, aber sie ist unnütz ohne die geistige Beherrschung der Phrasierung. So muß sich die einzuatmende Luftmenge stets nach der Spannung der Phrase, d. h. nach ihrer Länge, nach ihrer Lage, Dynamik und Intensität richten. Die Atemlänge wächst mit der Übung ausgehaltener Töne, jedoch beachte man immer, daß die individuelle Atemkapazität einer Lunge nur durch Gewalt, also durch Herbeiführung eines Lungenemphysems, gesteigert werden könnte, während in der Tat nur eine mit der Zeit sich steigernde Atemökonomie durch fortgesetzte Ansatzübungen anzustreben ist.

Regeln über die Atemschnitte aufzustellen, würde ins Uferlose führen, aber grundsätzlich ist zu sagen, daß das Luftholen zwischen Auftakt und Schwerpunkt und zwischen Leitton und Grundton schlecht ist, obwohl es auch da Ausnahmen gibt, die der Komponist vorschreibt. Nach langen Noten wird am häufigsten Atem genommen, weil sie bei der notwendigen Kürzung am wenigsten einbüßen. Im polyphonen Stile Bachs ist der Strom der Linien gleichsam unendlich, so daß hier die geistige Durchdringung der Phrasen überhaupt erst Voraussetzung zur Atmung ist. Das beste Beispiel hierfür bietet die Solosonate in a-Moll von Bach. Dem Flötisten, der sie beherrscht, bietet die Atemtechnik und die Phrasierung keine schweren Probleme mehr.

Die klingende Vorbereitung.

Die Blastechnik.

Der Ansatz und seine körperlichen Voraussetzungen.

Die Erzeugung eines schönen Flötentons ist äußerst schwierig und bedingt eine ausgesprochene Begabung. Zunächst ist ein regelmäßiges und absolut gesundes Gebiß gerade bei der Flöte Grundvoraussetzung, weil die Spannung der zum Ansatz geformten Lippen mit Hilfe der Zähne gehalten wird.

Die Lippen selbst müssen beim Ansatz einen möglichst senkrechten Profilschnitt zeigen und dürfen nicht zu dick sein. Aber auch zu dünne Lippen ohne jede Schwellung sind zur Bildung eines schönen Tones ungeeignet, weil das Mundloch weder zu viel noch zu wenig gedeckt werden darf. Besonders hinderlich ist eine Verdickung in der Mitte der Oberlippe, weil sie das Luftband einkerbt oder spaltet.

Das Kinn muß normal proportioniert sein, weder zurückfliehend, weil sonst die Oberlippe sich zu weit über die Unterlippe vorschiebt, wodurch der Anblaswinkel zu stumpf und der Ton zu hohl würde, noch darf es zu vorspringend sein, da dann die Freigabe des Mundlochs bei den tiefen Tönen schwierig wäre.

Der erfahrene Flötenlehrer erkennt sehr bald die Ansatzbegabung eines Schülers, wobei ihn nicht die absolute Regelmäßigkeit der Mundpartie, sondern ihre typische Proportionierung leitet. Mit der Bejahung seiner körperlichen Veranlagung übernimmt der Lehrer eine große Verantwortung, denn ein technisch noch so begabter Flötist ohne blühenden, schönen Ton wird keine erfolgreiche Laufbahn haben.

Die Schwierigkeit des Flötenansatzes wird häufig von den anderen Holzbläsern unterschätzt, weil sie irrtümlicherweise ihre wechselnden Rohre und Blätter mit dem Mundloch der Flöte vergleichen, das ihnen dagegen als Konstante erscheint. Sie übersehen dabei aber, daß das Mundloch nur einen Teil der Anblasvorrichtung darstellt und daß das „Luftblatt" der Flöte täglich, ja stündlich, Schwankungen unterworfen ist, die von dem ewigen Einfluß der Temperatur, der Witterung, der Speichelzusammensetzung und des Gemütszustandes auf die das Luftblatt formenden und leitenden Lippen herrührt. Schon Tromlitz sagt: „Zufällen ist dieses Instrument vor allen andern ausgesetzt, — so kommt denn die immerwährende Klage der Flötisten, daß sie keinen Ansatz haben, wenn sie spielen sollen." Der Flötenansatz ist der einzige, bei dem die Lippen ohne irgendeinen Halt durch Umschließen eines Rohres oder Schnabels oder durch Anpressen an ein Kesselmundstück in schwebender Spannung über dem Mundloch den Ansatz formen, der überdies, da ein Überblasloch wie bei der Blockflöte, Oboe und Klarinette fehlt, wie auf den Trompeteninstrumenten die Obertöne durch veränderte Stellung „wählen" muß.

Die Ansatztechnik.

Die klassische Ansatzregel lautet: „Man spanne die aufeinandergelegten Lippen in den Mundwinkeln an und lege die Flöte so ans Kinn, daß der Rand des Roten der Unterlippe mit dem Rand des Mundlochs abschneidet und die Unterlippe das Mundloch zu einem Viertel bedeckt."

Diese Regel ist im einzelnen Falle nicht streng durchführbar, da jede Mundpartie anders gebaut ist. Mancher Flötist setzt die Flöte tiefer, mancher höher an, der eine muß das Mundloch mehr, der andere weniger decken, um einen schönen Ton zu bekommen. Auch eine geringe Drehung des Kopfstücks bzw. des Mundlochs in Abweichung von der Mittelachse der Löcher nach außen oder inner ist individuell bedingt. Entscheidend ist der Klang und die reine Intonation, für die es die günstigste Stellung herauszufinden gilt. Das Aufsuchen dieser individuellen Ansatzstellung — entsprechend der „Singestellung" der Kopf- und Kehlkopfmuskeln beim Gesang — erfordert lange Zeit und wird durch Töneaushalten erprobt und geübt.

Das Kopfstück darf nur leicht in der Kinngrube anliegen, ohne einen Druck auf die Zahnwurzeln des Unterkiefers auszuüben, der mit der Zeit zu Erkrankungen des Zahnfleisches und zum Verlust der Zähne führen könnte. Einer eigentlichen Stütze am Kinn bedarf das Instrument nur bei den wenigen Tönen, die ohne Daumen und (oder) ohne Zeigefinger der linken Hand gegriffen werden, wie das eingestrichene und zweigestrichene c und cis. Bei dieser Haltung bleibt der Unterlippe die notwendige Bewegungsfreiheit, und der

Ton wird leicht und schwebend. Selbst auf die Hände wirkt diese Haltung entspannend.

Die Lippen werden beim Ansetzen leicht aufeinandergelegt und über den etwas geöffneten Zahnreihen in den Mundwinkeln so angespannt, daß in der Mitte ein schmaler Spalt von etwa 7 mm Breite entsteht. Dabei dürfen die Lippen keinen besonderen Druck auf die Zähne ausüben, vielmehr muß die Muskelspannung sich elastisch selber tragen. In der dritten Oktave müssen die Lippen sich sogar etwas von den Zähnen weg und nach vorn wölben, um die hohen Töne weich und rund klingend zu machen, statt sie durch Pressen spitz und pfeifend zu erzeugen.

Von der Blockflöte her ist bekannt, daß die höheren Töne als Obertöne durch Überblasen, d. h. durch Verstärkung der Atemintensität, produziert werden, die bei der starren Kernspalte einer Beschleunigung des Luftbandes gleichkommt. Bei der Querflöte wird bei gleicher Atemintensität die nämliche Wirkung durch Verkleinern des elastischen Lippenspalts erreicht, ohne die es nicht möglich wäre, in der Tiefe forte und in der Höhe piano zu spielen. Diese Verkleinerung nimmt von den tiefen bis zu den hohen Tönen fortschreitend zu. Gleichzeitig unterstützt die Änderung des Anblaswinkels, unter welchem das Luftband die Mundlochkante trifft, die Ansprache der unterschiedlichen Register. Je mehr die Lippen, die Organe dieser Funktion, sich über das Mundloch wölben, desto horizontaler trifft das Luftband die Kante und umgekehrt.

In der Tiefe wird die Ansprache durch Vergrößerung des Spalts und mehr vertikale Anblasrichtung begünstigt, da auf diese Weise der größte Teil der Luft in das Rohr strömt und der langen Luftsäule der Grundtöne starke Schwingungsimpulse versetzt. Bei den hohen Tönen wird durch kleinen Spalt und mehr horizontales Blasen eine kleinere und höhergespannte Luftmenge schnellere Schwingungen erzeugen. Zur Herstellung dieses elastischen, beweglichen „Kernspalts“ müssen die Lippen eine große Beherrschtheit erlangen, um in ständiger Wechselbeziehung von Atemintensität, Lippenspaltgröße und Anblaswinkel die Ansprache, die Dynamik, die Intonation, den Ausdruck und das Timbre des Tons zu bestimmen. Der Ansatzwechsel zur Erzeugung der einzelnen Register darf nur ganz minimal und ohne sichtbare Bewegungen, besonders des Kinns, geschehen, vor allem aber ist das „Kneifen“ der Lippen in der hohen Lage zu vermeiden. Der Lockerheit der Oberlippe ist besondere Aufmerksamkeit zu schenken.

Die Beherrschung des Ansatzes erfordert selbst bei der günstigsten Veranlagung mehrjährige Übung. Die Kunst der Blasinstrumente ist dem Kunstgesang aufs engste verwandt und beruht auf den gleichen Grundlagen. Wie der Sänger durch Solfeggioübungen seine Stimme bildet und übt, so muß der Flötist seinen Ton durch Töneaushalten bilden und erhalten. Diese Übung geschieht zweckmäßig diatonisch, um das Gehör mitzubeschäftigen, und in den verschiedensten dynamischen Abstufungen.

Die Übungen Beisp. 4—6 enthalten konzentriert alle tonlichen Einzelstudien: 1. Töneaushalten, 2. Atemökonomie, 3. Intonationsübung, 4. Dynamik, 5. Bindungen und 6. Vibratoübung. (Transposition in alle Durtonarten.)

Das Tempo soll anfangs so genommen werden, daß die Übungen nicht zu anstrengend sind, auch darf die allmähliche Verlangsamung weniger die Lungenkapazität als die Atemökonomie steigern. Die Intervallbindungen, denen die physikalischen und die speziellen Eigenschaften des einzelnen Instruments Widerstände entgegensetzen, müssen

Beispiel 4

Beispiel 5

Beispiel 6

völlig drucklos, also ohne besondere Spannung des Atems oder der Lippen geschehen. Deshalb ist jedes Crescendo dabei zu vermeiden. Durch die Verwendung der Oktav- und Quintintervalle wird das Gehör geübt und das Instrument bzw. seine Stimmungsfehler erkannt und retuschiert. Ein schönes Vibrato, das weder zu langsam noch zu schnell sein darf, muß erübt werden, indem man es bewußt kontrolliert. Seine Grundlagen auf der richtigen Atemtechnik wurden im Blockflötenkapitel dargelegt.

Die Pariser Flötisten verwenden als tägliche Studien die nachstehenden glänzenden Intervallübungen, die legato, staccato (mit einfacher und Doppelzunge) und non-legato auszuführen sind.

Beispiel 7

A

B

Alle diese Übungen sind in sämtliche Tonarten zu übertragen. Hervorragendes Material bieten die „Tonstudien“ von Müller und die „Technischen Übungen“ von Richard Röhler. Im einzelnen Fall aber ist es Aufgabe des Unterrichtenden, Beispiele wie die Oktav- und Quintübungen für den Bedarf des Lernenden zu improvisieren.

Die Ansprache der dritten Oktave ist, weil ihre Töne doppelt überblasene Grundtöne (Duodezimen) sind, die teilweise akustisch nicht korrekt gegriffen werden können, im Piano schwierig, besonders im freien Einsatz. Deshalb müssen diese Töne durch die beschriebenen Tonstudien fleißig geübt werden. Je intensiver die höchsten Töne studiert werden, desto leichter sprechen die tieferen an.

Heikle Stellen dieser Art sind folgende:

Beispiel 8

Rich. Strauß, „Tod und Verklärung“

Zur Beförderung der leichteren Ansprache dieser Töne gibt es auch noch später zu erklärende Hilfsgriffe, welche außerdem die reine Intonation im Pianissimo ermöglichen, die auf den Blasinstrumenten sehr schwer ist. Die Flöte hat von Natur aus die Tendenz, im Forte höher und im Piano tiefer zu werden, so daß sie beim Crescendo höher, beim Decrescendo aber tiefer wird. Hier hilft zum Ausgleich der Umstand, daß beim Einwärtsdrehen des Kopfstücks bzw. des Mundlochs der Ton tiefer wird und umgekehrt. Aber die verschiedenen Mundlocharten reagieren unterschiedlich auf die Korrektur der Stimmung. Das einfache Mundloch ohne Erhöhung am Rande hat nicht wie die anderen einen einzigen günstigsten Anblaswinkel, bei dessen Änderung aus Intonationsgründen das Luftband an den Erhöhungen der Mundlochkante Nebengeräusche hervorruft, sondern jeder Winkel ist gleich günstig für die Tonerzeugung und die Intonation deshalb müheloser. Bedeutende Flötisten, wie Harzer, Prill, Fleury, Moyse und Gaubert benutzen es und mit Recht, denn der damit erzeugte Ton klingt flötenmäßiger, gebundener und singender, allerdings auch weniger voll, besonders in der Tiefe, auch ist das Staccato darauf schwerer.

Die wachsende Stärke der Orchester veranlaßte die Flötisten, sich solcher klangverstärkenden Mittel zu bedienen, der Ton wurde dadurch wohl dicker, aber keineswegs schöner und tragender.

Vom Ton.

Weit berückender als jede noch so virtuose Technik ist ein schöner Ton. Er hat das Faszinierende der menschlichen Stimme; wie sie ist er einmalig und in jedem Augenblick ein kleines Schöpfungswunder. Welch unglaublichen Zauber hat manchmal ein hingestreuter, wie verlorener Flötenton in einer Beethoven- oder Brucknersymphonie (Beispiel 9, V. Sinfonie von A. Bruckner.)

Beispiel 9

Jedes instrumentale Musizieren muß von der Vorstellung des gesungenen Tons ausgehen. Darum ist der Brauch der Konservatorien zu Wien und Brüssel, die Instrumentalschüler zu obligatorischen Singe- und Solfeggioübungen anzuhalten, nicht genug zu rühmen.

Gesanglichkeit ist die höchste Forderung an den Flötenton, und sie ist keineswegs leicht erfüllbar, zumal wenn die Dirigenten, wie es leider häufig der Fall ist, ständig den vollen Klang der Flöte verlangen, statt die unter ihr liegenden Klarinetten und Fagotte zu dämpfen. Die größte Schönheit hat die Flöte gerade in den „Mezza tinte“ (nach Quantz) im Mittelklang. Um so weißleuchtender ist dann ihr Glanz im seltenen Fortissimo. Eine typische Stelle, bei der die Flöte mit sanften Crescendi, aber im Piano führen soll, während sie in der Tat oft, um sich gegen das übrige Holz durchzusetzen, fortissimo spielen muß, ist der Brautzug aus dem „Lohengrin“. Die Nüancierungsfähigkeit geht dabei völlig verloren. Deshalb lehrt ein bekannter Pariser Flötist seine Schüler, nie über Mezzoforte hinauszugehen — cum grano salis natürlich —, selbst wenn der Dirigent Fortissimo verlangt.

Das Klangideal ist also ein reiner, nebengeräuschfreier Ton, dessen Fähigkeit, sich im großen Orchester durchzusetzen, weniger in der Dicke als in der Intensität des Klanges liegen soll. Sein Grundcharakter muß farbig, schwebend und immateriell sein, ohne den ausgesprochenen dunkelsatten Holzklang der Klarinette anzustreben, dessen blühende Üppigkeit die Flöte doch nicht erreicht. Ihr Grundtimbre liegt im Zartintensiven, deshalb soll ihr Klang nicht ständig den Orchesterklang absättigen, wie es der dicke Klang der Holzflöten häufig tut. Im Solo muß er die klangliche Kultur eines virtuos gespielten Streichinstruments haben und wie ein solches des Timbrewechsels fähig sein, der vom Unheimlich-Blassen bis zum silberhellen Glanz möglich ist. Zusammenfassend ist zu sagen, daß nicht die Al-fresco-Wirkung im großen Orchester, sondern die kammermusikalische Kultur des Klangs erstrebenswertes Ziel ist.

Die Grifftechnik.

Die Grifftechnik der Barock-Querflöte ist im Prinzip derjenigen der Längsflöte engverwandt. Wie bei dieser entstehen die Zwischentöne durch Gabelgriffe, deren Intonation sehr mühevoll mittels des Ansatzes und Drehens der Flöte korrigiert wird. In der weiteren Entwicklung der konischen Flöte wird diese Technik durch die chromatischen Klappen nur noch kompliziert. Heute ist der konische Typ trotz der Reform durch Maximilian Schwedler so gut wie verdrängt, so daß für die Darstellung seiner Grifftechnik auf Schwedlers ausgezeichnetes Werk: „Katechismus des Flötenspiels“ und auf seine Flötenschule hingewiesen wird.

Die Grifftechnik der Boehmflöte.

Die Röhre der Boehmflöte hat 13 Löcher in Halbtonabständen. Durch fortschreitendes Öffnen der Klappen über diesen Löchern erhält man folgende 14 Grundtöne (c^1 ist der Grundton der gesamten Rohrlänge):

Beispiel 10

Alle übrigen Töne müssen als Obertöne aus diesen Grundtönen erzeugt werden. Die nächsten beiden Töne d^2 und dis^2 werden wie die entsprechenden Grundtöne, aber unter gleichzeitigem Öffnen des höchsten Loches gegriffen. Dieses Loch ist bedeutend kleiner als die übrigen und ziemlich weit von seinem theoretisch bestimmten Standort weg gegen das Kopfstück zu gerückt. Dies hat seine Ursache darin, daß es außer zur Erzeugung von cis^2 auch noch als aufhellendes Schalloch für d^2, dis^2, gis^3 und a^3 dienen und deshalb eine Kompromißstellung einnehmen muß. Für dis (es)^2 liegt es bereits etwas zu tief, so daß dieser Ton, besonders im Pianissimo, stets zu matt ist. Oberhalb des cis^2-Lochs befinden sich aber noch zwei Trillerlöcher für d^2 und dis^2, ebenfalls verkleinert und nach oben versetzt wie das cis^2-Loch, die außer zu den verschiedensten Trillern noch zum Höherintonieren von dis^2 und außerdem von e^2, f^2, fis^2, dis^3, e^3, f^3 und b^3 benützt werden können. Die nächsten zehn Halbtöne müssen, da die Querflöte kein Überblasloch (Oktavklappe) wie die Blockflöte, Oboe und Klarinette hat, durch Überblasen in die Oktave produziert werden. Die dritte Oktave von d^3 an entsteht durch Überblasen in die Duodezime, aber die beim einfachen Überblasen mit Grundtongriffen entstehenden Töne sind unbrauchbar, weil sie viel zu tief sind. In Ausnahmefällen, die weiter unten angeführt werden, finden sie doch Verwendung, die eigentlichen Griffe aber sind komplizierte Gabelgriffe, Verbindungen von Oktav- und Duodezimgriffen, welche durch die vielfältige Gegenbewegung der Finger außerordentliche technische Schwierigkeiten darstellen. d^3 wird als Duodezime aus g^1 überblasen, aber dabei das kleine cis-Loch zur Aufhellung und Erhöhung geöffnet.

Dis^3	ist	ein	Kombinationsgriff	aus	gis^1	und dis^1
e^3	„	„	„	„	a^1	„ e^1
f^3	„	„	„	„	b^1	„ f^1
fis^3	„	„	„	„	h^1	„ fis^1

Bei den Tönen dis^3 bis f^3 werden nacheinander einzeln die gis-, a- und b-Klappe geöffnet. Für die Erzeugung eines gleichwertigen fis^3 müßte nun die h-Klappe einzeln zu öffnen sein. Der Mechanismus der Boehmflöte erlaubt die Öffnung dieser Klappe aber nur in Verbindung mit der b-Klappe, so daß zwei Löcher geöffnet bleiben müssen. Dadurch ist dieser Ton dem h^2 akustisch so verwandt, daß er nicht leicht anspricht, sondern ein plötzliches Anwachsen der Luftdruckkurve bedingt, wenn er nicht in das h^2 umschlagen soll. Besonders im Pianissimo ist dieser Ton gefährlich, weshalb man sich verschiedener Hilfsgriffe bedient, die in einer eigenen Tabelle zu finden sein werden.

Mit Vorteil verwenden manche Flötisten einen besonderen Hebel für den rechten Ringfinger, der unmittelbar die Klappe des g-Lochs schließt, um das Ansprache und Stimmung des fis^3 verschlechternde Schließen des e- oder f-Lochs vermeiden zu können. Die unermüdlich erfinderischen deutschen Instrumentenmacher haben längst einen Mechanismus ersonnen, der eine akustisch richtige Klappenkombination für das fis^3 automatisch ermöglicht. Er komplizierte jedoch die Mechanik so sehr, daß er sich bei den Flötisten nicht durchsetzte.

Bei der Boehmflöte mit geschlossener gis-Klappe tritt der gleiche akustische Fehler infolge der starren Verbindung der g- mit der gis-Klappe auch beim e^3 auf. Die Erfindung der e-Mechanik, durch welche beim e^3-Griff automatisch die obere gis-Klappe geschlossen wird, hat diesen Mangel behoben. Seither ist die Flöte mit geschlossenem gis der von Boehm noch mit Recht als vollkommener bezeichneten Flöte mit offenem gis in akustischer Beziehung gleichwertig. Trotzdem behelfen sich manche Flötisten noch heute ohne diese Verbesserung, so z. B. die französischen, und noch in der modernen und hervorragenden Schule von Taffanel-Gaubert wird die Bindung a^3—e^3 als gefährlich bezeichnet und so abzuändern empfohlen, wie es das Beispiel aus einer Komposition von Albert Doyen: „Nymphes et Satyres" zeigt (Beisp. 11). Leider lassen sich die Flötenbauer diese selbstverständliche Vervollkommnung des Instruments mit geschlossener gis-Klappe immer noch zusätzlich bezahlen!

Beispiel 11

Die letzten hohen Töne sind noch kompliziertere Ableitungen aus den Grundtönen. Sie werden nicht mehr als Duodezimen, also als dritte Teiltöne, sondern als vierte Teiltöne, aber erhöht und klanglich aufgehellt durch Öffnung einzelner Löcher, hervorgebracht.

Die Frage, ob die Flöte mit offener oder geschlossener gis-Klappe besser sei, ist seit der Erfindung der e-Mechanik nur mehr von den Vor- oder Nachteilen der Applikatur her zu beurteilen. Im Verlauf der Grundtonskala finden bei der Flöte mit offenem gis nur zwei rückläufige Bewegungen, und zwar von d zu dis (erst 4., dann 5. Finger rechts) und von f zu fis (2., dann 4. Finger rechts) statt, während bei geschlossener gis-Klappe noch diejenige vom 4. zum 5. Finger links (in der Folge g—gis) hinzutritt. Zu dieser physiologischen Hemmung tritt noch die mechanische des bei der geschlossenen gis-Klappe unvermeidlichen stärkeren Federwiderstands, der gerade für den kleinen Finger, besonders beim Triller, Schwierigkeiten bietet. Dieser Nachteil wird aber durch die leichtere Technik in der dritten Oktave reichlich wettgemacht. Diese Tatsache zeigt sich sofort beim Vergleich der Griffolgen dis^3—e^3, dis^3—f^3 usw. Bei geschlossenem gis treten die Gabelgriffe in Parallelbewegung auf, indes sie bei offenem gis äußerst schwierige Gegenbewegungen bilden, die eine weit durchgebildetere Technik der linken Hand erfordern. Zudem bildet das häufige Liegenlassen des 5. Fingers der Linken weniger einen Vorteil als eine Hemmung, wie sich gerade bei den klassischen Flötenstellen in der 3. Leonorenouvertüre und

in der B-Dur-Symphonie von Schumann zeigt. Ein entscheidendes Urteil spräche also zugunsten der Flöte mit geschlossenem gis und e-Mechanik, doch bestehen in der Praxis beide Arten nebeneinander.

Dagegen ist in der Frage, ob der Daumen-b-Hebel links oder rechts von der c^2-Klappe liegen soll, eindeutig für rechts zu entscheiden, da beim bisweilen unvermeidlichen Gleiten von der einen Klappe zur andern diese Bewegung in der Richtung des Fingerablaufs viel leichter ist als umgekehrt. Diese Gleittechnik soll aber so weit als möglich vermieden werden, weil sie leicht unpräzis wird und die Sauberkeit der auf Fingerkombination aufgebauten Boehmflötentechnik beeinträchtigt. Die Beherrschung des b-Griffs mit dem 2. Finger rechts ist deshalb unbedingt für eine virtuose Technik notwendig und nicht nur an H-Dur- und Fis-Dur-Tonleitern zu erarbeiten, sondern auch an den b-Tonarten, die normalerweise mit dem b-Hebel natürlich leichter auszuführen sind. Dieser Hebel wird in den b-Tonarten ständig an Stelle der c^2-Daumenklappe benutzt, so daß F-Dur die gleichen Griffolgen hat wie C-Dur, nur mit anderem Ausgangspunkt. Sie hat nur Einfluß auf das ein- und zweigestrichene h und folglich auf das dreigestrichene ges (als Teilton von $h^1 = ces^2$), so daß dieser letztere Ton, um nicht zu tief zu werden, ohne b-Hebel gegriffen werden muß. Tritt also in b-Tonarten ein zwei- oder dreigestrichenes ces (h) oder ein ges^3 (fis) auf, dann muß der Daumen den b-Hebel vorher verlassen. Dies geschieht am besten bei den Tönen, die ohne Daumen gegriffen werden, im Notfall auch durch Wegrollen des Daumens. Die Vorbereitung des Fingersatzes bei schwierigen Stellen dieser Art wird durch Fingersatzangaben, wie sie in den Schulwerken von E. Prill und R. Röhler angegeben sind, wesentlich erleichtert. o = ohne Daumen-b-Hebel; + = mit b-Hebel. Diese Zeichen über den ohne Daumen gegriffenen Tönen: c^1, c^2; cis^1, cis^2; g^3 und as^3 geben an, daß die danach folgenden Töne entweder mit oder ohne b-Hebel genommen werden müssen, um auf ein nachfolgendes b, h oder fis^3 vorzubereiten.

Beispiel 12

R. Schumann, 1. Symphonie.

Eine der schwierigsten Stellen für den ais-h-Wechsel mit dem 2. Finger rechts findet sich in dem Duett Nr. 9 aus Mozarts Don Giovanni:

Beispiel 13

Bei dieser Stelle bietet der ais-h-Trillerhebel für den 2. Finger rechts, dessen Wert nicht zu unterschätzen ist, den großen Vorteil, im Wechsel ais—gis—ais den 2. Finger rechts liegen zu lassen, während dieser Finger auf der f-Klappe die doppelte Anzahl von Bewegungen machen muß. Beim ais-h-Triller braucht der Finger nur den Widerstand einer Feder, statt dreier, zu überwinden. Weiterhin ist an der zweiten Hälfte des zweiten Takts eine besondere Eigenart der Boehmflötentechnik zu zeigen, nämlich das Liegenlassen einzelner Finger. In diesem Falle wird das fis^2 mit dem 3. Finger rechts gegriffen, der so lange liegenbleibt, wie die Klammer anzeigt.

Da die Technik der Holzblasinstrumente auf der Kombination von Tönen verschiedener akustischer Herkunft beruht, sind besonders von der dritten Oktave an die Griffolgen selbst benachbarter Töne äußerst kompliziert. So stellen häufig gerade typische Klavierfiguren, Wiederholungen von Tonfolgen im Bereich einer Quinte oder Sequenzen fast unüberwindliche technische Probleme dar. Es gibt in den Kompositionen zahlreiche Stellen, die trotz der Beweglichkeit der Flöte unbefriedigend produziert würden, wenn die Flötisten nicht zu einem Hilfsmittel griffen, den sog. Quintengriffen.

Die Quintengriffe.

Die Quintengriffe stellen nichts anderes dar, als in die Duodezime überblasene Grundtöne, welche die Flötisten sich der leichteren Augentransposition halber um eine Oktave höher vorstellen. Sie dienen zur Erleichterung von schweren Stellen der dritten Oktave und werden darum erst von g^1 ab verwendet (Beisp. 14). Nach oben werden sie in Ermangelung höherer Grundtöne durch Hilfsgriffe fortgesetzt (Beisp. 15).

Da die Quintengriffe etwas zu tief sind, wendet man sie eigentlich nur im Forte an. Typische Anwendungsbeispiele sind folgende:

Beispiel 14

Klang:
Vorstellung:
Griffe:

Beispiel 15

a^3 =
b^3 =

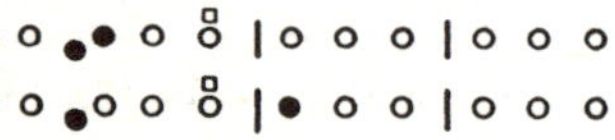

Beispiel 16

R. Wagner, Lohengrin, 1. Akt.

Beispiel 17

G. Verdi, Rigoletto, Nr. 10.

Beispiel 18

A. Bruckner, 9. Symphonie.

Beispiel 19

Die Bindung es^3—b^3—es^3 ist technisch schwierig, weil der Finger für die Trillerklappe bereits liegt. Es ist der in Beispiel 19 gezeigte „aufgehellte" Quintengriff möglich.

Die Flageolettöne.

Die komplizierten Hauptgriffe der dritten Oktave haben den Zweck, diesen Tönen einen klanglichen Eigenwert zu geben, der möglichst wenig an ihre akustische Herkunft erinnern soll, ebenso wie durch den Ansatz die zweite Oktave, die ja aus zweiten Partialtönen der ersten Oktave besteht, möglichst aufgehellt wird. Umgekehrt hat der gedeckte Flageoletklang der überblasenen Oktaven, Duodezimen und Quindezimen einen besonderen klanglichen Reiz, den komponierende Flötisten wie Doppler und unter den neueren Komponisten Ravel und Stravinski, durch eine Null über den Noten oder durch die Vorschrift: „sons harmoniques“ verlangen. Sonst ist diese Nuance meines Wissens nicht ausgenutzt worden, und doch lassen sich die Flageolets auch anderwärts mit einiger Phantasie und gutem Geschmack verwenden. Manche Linien werden erst durch sie zu der Intensität im Zarten verdichtet, die ihnen eignet. Ihr Timbre kann pastellhaft transparent oder bläßlich dumpf sein, aber auch, frei von romantischer Farbwirkung, dem Ausklang eines barocken Arioso sanfte Helligkeit verleihen.

Beispiel 20

In der Kammermusik gibt es manche Stellen, bei denen Flageolettöne klangliche Vorteile bieten, z. B. in M. Regers Serenade op. 77a, 1. Satz (Beisp. 20). Das ausklingende cis^2 als Produkt der kürzesten Rohrlänge und des kleinsten Tonlochs klingt immer etwas unglücklich. Als Flageoletton aus cis^1 gespielt, hat es gerade in der Bindung b^2—cis^2 als verminderte Septime den romantisch-verhauchenden Klang, der das sommernächtig Sehnsüchtige dieses wunderschönen Einfalls erst zum Ausdruck bringt.

Beispiel 21

Der tiefste Flageoletton ist naturgemäß das c^2, als zweiter Teilton von c^1. Er entsteht durch Überblasen des tiefen c, indem man die Atemintensität steigert und mehr waagrecht gegen die Mundlochkante bläst als bei den tieferen Registern. Durch stete Steigerung erhält man nacheinander die Naturtonreihe, deren höchste Töne freilich nicht mehr brauchbar sind, weil sie sich zu weit von der temperierten Stimmung entfernen und zu schwer ansprechen. Die Flageolets der tiefsten Töne klingen am besten. Je höher die Grundtöne, desto uncharakteristischer ist das Flageolettimbre; deshalb wirken e^2, f^2, und fis^2 — die ja auch nur überblasene Grundtöne sind, — matt und dumpf, während von g^2 ab der Klang an Helligkeit und Eigenwert zunimmt. Von hier ab wird die chromatische Reihe aber durch die Duodezimflageoletts der tiefsten Grundtöne fortgesetzt. Von c^3 an sind die Flageolets als Quindezimen hervorzubringen. Die höchsten Töne sind in der Ansprache sehr schwierig, weshalb die hohen Flageolets in der Sonate für Flöte und Klavier von Willem Pijper (Oxford university press) im Pianissimo kaum ausführbar sind (Beisp. 22).

Beispiel 22

Die Hilfsgriffe.

Neben den Originalgriffen gibt es noch eine Reihe anderer, die der reinen Intonation im Pianissimo förderlich sind und ohne die es im Zusammenspiel mit den andern, hauptsächlich den Holzblasinstrumenten unmöglich ist, rein zu stimmen. Insbesondere den Flöten fällt die Aufgabe zu, die Stimmungsschwankungen der Holzbläser auszugleichen, eine sehr undankbare Aufgabe, da jede in den Mittelstimmen auftretende Differenz in den Flöten als den am höchsten liegenden Stimmen, speziell in Parallelführungen, besonders hörbar zutage tritt, so daß oft die Flötisten fremde Sünden büßen müssen. Die anderen Holzblasinstrumente haben die natürliche Tendenz, im Forte tiefer und im Piano höher zu werden, die Flöte hingegen hat die umgekehrte Neigung. Die Wirkung im Orchesterzusammenspiel ist katastrophal, wenn ihr nicht durch die Anstrengung aller Beteiligten entgegengewirkt wird. Das Auswärtsdrehen der Flöte im Pianissimo genügt oft nicht mehr, um das Hochtreiben der Stimmung besonders durch die Klarinetten und Fagotte zu paralysieren; rechnet man noch die Sinkungstendenz der Flöte hinzu, dann müßte die Flöte so weit nach außen gedreht werden, daß der Ton an Qualität einbüßen würde. Deshalb bedient man sich hauptsächlich zur reineren Intonation von Pianissimo-Akkorden der Hilfsgriffe. Auch müssen die Töne je nach ihrer Funktion als Akkordbestandteile verschieden intoniert werden. So bedarf die Quinte eines Dreiklangs oder Sept-Akkords einer besonders hohen Intonation, weshalb das b^3 in der Mignon-Ouvertüre und im dritten Entreacte von Carmen am besten folgendermaßen gegriffen wird: ● ●H ○ ● ●(□) | ○ K ○ ● | ● ○ ○. Außerdem gibt es eine Reihe von vertiefenden Hilfsgriffen, die im Fortissimo gute Dienste leisten. Diese sowie eine dritte Art zur Erleichterung gewisser Bindungen werden in der gegenüberstehenden Tabelle besonders bezeichnet.

Die Artikulation.

Der einfache Zungenstoß.

Der Zungenstoß ist das Mittel, den Tönen ihren Anfangsimpuls zu geben. Wie bei der Längsflöte schlägt die Zunge mit der Spitze hinter der oberen Zahnreihe, in dem Winkel zwischen dem Gaumen und den Oberzähnen an. Dort bildet sie das Sperrventil für die angestaute Blasluft, die erst dann ausströmen kann, wenn die Zunge bei der Artikulation der Stoßsilbe in die Normalstellung zurückspringt. Die Dauer des Tons und seine Prägnanz ist von der Geschwindigkeit, mit der die Zunge an den Gaumen zurückkehrt, und von dem Härtegrad des anschlagenden Konsonanten abhängig, dessen Varianten von d bis t, vom weichsten Tonansatz bis zum härtesten Akzent führen. Der nachfolgende stumme Vokal zur Vervollständigung der Silbe tritt in den verschiedenen Schulen in den Varianten: te, ta, ti, tü und te (mit der französischen Aussprache als sehr offenes ö) auf.

Die Wahl dieses, wenngleich ohne Beteiligung der Stimmbänder artikulierten Vokals ist jedoch keineswegs gleichgültig, weil jeder von ihnen eine andere Mundstellung bedingt. Um ein möglichst klares, nebengeräuschfreies Anstoßen der Töne zu erzielen, gilt es den Vokal zu suchen, welcher bei seiner Artikulation der Mundstellung beim Ansatz am nächsten kommt, d. h. welcher dabei die geringste Formänderung der Lippen hervorruft. Jede Konturänderung des Lippenspalts führt zu einer Ablenkung und Deformierung des Luftbandes, die das Anstoßen der Töne „spuckend" klingen läßt. Aus diesem Grunde ist das bei manchen Flötisten noch gebräuchliche „Durchstoßen" der Zunge durch die offenen Zahnreihen hindurch und gegen die Lippen verwerflich.

Die Untersuchung der einzelnen Selbstlauter auf ihre Brauchbarkeit hin, mittels tönender Artikulation in Ansatzstellung der Lippen, aber ohne Instrument, zeigt, daß

Beispiel 23

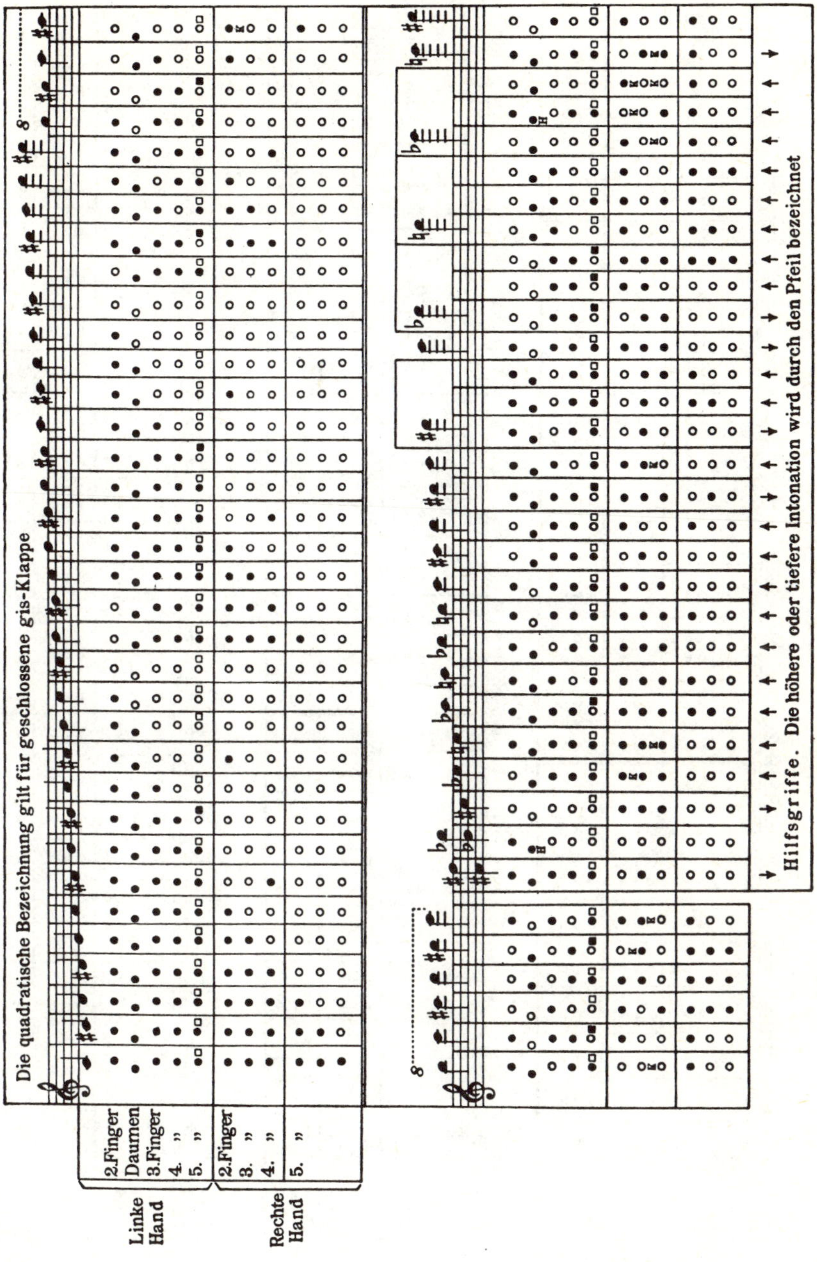
Die quadratische Bezeichnung gilt für geschlossene gis-Klappe
8
Hilfsgriffe. Die höhere oder tiefere Intonation wird durch den Pfeil bezeichnet
2.Finger
Daumen
3.Finger
4. „
5. „
2.Finger
3. „
4. „
5. „
Linke Hand
Rechte Hand

Trillertabelle für die Boehmflöte mit offener oder geschlossener gis-Klappe.

Beispiel 24

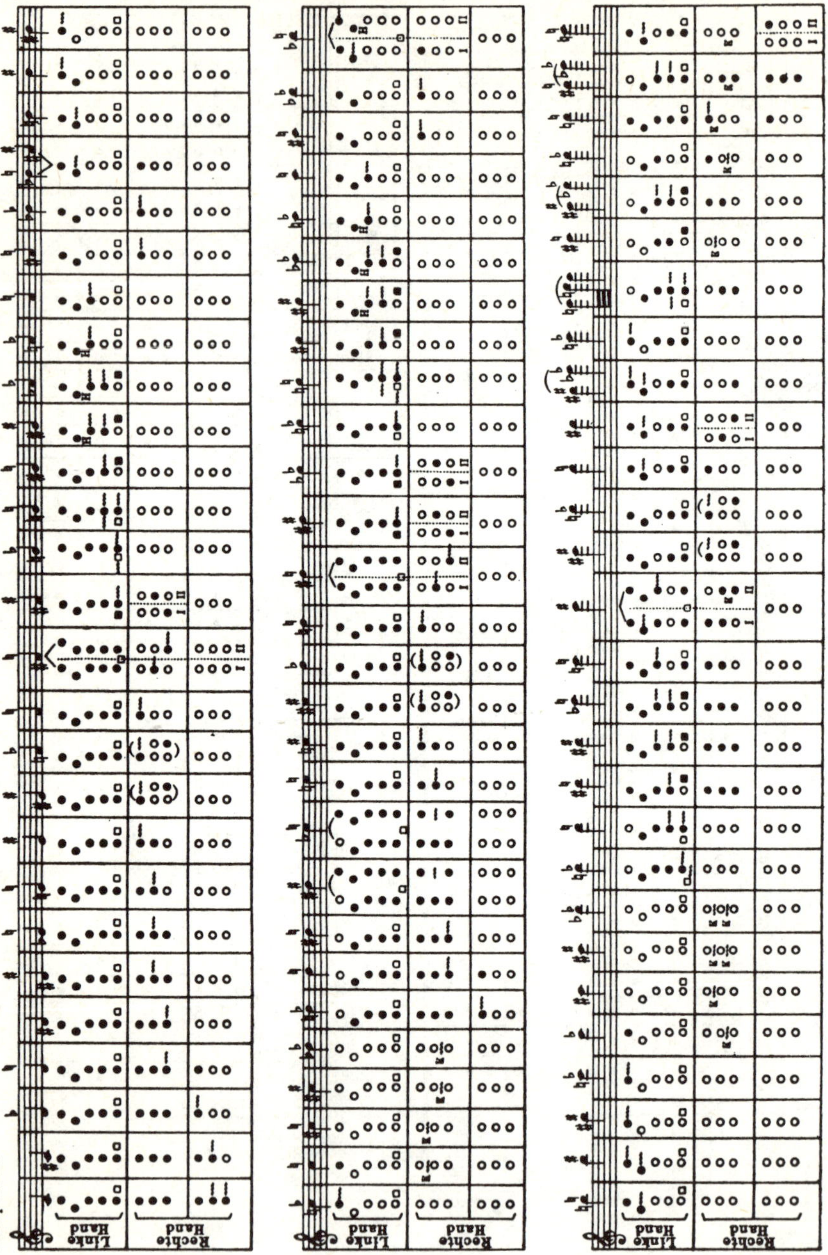

die Verwendung von a, e und i eigentlich unmöglich ist, ohne die Spannung der Lippen zu verändern. Es erklingt vielmehr ein nach Ü hinneigendes Ö.

Tatsächlich entspricht die kleine, etwas breitgezogene Mundöffnung des Flötenansatzes der des aus O und E entstandenen Mischvokals Ö, der auch in dem Vokaldiagramm von Schultz und du Bois-Reymond (Physiologie des Menschen und der Säugetiere) als **Mittelwert** zwischen den Grundvokalen A, I und U auftritt:

A
Ä A
E Ö O
I Ü U

Statt also erst ti, te, tü oder ta zu versuchen, wird man ein reineres und lockereres Staccato gleich mit offenem tö üben, wie es auch in der hervorragenden „Méthode de Flûte" von Taffanel-Gaubert gelehrt wird.

Der einfache Zungenstoß muß mit großer Sorgfalt geübt werden. Die Lippen dürfen nicht die geringste Bewegung machen, der Anstoß der plötzlich gegen sie strömenden Luft wirft sie ohnedies, besonders in der hohen Lage, immer etwas auf. Die Bewegungen der Zunge müssen klein und zweckmäßig nur mit der Spitze geschehen. Die Anwendung des einfachen Zungenstoßes wird nur durch das Tempo begrenzt.

Der Doppel- und Tripelzungenstoß.

Der einfache Zungenstoß ist dem Abstrich des Violinbogens vergleichbar. Wie dieser nützt er bei ständiger Wiederholung nur die Hälfte der Bewegungen aus und findet bei gesteigertem Tempo bald seine Grenzen. Wie nun bei der Bogentechnik die Umkehrung der Bewegung, der Aufstrich, zur Verdoppelung der Tonimpulse ausgenutzt wird, so geschieht dies bei der Flöte vermittels einer perpendikularen Silbenartikulation, bei der statt einer zwei Silben, in verschiedener Rhythmisierung als Duolen oder Triolen auftretend, abwechselnd in Anwendung gelangen.

Die erste Silbe ist die des einfachen Stoßes, tö, die zweite kö. Zur Artikulation der letzteren wölbt sich der Zungenrücken in seinem hinteren Teil gegen den Gaumen und bildet mit dem Gaumensegel zusammen ein zweites Sperrventil, das sich bei der Silbe kö öffnet. In der Fortsetzung dieser Bewegung stößt die Zungenspitze wieder hinter die Zahnreihe, und das Spiel beginnt von neuem. Dadurch entsteht eine Pendelbewegung, die sich ohne Ermüdung der Zunge nahezu beliebig lange fortsetzen läßt.

Indessen ist die gute Ausführung der Doppelzunge, die sich bei wirklicher Beherrschung von der einfachen Zunge nicht unterscheiden darf, sehr abhängig von der Gleichwertigkeit der beiden Silben. Die Gaumensilbe bleibt stets stumpfer als die andere, deshalb ist der Ausgleich von der wandlungsfähigeren Zungensilbe her zu gestalten, indem man die ke (dö ke) statt ti ke artikuliert. Auf diese Art entsteht ein rundes, nicht zu spitzes Staccato, das Wohlklang und Prägnanz vereint (Beisp. 25).

Beispiel 25

Die Doppelzunge wird bei Duolen, die Tripelzunge bei Triolen angewandt. Die letztere entsteht durch Verlagerung des rhythmischen Akzents aus der Doppelzunge. Diese

Art ist am wenigsten ermüdend und besonders brauchbar für rhythmische Brechungen eines Einzeltons, wie bei den Holzbläsertriolen im „Tannhäuser“ und im „Lohengrin“, oder für sehr schnelle Staccatopassagen, wie im zweiten Akt der „Meistersinger“:

Beispiel 26

Beispiel 27

Allerdings hat diese Stoßart den Nachteil, daß die zweite Triole stets mit der stumpferen Silbe beginnt. Dies vermeidet die andere Artikulation tö kö tö — tö kö tö — tö kö tö (Beisp. 27), die aber schwieriger auszuführen ist, weil leicht der Rhythmus  entsteht. Dafür ist sie bei Triolen mit wechselnden Tonhöhen brauchbarer und eleganter. Eigentlich ist sie eine Mischung aus einfacher und doppelter Zunge, ähnlich wie die von Taffanel-Gaubert für mittelschnelle Tempi empfohlene Artikulation (Beisp. 28).

Beispiel 28

Unregelmäßig beginnende Staccatopassagen wie im Finale der ersten Symphonie von Beethoven werden gemäß Beispiel 29 ausgeführt.

Beispiel 29

Allegro molto e vivace

Unvollständige Triolen wie im zweiten Finale von „Aida“ beginnen mit der Duolenartikulation.

Beispiel 30

Piu mosso (♩= 144)

Die Artikulation für punktierte Rhythmen.

Bei Rhythmen der folgenden Art tritt die Artikulation: tö—rö in Anwendung, die auf der Flöte von glänzender Wirkung ist. Die Zunge wird dabei aufwärts gegen den Gaumen gebogen, so daß sie die Zähne nicht mehr berührt. Auf diese Weise entsteht der Ansatz zum Zungen-r, das jedoch nur anschlagen, nicht rollen darf, um den Ton nicht zu verwischen (Beisp. 31).

Beispiel 31

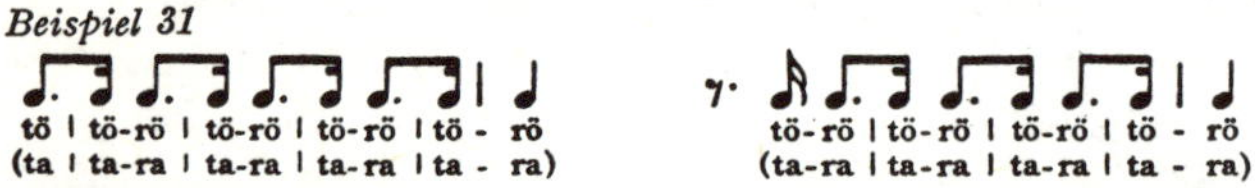

Flötisten, die kein Zungen-r sprechen können, müssen nach dem Beispiel der Sänger und Schauspieler seine Beherrschung durch geeignete Übungen wie te—le—te—le zu erreichen suchen, da die Artikulation mit dem Rachen-r nicht zu machen ist. Bei gänzlicher Unfähigkeit zum Zungen-r kann als — wenn auch nicht vollwertiger — Ersatz die Doppelzunge im punktierten Rhythmus dienen.

Die Flatterzunge.

Sie wird bereits in der ersten Hälfte des 19. Jahrhunderts in dem Übungswerk op. 105 von Caspar Kummer: „Der Zungenstoß bei dem Flötenspiel“ erwähnt und von dem Verfasser in einem Variationenstück verwandt. Aber erst Richard Strauß hat sie in die Orchestermusik eingeführt. Sie wird durch die fortgesetzte Artikulation eines mit dem Konsonanten d eingeleiteten rrrr auf einer Legatokette von Tönen hervorgebracht.

In der neueren Kammermusik ist sie von Darius Milhaud und Sigfrid Karg-Elert in Sonaten sehr reizvoll verwendet worden.

Das Legato und Non-Legato.

Beim Legato werden alle Noten unter einem Bogen durch den Atem gebunden. Nur der erste Ton wird mit der Zunge angestoßen. Ein gutes Legato setzt eine sichere Ansatztechnik und größte Exaktheit der Fingerbewegungen voraus. Die Flöte gilt als das beweglichste Holzblasinstrument, und die Komponisten können ihr mit Recht Virtuosität zumuten, aber trotzdem gibt es auch bei diesem Instrument erhebliche Hemmungen, die in seiner Natur begründet liegen. Gewisse Verbindungen von Tönen, deren Bestandteile grundtonverwandt sind, sind nur durch Ansatzwechsel wie auf den Trompeteninstrumenten zu erreichen. Sie stellen infolgedessen einen technischen Widerstand dar, der in schneller Bewegung und bei Wiederholungen bedeutend anwächst. Er ist um so störender, als er nur vereinzelt, zwischen flüssigen Bindungen, auftritt. Eine typische Stelle dieser Art findet sich im „Rheingold" (Beisp. 32).

Beispiel 32

Das as^2 ist der zweite Teilton von as^1, es^3 der dritte Teilton, also der zweite Abkömmling von as^1, wenngleich er auch als Mischling von es^1 und as^1 erscheint. Diese Grundtonverwandtschaft verhindert die glatte Bindung beider Töne, die nur bei leichtem, sicherem Ansatz gelingt.

Zwischen Legato und Staccato gibt es viele Varianten, die in allen Flötenschulen angeführt sind, obwohl sie zum Teil kaum noch praktisch auftreten:

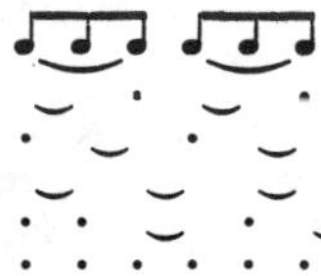

Das Non-legato ist der Überrest der „sprechenden" alten Artikulation. Es wird durch „non-legato" gefordert und so ausgeführt, daß pausenlos Ton an Ton gereiht wird, wobei jeder Ton artikuliert wird. Sein Extrem ist das „portato" (getragen), das durch Bogen mit Punkten gekennzeichnet ist. Es wird mit ganz weichem dö artikuliert, während der Atem gleichsam legato weiterströmt. Fälschlicherweise wird diese Artikulation manchmal wie diese gemacht: 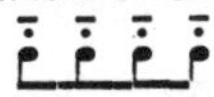

Diese Spielart erfordert das leichte Abheben jeder Note durch eingeschobene kleine Pausen.

Die Artikulation des 18. Jahrhunderts.

Wie wichtig die Artikulation für die Gestaltung der Barockmusik ist, wird erst klar, wenn sie in der Notation ganz oder teilweise fehlt. Insbesondere beim Blasinstrument bedeutet sie eine nicht zu umgehende Frage. Zwar ist die Kritik des Musikers von heute bereits so geschärft, daß er die im spätromantischen Sinne „phrasierten" Bearbeitungen einer überlebten Editionspraxis ablehnt, aber nicht ohne weiteres befähigt ihn diese Erkenntnis zu stilsicherer eigener Artikulation.

Woher rührt diese Unsicherheit des so instinktsicheren Praktikers? Hatte die Barockmusik ihre eigene Artikulation? Was ist das Wesentliche dieser alten Artikulation?

Die Untersuchung des Artikulationsproblems in der Barockmusik wurde bisher meistens mit den Mitteln der Ästhetik geführt. Die handwerkliche Gestaltung aber blieb den Instrumentisten überlassen, die sie zunächst mit den modernen Artikulationsmitteln zu lösen versuchten, deren virtuoser Reichtum keiner historischen Kritik unterzogen wurde. Fragt man sich aber, was denn eigentlich die Bearbeitungen alter Musik so stillos wirken läßt, dann sind es eben die angewandten Artikulationen. Diese Erkenntnis vermitteln uns weniger die modernen Instrumente, als die alten Klavierinstrumente, Gamben, Kurzhalsgeigen, und die alten Blasinstrumente, deren Spieltechnik darauf hinweist, daß die Artikulation selbst Stilbestandteil und als solcher ebenso dem Wandel unterworfen war wie der Klang. Über diese Tatsache geben die alten Instrumentalschulen sichere Auskunft. In der Flötenschule von Quantz (18. Hauptstück) von 1752 findet sich eine bemerkenswerte Polemik gegen Vivaldi und Tartini, die eine Auseinandersetzung mit dem virtuosen italienischen Stil darstellt: „Die Veränderung des Geschmackes in der Musik hat sich, ohngefähr seit den fünf und zwanzig letztvergangenen Jahren, bey den Tonkünstlern der welschen Nation, ... gewiesen. Dieser Geschmack ist aber so gerathen, daß er ... im Singen unmöglich nachgeahmet werden kann, folglich nur denen Violinisten, die von der wahren guten Singart vielleicht wenig Empfindung haben, allein eigen bleibt. — Sein (Tartinis) Spielen hat zwar, weil es etwas neues zu seyn geschienen, bey denen, die das Instrument verstehn, viel Verwunderung, — weil er vielerley Arten und Schwierigkeiten des Bogenstriches erfunden — bey andern aber desto weniger Gefallen erwecket... Man findet auch, daß die itzigen italiänischen Violinisten fast alle in einerley Geschmacke spielen: wodurch sie sich aber von ihren Vorfahren nicht auf die beste Art unterscheiden. Der Bogenanstrich, welcher auf diesem Instrumente, wie der Zungenstoß auf Blasinstrumenten, die Lebhaftigkeit der musikalischen Aussprache wirken muß, dienet ihnen öfters nur, wie der Blasebalk bey einer Sackpfeife, das Instrument auf eine leyernde Art klingend zu machen. Sie suchen die größte Schönheit da, wo sie nicht zu finden ist, nämlich in der äußersten Höhe, am Ende des Griffbretes, sie klettern darauf immer in die Höhe, wie die Mondsüchtigen auf den Dächern herum, und verabsäumen darüber das wahre Schöne, das ist, sie berauben das Instrument mehrenteils seiner Gravität und Anmut, welche die dicken Seyten zu wirken fähig sind. Sie halten es im Allegro für was besonders, eine Menge Noten in einem Bogenstrich herzusägen. Diejenigen Zuhörer, welche von gutem Geschmacke sind, müssen deswegen öfters alle Mühe anwenden, um das Lachen zu verbergen."

Wie eine persönliche Kontroverse mutet die gleichfalls polemisch gehaltene Verteidigung des neuen Artikulationsstils in dem vier Jahre danach erschienenen „Versuch einer gründlichen Violinschule" Leopold Mozarts an (5. Hauptstück): „Zur Gleichheit und Reinigkeit des Tons trägt auch nicht wenig bei, wenn man vieles in einem Bogenstrich weiß anzubringen. Ja, es läuft wider das Natürliche, wenn man immer absetzet und ändert. Ein Singer, der bei jeder kleinen Figur absetzen wollte, Atem holen, und bald diese, bald jene Note besonder vortragen wollte, würde unfehlbar jedermann zum Lachen bewegen ... Man bemühe sich also, viele Noten auf einem Bogenstriche und zwar so vorzutragen, daß die zusammengehörigen Noten wohl aneinander gehänget und nur durch das forte und piano voneinander unterschieden werden."

Wichtig ist, daß beide Polemiken sich auf das Vorbild des Sängers berufen, nur ist bei Quantz der Barocksänger, bei Leopold Mozart der virtuose Belcantist gemeint. Noch 1791 ist die Auseinandersetzung nicht abgeschlossen, im Sterbejahr Mozarts! In diesem Jahr erscheint die große Flötenschule von Tromlitz, in welcher der Verfasser sagt: „Geschwinde Passagen ohne Zunge oder ohne Sprache zu machen, ist wahrlich eine schlechte Kunst ... es wird ein elend Geleyere."

Diese wenigen Ausschnitte aus den weitläufigen Auseinandersetzungen in den alten Schulen zeigen, wie die Stilwende Barock-Rokoko vorwiegend als Artikulationsfrage diskutiert wurde. Quantz vertritt klar und deutlich das barocke Artikulationsideal: „Der Bogenstrich, welcher auf der Violine wie der Zungenstoß auf den Blasinstrumenten, die Lebhaftigkeit der musikalischen Aussprache wirken muß ..." Die Artikulation dient also nur der Verdeutlichung der musikalischen Linie, ihre Grenzen sind die des Sangbaren. Sie „dient" noch, ohne sich zum Selbstzweck zu erheben, sie verschwindet auch nicht einfach im unartikulierten Legato, das den Zweck der virtuosen Temposteigerung hat. Für Quantz ist die Musik noch die geistige, überpersönliche Kunst, der die Mittel und der Darstellende dienen. Darum ist seine leidenschaftliche Ablehnung des neuen Stils verständlich. Dieser entfernt sich von dem geistigen Bereich der reinen Musik noch mehr als der Spätbarockstil durch das Eindringen der Affekte, indem er der persönlichen Wirkung Raum gibt. Die Violinmusik wird von Virtuosen nach ihren Spielbedürfnissen geschrieben. Die Interpretation wird nun zur dämonischen Kunst (Teufelstrillersonate von Tartini!), das Tempo, im Barock nur auf Deutlichkeit angelegt und mit mäßiger Differenz zwischen Schnell und Langsam, wird nunmehr mittels unartikulierten Legatos zur kühn-verblüffenden Schnelligkeit gesteigert. Die lebendige Artikulation verwandelt sich in die starre Formel der virtuosen „Strichart". Typisch dafür sind die Artikulationen 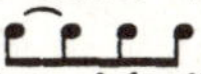 und , von denen Tromlitz in seiner „Kurzen Abhandlung vom Flötenspielen" von 1786 sagt, daß sie „itzo Mode seien". In der nachfolgenden Zeit verkümmerten die charakteristischen älteren Artikulationen und wurden bald unverständlich und mit ihnen der Darstellungsstil der alten Musik. Umgekehrt soll nun durch die Untersuchung der vier bedeutendsten Flötenschulen des 18. Jahrhunderts der Darstellungsstil aus den alten Artikulationen abgeleitet werden, das Ästhetische aus dem Handwerklichen. Nirgends ist die Artikulation enger mit der ursprünglichen Sprachbedeutung verknüpft als beim Blasinstrument, denn der Bläser „artikuliert" tatsächlich mit dem Werkzeug der Sprache, der Zunge, förmliche Silben.

Als Grundlagen dienten folgende Schulen, die einen Überblick über das ganze Jahrhundert geben: Louis Hotteterre le Romain, Principes de la Flûte Traversière ou Flûte Allemande, de la Flûte à bec et de l'hautbois (1707). Joachim Quantz, Versuch einer Anweisung, die Flöte traversiere zu spielen (1752). Joh. Georg Tromlitz, Kurze Abhandlung von Flötenspielen (1786). Joh. Georg Tromlitz, Ausführlicher und gründlicher Unterricht, die Flöte zu spielen (1791). Zum Vergleich diente die Schule der Beethovenzeit: T. Berbiguier, „Nouvelle Méthode de la Flûte" (1820).

Die Artikulationsformen der alten Schulwerke in tabellarischer Übersicht.

	Einfacher Zungenstoß	Bindsilbe	Punktierstoß	Doppelzunge	
Hotteterre . .	tu (tü)	ru (rü)	tŭ-rū (tŭ-rū)		
Quantz	ti und di	ri	tĭ-rī	did'll	
Tromlitz . . .	ta und da	ra	tă-rā	tad'll	
Berbiguier . .	tu (tü) und du (dü)	—	dŏu-gūē	dou (du) -gue (gö)	(heute ti-ke oder tö-kö)

Diese Tabelle veranschaulicht die Entwicklung der Flötenartikulationen, den Ausfall bestimmter Formen und die wesentliche Verwandlung anderer.

Der einfache Stoß als die Urform der Artikulation zeigt außer den hier weniger wichtigen Vokalvariierungen bei Quantz bereits die weichere Nuance des di. Quantz erklärt (6. Hauptstück): „Wenn die Achtel im Allegro Sprünge ausmachen, so haben sie ti. Folgen aber andere Noten darauf, welche stufenweis auf- oder niederwärts gehen, sie mögen aus Achteln, Vierteln oder weißen Noten bestehen: so wird das di gebraucht. Striche bedeuten ti": 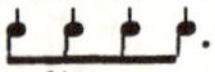. Daraus geht hervor, daß der härtere Staccatostoß ti verhältnismäßig selten, nur im lebhaften Satz bei Sprüngen angewandt wurde, wenn er nicht besonders gefordert wurde. Die Hauptartikulation unbezeichneter Töne ist also ein gesangsmäßiges Portato. Dies drückt klar Tromlitz im Artikulationskapitel seiner Schule von 1791 aus: „Ich habe gesagt und sage es noch, daß unser Muster der gute Sänger sei ... er gibt seine Töne nicht hart an, sondern jeder Ton wird bey ihm gelinde markiret, dahero sind sie einander immer gleich; es ist nicht einer länger oder kürzer, härter oder weicher, heller oder stumpfer als der andere; sie scheinen alle aneinander zu hängen, kleben aber nicht zusammen, sondern sind alle besonders bezeichnet, und jedes, auch das kleinste, und in der allergrößten Geschwindigkeit hervorgebrachte Intervall ist richtig." Der einfache Stoß ist unverändert auch heute noch die Grundartikulation.

Erst die zweite, als Bindsilbe bezeichnete ist eine typische alte, heute ausgestorbene Artikulation. Bereits bei Berbiguier wird sie nicht mehr angeführt. Sie ist zu stumpf, um selbständig aufzutreten, vielmehr kommt sie nur in Verbindung mit tu in Anwendung, um zwei zusammenzugruppierende Töne enger zu binden, ohne doch durch Legatobindung das Eigenleben des zweiten Tons auszulöschen. Wir haben damit eine Form vor uns, die mit dem Diri-diride der alten Kunstpfeiferregeln identisch ist, eine zwischen Legato und Staccato stehende eigenartige Artikulation, die das Wesen der alten Instrumentalsprache als gesangliches Non-legato enthüllt. Hotteterres Regel lautet: „Bei zusammenhängenden, steigenden oder fallenden Achteln nimmt man auch tu, aber man vermischt es mit ru, wie man im folgenden sieht":

Beispiel 33

Der Punktierstoß entsteht durch die stereotype Zusammenfassung der tu—ru-Gruppe in jambischem Rhythmus. Quantz fordert ihn für alle Passagen mittlerer Geschwindigkeit, da „bei geschwinden Passagen die Zunge keine gute Wirkung tut, weil die Noten dadurch alle einander gleich werden; welche doch, dem guten Geschmack gemäß, etwas ungleich sein müssen". Es müssen also die „anschlagenden" Harmonietöne länger gehalten werden als die Durchgangstöne — eine akustische Parallele zum optischen Bild des reinen Satzes, in dem die Durchgänge und Vorhalte häufig klein notiert wurden. Später wird diese Praxis als punktierter Rhythmus notiert und zur virtuosen Artikulationsformel.

Die Doppelzunge macht eine besonders wichtige Entwicklung durch. Sie wird erst von Quantz angeführt, der sie (nach Tromlitz) zuerst bekanntgemacht haben soll.

Quantz sagt darüber: „Die Doppelzunge wird nur zu den allergeschwindesten Passagien gebraucht. Fehlt es an der nötigen Schärfe, dann kann man die rollenden Passagien nicht brillant und lebhaft genug vortragen.“ Rollende Passagen sind nach K. Kummer Tonfolgen aus Tonleitern im Gegensatz zu „springenden“ Passagen. Die Übung dieser alten Doppelzunge zeigt, daß sie keinerlei Ähnlichkeit mit der späteren Staccatodoppelzunge für virtuose Staccatoketten hat, sondern weich mouillierenden Charakter wie die Bindsilbe. K. Kummer interpretiert sie in seiner Zungenstoßlehre (erste Hälfte des 19. Jahrhunderts) als schon veraltete, aber noch beherrschte Übung vom Standpunkt des 19. Jahrhunderts aus wie folgt: „Dieser Zungenstoß war früher am meisten gebräuchlich ... Es eignen sich zu dieser Artikulation am besten weich abzustoßende Passagen. ... so möchte wohl dafür die Bezeichnung über den Noten ⌢. . . . zweckmäßig sein.“

Damit ist wohl erwiesen, daß die Doppelzunge der Barockflötisten keine Staccatoartikulation war und, da es keine geläufigere gab, daß schnelle und zusammenhängende Staccatoläufe nicht existierten. Weiterhin ist festzustellen, daß die Grundartikulation ein klares Non-Legato war.

Das Legato wird in allen vier Schulen des 18. Jahrhunderts erst nach den genannten Artikulationen und in lakonischer Kürze behandelt, so daß man es als weniger wichtig betrachtet ansehen kann. Hotteterre sagt nur: „Es ist noch auf die Bindungen (coulez) aufmerksam zu machen. Das sind zwei oder mehrere Noten auf ein und demselben Zungenstoß, was durch Bogen über oder unter den Noten bezeichnet wird.“ Quantz spricht gleichfalls von „zwei oder mehreren Noten“, ebenso Tromlitz. Vorherrschend ist demnach die Bindung von zwei Tönen, aus welchen Gründen wird sich bald zeigen.

Beispiel 34
Aus Hotteterre

Port-de-voix:

Coulement:

Accent:

Liaison:

Es ist festzustellen, daß diese Beispiele alle etwas Gemeinsames haben. Die angebundenen Töne sind melodische Dissonanzen, Durchgangstöne, Vorhalte, Vorausnahmen und Wechselnoten, Harmonietrübungen also, deren Auflösung in die Konsonanz des gleichen oder des folgenden Akkords erfolgt. Die dissonanten Töne sind gleichsam Überdehnungen der Akkorde, die sich im Legato gleitend zusammenziehen. Ihre Unselbständigkeit wird durch das Legato dokumentiert. Das Legato dient also zunächst der Verschmelzung von dissonanten mit konsonanten Melodieschritten, erst im weiteren Sinne dem Ausdruck von Affekten und zuletzt dem unartikulierten Legatissimo.

Auffallend ist der große Raum, den die Artikulation in den alten Schulen einnimmt. Hier ist die Ergänzung zu der mangelnden Artikulierung der Kompositionen. Die Artikulation war eines der wichtigsten Unterrichtsgebiete, denn sie war ein Teil der lebendigen Improvisationspraxis, wie das Generalbaßspiel, die Auszierung der langsamen Sätze, die Manieren und Kadenzen. Dagegen spricht auch die wunderbar sorgfältige und lebendige Artikulation in Bachs bezeichneten Werken nicht, die als Beispiele unersetzlich sind. Auch sie verleugnen den Improvisatocharakter nicht, da sie Varianten zeigen, die einmal diese, einmal jene Motivbildung hervorheben. Diese beim eigenen Artikulieren zunächst beunruhigende Tatsache, zu keiner endgültigen absoluten Lösung zu gelangen, ist nur ein Beweis für den unerschöpflichen inneren Reichtum der Barock-, insbesondere der bachischen Melodik, in deren großem Verlauf noch viele andere Melodien strömen. Jede neue Artikulation, wenn sie nur Tromlitz' Forderung, „sich von des Setzers Gedanken und Gefühl nicht zu weit zu entfernen", erfüllt, ist nur eine neue Belichtung des Reichtums der Barocklinie, so wie das Auge eines Beschauers mit wechselndem Standpunkt immer neue Schönheiten entdeckt, wenn es bald diese, bald jene Teile eines Gemäldes, aber stets in Beziehung auf das Ganze, sinnvoll betrachtet.

Die kleine und die Altflöte.

Von der alten Querflötenfamilie existieren heute neben der gewöhnlichen großen Flöte nur noch die kleine oder Pikkoloflöte und die Altflöte.

Die Pikkoloflöte ist ein transponierendes Instrument. Ihr tiefster Ton wird als d^1 notiert, erklingt aber als d^2, weshalb die italienische Bezeichnung auch Ottavino lautet. In Anlage und Griffweise ist sie nur eine verkleinerte Ausgabe der großen Flöte und wird deshalb von den Flötisten, selbst von den zu Pikkolobläsern bestimmten, leider gern als „Nebeninstrument" behandelt. Das ist nicht verwunderlich, denn das Pikkolo ist gewiß kein sehr schönes, kantables Tonwerkzeug. Nichtsdestoweniger erfordert seine Beherrschung besondere Übung und ein eigenes Spezialistentum, denn es ist durch seine Kleinheit und Höhe ein äußerst „gefährliches" Instrument, dessen hohe Lage nur mit großer Kunstfertigkeit piano zu spielen ist, und dessen Intonation durch das kleine Mundloch noch labiler ist als die der großen Flöte. Vom viergestrichenen fis aufwärts sind die Töne im freien Einsatz nicht mehr piano oder gar pianissimo zu bringen, h^4 und c^5 sprechen überhaupt nicht mehr auf allen Instrumenten an. Dem Orchestertutti gibt es in dieser Lage ein scharfes Zweifußregister, seine schrillen Aufschreie im Fortissimo dienen seit Beethoven zu dramatischen Akzenten. In den übrigen Lagen ist das Pikkolo weicher und kann in der Hand der Spezialisten, wie sie die großen Orchester sich leisten können, zierlich und mäuschenhaft flink (wie im Till Eulenspiegel von R. Strauß) klingen.

Die Altflöte ist gleichfalls ein transponierendes Instrument und wird in f- und g-Stimmung gebaut. Sie klingt dann entsprechend eine Quinte oder Quarte tiefer als notiert, d. h. der allgemeine Griff für c^1 ergibt als Klang das kleine f oder g. Da die Löcher der großen Röhre für die Finger zum Teil unerreichbar weit auseinander liegen, werden die Deckelklappen mittels Hebelübertragung wie beim Saxophon von einem Griffdeckelsystem in normaler Mensur betätigt. Der Klang der Altflöte ist dunkel, quellend und orgiastisch. Leider hat das wirklich schöne Instrument trotz seiner Verwendung in Orchesterwerken von Pfitzner und Weingartner noch keine weitere Verbreitung gefunden, ausgenommen in moderner Kammermusik (Trio für Flöte, alternierend mit Altflöte, Bratsche und Cello von Hans Schröder).

Die Klarinette.

Die stumme Vorbereitung.

Name, Wesen und Entwicklung.

Die Urform der Klarinette entstammt den alten Kulturen Vorderasiens. Sachs weist als ihre Heimat Ägypten nach, von wo aus sie den Weg nach Europa antrat und als Volksinstrument in allen Sprachen anzutreffen war. In Frankreich war sie als Chalumeau im Gebrauch, in Deutschland als Kirbenpfeiff. Der letztere Name deutet auf den speziellen Gebrauch als Vulgärmusikinstrument zum Bauerntanz hin, wozu der fröhlich lärmende Ton der Klarinette von jeher diente. Der helle und gegenüber der Flöte und Oboe sehr starke und durchdringende Klang der höheren Töne bot nach dem Aussterben der hohen Zinken willkommenen Ersatz für die immer noch höfisch privilegierte Trompete. Aus dieser Ersatzverwendung für das Klarinregister der Trompete leitet sich ihr französischer Name Clarinette, zu deutsch also Trompetchen, her.

Die Klarinette ist eine Pfeife mit aufschlagender Zunge. Die von den Bläsern „Blatt" genannte Zunge wird aus einem hauptsächlich in der Provence gehegten Schilfrohr, arundo donax, verfertigt. Aus dem bambusähnlichen Rohrholz, dessen Qualität, abhängig von der Reife, Porendichte und Trocknungsweise (unter zeitweiligem Umkehren des geschnittenen Rohres zwecks Säfteabflusses) „tonangebend" ist, werden flache Segmentabschnitte zu rechteckigen Zungen verarbeitet, die an einem Ende dünn gefeilt werden. Dieses Blatt wird auf die offene Rückseite des Schnabels, die Bahn, aufgebunden oder aufgeschraubt. Da die Bahn eine leichte Krümmung hat, steht das schwingende Blattende vom oberen Ende des Mundstücks etwas ab. Durch die eingeblasene Luft wird nun das Blatt derart in Schwingungen versetzt, daß es abwechselnd den Zugang zur Röhre sperrt und wieder kraft seiner Eigenelastizität in seinen Ruhezustand zurückkehrt. Dadurch wird die Luftsäule in der Röhre in Longitudinalschwingungen versetzt.

Das Blatt der Klarinette ähnelt also der aufschlagenden Zunge einer Zungenpfeife der Orgel, zeigt aber in der physikalischen Wirkung große Unterschiede. Die Zunge einer Orgelpfeife dient der Erzeugung nur eines einzigen Tones, der aus der Eigenschwingung dieser Zunge entsteht. Die Tonhöhe ist daher lediglich abhängig von der Länge, Dicke und Elastizität der Zunge, nicht aber von der Länge der zugehörigen Pfeife, die bei den Zungenpfeifenregistern bezeichnenderweise Aufsatz oder Schallbecher heißt und nur klanglichen Einfluß hat.

Bei der Klarinette (und den anderen Rohrblattinstrumenten) dagegen steht die Schwingungsfrequenz der Zunge in Wechselwirkung mit der Länge der in der Röhre schwingenden Luftsäule, die Tonhöhe ist demnach abhängig von der Röhrenlänge, also von dem Öffnen oder Schließen der Grifflöcher.

Die Klarinette besteht aus folgenden sechs Teilen: Dem Blatt, dem Mundstück oder Schnabel, der Birne, dem Mittel- und Unterstück und dem Becher. Als Material dient hauptsächlich Schwarzgrenadill, bisweilen auch Cocopoloholz.

In Frankreich werden außerdem Silberklarinetten (nicht zu verwechseln mit Sopransaxophonen) und in England für Militärzwecke Hartgummiinstrumente hergestellt.

Die Bohrung der Klarinette ist überwiegend zylindrisch, gegen den Fuß zu erweitert sie sich leicht parabolisch und geht dann in den stark konischen Schallbecher über. Die Klarinette verhält sich wie eine gedackte (am unteren Röhrenende verschlossene) Pfeife, d. h. ihr Umfang reicht bei annähernd gleicher Röhrenlänge bedeutend tiefer als der von Flöte und Oboe, und die Grundtöne, das Schalmeiregister, klingen dumpfer und hohler. Vor allem aber überbläst die Klarinette unter Überschlagung der Oktave gleich in den dritten Teilton, die Duodezime, und dann wieder, die zweite Oktave überschlagend, in den fünften Teilton, so daß das Instrument für die chromatische Reihe zwischen dem tiefsten Grundton und seinem Überblasprodukt e—h^1 18 Löcher bzw. Klappen benötigt. Dadurch wird die Applikatur noch komplizierter als die der oktavierenden Blasinstrumente.

Die Weiterentwicklung des alten Chalumeau zum Kunstinstrument erfolgt im letzten Jahrzehnt des 17. Jahrhunderts durch die Verbesserung von Joh. Christoph Denner in Nürnberg, der die Erfahrungen des verfeinerten Flöten- und Oboenbaues auf die Kirbenpfeiff übertrug. Er gab dem Instrument eine a^1- und eine h^1-Klappe. Diese letztere wurde von seinem Sohn Jakob Denner zum b-Loch verkleinert und durch Höherrücken gegen den Schnabel zum obenständigen Überblasloch umgewandelt. Nach unten erweiterte er den Tonumfang durch ein e—h^1-Loch, das mittels einer Langstielklappe durch den kleinen Finger der linken Hand geschlossen wurde. In der weiteren Entwicklung im 18. Jahrhundert werden die von der Oboe übernommenen Doppellöcher für b—h und c^1—cis^1 und die Gabelgriffe durch chromatische Klappen ersetzt. Die Vermehrung der Klappen in der Wende vom 18. zum 19. Jahrhundert beschränkt sich auf die Anbringung doppelter Griffhebel einzelner Klappen zur Bindung von Tönen, die durch die einfache Applikatur nur gleitend zu erreichen war, und auf die Bereicherung der Trillermöglichkeiten durch Hinzufügung verschiedener Trillerklappen.

Damit war die Entwicklung der Klarinettenapplikatur parallel zu jener der konischen Flöte im Anfang des 19. Jahrhunderts im Prinzip abgeschlossen, bis der Ringklappenmechanismus der Böhmflöte neue Anregungen gab. Er führte zu der Anbringung kleiner Stimmungskorrekturlöcher (Resonanzklappen), die durch die Ringklappen (Brillen) über den Grifflöchern automatisch geöffnet und geschlossen wurden, und auch zur Konstruktion von Klarinetten mit vollständigem Böhm- (Ring- oder Deckelklappen-) Mechanismus, die hauptsächlich in Frankreich geblasen werden. Die deutsche (verbesserte Bärmann-) Klarinette ist ein Mitteltyp, der den Ringklappenmechanismus teilweise verwendet.

Zwischen der deutschen Klarinette und dem romanischen Böhminstrument besteht außer dem Applikatur- auch ein Klangunterschied, der die entsprechenden Klangideale deutlich demonstriert.

Die deutsche Klarinette klingt satter, dunkler und üppiger als die französische Böhmklarinette, deren Klang flacher und weniger warm, dafür aber glatter und unbelasteter, gleichsam sachlicher ist. Zu den nämlichen Ergebnissen führt der Vergleich zwischen der deutschen und der französischen Oboe und zwischen der alten und der Böhmflöte.

Die Entwicklung hat zugunsten der französischen Oboe und der Böhmflöte entschieden. Ob die Böhmklarinette den von Berlioz angekündigten Siegeszug noch antreten wird, bleibt abzuwarten.

Ihrer Abstammung nach steht die Klarinette zunächst in starkem Gegensatz zu der stillen Klangwelt der Gamben, Lauten und Violen. Sie ist als Chalumeau ein Freiluftinstrument wie die Schalmei und die Müsette, deren scharfer Klang geeignet war, den Lärm der Geselligkeit zu übertönen und fröhliche wie traurige Weisen aus dem Empfindungskreis der Volksmusik zu spielen.

Ihren Eintritt in die Kunstmusik verdankt sie zunächst nur ihrem starken Ton als Ersatz für die hohen Trompeteninstrumente. Erst allmählich wird sie neben Oboen und Querflöten selbständig verwendet. Keiser und Telemann benutzten bereits das neue Instrument, wenn auch unter dem alten Namen „Chalumeau" in einigen ihrer Werke (Keiser im „Crösus", 1711 und in seiner Serenata, 1716, Telemann im „Sieg der Schönheit", 1722).

Der Affektcharakter der Klarinette kam dem Klangwillen des Rokoko entgegen. Mit der Steigerung des subjektiven Ausdrucks in der Musik nimmt ihre Verwendung noch im 18. Jahrhundert stark zu. Mozart beschäftigt sie aufs wunderbarste in seinen Opern und Symphonien und schenkt ihr zwei herrliche Werke in dem Konzert in A-Dur und in dem Quintett für Klarinette und Streichquartett. Die starke Gegensätzlichkeit ihrer Register, ihre alle andern Blasinstrumente übertreffenden Espressivomöglichkeiten stellten die Klarinette an Ausdrucksfähigkeit den Streichinstrumenten am nächsten und ließen sie zum Klangideal der Romantik werden, so daß der Bau der Flöten, Oboen und Fagotte im 19. Jahrhundert von ihr beeinflußt wurde.

Die herrlichste Würdigung vom Standpunkt der Romantik hat die Klarinette in der Instrumentationslehre von Berlioz-Strauß erfahren. Ist die Oboe der naive, lyrische Sopran im Orchester, die Flöte der Koloratursopran, dann ist die Klarinette die dramatische Sängerin, die des tiefen Altregisters ebenso mächtig ist wie starker, akzentuierter Soprantöne und dramatischer Koloratur. Ihr Klang geht von der dunkelmatten, im Forte aber auch rauh-drohenden Tiefe der Schalmeitöne in die schwärmerische Milde und Verträumtheit der Mittellage und schließlich in den schneidenden und infernalischen Glanz der hohen Töne der drei- und viergestrichenen Oktave über. Das tiefe Register hat einen eigenartigen, gleichsam nachhallenden Klang, als ob das Instrument in einem überakustischen Raum geblasen würde. Im Fortissimo ist sein Charakter dröhnend, im Piano düster und unheimlich. Das mittlere Register der überblasenen Duodezimen ist von beispiellosem Wohlklang, besonders im Piano. Die Höhe klingt im Piano berückend weich, im Forte aber brillant.

Diese Klangeigenschaften und die einzigartige Schwelldynamik vom unhörbaren Einsatz bis zum Fortissimo und wieder zurück zum zartesten Verhauchen machten die Klarinette zum wichtigsten Requisit der romantischen Musik. Weber hat bereits vieles Grundsätzliche der späteren romantischen Klarinettenbehandlung vorausgenommen. Der Prototyp dieser Verwendung ist die Freischütz-Ouvertüre. Beethoven verwendete die edle Kantabilität der Klarinette aufs schönste, ohne ihr viel technische Virtuosität zuzumuten. Der Unterschied etwa zwischen der Behandlung der Flöte als kantablem wie als virtuosem Instrument und der Klarinette als reinem Gesangsinstrument wird am besten klar bei dem Vergleich der jeweiligen Partien in der Eroika-Symphonie und in der 3. Leonoren-Ouvertüre. Bedeutende Soli finden sich auch in den Werken Schuberts und Mendelssohns (Hebriden-Ouvertüre), Brahms, Bruckners, Verdis (Die Macht des Schicksals) und Respighis. R. Wagner hat viele seiner schönsten Stellen aus dem Klarinettenklang heraus empfunden. Es sei nur an die herrlichen Amselrufe im 2. Akt der „Meistersinger" erinnert, in denen die Stimmung eines Sommerabends zauberhaft eingefangen ist:

Beispiel 1

R. Wagner, Meistersinger 2. Akt

Durch R. Wagner und R. Strauß wurden die virtuosen Anforderungen an die Klarinette enorm gesteigert. Als Beispiel sei auf die im Abschnitt „Grifftechnik" zitierte Solostelle der beiden Klarinetten im 3. Akt des „Rosenkavalier" hingewiesen. In der neueren Musik erteilte besonders Stravinski („Die Geschichte des Soldaten") der Klarinette sehr schwierige und interessante Aufgaben.

In der Kammermusik des 19. Jahrhunderts wurde die Klarinette als das romantische Holzblasinstrument bei weitem am reichsten von den großen Meistern bedacht. Beethoven, Schubert, Schumann, Brahms und Reger schrieben Kammermusikwerke, C. M. von Weber zwei Konzerte und ein Konzertino mit Orchester.

Beim Probespiel werden dem Klarinettisten hauptsächlich folgende Stellen vorgelegt:
Beethoven, 6. Symphonie, 4. Symphonie.
Liszt, Die Kadenzen aus den Rhapsodien.
Schumann, 1. Symphonie, 1. Satz.
Adam, Entreacte-Solo aus „Postillon von Lonjumeau".
Rossini, Barbier von Sevilla.
Wagner, Walküre, Götterdämmerung, Meistersinger, Tannhäuser.
Strauß, Rosenkavalier und Till Eulenspiegel.
Verdi, Solo aus „Die Macht des Schicksals".

Umfang, Stimmung und Notation.

Die Klarinette hat den enormen Umfang von fast vier Oktaven (e bis c^4, das R. Strauß in seiner Oper Guntram sogar solistisch und im Piano verlangt). Sie wurde schon von Denner in verschiedenen Stimmungen gebaut. Heute sind als Hauptinstrumente die in a und b (und die Baßklarinette in B), weniger häufig die in c, d und es im Gebrauch. Die Notation erfolgt transponierend in Griffschrift. Der Griff c^1 produziert stets den Ton, nach welchem die Klarinette benannt ist.

Auf der c-Klarinette erklingt demnach c^1 wie c^1.
„ „ b- „ „ „ „ „ b.
„ . a- „ „ „ „ „ a.

Auf der d-Klarinette erklingt demnach c^1 wie d^1.
„ „ es- „ „ „ „ „ es^1.
„ „ Baßklarinette in B erklingt demnach c^1 wie B.

Für die Wahl der Stimmung war ursprünglich nur die Bequemlichkeit der Griffweise bzw. die Erzeugungsmöglichkeit der einzelnen Tonarten maßgebend, deren Schwierigkeit mit der Entfernung von der Grundtonart des Instruments erheblich anstieg. Erst mit der Zeit wurde der Klangunterschied der einzelnen Klarinetten ein Faktor der Komposition. Die Klangfarbe ist der Röhrenlänge und -weite proportional. Je größer die Klarinette, desto dunkler ist ihr Timbre, je kleiner, desto heller und schreiender.

Die b-Klarinette gilt den Klarinettisten als das Hauptinstrument, das besonders zum konzertanten Solospiel dient. Die a-Klarinette mit ihrem edlen und dunklen Klang ist schon seit Mozarts Klarinettenkonzert und -quintett das bevorzugte Kammermusikinstrument. Sie ist auch im Tonumfang die weiträumigste, da ihr tiefster Ton e als kleines cis erklingt. Heller und glänzender ist der Klang der oft unersetzlichen c-Klarinette. Leider wird ihre Stimme nicht selten von den im Transponieren sehr geübten Klarinettisten auf der b-Klarinette wiedergegeben. Die d- und es-Klarinetten klingen noch schärfer. Sie geben dem modernen Orchester hohe Diskante und dienen in der Programmusik oft zu scherzhaften Effekten. Das beste Beispiel dafür ist die d-Klarinette im „Till Eulenspiegel" von R. Strauß.

Die Haltung.

Die Klarinette wird hauptsächlich vom rechten Daumen unter der Daumenstütze getragen. Der linke Daumen bedient das obenständige Griffloch und die Duodezimklappe, die sechs mittleren Finger die Grifflöcher und benachbarten Klappen, die kleinen Finger die übrigen Klappen. Die Körperhaltung muß bei allen Blasinstrumenten, da neben dem äußeren auch ein inneres Organ, die Lunge, wichtige Funktionen hat, zwar aufrecht, aber ungezwungen und muskulös entspannt sein. Dann treten nur die zum Atmen und zur Technik notwendigen Muskelgruppen, nicht aber andere unfreiwillig in Funktion. Besonders die Hals- und Kehlkopfmuskulatur neigt zur Verkrampfung und wirkt dann verengend auf den Ton ein. In einer entspannten harmonischen Gesamthaltung verwirklichen sich alle Anforderungen an die Zweckmäßigkeit der Atmung wie der Technik von selber. Die Ellenbogen werden nicht an den Brustkorb angepreßt sein sondern mäßige Fühlung halten, die Finger so über den Klappen und Löchern schweben, daß auch Gleitbewegungen, wie die des linken Zeigefingers und des linken Daumens, möglichst zweckmäßig werden. Die Haltung ist also keine periphere, an Einzelheiten zu lehrende, sondern eine zentrale Angelegenheit.

Die Atemtechnik.

Die Grundlagen der Atemtechnik sind bereits in der „Atemübung" der Blockflöte behandelt worden. Der Luftverbrauch beim Klarinettenspiel ist etwas geringer als der bei der Flöte, aber erheblich höher als der bei der Oboe, sodaß der Bläser kaum in die Lage kommt, überschüssige Luft durch die Nase abgeben zu müssen oder gar einer neuen Einatmung eine Ausatmung vorangehen zu lassen. Die Einatmung erfolgt durch Öffnen der Mundwinkel und durch die Nase. Der Atemverbrauch hängt wie bei der Flöte von der Intensität, Stärke, Länge und Lage einer Stelle und von der Stärke des Blattes ab. Mit einem „sch weren" Blatt ist die Anstrengung beim Blasen wesentlich höher als mit einem leichten.

Die klingende Vorbereitung.

Die Blastechnik.

Die physiologische Voraussetzung beim Klarinettenansatz ist wie bei allen Blasinstrumenten ein vollständiges, regelmäßiges und lange Erhaltung versprechendes Gebiß sowie ein normaler Mundbau und gesunde Innenorgane.

Das Mundstück wird, mit dem Blatt nach unten, auf die leicht über die Unterzähne gezogene Unterlippe gelegt. Die oberen Schneidezähne werden unmittelbar auf demselben angesetzt. Die Oberlippe legt sich dicht über die Oberzähne und den Schnabel und in den Mundwinkeln an die Unterlippe, damit nicht ein Teil der Blasluft an dem Mundstück vorbeiströmen und störende Zwischengeräusche erzeugen kann. Die Backen dürfen nicht aufgeblasen werden. Um dies zu verhindern, sollen sie so viel als möglich eingezogen werden. Außer zum luftdichten Abschluß am Mundstück dient die Unterlippe insbesondere zu einer zweiten, viel wichtigeren Funktion, nämlich zum Ansatz, das heißt: zur Herstellung der richtigen Proportion zwischen der Länge der schwingenden Luftsäule und der Länge des schwingenden Blatteils.

Durch leichtes Anspannen der Unterlippe über den Unterzähnen wird nämlich das im Ruhezustand etwas von der Bahn des Mundstücks abstehende Blatt mehr oder weniger an dieselbe angelegt. Dadurch wird die schwingende Blattlänge verkürzt und ihre Schwingungsfrequenz erhöht. Je höher ein Ton und damit seine Schwingungszahl ist, desto stärker muß der Lippendruck sein und umgekehrt. Bärmann sagt deshalb in seiner Klarinettenschule mit Recht, daß jeder Ton eigentlich seinen eigenen Ansatz habe. Da der Druckunterschied aber ganz minimal ist und ein Zuviel den Ton gepreßt macht, wird in der Lehrpraxis vielfach von einem gleichbleibenden Ansatz gesprochen, der nicht verändert werden dürfe. Besser ist jedoch der Hinweis darauf, daß die Ansprache eines höheren (Ober-) Tons nicht nur durch den Lippenansatz, sondern auch — sogar hauptsächlich — durch die richtige Proportionierung der Atemintensität bestimmt wird. Erst durch das Zusammenwirken der beiden Faktoren mit dem entsprechenden Griff entsteht der gewünschte Ton.

Auch die Unterschiede der Klangstärken und der Timbrewechsel beruhen auf dem feinfühligen Wechselspiel von Lippen und Zwerchfell.

Es liegt in der Natur der Rohrblattinstrumente, im Forte tiefer und im Pianissimo höher zu werden. (Auf der Flöte ist es bekanntlich umgekehrt!) Je stärker ein Ton sein soll, desto mehr Luft muß in das Instrument strömen, je leiser, desto weniger. Da nun das Blatt vor der Öffnung des Mundstücks wie ein Ventil wirkt, neigt der Bläser unwillkürlich dazu, es als ein solches zu benützen. Beim Lockern des Ansatzes im Forte läßt es dann wohl mehr Luft durchströmen, zugleich wird aber durch die größere schwingende Blattlänge der Ton vertieft. Umgekehrt neigt man dazu, im Pianissimo die Durchblasöffnung zu sehr zu verkleinern, wodurch das Blatt verkürzt und damit der Ton zu hoch wird. Nur durch den richtigen Ausgleich zwischen der Lippenspannung und der Atemintensität ist eine reine Stimmung möglich. Die Gefahr einer Gewöhnung des Ohrs an jene gewissermaßen organischen Intonationsfehler ebenso wie die an bestimmte unreine Töne des Instruments beim Alleinüben ist stärker als der Schüler oft glaubt. Es ist deshalb sehr notwendig, beim Töneaushalten mit Schwelldynamik das Klavier zur Kontrolle heranzuziehen.

Wie für die Dynamik, so dient der Ansatz auch für die Nuancierung des Klanges. Ein und dieselbe melodische Linie läßt sich mit dem verschiedenartigsten Timbre wiedergeben. Sie kann dadurch einen ausgesprochenen Soloklang oder den unauffälligen Charakter einer Begleitstimme bekommen. Ein typisches Beispiel für die Wichtigkeit der Timbreunterschiede bildet die folgende Unisonomelodie in der Oper „Die Macht des Schicksals" von Verdi, die von Flöte, Oboe und Klarinette gespielt wird:

Beispiel 2

Die Stelle soll gedämpft und halblaut klingen, ohne daß das einzelne Instrument hervortritt. Nur wenn alle drei Instrumente ihren Klang völlig einander annähern, entsteht die von Verdi beabsicht gte Wirkung eines einzigen neuen und nie zuvor gehörten Instruments.

Vom Ton.

Carl Bärmann hat in seiner Klarinettenschule eine vortreffliche Definition des Klangideals der Klarinette gegeben:

„Schön ist der Ton, wenn er einen vollen vibrierenden, metallartigen hellen Klang hat und in allen Nuancen und Lagen denselben Charakter behält, bei größter Kraft seine Schönheit nicht verliert und keinen schneidenden Eindruck hinterläßt, dann so ausdrucks- und bildungsfähig ist, daß er in den zartesten Stellen sich leicht und bindend bei allen Tönen behandeln läßt, mit einem Wort, einer vorzüglich schönen, hellen Sopranstimme ähnlich ist. Ist diese hohe Lage schön (welche auch auf der Klarinette die schönste ist), so sind die unteren Töne von selbst gut, und dann ist man auf der rechten Spur. Doch wenn der Ton auch alle diese Eigenschaften besitzt, und es fehlt ihm . . . die Seele, so ist alles Bemühen und Streben sinnlos."

Entscheidend ist aber weniger das Volumen als die Tragfähigkeit des Tons, und es ist wichtig, festzustellen, daß die beiden Begriffe nicht identisch sind. Die Schönheit eines Tons beruht hauptsächlich auf der Geschlossenheit des Klanges. Das Töneaushalten, das langsame, stufenweise Üben vom kleinsten bis zum größten Intervall, ist das beste Mittel, einen schönen Ton zu bekommen. Zugleich bietet es ohne jede Ablenkung auf andere Teilgebiete Gelegenheit, sein Instrument und sich selbst hören und beurteilen zu lernen. Übungen solcher Art sind innerhalb dieses Rahmens nur als Schema anzudeuten, in der Praxis aber durch Transposition und Wechsel von Dynamik und Intervallfolgen unendlich zu variieren.

Beispiel 3

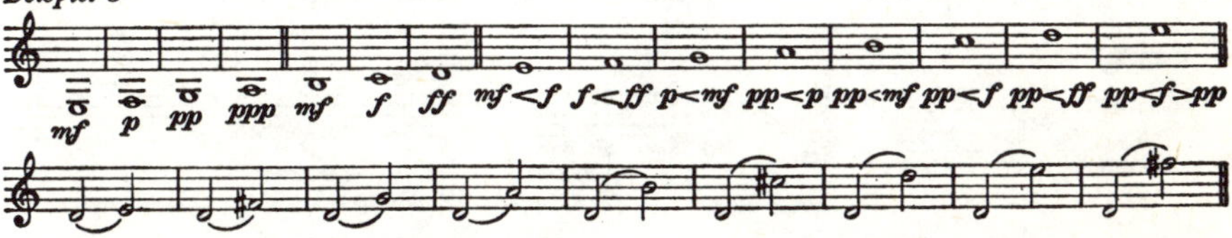

Wie der Sänger durch tägliche Übung seine Stimme erhält und weiterbildet, so muß auch der Bläser täglich, und sei es auch nur eine Viertelstunde lang, an der klanglichen Beherrschung seines Instruments arbeiten. Nur dann wird er Meister seines Instruments und, wenn dazu noch eine lebhafte Phantasie und die Fähigkeit innerlichen Hörens und Singens kommt, Künstler sein.

Das Blatt und das Mundstück.

Wie der Querflötist von der Beschaffenheit seines „Luftblatts", also von seinem Ansatz, so hängt der Klarinettist (und jeder Rohrblattbläser) von der Qualität des Blattes ab, das er meistens selbst verfertigt. Diese Arbeit bedeutet eine jahrelange Übung erfordernde und zeitraubende handwerkliche Kunstfertigkeit neben der eigentlichen musikalischen Tätigkeit. Das Blatt wird aus dem rohen Rohrholzabschnitt allmählich herausgearbeitet, und zwar zunächst nach Meßwerkzeug und Augenmaß. Zuletzt entscheidet aber nur noch das Lippengefühl und das Ohr die Feinausarbeitung des angeblasenen Blatts mittels Feile und Schachtelhalm.

Wie jedes Flötenmundloch, als mit der Hand hergestellt, von jedem anderen für die feinnervigen Lippen verschieden ist, so ist auch kein Blatt oder Rohr wie das andere. Das eine ist besser für die Höhe, das andere für die Tiefe, dieses für die Kantilene und jenes für das Staccato. Ein „schweres" Blatt oder Rohr neigt zu tieferer Intonation, veranlaßt aber den Bläser infolge der schwereren Ansprache zu stärkerem „Anfassen", d. h. Lippendruck, wodurch der Ton zeitweise zu hoch wird. „Leichte" Blätter neigen durch ihre bessere Ansprache zu allzu lockerem „Anfassen" im forte und damit zu einem zu tiefen Intonieren.

Ein wichtiger Faktor ist auch die Bahn des Mundstücks, dessen verschieden herstellbare leichte Kurve das Blatt mehr oder weniger von der Bahn abstehen läßt. Je mehr das Blatt absteht, desto höher muß seine Elastizität und demnach der aufzuwendende Lippendruck sein. Die Bohrung und Mensur des Mundstücks und der Birne haben entscheidenden Einfluß auf die reine Stimmung der überblasenen Duodezimen, jedoch ist hier ein Kompromiß notwendig, da das gleiche Mundstück sowohl für die kürzere b- wie für die längere a-Klarinette verwendet wird. Der Grund, weshalb der Bläser nicht für jedes Instrument ein besonderes Mundstück hat, liegt in der Unmöglichkeit, innerhalb oft weniger Sekunden sich auf unterschiedliche Blätter und Mundstücke umzustellen. Man steckt stattdessen das Mundstück von der einen Klarinette auf die andere um. Dabei kommt als weitere Fehlerquelle noch erschwerend hinzu, daß das einzutauschende Instrument kalt und folglich zu tief ist. Zum Ausgleich der Stimmungsdifferenz müssen die Funktionen dienen, die man unter dem Begriff „Ansatz" zusammenfaßt. Die tiefsten Töne sind jedoch verhältnismäßig wenig beeinflußbar.

Die Grifftechnik.

Die Grundlagen der Klarinettenapplikatur veranschaulicht folgendes Schema:

Beispiel 4

Die Grundtöne sind als weiße, die überblasenen Töne als schwarze Noten dargestelt. Da zwischen dem tiefsten Ton e und seinem ersten Überblasprodukt, der Duodezime h[1], 19 Halbtonstufen liegen, muß die Röhre von 18 Löchern durchbohrt sein. Diese Löcher sind zum größeren Teil von geschlossenen Klappen bedeckt, weil zum Spielen nur neun Finger zur Verfügung stehen.

Der historischen Entwicklung gemäß liegt der Technik der Klarinette wie der aller Holzblasinstrumente ein diatonisches Griffprinzip zugrunde. Die progressive Öffnung der sieben Grifflöcher von unten nach oben ergibt die G-Dur-Tonleiter. Sie ist auf dem oben angegebenen Schema besonders bezeichnet. g^1 wird wie cis^2 auf der Querflöte ohne Anwendung eines Griffs gespielt. Die Klappen der Töne unterhalb g werden von den beiden kleinen Fingern bedient, von denen der linke außerdem die Hebel der as- und b-Klappen betätigt.

Die übrigen drei Grundtöne, gis^1, a^1 und b^1, müssen durch besondere Klappen am oberen Ende produziert werden. Das mittlere Glied des linken Zeigefingers bedient die gis-Klappe, das äußerste des gleichen Fingers die a-Klappe, die bei manchen Modellen automatisch die gis-Klappe offen hält. Der Daumen öffnet die b-Klappe, die, zusätzlich außer der a-Klappe gegriffen, b^1 erzeugt und außerdem von h^1 ab als Duodezimklappe (in den Schulen oft fälschlich als Oktavklappe bezeichnet) zum Überblasen dient.

Diese drei höchsten Grundtöne klingen der kurzen Rohrlänge halber dumpf und sind wenig beeinflußbar. Außerdem ist ihre schnelle Verbindung mit andern Tönen sehr schwierig und unterbricht leicht den Fluß der Technik. Stellen, wie die folgende aus der „Zigeunerbaron"-Ouvertüre von Joh. Strauß, sind darum schwer auszuführen, ebenso die nachfolgende aus dem „Rosenkavalier", welche die gleichen Schwierigkeiten bietet:

Beispiel 5

Johann Strauß, Zigeunerbaron

Beispiel 6

Rich. Strauß, Rosenkavalier *

* Mit Genehmigung der Firma Adolph Fürstner, Berlin W 35. Copyright 1910 by Adolph Fürstner.

Auch das Mittelglied des rechten Zeigefingers hat besondere Funktionen. Es betätigt die verschiedenen Klappenhebel des Mittelstücks. Die technische Beherrschung der Klarinette erfordert infolge ihres komplizierten Mechanismus große Virtuosität. Zur Erleichterung dient wie auf der Flöte das zeitweilige Liegenlassen einzelner Finger in Akkorden und Läufen. Auch zur Stimmungs- oder Klangkorrektur verwendet man veränderte Fingersätze, die um so variabler sind, je höher die Lage ist. Diese Praktiken werden in der Klarinettschule von Bärmann ausführlich behandelt.

Das tiefe Register von e bis b^1 heißt Schalmeiregister. Das Duodezimenregister, die Mittellage, geht von h^1 bis c^3. Von cis^3 ab, der hohen Lage, sind die Töne fünfte und

Beispiel 7

Grifftabelle der deutschen Klarinette.

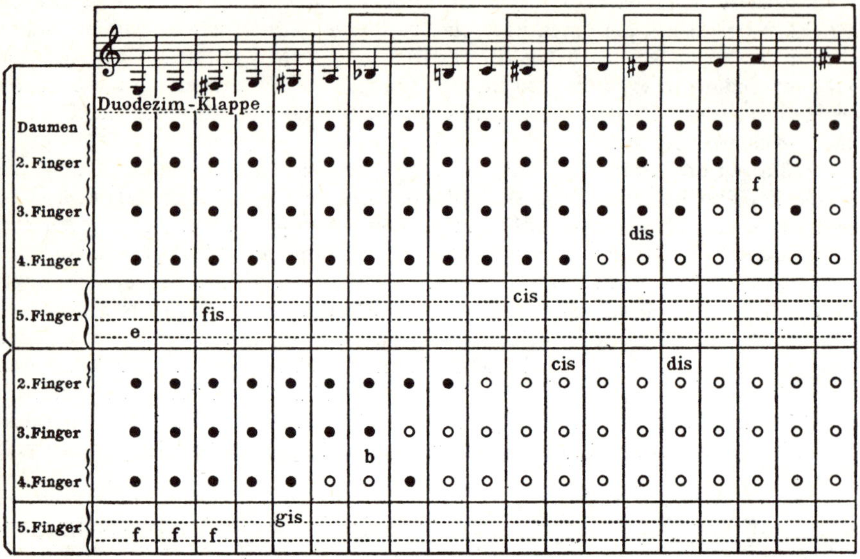

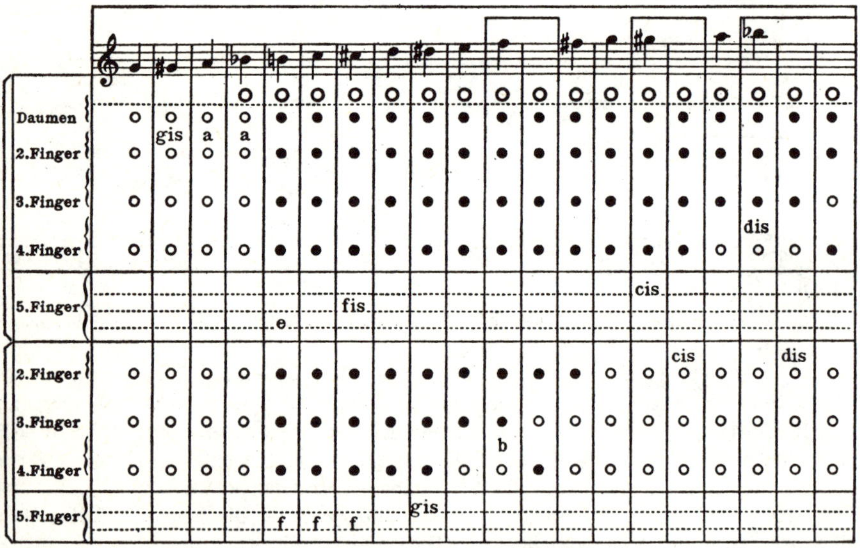

O = geöffnete Duodezim-Klappe, ○ = offenes Loch, ● = geschlossenes Loch.
Die Buchstaben oder Silben bezeichnen die zu greifenden Klappen.

Linke Hand		○	○	○	○	○	○	○	○	○	○	○	○	○	○	○	○	○	○	○
Linke Hand	Daumen	●	●	●	●	●	●	●	●	●	●	●	●	●	○	●	●	○	○	●
											a					a	a		a	
Linke Hand	2. Finger	●	●	○	●	○	○	○	○	○	○	○	○	○	●	○	○	○	●	○
			f																	
Linke Hand	3. Finger	○	○	●	○	○	●	●	●	●	●	●	●	●	●	●	●	●	●	●
Linke Hand	4. Finger	○	○	○	●	○	●	●	●	●	○	●	●	●	●	●	●	●	●	●
Linke Hand	5. Finger							fis												
Rechte Hand	2. Finger	○	○	○	●	●	●	●	●	●	○	●	●	●	●	●	●	○	○	●
Rechte Hand	3. Finger	○	○	○	●	●	●	●	○	●	●	●	○	○	○	○	●	○	○	●
Rechte Hand	4. Finger	○	○	○	●	●	●	○	●	○	●	●	○	○	○	●	●	○	○	●
Rechte Hand	5. Finger		gis		gis	gis	gis	f	gis	gis	f	gis		gis	gis	gis	gis	gis	gis	gis

Linke Hand		○	○	○	○	○	○	○	○	○	○	○	○	○	○	○	○	○	○	○	○	○
Linke Hand	Daumen	●	●	●	●	●	●	●	●	●	●	●	●	●	●	●	●	●	●	●	●	●
Linke Hand	2. Finger	●	●	○	○	●	○	●	○	●	●	●	○	●	●	○	●	●	●	●	●	○
Linke Hand	3. Finger	○	●	●	●	●	●	○	●	●	○	○	●	○	○	●	●	●	●	○	○	●
Linke Hand	4. Finger	●	●	●	●	○	○	○	○	○	●	○	●	●	○	●	●	○	○	○	●	○
Linke Hand	5. Finger		cis	cis												cis						
					cis																	
Rechte Hand	2. Finger	○	●	○	○	●	○	●	○	●	●	●	●	○	●	●	○	●	○	●	●	●
Rechte Hand	3. Finger	○	●	○	○	●	○	●	○	●	○	●	●	○	●	●	○	●	●	●	●	●
														b						b		
Rechte Hand	4. Finger	○	●	○	○	●	○	●	○	○	●	●	●	○	●	●	●	○	○	○	●	○
Rechte Hand	5. Finger	gis		gis	gis	gis	gis	gis	gis	f	f	gis	gis	gis	gis	f		f	f	f	gis	f

Beispiel 8

Tabelle für die Triller besonderer Griffart auf der deutschen Klarinette.

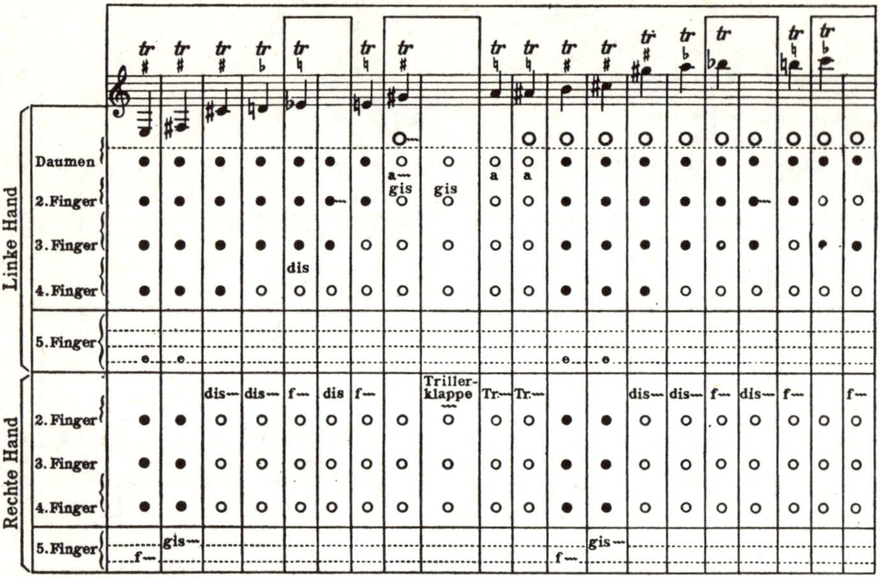

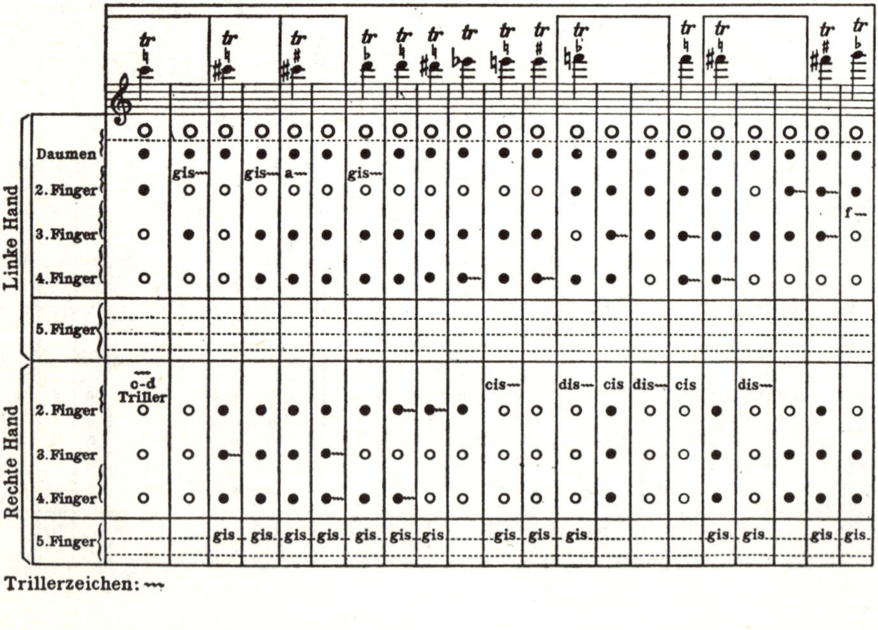

Trillerzeichen: ⁓

siebente Partialtöne, die als kombinierte Griffe erzeugt und durch Öffnen eines oder mehrerer „Schall"-Löcher aufgehellt werden. Zur reineren Intonation bedürfen sie der Korrektur mittels des Ansatzes.

Die Grifftechnik der Böhmklarinette.

Die G-Dur-Tonleiter der Klarinette hat die gleiche Griffweise wie die D-Dur-Tonleiter der alten Klappenflöte und somit auch die gleichen Probleme und Schwierigkeiten. Ihre Lösung durch den Ringklappenmechanismus lag also nahe und führte in Frankreich zur Konstruktion der Böhmklarinette.

Die Bohrung des Unterstücks wurde so abgeändert, daß die Griffe der Töne g, a, b und h jener der Töne d^1, e^1, f^1 und fis^1 auf der Böhmflöte entsprach. Dadurch wurde die b-Klappe überflüssig und konnte einer ais-h-Trillerklappe Platz machen. Die Hauptsache aber ist der Wegfall des Klappengriffs b und des ungenügenden Gabel-b. (Die moderne deutsche Klarinette hat allerdings für das Gabel-b Resonanzklappen, die automatisch seinen Klang dem des Klappengriffs gleichwertig machen.)

Am Mittelstück wurde die Griffweise so geändert, daß es^1 ohne besondere es-Klappe mittels einer Kupplung vom obersten Tonloch des Unterstücks aus, also wie das b^1 der Böhmflöte, gegriffen wird. Außerdem wird das f^1 ohne besondere f-Klappe produziert, so daß die Folge f^1, fis^1, g^1 völlig ohne Klappen und ohne Gabelgriff vor sich geht. Diese Verbesserungen der Klarinettenapplikatur tragen zur Glättung und Steigerung der Technik erheblich bei. Trotzdem hat sich das Böhmsystem aus klanglichen Gründen bei den deutschen Klarinettisten kaum durchgesetzt, während es in den romanischen Ländern und in Amerika vorwiegend gespielt wird.

Die technische Übung.

Die Grundlage aller Technik bildet das sorgfältige Studium sämtlicher Griffkombinationen unter bewußter Selbstkontrolle und mit lockeren Händen und Armen. Man wird stets beobachten, daß bei technisch schwierigen Stellen die Finger zu Verkrampfung neigen. Nur langsames Üben der schweren Tonverbindungen und genaue Überlegung der physiologischen und technischen Vorgänge, also die Verlegung der Technik aus den Fingern in den Geist, helfen über diese Hemmungen hinweg. Zur Erwerbung der notwendigen Geläufigkeit dient die Übung der Tonleitern und der Akkorde über den ganzen Umfang des Instruments. Werden erst die Dreiklänge und Dominantseptimakkorde in sämtlichen Tonarten beherrscht, dann erweitere man die Akkordübungen auf folgende Weise:

Beispiel 9

Diese Studien enthalten außer konsonanten auch übermäßige Dreiklänge, Nebenseptakkorde und verminderte Septakkorde, vermehren also das Rüstzeug für die neuere Musik bedeutend. Sie sind auf allen Tonstufen und im ganzen Tonumfang auszuführen.

Die Artikulation.

Wie bei allen Holzblasinstrumenten, so wird auch bei der Klarinette der Ton nicht einfach angehaucht, sondern durch den sog. Zungenstoß eingeleitet. Während die Zunge bei den Flötenarten nur ein Ventil bildet, hinter dem die Blasluft komprimiert und durch Zurückschnellen vom Gaumen stoßartig gegen das Labium geschleudert wird, trifft bei der Klarinette die Bezeichnung Zungenstoß schon besser zu. Die Zunge wird nämlich vor dem Tonimpuls von unten gegen den vorderen Blattrand gelegt, wodurch das Blatt gegen die Bahn gepreßt wird und einen Abschluß bildet, hinter dem sich die Blasluft staut. Läßt nun die Zunge das Blatt durch schnelles Zurückziehen los, dann schwingt es infolge seiner Elastizität zurück und wird gleichzeitig durch die Blasluft in Schwingung gehalten. Die Zungentechnik stellt also eine Art negativer Perkussion dar. Sie muß aufs sorgfältigste geübt werden, um das bei unpräzisem oder zu langsamem Zurückziehen der Zunge entstehende Geräusch zu vermeiden. Als stumme Stoßsilbe erscheint ta am günstigsten. Von der verschiedenen Nuancierung des Konsonanten, also vom Tempo der Zungenbewegung, hängt der Härtegrad des anzustoßenden Tons ab. Non-legato und portato werden mittels eines weichen da gespielt, staccatissimo mit hartem ta. Mit dieser Technik werden die Anfangstöne von Legato-Linien und alle Artikulationsvarianten ausgeführt.

Durch den in den Mund hineinragenden Schnabel ist die Bewegungsfreiheit der Zunge so weit begrenzt, daß die durchschnittliche obere Geschwindigkeitsgrenze des Zungenstoßes schon bei den Sechzehnteln des Scherzo aus der Sommernachtstraum-Musik von Mendelssohn berührt wird:

Beispiel 10

Die Unisono-Staccati mit Flöten und Oboen in der Ouvertüre zur „Verkauften Braut" gelten bereits als unausführbar und werden meistens mit der Artikulation  gespielt. Äußerst ermüdend sind für die Klarinette die in jeder Wagner-Oper auftretenden Holzbläsertriolen, wie z. B. im Lohengrin.

Typische virtuose Artikulationen wie der punktierte Stoß werden der Klarinette meist nur in den französischen Spielopern zugemutet, in denen die violinistisch beeinflußten Artikulationen noch eine wichtige Rolle spielen. Beispiel: Auber, „Die Stumme von Portici", Balletmusik (Beisp. 11),

Die Flatterzunge. Von den Artikulationsarten der Flöte ist nur die Flatterzunge auf der Klarinette ausführbar. Sie ist von schnarrender und blökender Wirkung und wurde für instrumentale Scherze dieser Art von R. Strauß (Alpensymphonie) vorgeschrieben. Ihre Ausführung geschieht mittels der Artikulation drrr.

Das Legato. Das Legato erfordert peinlich präzise Löcherdeckung beim Griffwechsel, weil sonst die nicht nur von den Klarinettisten gefürchteten „Gänseschreie" — unfreiwillige Obertöne — auf-

Beispiel 11

Auber, Stumme von Portici. Balletmusik

treten, die tückischerweise gerade bisweilen bei den pathetischsten Stellen die hochgetragene Stimmung in grausame Komik umschlagen lassen.

Die Baßklarinette, die Altklarinette und das Bassetthorn.

Neben den a- und b-Klarinetten wird in den Partituren seit der Mitte des letzten Jahrhunderts hauptsächlich die Baßklarinette verwendet. Sie wurde schon 1772 in Paris erfunden, taucht aber erst 1836, nach ihrer Verbesserung durch Sax, im Orchester auf (in Meyerbeers Hugenotten) und wird in der Folgezeit ein wichtiges Instrument.

Ihren dunklen, schwerflüssigen Klang verwendet Wagner besonders im „Ring" und im „Tristan" nach dem Vorbild der Hugenottenstelle zu großartigen, instrumentalen Monologen, deren getragenes Pathos allenfalls noch von einem Cello zu erreichen wäre, dessen erregender Ton aber das gleichsam Reglose des Baßklarinettentimbres nicht ersetzen könnte: R. Wagner, „Tristan und Isolde", 2. Akt.

Beispiel 12

R. Wagner

Außer zu solistischer Verwendung ist die Baßklarinette auch als weicher, tragender Holzbläserbaß von großem Nutzen. Gute Beispiele bieten die Partituren von R. Strauß und G. Puccini.

Die typischen Baßklarinettensoli sind meistens sehr langsam und weit ausgesponnen. Deshalb braucht der Bläser eine gute Atemtechnik. Da das Blatt breiter und leichter als das einer Sopranklarinette ist, erfordert der besondere Ansatz ein ausgesprochenes Spezialistentum. Die Applikatur der einzelnen Klarinetten (wie aller Glieder einer Instrumentenfamilie) ist unterschiedslos, aber die Größe der Baßklarinette und der Abstand der Grifflöcher machen indessen einen komplizierteren Mechanismus nötig, der die Beweglichkeit der Technik begrenzt. Die gewöhnliche Baßklarinette steht in B, eine Oktave tiefer als die b-Klarinette, und hat den gleichen (nach der Höhe natürlich klanglich begrenzten) Umfang.

Da Wagner oft eine Baßklarinette in a vorschreibt, deren tiefsten Ton cis die Baßklarinette in B nicht hat, so wird heute eine Zusatzklappe für dis (Klang cis) an ihr angebracht, die von dem rechten Daumen bedient wird.

Die Altklarinette (in f oder es). Die Altklarinette ist ein echter Alt der Familie in den normalen Klarinettenproportionen, ist aber nie ins Orchester eingedrungen.

Das Bassetthorn ist ein engeres und dünnwandigeres Instrument der Klarinettenfamilie in f, das seinen Namen der zusätzlichen „Bassett"-Erweiterung seines unteren Umfangs bis zum c (Notation) = Klang f verdankt. Es ist von Mozart, Mendelssohn und R. Strauß mit schönen Partien bedacht worden. Als selten gebrauchtes Instrument wird es leider in jeder Beziehung als „Nebeninstrument" behandelt, vom Instrumentenmacher wie vom Klarinettisten, der es spielen muß. Sein Klang ist silbriger und zarter und weniger romantisch-üppig als der der andern Klarinetteninstrumente. Dies rührt von seiner Mensur her, die auf den Klang der alten Mozartklarinetten hinweist. Mozart hat ihm in der Oper „Titus" dominierende Soli anvertraut, die leider aus den angeführten Gründen meistens mit den notwendigen Oktavversetzungen von der B-Klarinette gespielt werden.

Das Saxophon.

Die stumme Vorbereitung.

Name, Wesen und Entwicklung.

Das Saxophon wurde um 1840 von dem in Paris lebenden belgischen Instrumentenmacher Adolphe Sax geschaffen, der dem Instrument auch seinen Namen gab.

Es ist ein Instrument mit Klarinettenmundstück, aber nicht zylindrischer, sondern konisch-parabolischer Röhrenmensur. Seiner Anblasevorrichtung nach zählt es zu den Holzblasinstrumenten, wird aber aus (versilbertem oder vergoldetem) Messingblech gebaut.

Nur der Tárogató, eine dem Sopransaxophon ähnliche alte ungarische Volksklarinette, ist eine Art Holzsaxophon, ebenso die Heckelphonklarinette.

Die Gestaltung der Mensur zum parabolischen Konus hat zur Folge, daß das Saxophon einen immens ausdrucksfähigen Ton besitzt und statt in die Duodezime in die Oktave überbläst, sehr zum Vorteil der Applikatur, die dadurch der der Flöte und Oboe ziemlich gleichkommt.

Diese Tatsache war ein Glück für die freistehenden Flötisten und Oboisten, deren Instrumente mit dem Einsetzen der Jazzwelle für die Zweckmusik der Gaststätten nahezu wertlos geworden waren. So konnten sie den nächsten Nutznießern der neuen Konjunktur, den Klarinettisten, um so erfolgreicher Konkurrenz machen, als gerade der Saxophonansatz mehr Lockerheit verlangt, als der den Klarinettisten gewohnte.

Mit der Erwähnung des Instruments in der Jazzmusik wurde bereits die Geschichte des Saxophons berührt, so wie wir sie erlebten. In der Nachkriegszeit tauchte das Saxophon in englischen und amerikanischen Jazzbands auf und wurde teilweise heftig abgelehnt. Erst allmählich besann man sich darauf, daß das Instrument auch eine ernsthafte Vergangenheit hatte, daß Berlioz, Meyerbeer und Rossini begeistert und voll des Lobes über das neue Instrument waren und es als ihr Klangideal bezeichneten.

Berlioz sagt in seiner Instrumentationslehre: „Diese dem Orchester neugewonnenen Stimmen haben seltene und wertvolle Eigenschaften . . . namentlich in langsamen und zarten Stücken. Die hohen

Töne der tiefen Saxophone haben etwas Klagendes und Schmerzliches, ihre tiefen Töne dagegen eine großartige, gewissermaßen priesterliche Ruhe. ...“ Und im Journal des Débats schreibt er: „Der Klang des Saxophons hält die Mitte zwischen dem Klang der Blech- und Holzblasinstrumente, er hat auch eine entschiedene Verwandtschaft mit dem Klangcharakter der Streichinstrumente, nur daß er viel durchdringender ist als diese. Sein besonderes Verdienst liegt meiner Ansicht nach in der verschiedenartigen Schönheit seines Ausdrucks; bald ernst und ruhig, bald leidenschaftlich, bald träumerisch oder melancholisch oder auch sich ganz verflüchtigend wie das abgeschwächte Echo eines Echos, wie die unbestimmten Klagen des Windes im Walde oder besser noch, wie die geheimnisvollen Schwingungen einer Glocke, lange nachdem sie zum letzten Male angeschlagen wurde. Kein anderes Instrument, das ich kenne, besitzt diesen ganz seltsamen Klang, der an der Grenze des Schweigens steht.“

Die Ausführungen von Berlioz zeigen, daß das Saxophon für diese Epoche der Instrumentation das unerhörte Espressivo-Instrument bedeutete, dessen non plus ultra an Ausdrucksfähigkeit die Klarinette und das Waldhorn noch weit übertraf. Als solches ist es von Bizet in der ersten Arlésienne-Suite herrlich verwendet worden. Leider hört man das Solo in Deutschland meistens doch noch von der Klarinette vorgetragen, obwohl seine schwerflüssig quellende, leidenschaftliche Melodik nur durch den mächtigen Ton des Altsaxophons den ihr innewohnenden Ausdruck erhält:

Beispiel 1

G. Bizet, L'Arlésienne, I. Suite

Seither haben viele französische Komponisten das Saxophon in ihre Partituren aufgenommen (Massenet, Thomas, Charpentier, Vincent d'Indy u. a.).

Trotzdem setzte sich das Saxophon nicht als ständiges Orchesterinstrument durch, wie Sax erhofft und Berlioz prophezeit hatte. Deutsche Tonsetzer wandten das Instrument nur vereinzelt an, so Richard Strauß in der Sinfonia Domestica, Rudi Stephan, Gustav Bumcke und Paul Hindemith („Cardillac“, Neues vom Tage“ und „Konzertstück für zwei Altsaxophone“).

Stimmung, Notation und Umfang.

Sax baute die Saxophone als ganze Familie in sieben verschiedenen Stimmungen, die wie die Blockflöten Quart-Quint-Abstände haben. Neben der gebräuchlicheren b—es-Familie findet sich seltener eine in f—c. Nur das Tenorsaxophon in c wird in der Jazzmusik häufiger als sog. Melodiesaxophon verwendet (Beisp. 2).

Der amerikanische Saxophonbauer C. G. Conn baute außerdem noch einen Subkontrabaß in b, aber schon der Kontrabaß tritt seiner Monstrosität wegen praktisch kaum auf. In der Jazzmusik wird hauptsächlich der Alt und der Bariton verwendet, von den Sopran- und Sopraninoinstrumenten in gerader Form ist der Sopran in c öfter im Jazzorchester zu finden.

Beispiel 2

Die b-es Familie in tabellarischer Übersicht: Umfang

1. Das Sopranino-Saxophon in es. .

2. Das Sopran-Saxophon in b . . . .

3. Das Alt-Saxophon in es . . . . . .

4. Das Tenor-Saxophon in b . . . .

5. Das Bariton-Saxophon in es . . .

6. Das Baß-Saxophon in b . . . . . .

7. Das Kontrabaß-Saxophon in es. .

Der Umfang des Saxophons beträgt durchschnittlich zweieinhalb Oktaven und entspricht in der Notation genau dem der Oboe. Alle Saxophone werden im Violinschlüssel von h—f³ notiert. Über das notierte f³ hinausgehende sog. Falsett-Töne werden, da die weite Mensur den Umfang hier begrenzt, nur durch Halböffnung der hohen f-Klappe als dritter Oktavklappe und gepreßten Ansatz erzeugt. Viktor Thiels, der Solosaxophonist der Pariser Großen Oper, verzichtet in seiner großen Schule ausdrücklich auf die Beschreibung dieser Griffe, da die Falsett-Töne Experimente seien.

Die Haltung.

Die geraden Saxophone werden wie die Klarinetten nur mit den Händen gehalten, die gebogenen hingegen an einem Riemen oder einer Schnur um den Hals gehängt getragen, sodaß das Unterstück wie beim Fagott rechts vom Körper gehalten wird. Als Stützfinger dienen die beiden Daumen. Der linke Daumen ruht dauernd auf einer Platte, der Daumenauflage, und bedient die Oktavklappe (bei manchen Systemen noch eine zweite Oktavklappe) lediglich durch seitliche Drehung. Der rechte Daumen hält das Instrument unter der Daumenstütze oder in einem entsprechenden Ring. Die beiden kleinen Finger schweben in Griffbereitschaft über den verschiedenen Klappen für die hohen und tiefen Töne. Die übrigen sechs Finger ergreifen die Griffblättchen der sechs diatonischen Hauptdeckel.

Für die Körperhaltung gilt das bereits in den vorhergehenden Kapiteln Gesagte.

Die klingende Vorbereitung.

Die Blastechnik.

Atemtechnik, Ansatz und Vibrato.

Die Atem- und Blastechnik des Saxophons entspricht so völlig jener der Klarinette, daß eine besondere Darstellung sich erübrigt. Der Ansatz ist allerdings gegenüber dem Klarinettenansatz lockerer, da die leichtere Ansprache der dünnwandigen Metallröhre auch ein leichteres Blatt bedingt. Das die Streichinstrumente parodierende starke Vibrato des Jazzsaxophons wird nicht mittels des Zwerchfells ausgeführt, sondern durch folgende Technik: Die Unterlippe wird rhythmisch „gerollt“, d. h. etwas hin- und herbewegt, und dadurch eine wechselnde Verkürzung und Verlängerung des schwingenden Blatteils und damit eine geringe abwechselnde Erhöhung und Vertiefung des Tons hervorgerufen. Diese Praktik entspricht der Veränderung der schwingenden Saitenlänge durch den vibrierenden Finger des Streichers. Die andere Technik, mittels der rechten Hand das Instrument bzw. den Schnabel, im Munde hin- und herzubewegen, gilt nach Bumcke (Saxophonschule) für veraltet.

Die Grifftechnik.

Die Applikatur des Saxophons steht in der Mitte zwischen der der Böhmflöte und jener der Oboe. Der ersteren gemäß ergibt das fortschreitende Öffnen der sechs Griffdeckel eine Moll-, nicht wie bei der Oboe und Klarinette eine Dur-Tonleiter. Die f^1-Klappe kam folglich in Wegfall, und fis^1 wird mit dem Mittel- oder Ringfinger der rechten Hand gegriffen. b^1 dagegen ist wie auf der Oboe zu produzieren.

Der Oboe entspricht auch die vom linken Daumen bediente Oktavklappe für die Töne d^2 bis cis^3, die aus den gleichlautenden Grundtönen überblasen werden. Manche Modelle haben noch eine zweite Oktavklappe. Diese tritt dann von a^2 an in Funktion. Infolge des weit ausladenden Konus ist beim Saxophon (ähnlich wie bei den weiten Blockflöten) die Ansprache der Obertöne begrenzt. Zur Hervorbringung der hohen Töne über cis^3 hinaus sind darum besondere Einzelklappen am oberen Ende des Instruments erforderlich. Eine Übersicht gibt das Überblasschema, das sich folgendermaßen darstellt:

Beispiel 3

Die nach unten gestrichenen halben Noten geben die diatonische Folge der Griffdeckel an. Die schwierigen Falsett-Töne werden, wie schon eingangs erwähnt, durch Halböffnen der f^3-Klappe erzeugt.

Außer in der ganz tiefen und in der ganz hohen Lage, deren Töneverbindung teilweise nur gleitend zu erreichen und darum schwerfällig ist, hat das Saxophon dank seiner Böhmapplikatur eine enorme Geläufigkeit in allen Tonarten.

Die auf Kombination beruhende Technik ist durch die „Fingerübung" des Längsflötenkapitels und durch abstrakte Übung von Intervallen, Tonleitern und Akkorden zu erwerben, wie sie in den vorausgehenden Abschnitten beschrieben wurde. (Griff- und Trillertabelle siehe Beisp. 4.)

Die Artikulation.

Der einfache Zungenstoß.

Einzelne Töne und die Anfangstöne von Legato-Linien erhalten ihren Anfangsimpuls durch den einfachen Zungenstoß. Seine Technik entspricht jener der Klarinette: Die Zungenspitze wird von unten gegen das Ende des Blattes gelegt und unter lautloser Artikulation der Silbe tü (dü) zurückgezogen. Die zuvor in der Mundhöhle gestaute Blasluft erhält dadurch stoßartig Zutritt zum Instrument und hält infolgedessen das beim Zurückziehen der Zunge elastisch zurückschwingende Blatt in Dauerschwingung, bis die an das Blatt zurückkehrende Zunge den Luftzutritt verhindert. Die Dauer eines Tons wird demnach durch die Zunge begrenzt. Deshalb müssen die Zungenbewegungen, besonders im staccato, äußerst klein und präzis sein. Staccatissimo erfordert größere

Beispiel 4

Saxophon-Grifftabelle.

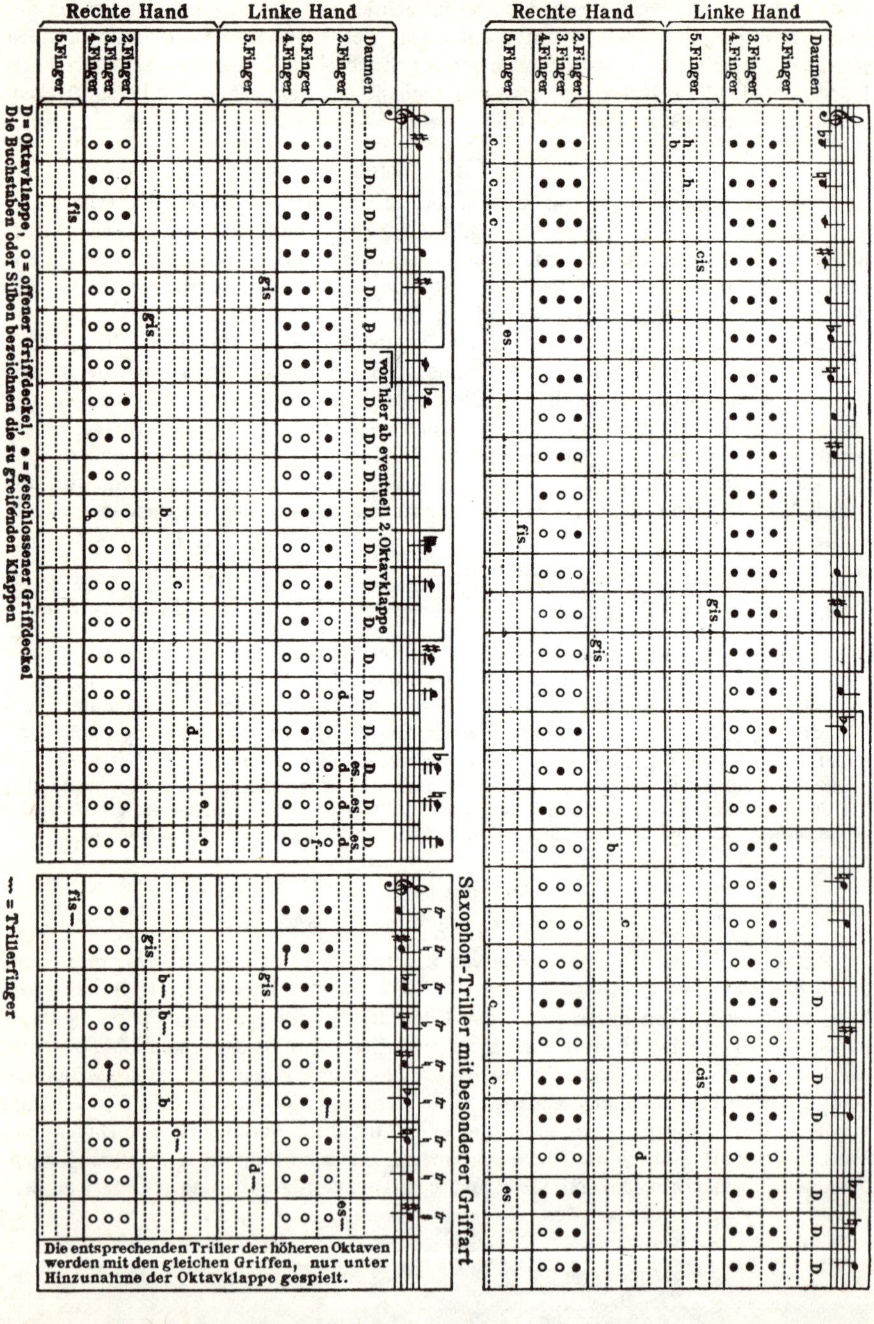

Atemintensität und schnellste Zungenstöße. Die Abstufung des Stoßkonsonanten ergibt die verschiedenen Varianten von staccato bis non legato und portato. Auch punktierte Rhythmen werden mittels des einfachen Zungenstoßes ausgeführt:

Beispiel 5

Der Doppel- und Tripelzungenstoß.

Die Schule von Victor Thiels enthält eine klare Anweisung für diese Flötenartikulationen mittels nebenstehender Silben.

Damit die stumpfere Gaumensilbe nicht zu sehr abfalle, muß man die erste Silbe ebenso weich artikulieren. Thiels schreibt deshalb du, nicht tu vor.

Beispiel 6

(im Original du que du que)

Die Slap-tongue oder Schlagzunge.

Diese Technik des Jazzmusizierens beruht auf der gleichen Grundlage wie der einfache Zungenstoß, dessen äußerstes Extrem sie darstellt. Die Zunge drückt das Blatt fest an die Bahn, und gleichzeitig wird die Atemintensität sehr angespannt. Die Artikulation muß äußerst kurz sein. Im Augenblick des Tonansatzes wird die Zunge auch schon wieder an das Blatt gelegt, sodaß der Ton sofort wieder erstickt wird und eine pizzicatoähnliche Wirkung entsteht.

Das Legato.

Es zeigt außer der gewöhnlichen noch die beim Jazz übliche extreme Form des glissando von einem Ton zum anderen und selbst über größere Intervalle. Beim Abwärtsspielen entsteht es durch langsame Lockerung, beim Aufwärtsspielen durch allmähliches Anspannen des Ansatzes und unter gleichzeitigem langsamem Öffnen bzw. Schließen der Deckel. Seine Beherrschung setzt viel Übung voraus.

Die Jazzpraxis.

Zu der Fertigkeit eines Jazzsaxophonisten gehört außer den bereits beschriebenen Techniken des Glissando, des Vibrato, der Slap-tongue, der Doppel- und Tripelzunge und der Falsett-Töne auch noch die Umfärbung des Klanges zu grotesken Geräuschen, die schon nichts mehr mit Musik zu tun haben, aber in der Stimmungsmusik eine große Rolle spielen. Vor allem aber muß er die verschiedenen Stimmen der Ensemblemusikausgaben (Posaune, Violine, Cello und Klarinetten) auf die es- und b-Stimmung seiner Instrumente transponieren können. Eine wichtige Rolle spielt auch die Beherrschung der synkopierten Jazzrhythmen, für die es bereits besondere Schulwerke gibt, und die improvisierte rhythmische und melodische Variierung durch Wechsel-, Durchgangs- und Vorhaltnoten. Diese Stegreifpraxis, die an die Improvisationskunst des 18. Jahrhunderts erinnert, findet ihre Krönung durch die rhythmisch und melodisch oft sehr geistvollen Kadenzen, die „breaks", für die es gleichfalls schon Schulwerke gibt.

Am Schluß dieses Kapitels sei noch einmal zusammenfassend auf den hohen Wert des Saxophons und die wirklich virtuose Kunst der Jazzmusiker hingewiesen, von deren musikalischer und technischer Aktivität dem Bläser des Orchesters nur Anregung zufließen kann.

Die Oboe.

Die stumme Vorbereitung.

Name, Wesen und Entwicklung.

Die Oboe stammt aus Asien und war das wichtigste Holzblasinstrument der antiken Mittelmeerkulturen. Das Instrument hat konische Bohrung und besteht aus vier Teilen, dem Rohr, dem Oberstück, dem Unterstück und dem Schallbecher. Es wurde im 17. und 18. Jahrhundert aus Buchs angefertigt, heute wird es vorwiegend aus Grenadillholz gebaut. Die Oboe ist wie die Klarinette eine Zungenpfeife. Ihre Anblasvorrichtung ist aber noch bedeutend komplizierter, da sie keine einfache Aufschlagzunge (Blatt), sondern eine Gegenschlagzunge (ein sogenanntes Rohr) hat, die zugleich Zunge, Mundstück und oberes Ende des Instruments bildet.

Das Rohr besteht aus zwei, zum Zwecke völliger Kongruenz aus einem geknickten Stück Rohrholz gefertigten Blättern, die am unteren Ende um eine Metallröhre zum kreisrunden „Rohr“ zusammengebunden werden. Dieses untere Stück wird mittels eines Korkens luftdicht in den Kopf der Oboe eingepaßt. Im oberen Drittel geht das Rohr, trapezförmig divergierend, allmählich in ovalen Querschnitt und schließlich in einen flach linsenförmigen Spalt über, der beim Blasen durch die Schwingungen der beiden Blätter periodisch geschlossen und geöffnet wird und so die Luftsäule im Instrument zum Schwingen bringt.

Aus den Urformen des Instruments entwickelten sich im Mittelalter die Schalmeien (franz. chalemies, von lat. calamellus = Rohr) und durch Verfeinerung der Mensur die Bomharte oder Pommern (vom franz. bombardes). Die letzteren traten um 1600 als ganze Stimmfamilie vom Großbaß bis zum Diskant auf. Die hohen Instrumente heißen bei Praetorius noch Schalmeyen. In Frankreich, der Heimat der Oboe, war die Teilung in hautbois und grosbois, also in hohes und tiefes — eigentlich großes, dickes — Holz (entsprechend unserer Einteilung der Bläser in Holz und Blech) üblich. Während die Bezeichnung hautbois in Frankreich die Veränderungen der Sprache mitmachte, blieb sie als Lehnwort im Wortschatz der anderen Nationen in der Aussprache des 16. und 17. Jahrhunderts erhalten. Oboè ist also nicht italianisiert, sondern klanggetreu übernommen worden. (Nach Prof Curt Sachs, Handbuch der Musikinstrumentenkunde.)

Die Schalmei hatte sieben Grifflöcher, deren unterstes für den wechselnden Gebrauch beider Hände doppelt gebohrt war. Das Rohr steckte in einem wulstartig gedrehten Becher, auf dessen Rand der Bläser die Lippen legte. Auf diese Weise ließ er das Rohr frei im Munde schwingen, diesen als Windkapsel benützend. Der Klang war infolgedessen mittelalterlich starr und unbeeinflußbar ausdruckslos wie jener der verwandten Rauschpfeifen und Krummhörner und wie der der Blockflöten.

Die Umwandlung der „bäurischen Schalmey“ in die kammermusikfähige Oboe vollzog sich in der zweiten Hälfte des 17. Jahrhunderts in Frankreich. Das wichtigste Moment dieser Wandlung war der Wegfall der Lippenstütze. Ihre Preisgabe bedeutet den Übergang vom affektlosen zum ausdrucksfähigen Instrument. Die Lippen umfassen nun unmittelbar das Rohr, und diese Verschmelzung von Spieler und Instrument ermöglichte erst das wechselnd ausdrucksvolle Spiel, das affettuoso, das mit der zeitlichen Entfernung vom Hochbarock ein immer wichtigeres Element der Musik wurde. Die

Anpassung der Eigenschwingungen des Rohrs bzw. der schwingenden Blattlänge an die wechselnde Länge der Luftsäule im Instrument geschieht nun wie bei der Klarinette außer durch die Veränderung der Atemintensität auch durch den wechselnden Lippendruck, den Ansatz. Dadurch wird das sichere Überblasen bis zur Duodezime und damit der für den Instrumentalstil notwendige Umfang erst möglich. Zu dem gleichen Zweck wurde die Bohrung verengert, weil enge Mensuren die Obertonansprache begünstigen.

Der Frühtyp der Oboe um 1690 hat sechs Löcher wie die Querflöte, aber die beiden Mittellöcher (manchmal auch nur das dritte von oben) sind doppelt gebohrt, um die Töne f und gis ohne Gabelgriffe erzeugen zu können. Diese sind nur für b^1 und c^2 erforderlich. Am Fuß sind außer einer von beiden kleinen Fingern bedienbaren Klappe für c^1 noch zwei, mindestens aber eine Disklappe angebracht. Das Überblasloch fehlt noch, sodaß die zweite Oktave nur durch Verstärkung der Atemintensität und des Lippendrucks erzeugt wird. Der Umfang reicht von c^1 bis d^3, nur cis^1 ist nicht spielbar. Das Material war vorwiegend Buchsbaumholz. Dieser Typ erhält sich ziemlich unverändert bis weit ins 18. Jahrhundert. Er ist die Oboe Bachs und Händels, ja sogar noch Haydns und Mozarts, da die weiteren chromatischen Klappen sich endgültig erst gegen Ende des 18. Jahrhunderts durchsetzen.

Die alten Oboen werden seit Jahren bei den Kabeler Kammermusiken gespielt. Ihr Klang ist noch schalmeihaft-barock und von wunderbarem Ausdruck. Er erinnert in seiner Registerfarbigkeit an den der deutschen Oboe, ist aber noch reicher und geschlossener, wie der aller alten, von nur wenigen Löchern durchbrochenen Holzblasinstrumente.

Im letzten Jahrzehnt des 18. Jahrhunderts wurde die Oboe durch Anbringung von Klappen für die zwischen den Löchern liegenden Halbtöne zum halbchromatischen Typ umgewandelt. In der Oboe mit dreizehn Klappen und einer Oktavklappe, die Joseph Sellner in seiner 1825 in Wien erschienenen Oboenschule abbildet und beschreibt, ist dieser Typ bereits voll ausgebildet. Der Tonumfang reichte schon bis h herunter, und die es- und f-Klappen waren bereits doppelt angebracht, um gewisse Bindungen ohne Gleiten zu ermöglichen.

Damit war eine Oboe geschaffen, die das Spielen auch in Tonarten mit vielen Vorzeichen ermöglichte, ohne daß der Klangcharakter durch Gabelgrifftöne wesentlich geändert wurde. Da aber dem halbchromatischen Typ doch immer die diatonische Applikatur der Grifflöcher zugrunde liegt, nahm mit der Zahl der zu greifenden Klappen die Beweglichkeit der Technik stark ab. Es lag deshalb nahe, nach der Erfindung der Böhmflöte ihre Vorzüge auch auf die Oboe zu übertragen. Buffet in Paris schuf um 1844 die Böhmoboe, die sich aber trotz ihrer unbestreitbaren technischen Vorzüge nicht durchsetzen konnte, weil ihr Klangcharakter infolge der veränderten Löcherstellung erheblich von dem üblichen abwich. Hingegen wurde der Ringklappenmechanismus, ebenfalls in Frankreich, wo auch die Böhmflöte zuerst Verbreitung fand, bald auf die Oboe übernommen. Barret und Triebert schufen um die Mitte des letzten Jahrhunderts einen neuen Oboentyp engerer Bohrung, das sog. Pariser Konservatoriumsmodell mit zwei automatisch wechselnden Oktavklappen und automatischer Halblochklappe und einer selbsttätigen Resonanzklappe für das Gabel-f. Der Böhmflöte entsprechend wurde es durch die Kuppelung des Unterstücks mit dem Oberstück möglich, die b- und c-Klappen durch die g-Loch-Brille zu betätigen. Durch diese Verbesserungen, die einen Kompromiß zwischen der halbchromatischen und der Böhmapplikatur darstellen, wurden die Technik und die Ansprache bedeutend verbessert. Das wesentlichste Merkmal der französischen Oboe aber ist die engere Bohrung.

In Deutschland behauptete sich noch bis ins erste Jahrzehnt unseres Jahrhunderts hinein die ältere, weiter mensurierte deutsche Oboe. Indessen zeigte sie gegenüber den immer höheren Anforderungen der neueren Musik an Technik und Intonation deutliche Überalterungserscheinungen, über die auch ihr breiterer, dunklerer Ton nicht hinweghalf. Sie ist heute schon durch den vollkommeneren französischen Typ verdrängt, den Prof. Flemming in Deutschland einführte.

Klanglich entspricht der Gegensatz deutsche Oboe — französische Oboe dem Unterschied zwischen der konischen und der Zylinderflöte. Die Töne der französischen Oboe sind gleichmäßiger und die Registerunterschiede dementsprechend geringer. Auch ist die Ansprache der hohen wie der tiefen Töne leichter. Der Ton ist kleiner, aber intensiver als der deutsche und sehr kantabel. Der Umfang nach unten wurde bis b erweitert, um durch die größere Röhrenlänge die klangschärfende Wirkung der verengerten Mensur auszugleichen. Es entstand so der Gesamtumfang b bis f^3 (a^3).

Die von Berlioz noch angegebenen Grenzen der kantablen Verwendungsmöglichkeit mit g^1 bis d^3 sind durch die leichtere Ansprache des modernen Instruments schon hinfällig geworden. Auch Beethoven hat im Fidelio und in der Egmont-Musik bereits das hohe f angewandt. R. Strauß schreibt im „Rosenkavalier" sogar das fis^3 im freien Einsatz vor (Beisp. 1).

Beispiel 1

Rosenkavalier, I. Akt *)

*) Mit Genehmigung der Firma Adolph Fürstner, Berlin W 35. Copyright 1910 by Adolph Fürstner.

Freie Einsätze in der höchsten und tiefsten Oboenlage oder Bindungen größerer Intervalle von oben nach unten bleiben allerdings infolge der konisch nach unten erweiterten Mensur immer schwierig. Typisch für diese Eigenart ist der heikle Einsatz der Oboen bei dem Unisono-Anfang der „Freischütz"-Ouvertüre, dem im pianissimo schwer ansprechenden c^1. Vielfach setzen die Oboisten erst zwei oder drei Viertel später im wachsenden crescendo der übrigen Instrumente ein, was um so mehr zu verantworten ist, als ja die Oboen beim zweiten Einsatz des Orchesters auf dem g ohnehin pausieren und erst in der Oktave, im nächsten Takt, einzusetzen haben.

Beispiel 2

Das Doppelrohrblatt erzeugt einen lebhaft vibrierenden, metallischen Ton, der sich von dem der Klarinette erheblich unterscheidet. Er erreicht nicht dessen Fülle und Üppigkeit, hat aber dafür mehr Intensität und einen ganz eigenartigen Charakter herber Lieblichkeit. Der Klang der tiefen Oboentöne von e^1 abwärts ist beim Einsatz etwas explosiv und kann nur durch ein besonderes, für diese Lage zugerichtetes Rohr gemildert werden. Der zweite Oboist, der viel in der Tiefe zu spielen hat, kann sich leichter darauf einstellen als der erste Bläser, dessen Rohr auch die höchsten Töne hergeben soll. Die Mittellage ist von sanfter und doch intensiver Klarheit, die Höhe hell und je nach der Nuancierung durchdringend oder von gepreßter Sanftheit.

Trotz dieser Farbunterschiede hat kein Holzblasinstrument eine registerlosere Ausgeglichenheit des Toncharakters als die Oboe, deren Töne im Verlauf der chromatischen Skala von unten nach oben, dem konischen Verlauf der Bohrung folgend, nur schlanker und verjüngter erscheinen. Die hervorragendste Eigenschaft der Oboe ist aber die durch den minimalen Luftverbrauch ermöglichte, schier unerschöpfliche Kantabilität, verbunden mit einer unbestechlichen Klarheit. Wie ein Metallfaden spinnt sich der Ton der Oboe fort und geht selbst im Tutti nicht so leicht unter.

Diesen Ostinatocharakter hat Bach in wunderbarer Weise für den verschiedenartigsten Ausdruck benützt. Eines der schönsten Beispiele bietet die Tenorarie Nr. 26 aus der Matthäuspassion: „Ich will bei meinem Jesu wachen", in der die Oboe wie kein anderes Instrument den Ausdruck gläubigen Ausharrens wiedergibt:

Beispiel 3

Die Intensität des Oboenklanges kann aber ebenso den Ausdruck des Schmerzes wie den ekstatischer Begeisterung wiedergeben, etwa wie in der Florestanarie in Beethovens Fidelio. Nicht weniger liegt ihr pastorale Heiterkeit und Naivität, während ihr Dämonie versagt ist. Ihre Ausdrucksfähigkeit liegt weniger in der Dynamik der Lautstärkenunterschiede als in jener der bewegten kantablen Linie. Um so schöner wirkt dann bisweilen ihr stehender Klang. So sind in der Vertonung des Eichendorffschen Gedichts „Der Abend" für Sopran und Oboe in den „Serenaden" für Sopran, Oboe, Bratsche und Violoncell op. 35 von Paul Hindemith die ständig wiederkehrenden verminderten Oktaven der Oboe der wunderbar poetische, gleichsam träumende Ausdruck des Gedichts:

Beispiel 4)*

*) Mit Erlaubnis des Originalverlegers B. Schotts Söhne, Mainz. Copyright 1925 by B. Schotts Söhne, Mainz, aus „Die Serenaden" für Sopran, Oboe, Bratsche und Violoncello op. 35.

Die Kammermusikliteratur der Oboe hat wertvolle Stücke in Fülle. Vor allem sei das F-Dur-Quartett von Mozart für Oboe, Violine, Viola und Violoncello erwähnt. Konzerte mit Orchester wurden von Seb. Bach (Konzert für Oboe und Violine mit Streichorchester), Händel, Haydn, Mozart, Klughardt und Rietz geschrieben.

Die wichtigsten Probespielstellen sind:

Seb. Bach, Matthäuspassion, Arie Nr. 26,
L. v. Beethoven, Egmontmusik,
L. v. Beethoven, Fidelio,
C. M. v. Weber, Ännchenarie im 2. Akt,
R. Wagner, Rheingold, Siegfried (Waldweben), Götterdämmerung.
R. Strauß, Rosenkavalier, 1. Akt.

Die Haltung.

Auf die Notwendigkeit einer harmonischen Gesamthaltung als Grundlage für eine lockere Funktion aller einzelnen am Spielen beteiligten Organe wurde schon in den früheren Kapiteln hingewiesen. Die Haltung der Hände entspricht im Prinzip der bei Klarinette und Saxophon. Der rechte Daumen trägt die Oboe unter der Daumenstütze, der linke lehnt am Instrument und bedient durch Rollbewegung die Oktavklappe. Die beiden kleinen Finger bedienen die Klappen für die Töne b bis dis[1], die gis-Klappe und die Doppelklappe für es und f. Die übrigen Finger decken die Grifflöcher und betätigen die ihnen jeweils benachbarten Klappen.

Das Rohr wird nicht wie der Klarinettenschnabel an die Oberzähne gelegt, sondern zwischen die leicht eingezogenen Lippen genommen. Hieraus ergibt sich bei aufrechter Kopfhaltung von selbst ein Abspreizen der Oboe vom Körper im halben rechten Winkel.

Die Atemtechnik.

Der Luftverbrauch beim Oboespiel ist infolge der kleinen Dimensionen des Rohres so gering, daß die Reserveluft auch nach langen fast unmöglich scheinenden Phrasen noch nicht verbraucht ist. Trotzdem tritt nach einiger Zeit eine Beengung ein, die aber nicht aus Luftmangel, sondern aus Mangel an Sauerstoff bzw. durch Kohlensäure-übersättigung der in der Lunge noch vorhandenen Luft entsteht. Im allgemeinen muß der Oboist während einer Phrase nicht atmen, geschieht es aber doch, dann muß er die verbrauchte Luft erst ausstoßen, ehe er Atem schöpfen kann. Da aber dieser Luftwechsel viel länger dauert als das einfache Atemholen bei den anderen Blasinstrumenten, kann der Oboenbläser bei kurzen Phraseneinschnitten oft nur zusätzlich durch die Nase

Luft holen. Auf diese Weise steht die Lunge des Oboisten beim Blasen ständig unter erhöhtem Druck, jedoch läßt sich eine Schädigung des Organismus durch eine sehr sorgfältige Atemtechnik, wie sie im Längsflötenkapitel beschrieben wurde (Zwerchfell- bzw. Flankenatmung und Minimalluft) gut vermeiden. Kontinuierliche polyphone Oboenpartien stellen an die Atemtechnik sehr große Anforderungen. Als Beispiel kann jede Oboenstimme aus Bachschen Werken dienen. An die Grenze selbst des auf der Oboe Möglichen geht die Solostelle der Oboe im Vorspiel des 3. Aktes von „Tannhäuser":

Beispiel 5

Tannhäuser, III. Akt, Vorspiel

Sie wird von manchen Oboisten auf einem Atem gespielt, von anderen mit kurzem zusätzlichen Atemholen an den bezeichneten Stellen, da ein vollständiger Luftaustausch die Linie zu sehr zerreißen würde. Auf jeden Fall ist die Anforderung an den Bläser bei dieser Stelle wie bei dem Englischhorn-Solo im Tristan eine außerordentliche, da die Oboe zwar sehr langer Phrasen fähig ist, nach einer maximalen Dauer jedoch eine gewisse Atempause braucht, wenn nicht ein atemloser Eindruck entstehen soll.

Die permanente Atmung.

Der geringe Luftverbrauch der Oboe gestattet aber eine eigenartige, nur diesem Instrument vorbehaltene Atemtechnik, die ein ununterbrochenes Spiel ohne Atempausen ermöglicht. Diese Technik wird von den indischen Fakiren auf ihren Oboen und von den Glasbläsern seit jeher ausgeübt. Der Vorgang beruht auf der gleichen Praktik wie der bei Rauchern zu beobachtende des gleichzeitigen Ausstoßens von Rauch aus dem Mund und seiner Einatmung durch die Nase. Der weiche Gaumen und der Zungenrücken legen sich gegeneinander und bilden so einen luftdichten Abschluß vor der Rachenhöhle, hinter der nun Luft durch die Nase in die Lunge gesogen werden kann. Das Gefühl für die Bildung dieses Abschlusses stellt sich sofort ein, wenn man Luft durch die Nase ausstoßen will. In der zuvor erweiterten Mundhöhle, die nach dem Rachenabschluß gleichsam einen Blasebalg bildet, bleibt dann noch ein geringes Quantum Luft, das durch Zusammenziehen der Wangenmuskulatur den zum Blasen nötigen Winddruck bekommt. Diese kurze Phase wird zu möglichst tiefem Atemzug durch die Nase mittels Zwerchfellatmung benützt. Ehe nun die Luftmenge in der Mundhöhle erschöpft ist, muß wieder die Lungenluft das Instrument speisen. Der Rachenabschluß muß sich also wieder öffnen und Luft in die Mundhöhle einströmen lassen.

Dieser Übergang von der Mund- zur Lungenatmung ist naturgemäß sehr schwierig und ohne hörbare Unterbrechung nur durch langes Üben zu erreichen. Allmählich wird er so glatt, daß er nicht bemerkbarer ist als der Übergang von der Brust- zur Kopfstimme im messa di voce eines Tenoristen.

Die Auswirkung der permanenten Atmung in langsamen Sätzen ist so wunderbar, daß es unbegreiflich scheint, warum diese Technik nicht allgemein ist. Sie wird von der

Oboistenfamilie Lauschmann in Schwerin, Kiel und Bremen meisterlich ausgeübt und weitergelehrt. Auch Herr Kern, der Solo-Oboist des Berliner Philharmonischen Orchesters, beherrscht sie.

Die klingende Vorbereitung.

Die Blastechnik.

Die körperlichen Voraussetzungen zum Oboeblasen sind die gleichen wie bei den schon beschriebenen Instrumenten, nämlich eine gesunde Konstitution, ein normaler Mundbau und ein gutes, vollständiges Gebiß.

Zur Ansatzbildung wird das Rohr zwischen die zuvor leicht über die Zähne gezogenen Lippen gebettet, die sich nicht zu fest an die Zähne anpressen sollen. Das Rohr darf dabei nicht zu weit in den Mund genommen werden, weil sonst der Klang dumpf und schnarrend würde.

Der Lippendruck soll im Prinzip möglichst leicht und gleichmäßig sein. Die meisten Schulen sprechen aus pädagogischen Gründen von einem in allen Registern unveränderten Lippendruck, um den Schüler von abruptem Ansatzwechsel abzuhalten. In der Tat erfordert aber jeder Ton, wie Bärmann in seiner Klarinettenschule sagt, seinen eigenen Ansatz, d. h. die Herstellung der richtigen Proportion zwischen der schwingenden Luftsäule im Instrument und dem schwingenden Blatt. Sie erfolgt durch die Verkürzung oder Verlängerung der schwingenden Blattlänge bzw. die Verkleinerung des Durchblasspalts, mittels des Lippendrucks. Ist der Ton derartig richtig „angesetzt", dann „spricht" er „an", vorausgesetzt, daß auch der dritte wesentliche Faktor, die Atemintensität, richtig proportioniert wird.

Diese Grundlagen der Blastechnik beschreibt Sellner in seiner Oboenschule von 1825 vortrefflich: „Das Rohr muß so leicht gehalten und so wenig gedrückt werden, als nur möglich. Durch eine etwas festere Haltung des Rohres wird der Ton wohl etwas sanfter, doch schlechter, daher der Druck der Lippen nie stärker sein soll, als nötig ist, den gehörigen Wind zu dem zu nehmenden Tone in das Rohr zu bringen."

Die zweite und dritte Oktave wird also hauptsächlich durch Überblasen, d. h. durch Verstärken der Atemintensität, hervorgebracht, weniger durch den stärkeren Lippendruck. Dieser spielt aber zur Schattierung der Klangfarbe und der Lautstärke eine um so größere Rolle. Bei stärkerem Lippendruck wird der Ton sanfter und zugleich höher und umgekehrt, deshalb kann der Bläser zu tiefe Töne mittels stärkeren Lippendrucks treiben, zu hohe Töne aber durch Entspannen fallen lassen.

Aus der Wechselwirkung zwischen Ansatz- und Atemtechnik entsteht dann die dynamische und klangliche Nuancierungsfähigkeit des Tones, sein Wohllaut und seine wechselnde Färbung, die sowohl für das Orchester wie für die Kammermusik wichtig ist.

Vom Ton.

Die Oboe ist weniger ein virtuoses als ein Kantileneninstrument, deshalb sind die Anforderungen an Tonschönheit und Gesanglichkeit in erhöhtem Maße an sie zu stellen. Einen großen Raum im Studium der Oboe muß darum die Tonbildung durch gehaltene Töne einnehmen. Zuerst übe man, mit den Tönen der Mittellage beginnend, in Tonleiterfolgen das Aushalten von Tönen erst ohne Dynamik, dann mit folgenden Varianten. Dabei ist der reinen Intonation gerade im dynamischen Wechsel größte Auf-

Beispiel 6

merksamkeit zu schenken (Beispiel 6 und 7).

Im Gegensatz zur Querflöte, bei der die Steigerung des anfänglich sehr geringen Tonvolumens das Ziel der Tonbildung ist, nennt Louis Bas in seiner Oboenschule das Zarter- und Leisermachen des Tons als Zweck des Töneaushaltens. Erst wenn die Bildung der oberen Grundtöne geglückt ist, schreite man in der Erweiterung des Tonumfangs nach oben und unten durch systematische Sequenzen fort. Man beginnt zweckmäßig mit dem Sekundintervall und schreitet dann in der natürlichen Folge der Intervalle weiter.

Beispiel 7

Das einfache Übungsschema läßt sich beliebig erweitern durch:

1. Steigerung des Tonumfangs.
2. Rhythmische Variierung.
3. Dynamischen Wechsel.
4. Durch Transposition.

Joseph Sellner formuliert das Klangideal in seiner Oboenschule in folgender, heute noch gültiger Weise: „Das gute Rohr muß in jeder Lage der Töne, d. h. in der Höhe und in der Tiefe, schwach oder stark angeblasen, leicht ansprechen, das ist, es muß gestatten, daß man den Ton vom pianissimo bis zum fortissimo schwelle und ihn dann wieder zum pianissimo zurückbringe; dabei muß in jeder Lage und bei jeder Stärke der Ton Klang haben, ohne grell zu sein, im Orchester hörbar bleiben, ohne andere Instrumente zu übertönen, kurz, der gute Ton muß einer wohlklingenden Diskantstimme ähnlich sein, die klagend, weich, durchdringend im Schmerz, pikant und hell im Ausdruck der Freude und des hüpfenden Scherzes ist.“

Dieses Klangideal ist aber nur nach langem Studium zu erreichen, und auch dann hängt seine Erfüllung, wie aus dem Zitat Sellners hervorgeht, zu sehr großem Teil von den Zufälligkeiten des Rohres ab.

Das Rohr.

Das Doppelrohrblatt der Oboen und Fagotte ist in seiner Herstellung und Ausarbeitung noch subtiler als das Klarinettenblatt. Der Rohrbau läßt sich wohl bis zu einem gewissen Grad lehren, wie dies in einem eigenen Werke von W. Heinze und in der „Méthode Nouvelle de Hautbois“ (Enoch, Paris) von Louis Bas getan wurde, für die letzte Feinheit sind jedoch nur die persönliche Anlage des Bläsers, das Lippengefühl und die eigene Erfahrung entscheidend.

Die Rohre der deutschen und der französischen Oboe zeigen einige Unterschiede. Das deutsche Oboenrohr hat eine Drahtzwinge wie das des Fagotts, deren Spannung durch Druck zu verändern ist. Außerdem ist seine Bahn (der dünner geschabte Teil der Lamellen) länger, als die des französischen Rohrs. Übrigens blasen die französischen Bläser leichtere Rohre (bzw. Blätter), als die deutschen.

Das Gelingen beim Rohrbau hängt außer von der Kunstfertigkeit auch sehr von der Reife des Holzes ab. Aber selbst dann erfüllt ein Rohr selten gleichmäßig alle Anforderungen an Höhe und Tiefe, an Kantilene und Staccato, sodaß die Bläser sich für solche Spezialzwecke besondere Rohre (und Blätter) bereithalten. Selbst das fertige, in Gebrauch genommene Rohr bedarf noch der Behandlung, da die Speichelablagerungen im Rohrinnern mit der Zeit zu einer Verengung und dadurch zu einer Stimmungsänderung führen. Nach einiger Zeit hat selbst das beste Rohr oder Blatt durch die absorbierte Feuchtigkeit seine Elastizität verloren und muß dann aufgegeben werden. Deshalb ist das alte Sprichwort vom Lautenisten, der von seinen sechzig Lebensjahren vierzig mit Saitenaufziehen und Stimmen verbringt, mit ein wenig Übertreibung auch auf die Rohr- und Blattbautätigkeit der Oboisten, Fagottisten und Klarinettisten zu übertragen.

Die Artikulation.

Der Tonimpuls (Zungenstoß) erfolgt auf der Oboe dadurch, daß der Rücken der an die untere Rohrlamelle stoßenden Zungenspitze den Rohrspalt periodisch verschließt und wieder freigibt. Als (lautlos zu artikulierende) Stoßsilbe lehren manche Schulen ta oder ti, physiologisch am günstigsten scheint für den Ansatz beim Oboespiel die Vorstellung eines tü (siehe das Vokaldiagramm im Querflötenkapitel). Zur weicheren Abstufung des Portato oder Non-legato dient dü. Diese beiden Artikulationen werden für alle rhythmischen Formen der Staccato-Varianten, auch für punktierte Rhythmen, gebraucht.

Beispiel 8

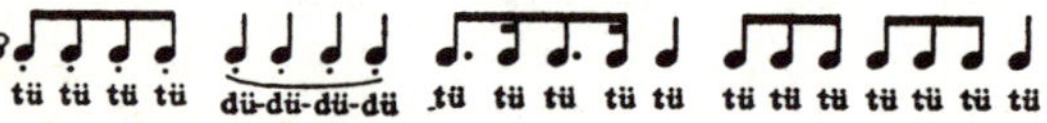

Der Staccato-Punkt über einer Note hat bekanntlich abkürzende Wirkung. Nimmt man an, daß er eine Note um die Hälfte ihres Wertes verkürzt, dann macht er also ein Viertel zu einem Achtel, ein Achtel zu einem Sechzehntel, ein Sechzehntel aber zu einem Zweiunddreißigstel. Gegen diese Nuancen wird sehr häufig, besonders beim Orchesterspiel, verstoßen. Meistens hört man fälschlicherweise alle drei Notenwerte als Zweiunddreißigstel wiedergegeben.

Das staccato klingt auf der Oboe besonders im piano ungemein zierlich und reizvoll. Es erfordert viel Übung und ist mit kleinen Zungenbewegungen auszuführen. In der tiefen Lage ist es bei der Kleinheit des Rohres ziemlich schwierig. Das beste Beispiel für die Grazie des Oboenstaccato bietet das Solo im 2. Akt des „Freischütz" (Beisp. 9).

Beispiel 9

Französische und italienische Oboisten wenden für schnelle Staccati die Doppelzunge und Tripelzunge an, jedoch setzt ihre Ausführbarkeit sehr leichte Rohre voraus. Die anzuwendenden Artikulationen sind (Beisp. 10).

Beispiel 10

Die im Querflötenkapitel beschriebenen Artikulationsformen des 18. Jahrhunderts gelten auch für die Oboenmusik dieser Zeit. Der Artikulationsstil des Spätbarock verlangt bei unbezeichneten Stimmen in der Hauptsache ein gesangliches Non-legato, das die Töne zu einer Linie zusammenfügt. Nur die melodischen Dissonanzen (Durchgangs- und Wechselnoten, Vorhalte und Antizipationen) werden selbstverständlich mit den Harmonietönen gebunden. Niemals darf eine unbezeichnete Spätbarocklinie staccato aufgefaßt werden, wenngleich auch die Achtel und Sechzehntel nach Quantz im Allegro kürzer zu spielen sind als im Adagio. Wo die alten Meister legato wünschen, deuten sie es meistens nur beim ersten Male an. Bei Parallelstellen ist es eo ipso auszuführen.

Die Grifftechnik.

Die Applikatur der Barockoboe ist aus dem folgenden Schema zu ersehen:

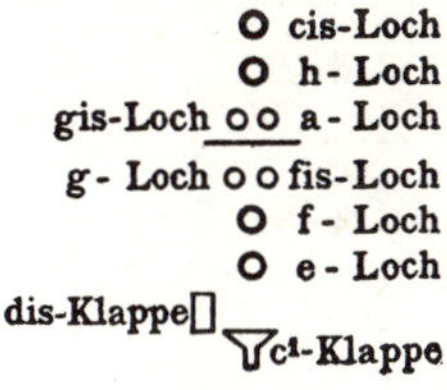

Die dis-Klappe ist an den Oboen der Bachzeit meistens doppelt angebracht, um dem wechselnden Gebrauch der Handhaltung im 18. Jahrhundert Rechnung zu tragen. Die c-Klappe ist aus dem gleichen Grund als Fischschwanzklappe ausgebildet.

Bei den folgenden Griffbezeichnungen sei aber nach heutigem Gebrauch die linke Hand stets als die das Oberstück bedienende verstanden.

Die beiden mittleren Grifflöcher für den zweiten Finger rechts und den vierten Finger links sind als Doppellöcher gebohrt, um durch Freigeben des einen Loches die nächst höhere Halbtonstufe auch ohne Gabelgriff zu ermöglichen. Beispielsweise wird also f^1 durch den Griff:  produziert, fis durch den folgenden:  .

Beispiel 11

Wie sich aus dem Schema ergibt, verfügt die alte Oboe über eine ansehnliche Grundtonreihe, in der nur cis^1 fehlt und b^1 und c^2 durch Gabelgriffe erzeugt werden müssen. C^2 entsteht wie auf der alten Querflöte durch abgedeckten Gabelgriff, cis^2, da eine cis-Klappe noch fehlt, als Produkt der kürzesten Röhrenlänge, aber seines schreienden Klanges halber mit den Fingern der rechten Hand abgedeckt. Die weiteren Töne bis c^3 entstehen, da die Oktavklappe erst gegen Ende des 18. Jahrhunderts aufkommt, nur durch Überblasen mittels Verstärkung der Atemintensität und des (leichten!) Lippendrucks. Lediglich bei d^2 und dis^2 wird das oberste Griffloch halb geöffnet, um das Überschlagen zu erleichtern. cis^3 ist die ebenfalls mit Halbloch überblasene Duodezime aus fis^1, d^3 entsteht auf gleiche Art aus g^1.

Das Überblasen ohne Oktavklappe bereitet nach den Erfahrungen in Kabel zunächst einige Schwierigkeiten und erfordert besondere Rohre. Die Grifftechnik und die Intonation sind ebenfalls nicht leicht, aber durch die Doppellöcher ist die Barockoboe in Tonarten mit drei bis vier Vorzeichen doch weniger schwierig zu intonieren als die Barockquerflöte.

Die Grifftechnik der modernen Oboe basiert wie die der konischen Querflöte auf der Diatonik der sechs, in zwei Dreiergruppen auf beide Hände verteilten Grifflöcher. Die Zwischenhalbtöne und Grundtöne unterhalb von d^1 entstehen durch weitere, teils mit offenen, teils mit geschlossenen Klappen versehene Löcher. Bei der deutschen und bei der französischen Oboe ergibt das progressive Öffnen der Grifflöcher die D-Dur-Tonleiter von d^1 bis cis^2. Dieser letztere Ton, als das Produkt der kürzesten Röhrenlänge, wird in der Praxis allerdings nicht (außer beim h-cis^1-Triller) verwendet, weil sein Klang zu scharf und zu unbeeinflußbar ist. Stattdessen wird er als zweiter Teilton aus cis^1 erzeugt, sodaß mit cis^2 bereits das Register der überblasenen Oktaven beginnt, das bis c^3 reicht.

Beispiel 12

Grifftabelle für die französische Oboe.

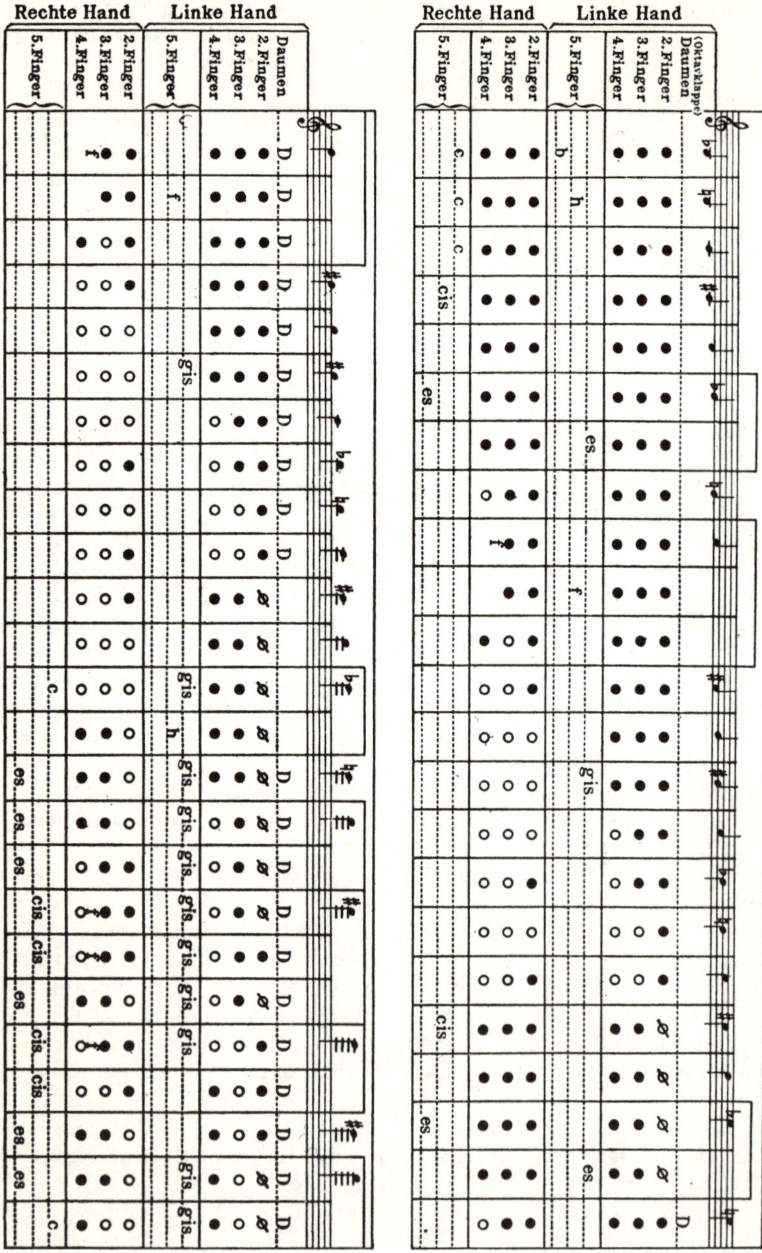

D = Oktavklappe geöffnet; o = offenes Loch; ● = geschlossenes Loch; ø = Halbloch. Die Silben oder Buchstaben bezeichnen die zu greifenden Klappen.

Beispiel 13

Tabelle der Triller besonderer Griffart für die französische Oboe.

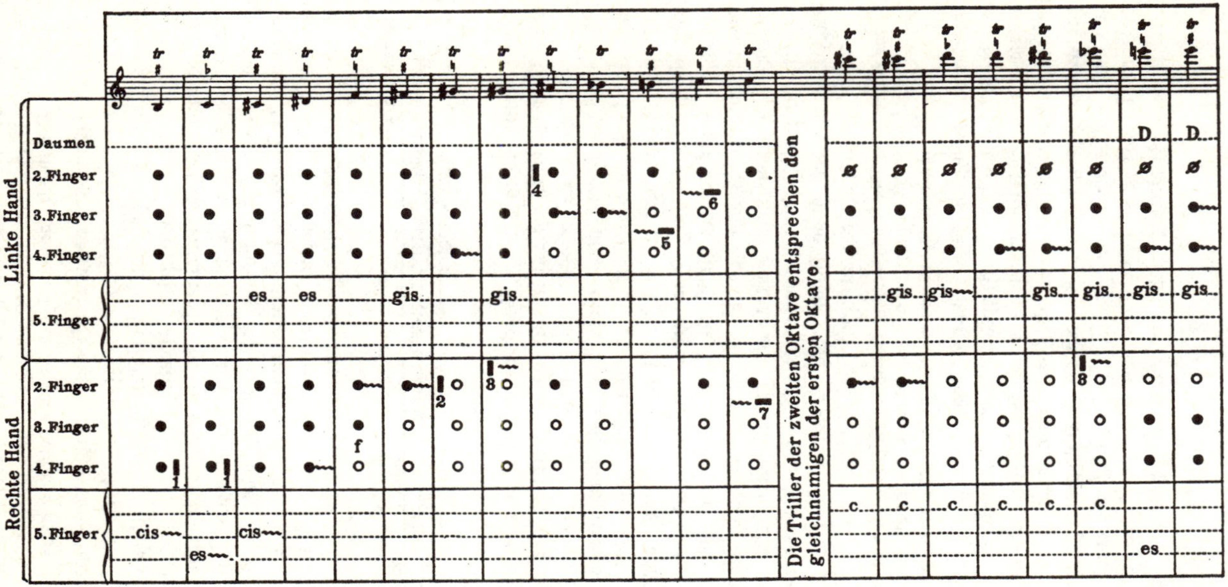

1 = Hebel für den 4.Finger rechts zur Schließung der c-Klappe.
2 = Hebel für den 2.Finger rechts zum Offnen der gis-Klappe.
3 = Hebel für den 2.Finger rechts zum Öffnen der b-Klappe.
4 = Lamelle für den 2.Finger links zum Schließen der c-Klappe.
5 = h-cis-Trillerklappe für den 3. Finger links.
6 und 7 = c-d und cis-d-Trillerklappen für den 4. Finger links, bezw. den 3. Finger rechts.

〰 = Trillerfinger

Der Böhmoboe ist die Löcherstellung und Applikatur der Böhmflöte mit geschlossener gis-Klappe zugrunde gelegt. Wenn man die beiden unteren Löcher (bzw. Deckel) öffnet, entsteht also nicht fis^1, sondern f^1. Die offene fis-Klappe wird durch Niederdrücken des e-Deckels (bzw. durch Schließen des f-Lochs) geschlossen. c^2 wird durch eine vom linken Daumen betätigte Klappe produziert.

Auf der deutschen Oboe wird c^2 (und b^1) mittels eines vom Mittelglied des rechten Zeigefingers bedienten Hebels gegriffen, während bei der französischen Oboe eine dem Ringklappenmechanismus entsprechende Verbindung vom Unterstück zum Oberstück die gleichen Griffe direkt auf dem g-Loch gestattet.

Dieser Applikaturunterschied veranlaßte die Instrumentenmacher, für die von der deutschen zur französischen Oboe übergehenden Oboisten ein Kompromißsystem zu schaffen, das die französische Bohrung mit den deutschen Griffen verbindet. Der Instrumentenmacher G. Urban in Hamburg erfand eine sinnreiche Mechanik, die einen Griffsystemwechsel auf dem gleichen Instrument dadurch gestattet, daß sowohl die deutsche wie die französische Griffweise der Töne b^1 und c^2 anwendbar ist.

Beispiel 14

Wie aus dem Schema ersichtlich ist, werden die drei Töne cis^2, d^2 und dis^2 wie die entsprechenden tieferen Oktaven, aber mit halber Öffnung des obersten Grifflochs hervorgebracht. Der linke Zeigefinger macht dabei eine Rollbewegung nach unten. Die beträchtliche Schwierigkeit, diese Technik in schnellem Tempo noch korrekt auszuführen, ohne das Loch zu viel oder zu wenig freizugeben, führte zu der Erfindung der Halblochklappe. Diese besteht aus einem offenen Deckel, der in der Mitte eine kleine Öffnung, das Halbloch, hat. Nach unten ist er durch eine Lamelle verlängert, auf die der Finger, wenn er das Halbloch freigibt, nur zu rollen braucht, ohne auf dessen Dimensionierung Rücksicht nehmen zu müssen. Diese Einrichtung wurde durch den Ringklappenmechanismus noch weiter vereinfacht, indem beim Decken des a-Lochs, also beim g-Griff, die Halblochklappe automatisch mitgeschlossen wird. Dadurch sind die folgenden Oktaven auch ohne Rollbewegung, nur durch Heben des linken Zeigefingers auszuführen (Beisp. 15).

Beispiel 15

Die Rollbewegung des linken Zeigefingers, von den Oboern „Kanteln" genannt, darf nur mit dem äußersten Fingerglied vor sich gehen, damit die Deckung der beiden anderen Löcher des Oberstücks nicht gefährdet wird.

Wie schon von der Längsflöte her bekannt, spielt jedoch die größere oder kleinere Öffnung des „Halb"-Lochs für die Ansprache der verschiedenen Töne eine wesentliche Rolle. Diese Feineinstellung scheint zunächst bei der automatischen Halblochklappe verlorengegangen zu sein. Sie ist aber dennoch möglich durch eine Stellschraube, die so gedreht werden kann, daß der Korken der Halblochklappe beim automatischen Niederdrücken nicht völlig deckt. Die endgültige Deckung, die einer Verkleinerung des Halblochs entspricht, wird erst beim Ergreifen der Lamelle an der Halblochklappe bewerkstelligt. Diese Vorrichtung dient vor allem der leichteren Ansprache von cis^3 und d^3.

Die chromatische Reihe von e^2 bis c^3 wird mit Hilfe der Oktavklappen aus den Tönen e^1 bis c^2 überblasen. Von e^2 an erfaßt der an der Oboe liegende Daumen durch Rollbewegung den Oktavklappenhebel. Außer der einen bei der Sellner-Oboe schon angebrachten Oktavklappe hat die Oboe heute noch eine von a^2 an wirksame zweite Oktavklappe. Der Austausch geschieht automatisch von der Brille auf dem a-Loch aus. Einige Modelle besitzen noch eine dritte Oktavklappe für die sichere Ansprache von f^3 an aufwärts. Mit cis^3 setzt das Register der Duodezimen, also der zweimal überblasenen Grundtöne ein. e^3 und die höheren Töne müssen bereits durch akustisch kompliziertere Griffverbindungen erzeugt werden, die sich von den Grundtongriffen schon erheblich entfernen.

Die Technik in der oberen Lage der Oboe ist deshalb wie bei allen Holzblasinstrumenten schwierig. Erschwerend kommt noch hinzu, daß sich die Oboenpartien verhältnismäßig selten in dieser Lage bewegen, sodaß den Bläsern die technische Fertigkeit in der Höhe mangelt. In den neueren Werken, z. B. in den Opern „Elektra“ und „Arabella“ von R. Strauß, sind die technischen Anforderungen in der hohen Lage sehr gesteigert worden. Ihre Beherrschung erreicht man am zweckmäßigsten und schnellsten durch abstrakte Technik, d. h. durch systematische Übung aller Intervalle. Als Beispiel diene die folgende Übung:

Beispiel 16

Diese Übungen sind in der unterschiedlichsten Weise auszuführen:

1. non legato,
2. legato,
3. stufenweise nach oben und nach unten zu versetzen,
4. in allen Tonarten zu üben.

Sie sind mit einiger Phantasie ins Unendliche ausdehnbar. Die Beteiligung der eigenen Erfindung ist sogar unerläßlich, da sie Nachdenken über die persönlichen fingertechnischen Mängel, ihre physiologischen und mechanischen Ursachen voraussetzt. Auf diese Weise wird die Gefahr eines mechanischen Übens vermieden und eine lebendige Übung erreicht, die am schnellsten den Gedächtnisfilm der Fingerbewegungen herstellt, der dann beim wirklichen Spielen nur abrollt. Zugleich wird auch die Ansatztechnik, besonders im legato, in einer Weise geübt, die ums Vielfache konzentrierter ist, als bei der Übung von Etüden, die allerdings als Kombinationen technischer Probleme und als Leseübungen auch ihren Wert haben. Da die Ansatztechnik aber zunächst eine Ablenkung von der Fingertechnik bedeutet, ist die Übung der Hände ohne Instrument vorauszuschicken, wie sie als „Fingergymnastik“ und „Fingerkombination“ im Längsflötenkapitel beschrieben wurden.

Zu der Kombinationstechnik und der Rollbewegung des linken Zeigefingers auf der Halblochklappe kommt erschwerend die Gleittechnik in der tiefen Lage hinzu. Die beiden kleinen Finger haben sieben Klappen zu betätigen, deren Verbindung teilweise nur durch Gleiten von einer Klappe zur andern zu erreichen ist. Tonverbindungen im legato, wie die in dem folgenden Solo, sind deshalb äußerst heikel.

Beispiel 17
R. Strauß, Rosenkavalier, 2. Akt*)

*) Mit Genehmigung der Firma Adolph Fürstner, Berlin W 35. Copyright 1910 by Adolph Fürstner.

Dis^2 wird zwar mit der zweiten es-Klappe gegriffen, aber cis^1—his—cis^1 ist nur glissando möglich. Damit der Finger möglichst reibungslos gleitet, bedienen sich die Oboisten wie die Flötisten eines eigenartigen, aber wirksamen Mittels: Sie reiben vor einer solchen Stelle den kleinen Finger an der Stirn oder Nase, damit sein Ballen sich mit einem Hauch von Fett überzieht und dadurch leichter über die Klappen gleitet.

Das Englischhorn, die Oboe d'amore und das Heckelphon.

Neben der Sopranoboe ist das Englischhorn das am häufigsten verwendete Oboeninstrument. Sein alter Name, unter welchem es in den Bach-Partituren anzutreffen ist, war Oboe da caccia. Damals war es aus konstruktiven Gründen geknickt, während es heute in gerader Form gebaut wird, die oben in ein gegen den Mund des Bläsers zu gebogenes Metallrohr ausläuft, auf welches das Rohr gesteckt wird. Dieses Metallrohr, in Übertragung vom Fagott S-Rohr genannt, ist gegen ein kürzeres oder längeres austauschbar und gestattet dadurch geringe Stimmungsänderungen, wie sie die schwankende Stimmung des Orchesters bisweilen notwendig macht.

Das Englischhorn steht in f, klingt also eine Quinte tiefer als notiert. Die Applikatur ist natürlich die gleiche wie die der Oboe, dagegen erfordert das etwas größere und breitere Rohr einen besonderen Ansatz, weshalb sich die Orchester dafür einen nur in zweiter Linie als Tuttioboisten beschäftigten Spezialisten halten.

Die größere Länge des Instruments und das birnenförmige Schallstück geben dem Englischhorn einen verhaltenen, dunklen und melancholischen Ton, der ihm unter den Musikern die scherzhaft-treffende Bezeichnung „Elegisches Horn" eingetragen hat. Bach verwendet ein, häufiger zwei Oboi da caccia für die obligaten Solopartien der Arien oder für Accompagnato-Rezitative. In der Matthäuspassion vereinen sie sich in der Sopranarie Nr. 58: „Aus Liebe will mein Heiland sterben" zu wunderbaren Klangkombinationen mit der Soloflöte. Die Wiener Meister, Haydn, Mozart und Beethoven, und auch Weber verwendeten das Englischhorn eigenartigerweise nie, aber seit R. Wagner gehört es zum charakteristischen Kolorit des großen Orchesters, in dem es schöne Solopartien in Fülle hat. (R. Wagner: Fliegender Holländer, Tannhäuser, Tristan, Ring. Bei R. Strauß, G. Mahler, César Frank: Symphonie, Débussy: Nuages.)

Die Liebesoboe entstand um 1722. Sie ist der Mezzosopran der Familie und steht in a, klingt also eine kleine Terz tiefer, da sie der Oboenapplikatur entsprechend in Griffschrift notiert wird. Infolge ihres „Liebesfußes", des kugeligen Schallbechers, und der natürlichen Verdunkelung des Klangs durch die tiefere Lage eignet ihr ein stiller und sanft-zärtlicher Klang. Bach hat das schöne Instrument oft, meist paarweise, verwendet, am herrlichsten wohl in dem Zusammenwirken mit zwei Oboi da caccia in der Hirtenmusik des Weihnachtsoratoriums.

Nach Bach geriet das Instrument bald außer Gebrauch. Erst R. Strauß nahm es in seiner Sinfonia Domestica wieder in das moderne Orchester auf.

Das Heckelphon ist wie das Saxophon nach seinem Erfinder benannt worden. Es wurde 1904 von Wilhelm Heckel konstruiert und bildet eine äußerst wertvolle Ergänzung der Oboenfamilie in der tiefen Lage. Sein Klang ist von edler Dunkelheit und als der eines Oboeninstruments von einer Intensität, wie ihn seit dem Aussterben der Pommern kein Instrument in dieser Lage mehr besaß. Es wurde von R. Strauß, v. Schillings und in letzter Zeit von Paul Hindemith in einem Trio mit Bratsche und Klavier verwendet.

Das Heckelphon steht in c, sein Umfang reicht von A bis f^2, es wird aber eine Oktave höher und im Violinschlüssel notiert. Das Rohr hat ungefähr die Dimension eines Fagottrohrs und wird deshalb oft von den Fagottisten angefertigt. Die Applikatur ist jedoch die der Oboe, weshalb das Instrument von einem Oboisten gespielt wird.

Das Fagott.

Die stumme Vorbereitung.

Name, Wesen und Entwicklung.

Das Fagott entstammt dem 16. Jahrhundert und entwickelte sich nach den Forschungen von Curt Sachs neben, nicht aus den Bomharten. Es ist ein Doppelrohrblattinstrument mit einer im Verhältnis zu seiner Länge und Lage sehr engen Mensur und sanftem konischen Bohrungsverlauf. Infolgedessen unterscheidet es sich in der Klangfarbe erheblich von der Oboe, deren stark konisch divergierende Bohrung ihren tiefen Tönen einen breiten, schnarrenden Klang gibt, der gegen die dünne Höhe merklich kontrastiert und bei den tieferen Instrumenten (Oboe d'amore und Englischhorn) nur durch den birnenförmigen Liebesfuß abgemildert wird. Das Fagott dagegen hat durch die sehr langsame Erweiterung seiner Bohrung (etwa 3—4 mm Durchmesser am oberen S-Ende, gegen 40 mm an der Stürze bei einer Länge von 2,591 m) einen typischen „stillen" Ton, der sich von dem hellen, glänzenden und „scharfen" Klang der andern Holzblasinstrumente wesentlich unterscheidet. Als Baß-Tenor-Instrument wird es in den entsprechenden Schlüsseln notiert.

In den früheren Entwicklungsstufen hießen die Fagotte ihres sanften Klanges halber „Dulziane". Sie traten als ganze Stimmfamilie mit einem Gesamtumfang von Kontra-f bis c^2 auf und dienten zum chorischen Musizieren zu mehreren Instrumenten der gleichen Gattung. Neben den Violen und Blockflöten, Posaunen und Rauschpfeifen, Racketts und Krummhörnern und vielen anderen Instrumenten gehörten sie zum Orchester der Spätrenaissance und des Frühbarock, von dessen reicher Farbigkeit wir uns nur noch durch die in die Barockorgel übernommenen Stimmen eine Vorstellung machen können.

Die Dulziane bestanden noch aus einem U-förmig gebohrten Holzschaft, der nur oben an den Röhrenenden einen Schallbecher und die S-Röhre zum Aufsetzen des Doppelrohrblatts hatte. Die Zahl der Grifflöcher war acht, die der Klappen zwei.

Die heute im Deutschen gebräuchliche italienische Bezeichnung „Fagotto" = Bündel, hier also mit der Bedeutung eines Bündels zusammensetzbarer Röhren, wird erst von einer gewissen Entwicklungsstufe an sinnvoll und anwendbar. Die Verfeinerung des

Holzblasinstrumentenbaues in der zweiten Hälfte des 17. Jahrhunderts ist, wie uns schon von den Flöten und Oboen bekannt ist, gekennzeichnet durch die Zerlegung der bisher aus einem Stück gedrehten Instrumente in mehrere, zusammensetzbare Teile, ferner durch die Verengerung und differenziertere Bohrung der Mensuren zum Zweck der Steigerung des Tonumfangs und der kammermusikalischen Veredelung des Klanges. Nun erst wird das Instrument zum „fagotto" und besteht seither aus dem Rohr, dem S-Rohr, dem abwärts führenden Flügel, der in der engeren Bohrung des U-förmig gebohrten Stiefels steckt, und schließlich aus der in der weiteren Bohrung sitzenden Baßröhre mit dem aufgesetzten, auch „Kopf" genannten Schallbecher.

Auch die Fagotte traten zunächst noch als ganze Familie auf, aus der aber nur das Choristfagott in der Stimmlage des modernen Fagotts als brauchbarer Holzbläserbaß zur Weiterentwicklung gelangte (daher auch die französische Benennung basson und die englische bassoon). Der Typ des Fagotts der Bachzeit ist das Instrument von Joh. Christ. Denner in der Sammlung der Berliner Musikhochschule. Es hat außer den acht Grifflöchern drei Klappen für Kontra B, D und F. Die Zwischenhalbtöne entstehen durch Gabelgriffe.

In dieser Epoche ist das Fagott wichtiges Continuo-Instrument, und auch da, wo es nicht ausdrücklich vorgeschrieben ist, zu besetzen. In der französischen Suite bildet es den obligaten Baß des Bläsertrios (2 Oboen und Fagott). In den Kammersonaten und -trios für Flöten und Oboen ist es nach Quantz das gegebene Continuo-Instrument. Aber auch schon als Soloinstrument tritt das Fagott im 18. Jahrhundert auf. Phil. Em. Bach gab ihm in einer Arie seines Oratoriums „Die Israeliten in der Wüste" (Moses) eine sehr schöne obligate Partie. Von Telemann existiert eine Sonate in D-Dur für Fagott mit Continuo, von Joh. Christ. Bach zwei den Mozart-Konzerten an Wert nicht nachstehende Fagottkonzerte mit Streichorchester und Continuo. Sie wurden in den Kabeler Kammermusiken von dem Bremer Solofagottisten Rudolf Rottensteiner auf der Kopie eines sehr sanft klingenden alten Fagotts des 18. Jahrhunderts gespielt, die von W. Heckel gebaut wurde.

Im Verlauf des 18. Jahrhunderts nahm die Zahl der Klappen bald um zwei weitere zu. Ein Fagott der Berliner Hochschulsammlung noch aus der ersten Hälfte des Jahrhunderts hat bereits fünf Klappen für Kontra B, D, Es, F und Fis. Um 1800 hatten die Dresdner Fagotte von Grenser schon acht Klappen für Kontra B, D, Es, F, Fis, Gis und, was besonders bedeutungsvoll ist, zwei Flügelklappen für a^1 und c^2. Damit war das Fagott erheblich weiterentwickelt. Die Flügelklappen erweiterten den Umfang nach der Höhe zu und dienten auch schon wie beim heutigen Fagott als Schleifklappen zur leichteren Ansprache der überblasenen Töne.

Die übrige chromatische Ausfüllung der Grundtöneskala durch Anbringung weiterer Klappen erfolgte in den nächsten Jahren. So entstand in der Beethovenzeit, entsprechend der Sellner-Oboe, ein Fagott-Typ, dessen Mechanismus und Löcherbohrung eine ziemlich vollständige Chromatik ohne Gabelgriffe ermöglichte. Damit war zwar den modulatorischen Anforderungen der zeitgenössischen Musik Genüge getan, die Beweglichkeit in den entfernteren Tonarten nahm jedoch stark ab, je mehr Vorzeichen auftraten. Jedes weitere Vorzeichen bedeutet ja beim halbchromatischen Typ das Ergreifen einer neuen Klappe und damit die Entfernung von der Griffgrundlage der diatonischen Löcherbohrung.

Außerdem bestand zwischen den Klappentönen und den Löchertönen ein erheblicher Klangunterschied, der nur durch eine veränderte Bohrung und Mensur zu beheben war. Die Bemühung der Holzblasinstrumentenmacher in der ersten Hälfte des 19. Jahrhunderts zielte folglich dahin, eine bequeme Klappenlage und damit eine bewegliche Technik und einen homogenen Klang zu ermöglichen. Im Verlauf dieser Entwicklung entstanden in Frankreich und Deutschland zwei verschiedene Typen.

Der nassauische Kammermusiker Almenräder hat bedeutenden Anteil an der Gestaltung des deutschen Fagotts. Er begann seine Versuche 1824 und gründete im Jahre 1831 mit dem Instrumentenmacher I. A. Heckel die Fagottbauwerkstatt, die heute als die Firma Heckel in Biebrich b. Wiesbaden Weltruf hat.

Das Bestreben Almenräders und Heckels war, einen gleichmäßigen und vollen Ton in allen Lagen zu erzielen. Zu diesem Zweck legten sie eine Reihe von Tonlöchern tiefer und erweiterten ihren Durchmesser. Diese Veränderung erforderte die Deckung der Daumenlöcher mittels offener Deckel. Außerdem veränderten sie die Proportionen der einzelnen Röhren und verbesserten die Klappenlage.

Auch ferner wurde das Heckel-Fagott durch neue Erfindungen weiterentwickelt. Bedeutsam ist die Hartgummiausfütterung des Flügels, da dadurch das von jeher zum Fagottbau dienende Ahornholz gegen die Einwirkung der Atemfeuchtigkeit an der gefährdetsten Stelle geschützt wird. Wilhelm Heckel erfand die Pianomechanik zur automatischen Schließung des kleinen Lochs im S-Rohr.

Durch die unermüdlichen Verbesserungsbestrebungen des Hauses Heckel entstand ein deutsches Fagott von hoher klanglicher Vollkommenheit. Sein Ton ist wärmer und romantisch-üppiger als der des französisch-englischen Typs, der andrerseits auch wieder seinen besonderen Reiz hat.

Die französischen Fagottbauer Savary fils und Adler schufen ebenfalls sehr gute Instrumente. Das Fagott Adlers von 1839 hat bereits 19 Klappen und das kleine Loch im S-Rohr. Der Klang des französischen Fagotts ist infolge seiner anderen Bauart etwas trocken und summend. Er hat etwas gleichsam Barockes und ähnelt manchmal in seiner Helligkeit, besonders in der höchsten Lage, einem gepreßten Saxophonklang.

Der Einfluß des Böhmsystems auf das Fagott war verhältnismäßig gering. Das Böhmmodell Trieberts von 1855 konnte sich nicht durchsetzen.

Infolge der Eigenart der Fagottmensur tritt der Grundton zurück, während die Obertonreihe, besonders der dritte Teilton, deutlich vernehmbar ist. Richard Strauß sagt deshalb, daß die Fagotte ohne Oktavverdoppelung durch ein Kontrafagott keinen eigentlichen Baßcharakter hätten. Tatsächlich sind die tiefen Töne der Fagotte stets von einer Obertonaureole umgeben, die sogar zu harmonischen Trübungen führen kann. So hörte bekanntlich R. Strauß in einem as-Moll-Akkord von „Tod und Verklärung" ein c, einen Oberton der Fagotte, mitklingen.

Nichtsdestoweniger gibt der Reichtum an Obertönen dem Baßregister einen warmen, breit ausladenden Klang, der dem der c-Saite eines Violoncells nahekommt. Im forte haben die tiefen Töne einen drohenden, unheimlichen Charakter, aber ebenso bereitwillig sind sie zu drolligen Wirkungen. Überhaupt neigt das Fagott zur Groteske, besonders in Sprüngen und Staccato-Läufen, aber es hieße sein Wesen verkennen, wenn man es nur als Spaßmacher betrachtete. Seine Mittellage hat einen sanften, zur Kantilene sehr befähigten Ton, und seine Höhe mit ihrem forcierten Flageoletklang ist einer ganzen Ausdrucksskala von der zärtlichsten Sanftheit und mildesten Abgeklärtheit bis zur gepreßten Klage mächtig. Mozart hat diesen zärtlichen Klang oft verwendet, meistens als tiefere Parallelstimme zu Geigen, Flöten oder Oboen. Den Ausdruck des

Flehenden, der dem Fagott in der höheren Lage eigen ist, hat Weber in wunderbarer Weise oft, am schönsten in den Opern Freischütz und Euryanthe, verwendet:

Beispiel 1

Euryanthe Nº 17

Der Freischütz, Finale

In den meisten Werken der Opern- und Symphonieliteratur wurden dem Fagott schöne Stellen anvertraut. In der modernen Musik haben besonders Heinrich Kaminski und Igor Stravinski bedeutende Fagottstellen geschrieben.

Von Mozart gibt es zwei Fagott-Konzerte mit Orchester, von Weber ein Konzert und ein ungarisches Concertino. Die Kammermusikliteratur für Fagott ist keineswegs arm, und auch die Namen Mozarts, Haydns und Beethovens sind in ihr vertreten. In der neueren Kammermusik gibt es viele Werke mit Fagott. Die beim Probespiel meistens vorgelegten Stellen sind folgende:

L. v. Beethoven: 3. Leonoren-Ouvertüre, „Die Geschöpfe des Prometheus“, Nr. 5 und Nr. 15, „Fidelio“, Nr. 2 und Nr. 9. 3. Symphonie, Scherzo-Trio, 4. Symphonie, Finale und 9. Symphonie.

Rob. Schumann: 1. Satz der B-Dur-Symphonie.

P. Tschaikowski: 4., 5. und 6. Symphonie.

G. Bizet: „Carmen“.

R. Strauß: „Rosenkavalier“.

Die Haltung.

Der Anweisung im einzelnen muß auch beim Fagott wieder vorangestellt werden, daß die Spieltechnik durch eine entspannte Gesamtkörperhaltung und durch die richtige Atemtechnik wesentlich gefördert wird.

Das Fagott wird an einer um den Hals gelegten Schnur getragen, die mit einem Haken an dem Tragring des oberen Stiefelbeschlags befestigt wird. Die Schnurlänge ist verstellbar und wird so gewählt, daß die leicht über die Zähne gezogenen Lippen das Rohr bequem erreichen können, ohne daß der Bläser seine ungezwungene aufrechte Kopfhaltung aufzugeben braucht.

Der Stiefel liegt an der rechten Hüfte an, das Instrument wird also diagonal vom Körper weg gehalten. Der größte Teil des Gewichts wird mittels der Schnur vom Halse getragen, der Rest durch das untere Zeigefingerglied der linken Hand, welche die Grifflöcher und Klappen des Flügels und die Klappe der Baßröhre bedient. Die rechte Hand wird über dem Stiefel gespreizt, wobei der Daumen die Klappen der dem Spieler zugewandten Seite des Stiefels, die übrigen Finger die Löcher und Klappen der anderen Seite öffnen oder schließen.

Da die rechte Hand nach dem Aufheben des Daumens keinen Haltepunkt mehr am Instrument hätte, dient dieser Finger als Stütze, indem er sich auf die Achse der e-Klappe oder auf eine über dieser Klappe angebrachte Raste lehnt. Soll er die Klappe schließen, dann gleitet er nur herab. Manche Fagottisten verwenden eine besondere Stütze für die rechte Hand, aber ihr Vorteil ist wie bei der Handstütze der Flöte vorwiegend durch die Gewohnheit bedingt.

Der linke Daumen, der sieben Klappen zu bedienen hat, wird zum besseren gleitenden Erfassen der tiefsten Klappen etwas nach innen gebogen. Zum Greifen der Kontraklappen und der hohen Klappen am Flügel wird er gestreckt. Alle anderen Finger werden fast gestreckt, mit einer leichten Biegung nach außen auf dem Instrument aufgesetzt. Das Durchknicken einzelner schwächerer Finger hemmt die Genauigkeit der Fingertechnik und muß deshalb vermieden werden.

Die Atemtechnik.

Die Grundlagen der Atemtechnik wurden im Längsflötenkapitel beschrieben. Die Eigenart des Doppelrohrblatts erfordert auch beim Fagott eine gewisse Komprimierung der Blasluft, aber der Luftverbrauch ist infolge des mehr als doppelt so groß dimensionierten Rohrs so viel höher als bei der Oboe, daß die eingeatmete Luft beim Blasen meistens völlig verbraucht wird.

Dadurch fällt das bei der Oboe notwendige, der neuen Einatmung vorangehende Ausstoßen der unverbrauchten, kohlensäuregesättigten Luft weg, das ein Atemholen auf kleinen Phrasierungseinschnitten nicht gestattet. Der Fagottist kann also wie der Flötist kurz und schnell Atem nehmen, ohne daß die musikalische Linie eine störende Trennung erleidet. Dafür schließt der größere Luftverbrauch auch die Anwendung der permanenten Atmung aus.

Wurde die anzuwendende Atemquantität im Vergleich zu jener der Oboe auch erheblich höher genannt, so ist sie doch, an der Größe und Tonlage des Instruments gemessen, gering. Beim Abwärtssteigen in die Töne der großen und Kontra-Oktave nimmt der Luftverbrauch zu, ohne aber je den der Querflöte zu überschreiten.

Im einzelnen Falle hängt der Luftverbrauch sehr von der Beschaffenheit des Rohres ab. Ein starkes oder schlecht ansprechendes Rohr braucht einen viel stärkeren Atem- und Lippendruck als ein leichtes, gut ansprechendes.

Die einzuatmende Luftmenge richtet sich nach der Lage, Länge, Intensität und Dynamik der zu spielenden Linie.

Die klingende Vorbereitung.

Die Blastechnik.

Die körperlichen Voraussetzungen des Ansatzes beim Fagott sind die gleichen wie die bei der Oboe, eine Wiederholung erübrigt sich also.

Auch die Ansatztechnik ist grundsätzlich die gleiche. Das (allerdings viel größer dimensionierte) Doppelrohrblatt wird zwischen die leicht eingezogenen Lippen gelegt, die einen luftdichten Abschluß um dasselbe bilden. Ihre zweite Funktion ist ein leichter Druck auf die Rohrlamellen, der den flachen Einblasspalt zweckmäßig verkleinert. Das Rohr muß folglich bis an die Stelle in den Mund genommen werden, bei welcher der kleinste Druck schon auf den Ton einwirkt.

Im Grundtonregister dient der leichte Lippendruck zur Veredelung des Tons, denn er verhindert die schnarrende Wirkung des ungehemmt schwingenden Rohres. In den überblasenen Registern ruft er durch weitere Verkleinerung des Durchblasspalts zusammen mit der Verstärkung der Atemintensität eine höhere Schwingungsfrequenz des gleichsam verkürzten Doppelblatts und damit das Überschlagen in höhere Partialtöne hervor.

Das Fagott überbläst als konisches Instrument wie die Oboe in die Oktave, Duodezime und Doppeloktave. Höhere Partialtöne sind praktisch nicht anwendbar, und schon die Töne der eingestrichenen Oktave werden durch komplizierte Griffkombinationen hervorgebracht.

Zur Beherrschung der Ansatztechnik ist das sorgfältigste Studium gehaltener Töne unerläßlich. Dem Übungsschema der Oboe entsprechend übe man fortschreitend die einzelnen Tonleitern erst ohne

Schwelldynamik, aber in allen Abstufungen vom forte bis zum pianissimo, dann mit crescendo und decrescendo. Sodann erweitere man diese Studien durch progressive Intervallfolgen von der Sekunde bis zur Dezime. Zur Beherrschung der reinen Intonation spiele man auch die Akkordbrechungen der technischen Übungen ganz langsam mit allen Nuancen durch. Um so leichter fällt dann der Intonationsausgleich und die Überbrückung der immer vorhandenen Mängel des Instruments.

Vom Ton und vom Rohr.

Das Fagott ist seiner Stimmlage und seinem Wesen nach ein Instrument für Baß- und Mittelstimmen, aber es hat außerdem noch wie das Violoncello die Aufgabe, bis in die höchste Tenorlage und darüber hinaus als Soloinstrument zu dienen. Ein schönes Kantilenenbeispiel in der hohen Lage des Fagotts ist die in Beispiel 2 gegebene Stelle aus den „Meistersingern“. Mensur und Rohr müssen also einen Umfang von mehr als drei Oktaven hergeben. Soweit der Ton von der Mensur her beeinflußbar ist, kann der Instrumentenbauer mitbestimmen. Das moderne Fagott wird mit weiter und enger Mensur gebaut. Weite Mensuren klingen volltönig, besonders in der Tiefe, sprechen aber oben schwerer an und binden die Töne auch nicht so leicht. Enge Mensuren geben einen kleineren, aber sehr tragenden und flüssigen Klang, auch sind größere Intervalle besser zu binden. Ein Beispiel für schwierige Bindungen bietet die Solostelle in der 5. Symphonie von Tschaikowski:

Beispiel 2

Beispiel 3

Das Rohr hat einen großen Einfluß auf den Ton. Seine Herstellung entspricht im Prinzip der des Oboenrohrs; im Gegensatz zum zwingenlosen französischen Oboenrohr wird es aber mit drei Messingdrahtzwingen versehen, deren oberste eine nachträgliche Spannungsänderung durch Anziehen mittels einer Zange erlaubt. Leichte Rohre begünstigen die Pianissimo-Ansprache der tiefen Lage, weshalb sich die zweiten und dritten Fagottisten ihrer bedienen. Schwerere Rohre werden von den ersten Bläsern und zum Solospiel verwendet, doch ist die Wahl des Rohrs ganz individuell bedingt. Auch Völkerindividualitäten sind hier entscheidend. Die deutschen, und besonders die Wiener Fagottisten, bevorzugen breitere und schwerere Rohre, deren Tonfülle entsprechend groß ist. Mit dem zunehmenden Tonvolumen nimmt aber die leichte Ansprache und die Legato- wie die Staccato-Fähigkeit ab. Die romanischen Bläser dagegen bauen sich schwächere Rohre. Der Klang beispielsweise der französischen Holzbläser ist deshalb sehr leicht, flüssig und kantabel. Außerdem gestatten die leichten Rohre (und Blätter) ein sehr virtuoses Staccato, auch mittels der Doppelzunge.

Durch die leichte Spielart der Bläser überhaupt bleibt der Klang des romanischen Orchesters deshalb auch im Tutti klar und durchsichtig. Allerdings fehlt ihm dafür das für Wagner, Brahms und Bruckner so wesentliche wuchtige Pathos und die romantische Fülle des deutschen Orchesters. Das Klangideal des deutschen Holzbläsers ist dementsprechend im allgemeinen mehr auf Dunkelklang, Fülle und Kraft gerichtet, aber diese spätromantische Klangvorstellung ist durch die wieder mehr nach linearer und polyphoner Klarheit strebende jüngere Musik zum Teil schon als überwunden anzusehen.

Gerade beim Fagott, das abwechselnd Baß-, Füll- und Soloinstrument ist, darf das Klangideal noch weniger als bei den Diskantinstrumenten die „unerreichte Klangfülle" sein, wenn nicht der Komplex der Mittelstimmen — Fagotte, Klarinetten und Hörner — den Orchesterklang zu massig machen soll. Der Ton soll stattdessen rund und tragend und vom klar konturierten kantablen Soloklang bis zur unauffälligen Füllstimme nuancierbar sein. Überhaupt muß der Holzbläserklang stets vom kammermusikalischen Ideal ausgehen, denn der Kammermusikton läßt sich immer bis zur Al-fresco-Wirkung im großen Orchester steigern, während ein nur auf Größe angelegter Ton schon an den kammermusikalischen Aufgaben einer Haydn- oder Mozartsymphonie scheitern muß.

Die Artikulation.

Die Technik des einfachen Zungenstoßes entspricht genau jener der Oboe. Die Zungenspitze wird gegen die untere Rohrlamelle gelegt und verschließt dadurch den Durchblasspalt, während gleichzeitig die Blasluft komprimiert wird. Wird nun die Zunge unter (lautloser) Artikulation der Silbe ta zurückgezogen, dann kann die gestaute Luft ins Rohr strömen und so dessen Schwingungen hervorrufen. Die Dauer des Tons wird durch das Intervall bestimmt, in welchem die Zungenspitze an das Rohr zurückkehrt. Der Härtegrad hängt von der Schärfe der Artikulation ab. Die Abstufung vom harten ta zum weichen da ermöglicht alle Varianten vom staccatissimo bis zum portato. Alle übrigen Artikulationsvarianten, auch die punktierten Rhythmen, werden ebenfalls mit Hilfe des einfachen Zungenstoßes ausgeführt, der unermüdliche Übung erfordert.

Beispiel 4

Seine obere Tempogrenze liegt, wenn man von der Staccato-Virtuosität einiger besonders dafür begabter Bläser absieht, bei den Unisono-Achteln von Flöten, Oboen Klarinetten und Fagotten in der Ouvertüre zur „Verkauften Braut" von Smetana:

Beispiel 5

Beispiel 6
Beethoven, 3. Leonoren-Ouvertüre

Der Staccato-Lauf in der 3. Leonoren-Ouvertüre (Beisp. 6) und das Solo im Finale der 4. Symphonie von Beethoven (Beisp. 7) bieten, da sie solistisch sind, noch größere Schwierigkeiten.

Beispiel 7
Beethoven, 4. Sinfonie

Manche Fagottisten wenden deshalb für diese Stellen die Doppelzunge mit der Artikulation ti-ke an, die erlernbar und nach einiger Übung mit einem leichten Rohr auch gut ausführbar ist. Die französischen Rohrbläser wenden sie häufiger, die deutschen bisher verhältnismäßig wenig an. Die Ablehnung der letzteren ist wohl auf die schlechtere Ausführbarkeit auf den deutschen Rohren und auf den (allerdings auch bei der Flöte) zunächst sehr ungleichen und auch unschönen Klang der stumpfen Gaumensilbe zurückzuführen, der sich aber durch die Übung sehr verbessert. Der klangliche Ausgleich soll weniger durch die Verschärfung der stets stumpfer bleibenden Gaumensilbe als vielmehr durch Abmildern der variableren Zungensilbe angestrebt werden. Das Ergebnis ist dann ein rundes, nicht spitzes Staccato, das bis zu großer Geschwindigkeit gesteigert werden kann.

Sehr schwierige Triolen-Staccati finden sich im 2. Akt des „Lohengrin". Da die Stelle für zwei Fagotte geschrieben ist, helfen sich die Bläser so, daß der eine immer nur zwei Triolen bläst und zwei Triolen pausiert, während der andere die Lücken ausfüllt. Die Wirkung ist dann eine kontinuierlichere, wenn auch klangschwächere.

Beispiel 8
Wagner, Lohengrin 2. Akt

Die Grifftechnik.

Das Barockfagott hat sechs Grifflöcher auf der dem Spieler abgewandten Seite, zwei Daumengrifflöcher und drei Klappen für Kontra B, D und F, sodaß die nebenstehende Grundtonleiter entsteht. Diese Tonreihe kann durch Gabelgriffe chromatisch ausgefüllt werden. Nur Kontra-H und Cis sind nicht erzeugbar. Der weitere Umfang wird durch Überblasen in die Oktave und Duodezime hervorgebracht.

Die Applikatur des modernen Fagotts.

Da das Böhmsystem sich beim Fagottbau nicht durchsetzte, so ist das moderne Fagott ein aus dem diatonisch gebohrten Instrument weiterentwickelter halbchromatischer Typ.

Die Griffweise beruht folglich weiterhin auf der natürlichen Folge der Grifflöchertöne Daß die Löcher durch Verlagerung und Vergrößerung zum Teil mit offenen Klappen versehen wurden, ist hierbei unwesentlich. Die Lücken der chromatischen Grundtonleiter von Kontra-B bis f wurden durch teils offene, teils geschlossene Klappen ausgefüllt. Dadurch wurden die Gabelgriffe überflüssig, nur es (e♭) wird in einigen Tonverbindungen noch mit der „Gabel" gegriffen. Zwei Stiefelklappen, die für as und b, sind sowohl vom Daumen wie von dem vierten und fünften Finger der rechten Hand zu bedienen, um einige sonst unausführbare Bindungen und Triller (fis—gis) zu ermöglichen. Am Flügel sind drei Klappen für cis^1, a^1 und c^2, die einzeln und kombiniert (a^1 mit cis^1-Klappe) als Überblaslöcher für den nun bis es^2 gesteigerten Umfang gebraucht werden. Die c^2-Klappe dient bei vielen Oktaven als kurz zu öffnende Bindeklappe. Der Umfang nach unten kann durch Aufsetzen eines längeren Schallbechers bis auf Kontra A ausgedehnt werden. Dieser Schallbecher wird wegen des im Tristan vorkommenden Kontra A „Tristan-Stürze" genannt.

Die ersten drei überblasenen Oktavtöne werden auf vielen Fagotten am besten mit halbgedecktem f-Loch erzeugt. Bei den nächsten drei Oktaven werden einzelne Flügelklappen als Oktavklappen benützt. Alle Töne über e^1 sind akustisch schwer ableitbare Oktav- und Duodezimkombinationen, die durch Ausprobieren in der Praxis gefunden wurden. So ist z. B. für den Griff von f^1 keine eigentliche Erklärung zu geben. Nur fis^1 und g^1 sind deutlich als Duodezimen aus H und c zu erkennen. Von a^1 an werden alle Töne mit den Flügelklappen gegriffen.

Wie schon angeführt, basiert die Fagottapplikatur auf der C-Dur- bzw. F-Dur-Diatonik. Jede chromatische Abweichung bedingt deshalb die Ergreifung besonderer Klappen und damit eine veränderte Fingerstellung.

Im Gegensatz zum Böhmsystem wachsen folglich die technischen Schwierigkeiten mit der Anzahl der Vorzeichen erheblich an. Die b-Tonarten liegen dem Instrument besser als die Kreuztonarten, von denen E-Dur, H-Dur und Fis-Dur besonders schwierig sind und fleißiger Übung bedürfen.

Da bei dem großen Grundtöneumfang von einer Duodezime die Anzahl der Klappen und Löcher die der Finger um mehr als das Doppelte übersteigt, so kommen auf den einzelnen Finger mehrere Klappen in einer Verteilung, die bei dem deutschen und dem französisch-englischen Fagott etwas differiert. Das Bestreben ist jedoch bei jedem System, eine möglichst einfache Verbindung aller Töne zu gestatten, besonders aber das technisch sehr hemmende Gleiten von einer Klappe zur andern möglichst zu vermeiden. Bei der großen Anzahl von Grundtönen ist eine nur auf Kombination beruhende Applikatur ohne Gleitbewegungen der Finger auch mit Anwendung des Böhmmechanismus nicht erzielbar. Jedes System hat darin seine Schwächen, die sich nur verlagern, aber nicht ganz aufheben lassen.

Die Klappenverteilung beim deutschen Heckeltyp ist folgendermaßen:

linke Hand	1. Finger (Daumen) . .	C-, D-, Kontra H-, Kontra-B-Klappe und die drei Flügelklappen.
	5. Finger	Cis- und Es-Klappe.
rechte Hand	1. Finger (Daumen) . .	E-, Fis-, 2. As- und 2. B-Klappe.
	2. Finger	cis-Klappe.
	4. Finger	G- und B-Klappe.
	5. Finger	F-, fis- und As-Klappe.

Automatische Brillen (Ringklappen) hat das Fagott nur für den cis^1-dis^1-Triller und für g^1.

Wie aus dieser Zusammenstellung ersichtlich ist, haben tatsächlich die fünften und die ersten Finger mehrere Klappen zu bedienen, der linke Daumen sogar sieben.

Während der Übergang von einer Klappe zur andern bei den andern Fingern nur durch seitliches Verschieben geschieht, müssen die Daumen verschiedenartige Bewegungen ausführen, um alle Klappen einzeln und in Bindungen erreichen zu können. Der Schüler muß der zweckmäßigen und präzisen Ausführung dieser Bewegungen besondere Aufmerksamkeit widmen, da die fingertechnische Leistung bis zu einem hohen Grad von ihr abhängt.

Der rechte Daumen stützt sich in untätigem Zustand auf die Achse des e-Deckels bzw. auf die darüber angebrachte Daumenraste. Er gibt dadurch der rechten Hand einen Stützpunkt, auch wenn er nicht in Funktion ist, und braucht gegebenenfalls nur auf den e-Deckel oder die benachbarten Klappen in Längsrichtung herunter zu gleiten. Bei der Folge e—fis macht der Daumen eine seitliche Gleitbewegung, bei dem Wechsel ais—fis wird er seitlich von der B-Klappe über den e-Deckel hinweg auf die fis-Klappe gesetzt.

Der linke Daumen muß zur Erreichung aller Klappen die unterschiedlichsten Stellungen einnehmen. Um den gleitenden Wechsel c—d glatt ausführen zu können, wird der Daumen in einem stumpfen Winkel nach innen gekrümmt und seitlich liegend gehalten. Zur Betätigung der Kontra-H- und -B-Klappen streckt sich der Finger etwas mehr und schließlich völlig, um die am weitesten entfernten Flügelklappen zu öffnen. Bei dem Wechsel (D—) C—Kontra H und C—Kontra B bleibt er mit dem obersten Gelenk auf der C-Klappe liegen und erreicht die beiden andern Klappen einzeln oder zusammen, indem er sein äußerstes Glied nach dem Handinnern zu krümmt.

Eine besondere schwierige Griffolge ist Cis—Dis, bei welcher der Daumen und der fünfte Finger gleichzeitig Gleitbewegungen in Gegenrichtung machen müssen. Die folgende Fagottstelle aus der 6. Symphonie von Tschaikowski ist deshalb technisch sehr schwer zu bewältigen:

Beispiel 9
Tschaikowski, 6. Symphonie

Ähnliche technische Probleme bietet die folgende Stelle aus „Cavalleria rusticana“:

Beispiel 10
Cavalleria rusticana

Für die Gleittechnik sind Intervallübungen wie die nachstehenden von großem Nutzen:

Beispiel 11

Die Technik der oberen Oktave beruht auf Kombinationsgriffen, zu deren Beherrschung der Fagottanfänger am ehesten durch die im Längsflötenkapitel beschriebene Fingergymnastik gelangt. Zur besseren Ansprache einiger Töne der eingestrichenen Oktave hat das S-Rohr eine winzige Öffnung, die jedoch die Pianissimo-Ansprache der tiefen Töne und die Ansprache der höchsten beeinträchtigt. Sie ist deshalb mit einem verschließbaren Ventil versehen. Einige Fagottisten, die schwere Rohre blasen, spielen trotzdem ständig mit offenem S-Loch. Andere verwenden die Heckelsche Pianomechanik, die automatisch beim Niederdrücken des e-Deckels, also bei allen Tönen von E abwärts, das S-Loch verschließt. Sie gestattet außerdem einen zeitweiligen Verschluß des Lochs durch eine von beiden Daumen bedienbare Ausschaltevorrichtung, die zur leichteren Ansprache der höchsten Töne betätigt wird.

Die technischen Anforderungen an das Fagott sind im allgemeinen nicht so groß wie die an die Flöte und die Klarinette. Sie wurden aber durch die zeitgenössische Komposition enorm gesteigert. Richard Strauß und Igor Stravinski (Pulcinella) und Hans Pfitzner (Violinkonzert) schrieben sehr schwierige Fagottpartien, deren Ausführung eine bedeutende Virtuosität verlangt.

Das Kontrafagott.

Das Kontrafagott ist ein Sechzehnfußinstrument und klingt bei gleicher Notation eine Oktave tiefer als das gewöhnliche Fagott. Sein Umfang reicht heute von Subkontra A bis zum f^1 (auch g^1). Es wurde bereits 1625 von dem Berliner Kammermusiker Hans Schreiber erfunden. Seine Applikatur war aber vor der Erfindung der Drehklappen so ungefüg, daß seine Entwicklung eigentlich erst in der Mitte des 19. Jahrhunderts nennenswerte Fortschritte machte. Wie primitiv es war, erhellt die Tatsache, daß sich bis tief ins 19. Jahrhundert hinein der Baßzink, der Serpent, als Orchesterbaß halten konnte.

Nur in Wien muß es eine Tradition im Gebrauch des Instruments gegeben haben, da Haydn (Schöpfung), Mozart (Requiem) und Beethoven (5. und 9. Symphonie, Fidelio) es verwendeten. Ein wichtiger Konstruktionsversuch ist Haseneiers Kontrabassophon von 1855. Eine wirkliche Verbesserung wurde dem Kontrafagott aber erst im letzten Viertel des 19. Jahrhunderts durch Heckel zuteil. R. Wagner nahm das Instrument erst im Parsifal in sein Orchester auf, seither gehört es zum Bestand des großen Orchesters. R. Strauß hat ihm verschiedentlich in seinen Werken Solostellen anvertraut. Das moderne Heckel-Kontrafagott hat die gleiche Applikatur wie das normale

Griff- und Trillertabelle des Heckel-Fagotts.

Beispiel 12

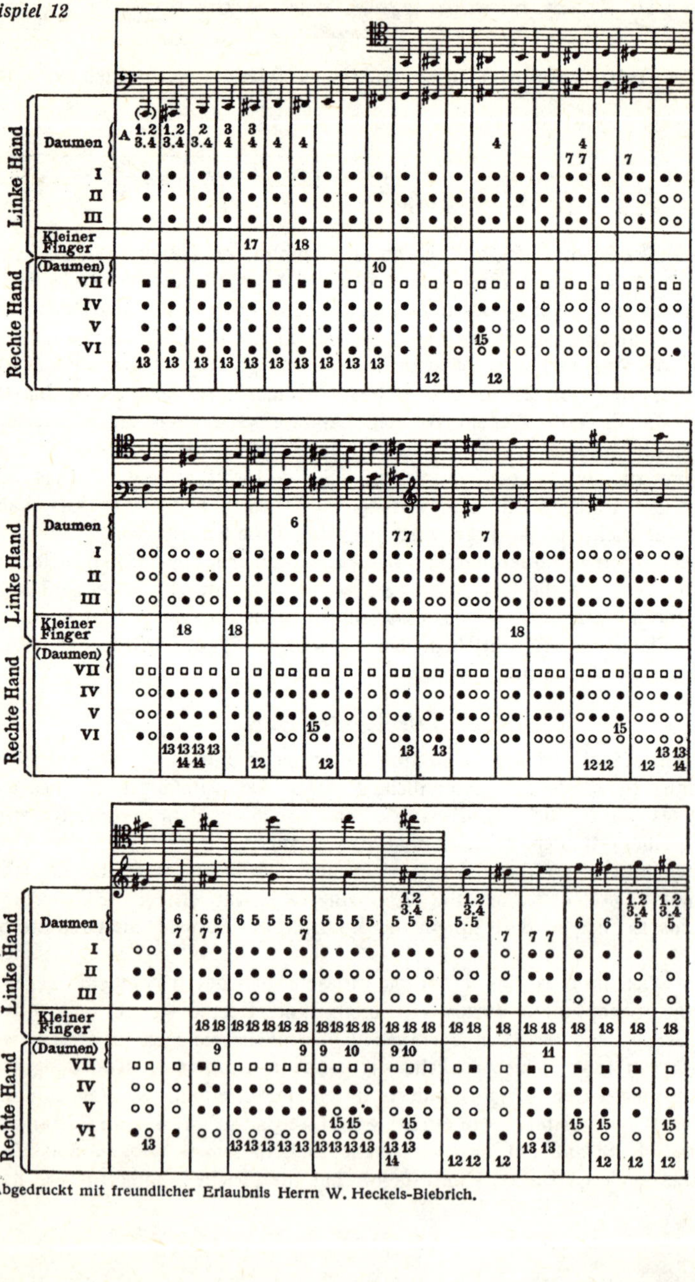

Abgedruckt mit freundlicher Erlaubnis Herrn W. Heckels-Biebrich.

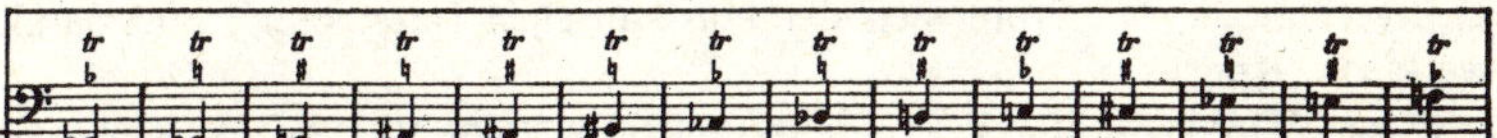

Linke Hand	Daumen	4~	4~	4							7~	7			
	I	●	●	●	●	●	●	●	●	●	●	●	●~	○	○
	II	●	●	●	●	●	●	●	●	●	●	●	○	●	○
	III	●	●	●	●	●	●	●	●	●~	●	●~	●~	○	○
	Kleiner Finger	18~	18												
Rechte Hand	(Daumen)			10~	10~	10									
	VII	■	■	□	□	□	□	□	□	□	□	□	□	□	□
	IV	●	●	●	●	●	●	●	●~	●	○	●	○	●~	●
	V	●	●	●	●	●	●	●~	●~	○	○	○	○	●~	●
	VI	●	●	●	●	●	●~	●	15 ○	○	○	○	○	●	●
		13	13	13~	13~	12~	12~	12				13		13	13~

Linke Hand	Daumen			5	7~	7	7~				6 7 ~	6 7 ~	6 7 ~	6 7	6 7 ~	5
	I	○	●	●	●	●	●	●	●	○	●	●	●	●	●	●
	II	●~	●	●	●	●	●	○	○	●	●	●	●	●	●	●~
	III	●~	●	●	●~	●~	○	●	●	●	●	●	●	●	●	○
	Kleiner Finger							18	18	18	18	18	18	18	18	18
Rechte Hand	(Daumen)															9
	VII	□	□	□	□	□	□	□	□	□	□	□	□	■	□	□
	IV	●	●	●	○	○	○	●	●	●~	●	○	○	●	○	●
	V	●	●	●~	●	●	●	●	●~	●~	○	○	○	●	●~	●
	VI	●	●~	●	●	●	●	●~	●~	○	○	○	●	●~	○	●
			12~	12	13	13	13				13			13	13	13

Trillerzeichen: ~

Fagott, nur einige Töne werden etwas anders gegriffen. Die Mechanik ist so durchgebildet, daß sie auch Geläufigkeit erlaubte, wenn nicht die langsame Ansprache der Töne und der Charakter des Instruments von selbst gemächliche Bewegung vorschrieben. Das breitere Rohr, die andere Haltung des senkrecht stehenden Instruments und seine Atemtechnik verlangen einen besonderen Spezialisten, zu dem gewöhnlich der dritte Fagottist ausersehen ist.

Nachwort.

Zum Schluß hat der Verfasser seinen Bläserkollegen vom Hamburger Philharmonischen Staatsorchester für manchen Rat und Hinweis in der vertrauten und doch so ungeheuer differenzierten Materie zu danken. Insbesondere sei den Oboe-, Fagott- und Klarinetten-Künstlern August Gaebel und Max Körner, Karl Franke und Erich Gruhle sowie Hugo Stöckigt hiermit gedankt.

Der Weg zu den Holzblasinstrumenten führte von den einfachsten akustischen Grundbegriffen zum Wesen der Instrumente, von den Grundlagen der Blas- und

Grifftechnik zu den Problemen der musikalischen Darstellung, und damit vom Handwerk zur Kunst.

Dieser Weg ist in der Praxis lang und mühevoll. Virtuosität, Klangschönheit, Kantabilität und Reinheit der Intonation sind hohe Forderungen, die sich auch bei großem Talent erst nach jahrelangem Fleiß erfüllen lassen. Und doch stellt sie heute das Niveau unserer Orchester in selbstverständlichster Weise, sodaß nach der vielfach noch zu kurz bemessenen Studienzeit die ersten Orchesterjahre für die Holzbläser schwere Lehrjahre in jeder Beziehung sind. Aber auch mit der erreichten Reife erfordert der Beruf des Holzbläsers unermüdlicher Weiterarbeit, wenn die überlegene Beherrschung des Instruments nicht verlorengehen soll. Hat der Dirigent die Aufgabe, Sachwalter der idealen Forderung des Kunstwerks zu sein, dann der Bläser diese, den Kampf mit der Materie zu führen, die sich gegen die Entkörperung sträubt. Spröde Lippen, ein störrisches Rohr oder Blatt, ein Wassertröpfchen unter einer Klappe und — der Halbgott wird zum Stümper. Dabei muß der Musiker, nicht weniger als der Dirigent, auch in seinem Einzelpart das Kunstwerk von der Partitur her — die ihm nur durch das Ohr zugänglich ist — gestalten. Aber so schwer der Holzbläserberuf ist, so dankbar ist er auch. Der erste Bläser ist fast ständig Solist, und von seiner Leistung hängt der Glanz eines Orchesters in hohem Maße ab.

Soziologisch ist bemerkenswert, daß unter dem heutigen Bläsernachwuchs nicht wenige jüngere Musiker sind, die nicht trotz einer abgeschlossenen höheren Schulbildung, sondern gerade mit ihrem geistigen Rüstzeug versehen, den Musikerberuf ergriffen haben. Diese Tatsache ist erfreulich genug, denn sie ist geeignet, die geistigen Grundlagen des Musikertums überhaupt zu vertiefen und der edlen und schönen Kunst der Blasinstrumente zu einer verdienten höheren Wertung in jedem Sinn zu verhelfen.

Der Weg zu den Blechblasinstrumenten.

Das Horn

von

Gottfried Ritter von Freiberg.

Solohornist und Mitglied der Wiener Staatsoper und der Wiener Philharmoniker,
Professor an der Staatsakademie für Musik und darstellende Kunst in Wien.

Das Naturhorn.

Unter „Horn“ versteht die Instrumentenkunde ein im akustischen Sinne als Zungenpfeife zu bezeichnendes Blasinstrument, für welches die gespannten menschlichen Lippen als schwingungserregende Lamellen zu dienen haben. Der Tonumfang wird begrenzt durch die Länge und den Querschnitt der das Instrument bildenden Röhre.

Der Ursprung des Hornes verliert sich in prähistorische Perioden. Ein aufgefundenes abgebrochenes Tierhorn dürfte zum Muster geworden sein. Die Entwicklung erfolgte stufenweise. Vom Tierhorn, ausgehöhlten Zähnen, Knochen und Muscheln, über Holz und Rinde bis zum geschmiedeten und getriebenen Metall. Erst die Verwendung des Metalls ermöglichte die Ausbildung zum Kunstinstrument.

Die Arier ließen dem Horn eine gewisse Pflege angedeihen. Der Gebrauch von verschiedenen Typen wurde uns überliefert. Gleich den Ariern benützen die Etrusker, Assyrer und Ägypter ein großes Horn, welches bei feierlichen Anlässen und zu Kultuszwecken diente. Ein kleines fand nur für Signale Verwendung. Dem alten Testament ist der Gebrauch von Hörnern (Schofar oder Kéren), welche ausschließlich dem Kultus der Israeliten dienten, zu entnehmen. Die bei den Griechen und Römern gebrauchten Hörner lehnten sich an das etruskische Vorbild an, nur hatten die Römer den Schallbecher vervollkommnet und die lange Röhre zwecks leichterer Handhabung in Windungen gelegt. Auch Mundstücke wurden bereits verwendet. Auf einer römischen Pyxis aus Elfenbein im Museum zu Xanten weist das von einem Krieger geblasene Horn ein Kesselmundstück auf.

Im Altertum hatte keine Entwicklung der Blechblasinstrumente zum Ausdruck künstlerischer Betätigung stattgefunden. Das Christentum und dessen mönchische Repräsentanten hinderten die Fortbildung, da die Blasinstrumente als heidnisch und buhlerisch galten und deren Übung dem fahrenden Volke überlassen wurde. Und so verschwindet das Blasinstrumentenspiel für Jahrhunderte.

Ende des 16. Jahrhunderts kamen die großen Jagdhörner, und zwar zuerst in Frankreich, auf. Diese waren sieben Fuß lang und standen in D. Hundert Jahre später wurde, da man nach einer handlichen Form suchte, in Paris ein in zirkelförmigen Ringen übereinanderliegendes Horn gebaut. In dieser Gestalt hat es sich bis heute erhalten. Verwendbar auf diesem Horn waren nur die reinen Naturtöne, da durch die Haltung des Instruments mit freiem Schalltrichter eine andere Tonerzeugung (Stopfen) noch nicht bekannt war.

Die ursprüngliche Art des Hornes, das Naturhorn, findet nur mehr als sog. Jagdhorn Verwendung; dieses hat bereits fast nur mehr eine museale Bedeutung. (Vorführungen der Spanischen Reitschule in Wien und Feier der Eustachiusmesse bzw. Hubertusmesse im September jeden Jahres.)

Von Frankreich ausgehend, war demselben im höfischen Leben des 16. und bis zum Ausgang des 18. Jahrhunderts ein breites Betätigungsfeld eingeräumt. Im 16. Jahrhundert wurde das ursprüngliche kleine Signalinstrument von großen, den Leib umgebenden Hörnern verdrängt. Der große Durchmesser war bedingt durch die breiten Kopfbedeckungen der damaligen Zeit. Bereits im 17. Jahrhundert wurden die ersten Fanfaren auf diesen Instrumenten wiedergegeben. Nach einem Komponisten derselben (Marquis de Dampièrre) benannte man die Hörner Dampièrre-Hörner (Beisp. 1).

Beispiel 1
Marquis de Dampièrre: Le sanglier ou La petite Royale

Da dieses große Format besonders für die Jagdausübung zu Pferde sehr unhandlich war, vollzog sich eine Rückbildung zu einem kleineren Instrument, welches in dreieinhalb Windungen gelegt war; in dieser Gestalt ist es auf unsere Zeit gekommen. Die Hörner lagen in D, und die Fanfaren wurden zweistimmig geblasen. Diese Fanfaren hatten den Zweck, die Jagd und deren Vorkommnisse musikalisch anzuzeigen, und zwar wurden drei Arten unterschieden: Fanfaren der Tiere, jene der Umstände und solche, welche den einzelnen Jagdherren und hervorragenden Gästen gewidmet waren. Die ersten zwei Gruppen bildeten lediglich feststehende Signale, die den Herren gewidmeten Fanfaren hingegen waren melodiöser und ausführlicher.

Sämtliche Vorgänge bei der Jagd wurden musikalisch ausgedrückt; für den Aufbruch der Jagd, zum Stelldichein, beim Herannahen der Damen und Gäste, beim Auftauchen des Wildes, Tötung desselben, Abbruch der Jagd usw. wurde jeweils die besondere Fanfare angeblasen.

Bedingt durch die beschränkte Anzahl der Naturtöne, aber von dem Wunsche nach Mehrstimmigkeit geleitet, wurde bei diesen Fanfaren eine bis dahin verpönte Art der Stimmführung eingeführt. Wenn z. B. die Melodie C, D, E hieß, so konnte die zweite Stimme nicht in parallelen Sexten gehen, also E, F, G, da dieses F ja nicht auszuführen war. Deshalb wurde die zweite Stimme zwangsläufig so geführt, daß das erste Intervall eine Sext, das zweite eine Quint und das dritte eine Terz bildete (Beisp. 2). Diese verdeckte Quinte

Beispiel 2

fand aus diesem Grunde Eingang in die Praxis und ist außer im strengen zweistimmigen Vokalkontrapunkt jederzeit gestattet.

Ausgehend von dem Instrument, welches diese erstmalig anwendete, nennt man sie Hornquinten. Die Klassiker verwendeten immer die Hornquinten im zweistimmigen Hornsatz (Beisp. 3).

Beispiel 3
L. v. Beethoven: Symphonie Nr. 8
Tempo di Menuetto

In Österreich hatte die Jagd schon seit jeher eine große Pflege seitens seiner Fürsten erfahren. Kaiser Maximilian I. lebt nicht nur als ritterlicher Held, sondern noch mehr als waidgerechter Jäger in Geschichten und Sagen der Völker Österreichs. Im 18. Jahrhundert erreichte die Ausgestaltung der Jagdmusik ihren Höhepunkt.

Schon 1680 brachte der kaiserliche Oberjägermeister in Schlesien, Leopold Graf von Sporck, die von ihm in Paris gehörten Dampièrre-Hörner nach Österreich und richtete die Jägerei in seiner Herrschaft in Böhmen nach französischem Muster ein. Zur höchsten Blüte kam die Jagdmusik unter Karl VI. (1685—1740), der selber als Komponist von Jagdfanfaren einen ehrenvollen Platz in der Literatur einnimmt. Unter seinen Nachfolgern büßte die Jagd zum Teil die große gesellschaftliche Bedeutung ein.

Um die Mitte des vorigen Jahrhunderts fand die Jagdmusik neuerlich Pflege, hielt aber im Gegensatz zur französischen Jagdmusik nicht alle Vorgänge musikalisch fest, sondern bot nach dem Jagdanblasen nur wenige Signalfanfaren, welche aber nicht wie das französische Vorbild aus Naturtönen, sondern aus einer diatonischen Melodienfolge bestand. Diese Art der Musik entsprach nicht dem eigentlichen Zweck, da sie der Jagd nicht gerecht wurde, und so verschwand sie bald, um erst 1879 wieder aufzuleben.

Die seit diesem Zeitpunkt verwendeten Hörner stehen in Es (Beisp. 4).

Beispiel 4
Gottfried Freiberg: Fanfare für 4 Jagdhörner in Es
Frisch

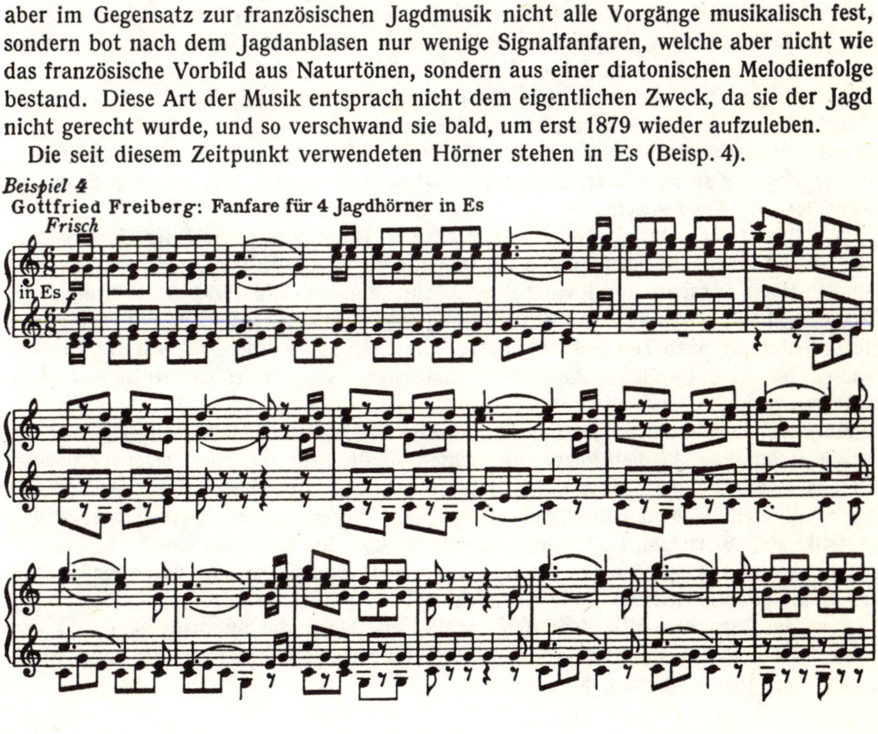

Auch in Deutschland fand infolge der höfischen Beziehungen die französische Jagdmusik frühzeitig Eingang und vielfache Pflege. Verwendung dürfte allgemein das große um den Leib getragene Dampièrre-Horn gefunden haben, denn die vor dem Jagdschloß Moritzburg bei Dresden im Jahre 1670 errichteten Sandsteinfiguren von Jägern in der Tracht der damaligen Zeit tragen das Dampièrre-Horn. Aber bereits in den ersten Dezennien des vorigen Jahrhunderts wurde das Jagdhorn durch das kleine sog. Fürst-Pleß-Horn oder auch Huppe genannte Instrument und zwangsläufig die bis nun gebrauchten Jagdsignale durch Militärsignale verdrängt, weil dieses neue Instrument dem Militärsignalhorn im Tone gleicht.

In Rußland entwickelt sich eine eigene Art der Jagdmusik, die nur der Unterhaltung der Gäste diente. Die verwendeten Instrumente waren aus Kupfer, später aus Messing, ähnlich einem Sprachrohr, mit einer Biegung zum Mundstück hin. Zur Ausführung dieser Art von Musik waren eine größere Anzahl (12—36) Bläser und mehr notwendig, von denen jeder nur einen Ton zu blasen hatte. Die Instrumente waren je nach der Tonhöhe von ein bis sieben Fuß lang. Am unteren Ende war eine verschiebbare Hülse zum Stimmungsausgleich angebracht.

Maresch, der damalige Jagdmusikinstruktor (1748) hatte, da er zu Schülern der Musik unkundige Jagdlehrlinge unterrichten mußte, ein für diese eigens erdachtes Notensystem erfunden. Jeder Bläser hatte nur einen Ton zu blasen; daher genügte eine Linie, auf der die Noten und Pausen standen. Pausen wurden folgendermaßen dargestellt: eine Viertelpause ⊓, eine Achtelpause Q, eine Sechzehntelpause Q.

In England vollzog sich die Entwicklung der Jagdmusik ähnlich der französischen, ohne eine gesellschaftliche Rolle einzunehmen.

Aus dem Jagdhorn entwickelt sich das einfache Horn, das nunmehr allgemein Verwendung fand. Das Mundstückrohr war zum Aufstecken, die Mundstücke selbst waren gelötet und von konischem Innenverlauf.

Die ersten Hörner standen in D und Es, mit dem gleichen Umfang des Jagdhorns. Diesen folgten die G- und B-Hörner und die noch heutzutage gebrauchte Stimmung in F. Nach der jeweiligen Stimmung war die Länge des Gesamtrohres verschieden, z. B. in Hoch-B (Alto) 2,95 m, in F 3,94 m und B tief (Basso) 5,90 m lang.

Einen weiteren Fortschritt brachten die Aufsatzbogen durch ihre verschiedenen Längen, die die Stimmung des Hornes von C-Alto bis B-Basso, also um eine Dezime, vertiefen konnten. Man unterschied hohe, mittlere und tiefe Stimmungen. Die hohen waren C, H, B, A, As und G-Alto, die mittleren Fis, F, E, Es und die tieferen D, Des, C, H, B und A-Basso. Es waren also im ganzen 16 Stimmungen. Die hohe Stimmung in H und C war infolge des schlechten und dünnen Klanges selten gebräuchlich. Ebenso selten waren die As- und Fis-Alto sowie Des- und H-Basso-Stimmungen. Es ist daher immer das tiefe C-Horn zu verstehen, wenn ein C-Horn vorgeschrieben ist. Der Tonumfang des einfachen Hornes war:

Beispiel 5

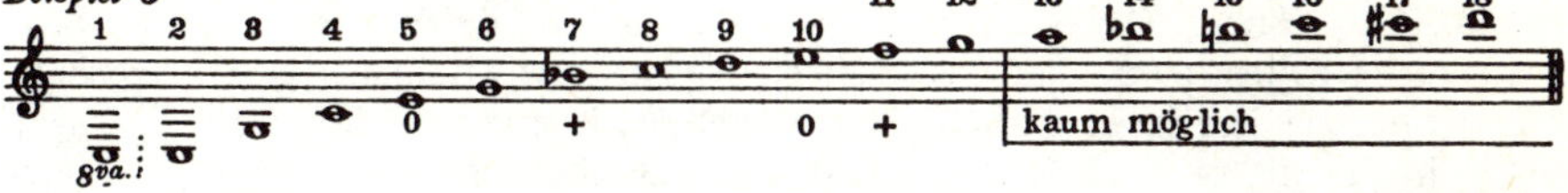

Das Subkontra-C (erster Naturton) war nur wenigen Bläsern erreichbar und geläufig und in der Praxis ganz unmöglich. Dieser Ton kommt auch nirgends in der alten Literatur vor. Das schlechte oder teils unmögliche Ansprechen des vorbezeichneten Tones findet in der Röhrenlänge und in der Mensur seine Begründung. Während weite Röhren die Tiefe begünstigen, sprechen bei engeren Röhren die hohen Töne besser an; weil das Horn ein eng mensuriertes Instrument ist, wird es den Lippen unmöglich, sich den Schwingungen anzupassen, daher muß auf den ersten Naturton verzichtet werden. Im übrigen hat er weder Glanz noch Stärke, klingt farblos und flattert.

Die Töne 7, 11, 13, 14, mit + bezeichnet, sind zu hoch, die anderen, mit 0 bezeichnet, zu tief.

Durch Pressen oder Nachlassen des Lippendruckes konnte man wohl die Stimmung etwas ausgleichen, allein was an Reinheit gewonnen wurde, ging an Tonschönheit verloren. Es schrumpfte demnach der wirklich brauchbare Naturton-Umfang, wie Beispiel 6 zeigt, zusammen, wobei die letzten vier Töne bei ganz hohen Stimmungen wieder nicht verwendbar sind.

Beispiel 6

Beispiel 7

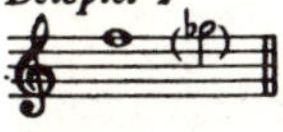

Eine derart große Reihe von Naturtönen weist kein anderes Instrument auf. Das B (Beisp. 7) ist zu hoch und klingt wie ein tiefes Ces. Es ist dasselbe Verhältnis wie bei der übermäßigen Quart des Alphornes, das wir heute noch in der Schweiz (Appenzell) hören können. Aber gerade diese zu hohe Quarte ist das Typische an dem Alphorne. Dies zeigt das Beispiel 8 (Kuhreigen zum Aufzug auf die Alp im Frühling). Das F kommt aber sehr häufig in der Orchester und Kammer-

Beispiel 8

musikliteratur der Klassiker vor. Seit Anwendung des Stopfhornes wird dieser Ton durch Stopfen in seine normale Tonlage herabgestimmt.

Der 11. Naturton des 6. Beispiels, also G, war für die hohen Stimmungen gewöhnlich die äußerste Grenze, während bei tieferen Stimmungen mühelos der 15. Ton, also das C, erreicht werden konnte. Händel und Bach gefielen sich in Verwendung der überaus hochexponierten Hornpartien, und nicht selten kommt in ihren Werken, noch dazu in hoher Stimmung in G, das Horn bis über Beispiel 9 hinaus vor (Beisp. 10).

Beispiel 9

Beispiel 10

G. F. Haendel: Oratorium Judas Maccabäus, III. Akt, Chor

Da nun der notwendige Wechsel der Stimmungsbogen das Blasen erschwerte, kam der Hornist Josef Hampel (1737—71) in Dresden auf die Idee, durch eine gebogene Röhre mit geraden Zapfen zum Ausziehen dem Horn eine reine Stimmung zu ermöglichen. Das war das sog. Inventionshorn. Hampel gilt gleichzeitig als Erfinder der Sordinen, welche in Gestalt ausgehöhlter Hölzer in den Schallbecher zur Erzeugung der Halbtöne hineingesteckt wurden.

Das Stopfhorn.

Um nun außer den Naturtönen die diatonischen und chromatischen Töne hervorzubringen, bediente man sich des Stopfens, welches mit der rechten Hand im Schalltrichter bewerkstelligt wurde. Man legt die Hand etwas gekrümmt, Finger an Finger, also geschlossen an den unteren Teil des Schallbechers. Diese Haltung bleibt bei natürlichem Ton überhaupt beibehalten. Die Handhaltung hat beim Forte offener zu sein als wie beim Piano, d. h. die Hand wird abgeflacht ohne Anlegen des Ballens an den Schallbecher gelegt. Der Ton würde sonst schlecht bzw. gedrückt klingen. Der Vorderteil der Hand, die Fingergruppe, wird nun nach Notwendigkeit mehr oder weniger eingeschoben. So unterscheidet man halb, dreiviertel oder ganz gestopft. Im letzteren Falle hat der Becher vollständig abgeschlossen zu sein. Die Ansicht vieler Hornisten, daß ein abgedämpftes Horn im Piano weicher klingt, ist irrig; der Ton wird nur dumpfer. Bei dem Halbstopfen hat die austretende Luft in der Hand in einer Art Schleifenbewegung zu rollen. Die Folge ist eine Verlängerung der Luftsäule und dadurch eine Vertiefung des Tones. Das gänzliche Stopfen ergibt die gegensätzliche Wirkung; da der Schallbecher fast vollständig ausgeschaltet ist, bewirkt diese Verkürzung der Luftsäule eine Erhöhung um einen halben Ton.

Beispiel 11

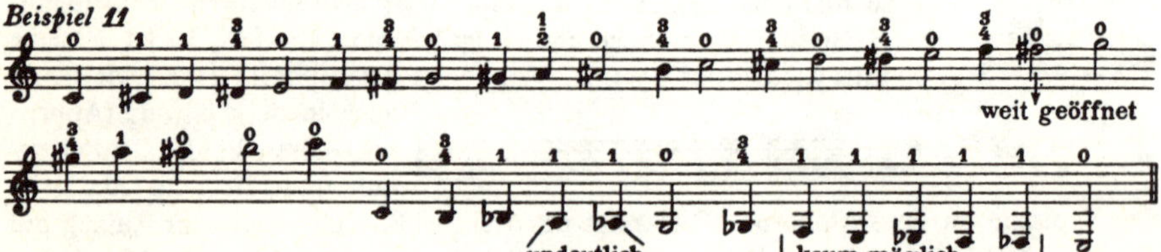

Eine allgemeine Norm für das Stopfhorn aufzustellen, ist nicht gut möglich, und es bleibt dem Ohr, dem Ansatz und der Geschicklichkeit des Bläsers überlassen, die richtige Stimmung zu erreichen. Im allgemeinen nimmt man die Art des Beispiels 11 als möglich an.

Beispiel 12

Gut klingende Töne, die sich im Piano kaum vom Naturklang unterscheiden, sind die fast nur abgedeckten Töne (Beisp. 12). Dagegen sind die durch stärkeres Verschließen der Mündung einen Ganzton tieferen Töne dumpf, nicht rein und kaum zu gebrauchen (Beisp. 13).

Beispiel 13

Die Tonfolge durfte auf dem Horn nicht zu schnell verlangt werden, eine Sechzehntelbewegung war nur mit Naturtönen möglich. In langsamer Bewegung konnte eine diatonische und selbst eine chromatische Tonfolge ausgeführt werden, wie die in der 9. Symphonie von Beethoven klingende Ces-Dur-Tonleiter, also As-Dur am Es-Horn (Beisp. 14). Einfacher wäre es gewesen, ein Horn in der Stimmung H zu verwenden, da bei diesem mehr Naturtöne Anwendung finden würden. Da diese Stelle am Es-Horn, wie aus dem Beispiel ersichtlich ist, nur fünf offene Töne aufweist, erscheint der geheimnisvolle Klang des Horns ausgenützt, und durch das Piano unterscheiden sich die gestopften Töne beinahe kaum von den offenen; ein einheitlicher Klang war dadurch erzielt, weil nur ein einziger, schlechter, gestopfter Ton, das erste As, vorhanden ist. Es war sehr bedenklich, einen ganz gestopften Ton frei einsetzen zu lassen, außer er wurde von anderen Instrumenten unterstützt. Leichter sprach der ganz gestopfte Ton an, wenn ein Naturton vorausging. Die gestopften Töne (2. Hälfte der eingestrichenen und die volle Reihe der zweigestrichenen Oktave) konnten trotz der Kunstfertigkeit der ausführenden Künstler, welche die Gleichmäßigkeit nur bis zu einem gewissen Grade der Kraft erreichten, höchstens als Solo, aber nicht beim vollen Orchesterklang verwertet werden. Auch sind diese Töne selten Forte angeblasen worden. Daher kommt es, daß bei Werken von Haydn, Mozart und einigen von Beethoven die Hörner trotz der scheinbaren Unentbehrlichkeit beim Unterstützen der Fortestellen pausieren mußten, weil der sonst notwendige Stimmungswechsel nicht so rasch durchgeführt werden konnte.

Beispiel 14

Mit dem Tonartwechsel mußte der Hornist jedesmal den entsprechenden Bogen einsetzen; betraf es Es-Dur, den Es-Bogen usw. (Beisp. 15).

Dies sind die natürlichen Tonarten. Durch Einsetzen einer Verlängerung oder Ausziehen des Hauptrohres war es möglich, einzelne Stimmungen noch einen halben Ton herabzusetzen, so daß man folgende Stimmungen erlangte: A, H, Des-Basso, Fis und As-Alto. All diese Stimmungen fanden sehr selten Anwendung, ihr Klang litt unter der notwendigen Änderung des Instruments, und sie waren daher nicht wohlklingend.

Jedenfalls ringt uns die überaus schwierige Kunst und die künstlerische Fertigkeit der alten Hornbläser große Bewunderung ab; sie hatten die Willigkeit des Instruments weniger in der Hand als die heutigen Ventilhornbläser.

Beispiel 15

Stimmung	Schreibweise	Klanghöhe	Wirklicher Klang	Tonfarbe
in B-Basso		None tiefer		Voll, aber etwas rauh
in C		Oktave tiefer		Weniger voll, ohne Wärme
in D		Sept tiefer		Rauh und hohl
in Es		große Sext tiefer		Sanftester Ton
in E		kleine Sext tiefer		Sanft, voller, heller als das Es-Horn
in F		Quint tiefer		Satt und voll, zum sanften Ausdruck geeignet
in G		Quart tiefer		Gepreßt, in der Höhe gellend
in A-Alto		kleine Terz tiefer		Sehr hell
in B-Alto		Ganzton tiefer		Härter und gepreßter als die tiefen Hornarten

Das Ventilhorn.

Eine gänzliche Umwälzung brachte die wesentliche Verbesserung, welche im Jahre 1814 durch Stölzel und Blühmel in Breslau durch Einfügung zweier luftdichter Ventile (Büchsenventile) am Horn ausgeführt wurde. Das Ventil war in Form eines vierkantigen Kästchens gebaut. Dieses schwerfällige Ventil wurde im Jahre 1829 von Kail in Wien verbessert.

Das erste Ventil vertiefte das Horn um einen Ganzton, das zweite um einen Halbton, beide zusammen um eineinhalb Töne. Damit war es möglich, folgende chromatische Tonreihe mit offen klingenden Tönen auszuführen:

Beispiel 16

Im Jahre 1819 fügten die Instrumentenmacher Müller in Mainz und Sattler in Leipzig nach der Idee Stölzels ein drittes Ventil bei, welches das Horn um eine kleine Terz vertiefte. In Kombination mit den bereits vorhandenen Ventilen konnten die noch fehlenden Töne ausgeführt werden. Durch diese Verbesserung war das Horn auf die Stufe der derzeitigen Technik gebracht (Beisp. 17).

Beispiel 17

Das so lange entbehrte chromatische Horn mit gleichmäßigem Klange scheint aber gerade in dieser Hinsicht noch nicht vollkommen gewesen zu sein, denn es wurden von den ersten Meistern dieser Zeit Stimmen gegen das neue System dahin laut, daß der Ton durch die Anbringung der Ventile Einbuße erlitten hätte. Brahms war z. B. ein begeisterter Anhänger des Naturhorns. Schumann verwendete das Ventilhorn nur in Verbindung mit den Naturhörnern, und zwar so, daß das erste und zweite Naturhörner und das dritte und vierte Ventilhörner waren. Ebenso wie in den ersten Werken Richard Wagners, im Rienzi und im Tannhäuser.

Das Ventilhorn dürfte sich erst 1850 durchgesetzt haben.

Im Jahre 1823 wandelte der Wiener Instrumentenmacher Josef Riedl das Büchsen- in ein Pumpensystem um, bei dessen Ausführung er von dem damaligen Hornisten des Kärtnerthor-Theaters, Josef Kail, wesentlich unterstützt wurde. Dieses Horn stellt nun in seiner später von Leopold Ullmann in Wien verbesserten Ausführung das Ideal eines allen anderen ebenbürtigen Instruments dar. Dasselbe System haben wir in Wien bis auf den heutigen Tag trotz aller nachfolgenden angeblichen Verbesserungen (wie z. B. das Zylindersystem) beibehalten.

Neben den bereits erwähnten, in Wien erfundenen Pumpenventilen sind auch noch heute bei vielen Blechinstrumenten Ventile nach dem Zylindersystem in Anwendung. Der Zylinder des Ventils hat zwei schräg laufende Durchgänge, deren einer dem Luftstrom den längeren (Ventilton) und der andere den kürzeren Weg (Naturton) anweist. Diese Ventile unterscheiden sich von den Pumpenventilen dadurch, daß der Zylinder eine drehende, während das Pumpenventil eine gerade Bewegung ausführt.

Die neuste Erfindung ist das von den Firmen Kruspe in Erfurt und Alexander in Mainz in den Handel gebrachte Doppelhorn. Dieses Instrument hat zwei übereinanderliegende Anlagen von Zügen, in welchen die drei oberen der hohen B-, die drei unteren Züge der F-Stimmung dienen. Mittels eines Hebels wird die Stimmung von F auf hoch B oder umgekehrt verändert, doch bedeutet dieser technische Fortschritt eine Einbuße am Ton. Überdies haben diese Hörner ein höheres Gewicht und sind am klingenden Teile des Rohres hinsichtlich der Modulationsfreiheit beeinträchtigt. Zudem habe ich wahrgenommen, daß die Stimmung nicht ganz einwandfrei ist. Das Doppelhornsystem ist übrigens nicht neu, da dasselbe bereits um 1870 von Leopold Ullmann in Wien ersonnen wurde und schon damals keinen Anklang fand.

Durch die Einführung der Ventilhörner im Orchester ist der bisherige Brauch der Umwechslung der einzelnen Bogen bei Tonartenwechsel hinfällig geworden.

Man bediente sich in der Folge nur mehr des F-Bogens und später bei exponierten Stellen des B-Stiftes und A-Bogens. Dadurch wurde das Horn zum transponierenden

Instrument. Die Komponisten schrieben jedesmal C-Dur vor und bezeichneten die jeweilige Tonart mit der betreffenden Stimmung, z. B. Horn in Es oder G, B, C, A usw. Der Hornist hat in diesem Falle auf dem F-Horn:

in Es einen ganzen Ton, in C eine Quarte, in B-Basso eine Quinte } tiefer zu lesen,
in G einen ganzen Ton, in A-Alto eine große Terz, in B eine reine Quarte } höher zu lesen.

Heute wird zumeist nur noch in F notiert, falls nicht der Komponist, zur Vermeidung allzu vieler Versetzungszeichen, es für geboten hält, die Stimmung der Hörner zu wechseln (Beisp. 18) oder schließlich wegen der leichteren Lesbarkeit der Partitur für den Dirigenten.

Das beste Material für ein Blechblasinstrument ist Messing. Versuche, aus verschiedenen Metallegierungen Instrumente herzustellen, haben sich tonlich nicht bewährt. Das Galvanisieren der Instrumente, sei es mit Silber oder Nickel, ist ebenfalls nicht vorteilhaft, es ist mehr Sache des Luxus und hat bloß den Vorzug, das Ansetzen des Grün-

Beispiel 18

Rich. Wagner. Die Walküre, 2. Akt, 4. Scene

spans zu vermeiden und durch bloßes Abwischen das Instrument immer rein zu erhalten. Dagegen schwächt es die Elastizität und beeinträchtigt die Modulationsfähigkeit.

Die Klangfarbe des Instruments hängt sehr von der Art und Weise ab, wie die eingeschlossene Luftsäule in der Schallröhre in Schwingungen gebracht wird. Dabei ist das Material des Instruments von weniger großem Einfluß als die Form des Mundstückes. Je geringer die Tiefe und die Enge des Mundstückes, desto dünner und schmetternder ist der Klang. Ein vertieftes, weit gebohrtes Mundstück wird daher weicher und runder in der Klangfarbe sein. Die Vorschrift in den alten Schulen, für hohe Stimmen ein kleines, für tiefe Stimmen ein größeres Mundstück zu verwenden, und zwar in so krassem Verhältnis wie damals, kann für heute nur dann Geltung haben, wenn es sich bei den ersten Hornbläsern um ein hohes B-Horn oder F-Horn handelt. Eine hohe Stimmlage würde mit einem großen Mundstück niemals stimmen, dabei schwer ansprechen und der Bläser würde den Zweck, der ihn veranlaßt, ein hohes Horn zu nehmen, nämlich die leichtere und sichere Erreichung der Höhe, verfehlen. Es gilt somit das Verhältnis zwischen dem kürzeren Schallrohr und dem Mundstück auszugleichen. Dies geschieht ganz einfach dadurch, daß der Bläser ein kleineres Mundstück hierzu verwendet.

Es hat eine Zeit gegeben, wo man in Deutschland an ersten Stellen erste Hornisten nur mit Hoch-B-Hörnern antraf. Die Zeit Richard Wagners mag die Ursache gewesen sein. Die Hornisten standen plötzlich vor großen, ungeahnten Aufgaben, zu denen ihr Können nicht recht im Einklang stand. Die Schulen damaliger Zeit waren den großen Anforderungen nicht gewachsen. Man griff zu dem Hilfsmittel des Hoch-B-Horns.

Beispiel 19

Rich. Wagner. Rheingold, 2. Scene; Freie Gegend auf Bergeshöhen

Damit raubten sie dem F-Horn den poetischen Ton, den weichen, satten Naturklang, der gerade dieser Stimmung zu eigen ist. So drängten sie dem Streichorchester das Tenorhorn auf, denn diesem ist es im Klange ähnlich und entfremdeten dem Orchester den seelenvollen Hornklang. Die heutige Hornistengeneration hat die Schwierigkeit bei Wagner überwunden. Sind doch seither die künstlerischen Anforderungen noch mehr gesteigert worden. — Richard Strauß fordert das Höchstmaß und die äußerste Grenze von dem technischen Können eines modernen Hornisten. Aber wir, die wir in der Zeit des künstlerischen Schaffens des größten Tondichters der Jetztzeit leben, haben an und mit den Werken gelernt und sind dadurch auf eine ungeahnte Höhe von künstlerischer und technischer Vollendung angelangt.

Für den Wechsel zwischen F- und B-Horn, da man letzteres doch zu einigen Stellen in der Literatur benötigt, hat der verstorbene a. o. Hochschulprofessor Reg.-Rat Karl Stiegler ein Mundstück verfertigen lassen, das einen Ausgleich für die F- und B-Stimmung darstellt. Die Bohrung desselben ist etwas enger als die eines F-Hornes, aber weiter als die eines B-Hornes. Der Klang des F-Horns hat fast gar keine Einbuße erlitten, die Stimmung und leichtere Ansprache für das hohe B-Horn dagegen vieles gewonnen. Dieses Modell benützen fast alle Wiener Hornisten, natürlich im Ausmaß ihrer Veranlagung, wie Lippenbau usw. Dabei ist auffallend, daß der Toncharakter von einem zum anderen, wenn nicht der gleiche, doch der ähnliche ist. Durch den einheitlichen Klang der Wiener Hornisten sticht von diesen jeder nicht Wiener Hornist gänzlich ab.

Beispiel 20

Rich. Wagner. Die Walküre, 1. Akt, 2. Scene

Von einem Wechsel im Gebrauch des gewohnten Mundstückes ist abzuraten. Die Lippen werden durch das Einfurchen an einer anderen als bis nun gewohnten Stelle überempfindlich und zeitigen eine Unsicherheit beim Blasen. Dies zeigt sich nicht sofort, sondern erst nach 2—3 Tagen. Muß aber aus irgendeinem Grunde ein Wechsel des Mundstücks erfolgen, so ist durch anhaltendes Studium von einigen Wochen die Unsicherheit behoben.

Die Horntuben.

Die Horntuben sind eine Nachbildung des im österreichischen Militärorchester gebräuchlichen Baßflügelhornes und Euphoniums; sie vertreten dort die Rolle des Cellos. Nach Angabe Richard Wagners wurden dieselben für das Hornmundstück und für die linkshändige Spielweise gebaut. Die Tuben werden von Hornisten geblasen und haben einen großen, weichen Ton, der dem Walhallmotiv, für welches sie eigens gebaut wurden, einen besonderen Charakter verleihen (Beisp. 19).

Verwendung finden zwei Tenortuben in B und zwei Baßtuben in F. Diese Instrumente eignen sich nur für getragene Sätze, das Fortissimo und die Technik klingt rauh und schwerfällig, wodurch sie dem Hunding-Motiv im 1. Akt der Walküre die charakteristische Färbung geben (Beisp. 20).

Die Horntuben sind mit 4 Ventilen ausgestattet, und der Umfang ist dem Klang nach für die B-Tuba, wie Beispiel 21, für die F-Tuba, wie Beispiel 22 zeigt.

Beispiel 21

Beispiel 22

Nach Wagner verwendet dieses Instrument Richard Strauß in der Elektra, der Frau ohne Schatten, ferner in der symphonischen Alpensymphonie, einfach ist es in der Josefslegende vertreten. In Wien wird auch das Tubasolo in Don Quixote auf der Horntuba in F ausgeführt (Beisp. 23).

Bei Bruckner finden wir das Tubenquartett in der 7. Symphonie in E-Dur im zweiten Satz mit herrlicher Wirkung (Beisp. 24).

Sowohl bei Wagner wie auch bei Bruckner und Strauß werden die Tubenbläser als zweites Hornquartett eingeteilt, aber auch als Tubenquartett solistisch verwendet. In den Ringpartituren sind die Tenortuben in der Es- und die Baßtuben in der B-Stimmung notiert. Die Rheingoldpartitur trägt aber den Vermerk Richard Wagners, daß bei

Beispiel 23

Rich. Strauß, Op. 35 Don Quixote Fantastische Variationen
(Sancho Panza)

Ausschreibung der Tubastimmen die zwei Tenortuben in hoch B und die zwei Baßtuben in F umzuschreiben sind. Bei der Drucklegung des Nibelungenringes wurde dieser Vermerk wahrscheinlich übersehen, und somit sind die Stimmen, wie sie in der Partitur stehen, abgedruckt worden.

Bruckner und Richard Strauß schreiben aber die Tubenstimmen richtig in B und F, letzterer in Frau ohne Schatten die B-Tuben eine Oktave höher.

Hornschulen.

Bei Einführung des Hornes in das Orchester gab es noch keine entsprechenden Schulen für das Horn, und man behalf sich damals meistens mit dem für das Horn brauchbaren Studienmaterials der Gesangsschulen.

Die erste Hornschule verfaßte Ant. Jos. Hampel (1737—1771), der Erfinder des Inventionshornes und Lehrer des Joh. Wenzel-Stich (Punto).

Diese Schule war aber den damaligen Anforderungen nicht gewachsen, und auch die von Stich besorgte Umarbeitung zeitigte keinen Erfolg.

Die von Stich verfaßte Hornschule (Paris 1798, bei Leduc erschienen) war den Anforderungen entsprechender. Das erste wirklich gute und brauchbare Unterrichtsmaterial

Beispiel 24

Ant. Bruckner. 7. Symphonie 2. Satz

bot die „Hornschule" von Stichs Schüler Heinrich Domnich, dem ersten Hornlehrer am Pariser Konservatorium (geb. 1767, gest. 1844). Domnich teilt seine Studien in solche für hohes und tiefes Horn ein und zwar für das erste Horn mit dem Tonumfang von Beisp. 25, für das zweite mit dem von Beisp. 26. Die Etüden selbst sind Dreiklangzerlegungen, Tonleiter- und Intervallstudien, im zweiten Teil sind Duos für erstes und zweites Horn beigegeben.

Beispiel 25

Beispiel 26

In der fast zu gleicher Zeit erschienenen Hornschule von Fréd. Duvernoy (1765—1838), die in der Hauptsache Duos und Trios für Stopfhorn bringt, erfährt das Unterrichtsmaterial eine kleine, aber wertvolle Bereicherung. Duvernoy verzichtet auf den Anspruch der höchsten Töne; von ihm rührt die Bezeichnung „cor mixte" her. Cor mixte nannte man in Frankreich jene Hornpartien, die sich nur in der mittleren Lage des Hornes bewegten.

Die im Jahre 1824 herausgegebene Hornschule von Louis Dauprat (1781—1828) ist das bisher nebst der Hornschule von Domnich bedeutendste und reichhaltigste Unterrichtswerk für Horn, welches heute noch dem Unterricht am Pariser Konservatorium zugrunde liegt. Sie ist in der Anlage der Hornschule Domnichs ähnlich; Tonleiter, Kadenzen, Intervallstudien, Dreiklangzerlegungen, Trillerübungen, Präludien und Duos wie sehr melodiöse Stopfhornübungen beinhalten in zahlreichen Beispielen das 350 Seiten umfassende Werk, welches ebenfalls in Studien für erstes und zweites Horn eingeteilt ist. Mit diesen drei Hornschulen war zwar eine Schule der Geläufigkeit geschaffen, aber auf die musikalische Erziehung keine Rücksicht genommen.

Dies zu ergänzen, war Jaques François Gallay (1794—1864) vorbehalten. Seine Etüden sind von hohem musikalischem Wert, äußerst melodiös, abwechslungsreich im Rhythmus und mit teilweiser Ausnutzung des ganzen Umfanges.

Zu nennen wären noch die beiden Schüler Dauprats, François Jacqmin (1793) und Joh. Han. Meifred (1791—1867). Ersterer schrieb ebenfalls für erstes und zweites Horn nach Umfang geteilt, ergeht sich aber in der Notierung des ersten Hornes in schwindelnde Höhe und überschreitet sogar den normalen Tonumfang bis in das hohe D.

Meifred bringt nebst Tonleiterübungen auch leichtere Stopfhornstudien, er ist auch Verfasser eines Werkes über das Horn.

Außer den Genannten sind noch andere Hornschulen erschienen (Nemetz, Fahrbach, Wirth, Gumbert, Osk. Franz, Kling u. a. m.), welche für den progressiven Unterricht aber nicht recht brauchbar sind, jedoch wertvolles Etüdenmaterial bieten.

Das durch diese Schulen gebotene Unterrichtsmaterial genügte aber nicht mehr seit der Durchsetzung des Ventilhornes im Orchester. Richard Wagner stellte besondere Ansprüche durch Ausnutzung des ganzen Umfanges sowie Anforderungen auf Technik und große Ausdauer an den Hornisten.

Der Professor für Horn am Wiener Konservatorium, Jos. Schantl, erkannte die Mängel des bisherigen Unterrichts; gestützt auf seine reichen Erfahrungen als 1. Solohornist der Wiener Hofoper, unterrichtete er unter Bedachtnahme auf die an den Orchestermusiker gestellten Aufgaben nach eigner Methode und verfaßte hierzu ein reichhaltiges Unterrichtsmaterial (herausgegeben bei Schmidt in Heilbronn).

Auch diese Methode genügt nicht mehr zur Vorbereitung auf die Anforderungen der nach Wagner erschienenen großen Opern und Orchesterwerke.

Mein unvergessener Lehrer a. o. Hochschulprofessor Reg.-Rat Karl Stiegler baute Jos. Schantls Unterrichtsmethode weiter aus und ergänzte das Studienmaterial unter Berücksichtigung der Individualität des einzelnen Schülers durch Kompositionen und Arrangierungen zahlreicher Studien.

Der von Stiegler eingehaltene Lehrgang, ausgehend von der Tonbildung am Naturhorn, berücksichtigt die schwersten Opern und Orchesterstellen.

Nach der durch ihre Erfolge seit Jahren bewährten Methode Stieglers wird von mir unter Berücksichtigung der modernsten Werke, wodurch eine ständige Ergänzung des Lehrmaterials notwendig wird, der Unterricht geleitet.

Das Verblasen des Hornes resp. Einblasen.

Jedes neue Horn hat in der ersten Zeit seiner Benützung eine gewisse Ungelenkigkeit in der Angabe der Töne; zumeist klingen die Töne roh, dumpf oder rauh, die Ansprache derselben ist hart. Die Ursachen dieser Ungelenkigkeit sind bisher nicht ganz erkannt und ergründet worden. Tatsache ist aber: wird ein neues Horn von einem noch ungewandten Bläser zuerst gehandhabt, so hat die unsichere Art, mit der gewöhnlich ein solcher bei der Tonangabe verfährt, nachteilige Folgen auf die spätere Intonation sowie auf das leise und ganz starke Anblasen eines Tones auf diesem Instrument. Dieses Verfahren nennt man „Verblasen" eines Hornes. Wird jedoch von einem gewandteren Spieler ein Horn zuerst angeblasen, so ist es, als ob derselbe durch die von seinem geübten Ohr geförderte und durch seine technische Fertigkeit stets mit Festigkeit bewirkte Tonschaffung dem neuen Instrument eine innere Flächenbildung aufzwänge, welche dann, selbst durch spätere ungeschickte Behandlungsweise nicht so leicht zu vernichten ist. Es scheint, daß sich die innere Fläche des Hornes durch das erste Anblasen an einigen Stellen, und zwar dort, wo Schwingungsknoten entstehen, in besonderer Art formt. Dieses Blasen auf einem neuen Instrument nennt man das „Einblasen" eines Horns.

Die zweckmäßigste Art, ein neues Instrument einzublasen, erfolgt in der Weise, daß ein gewandter Bläser erst einzelne gehaltene Töne bläst, dann akkordische, schon bewegtere Tonfolgen, nach diesen in ähnlicher Weise die Töne der diatonischen und chromatischen Tonleiter auf und abwärts und dann erst schnellere Passagen ausführt. Diese Art des Einblasens wird täglich so lange wiederholt, wobei stets auf reine Intonation der Töne geachtet werden muß, bis jeder Ton dem Instrument gleichsam in reinster Stimmung eingeprägt und die Art der Tonangabe eine leichte und gleichmäßige zu nennen ist. Man ersieht hieraus, wie notwendig es ist, daß niemals einem Anfänger ein neues Horn in Gebrauch gegeben wird, weil dessen unsicherer Ansatz von bleibendem nachteiligen Einfluß auf das neue Instrument ist.

Studium.

Um ein guter Hornist zu werden, muß der Schüler einigen Vorbedingungen entsprechen. Vor Eintritt in den Unterricht ist die anatomische Gestaltung der Lippen zu prüfen, schon um zu entscheiden, ob der Schüler überhaupt für das Horn geeignet ist bzw. ob er das Mundstück in die Lippen einsetzen oder an die Lippen ansetzen kann, sodaß er richtig zu blasen vermag. Notwendig ist ferner ein normales gerade stehendes Gebiß mit guten, kräftigen Zähnen. Diese sich zu erhalten, ist dem Schüler, falls es notwendig sein sollte, stets in Erinnerung zu bringen. Auch ist auf die sonstige korrekte Haltung des Instruments und auf die richtige, die Tonentwicklung nicht hindernde Einlegung der Hand in den Schalltrichter vom Anfang an streng zu achten; die im Anfang des Studiums etwaig angewöhnten Inkorrektheiten hindern die Entwicklung des Schülers und sind später nur schwer wieder abzugewöhnen. Den ersten Unterricht erleichtert es, wenn der Schüler bereits eine gewisse musikalische Vorbildung besitzt, und zwar in erster Linie die Anfangsgründe der Theorie beherrscht, schon allein wegen der leichteren Faßlichkeit der verschiedenen Stimmungen und Intervalle. Der Klavierunterricht bildet hierfür das beste tonliche und optische Hilfsmittel.

Von dieser musikalischen Vorbildung abgesehen, halte ich es für einen Vorteil, wenn der Schüler noch keines anderweitigen Hornunterrichts teilhaftig wurde, da der Unterricht dann nicht gegen etwaige schlechte Angewohnheiten bzw. dilettantenhaftes Musizieren anzukämpfen hat.

Nach meinen Erfahrungen ist für den Beginn des Unterrichts das 14.—16. Lebensjahr bei normaler, diesem Alter entsprechender körperlicher Entwicklung des Schülers am vorteilhaftesten. Ich muß betonen, daß zum Bläser nicht eine besondere Konstitution Vorbedingung ist, zumal das richtige Blasen für die Lunge als eine Art Gymnastik kräftigend sich auswirkt.

Eine der wichtigsten Vorbedingungen für eine gedeihliche Entwicklung des Schülers ist das Talent für die Musik und insbesondere das für das Horn. Ein guter Unterricht kann zwar viel für den fleißigen Schüler bewirken, aber um über die Mittelmäßigkeit hinaus zum guten Bläser zu reifen, ist nur das Talent von entscheidendem Einfluß. Ob dieses und die Eignung für das Instrument vorhanden ist, erweist sich während des ersten Unterrichtsjahres, und bei Vorhandensein anderer musikalischer Begabung kann der Schüler immer noch zum Wechsel des Instruments bzw. des irrtümlich gewählten Berufes veranlaßt werden.

Trotz der jungen Jahre ist ein gewisses Maß von allgemeiner Bildung zu fordern. Ein Teil der theoretischen Pflichtgegenstände der Wiener Musikakademie sind diesen für einen guten Musiker wichtigen Erfordernissen gewidmet. Denn zum vollen Verständnis der klassischen Meisterwerke wie der Schöpfungen der Meister unserer Tage gehört neben Musikalität geistige Bildung.

Um Beispiele herauszugreifen, verweise ich auf die psychologischen Vorgänge der Nibelungentrilogie, des Parsifal, der Frau ohne Schatten, der Eroica usw. Nur wer diese begreift, kann deren Sinn musikalisch wiedergeben.

Das wichtigste Kapitel für den Lernenden und Lehrenden ist der Ansatz. Von ihm hängt die Tonqualität, die Sicherheit, der Ausdruck und die Möglichkeit, den ganzen Umfang zu beherrschen, ab. Das Schicksal des angehenden Musikers liegt von der ersten Lektion an in den Händen des Lehrers. Und dieser ist imstande, dem Schüler den richtigen Weg zu weisen oder vom Anfang an ihn gänzlich zu verderben.

Sehr zu Irrungen tragen die verschiedenen Schulen bei. Die eine schreibt das „Ansetzen" vor, d. h. der Schüler soll gleichmäßig an die Ober- und zur Hälfte an die Unterlippe, also genau zu gleichen Teilen in der Mitte des Mundes ansetzen. Die andere empfiehlt das „Einsetzen". Damit ist gemeint, der Bläser setze zu zwei Teilen an die Oberlippe und zu einem Teil in die Unterlippe ein; man spalte also dieselbe. Diese Vorschriften können natürlich nicht zur allgemeinen Regel gemacht werden, denn es hängt dies ganz und gar von der Beschaffenheit, also natürlichen Anlagen der Lippen selbst ab. Sind die Lippen schmal und dünn, so ist es ganz selbstverständlich, daß der Schüler nur ansetzen kann, ist aber die Unterlippe dick und wulstig, eignet sich diese zum Einsetzen. Naturgemäß bläst sich der einsetzende Hornist in der Höhe schwerer, zumal zu Beginn seiner Studien; durch emsigen Fleiß ist aber auch dies zu erreichen. Es ist interessant, daß die wirklich guten Hornisten mit erstklassigen Qualitäten zumeist Einsetzende waren. Der Ansetzende hat den natürlichen Ansatz, die Höhe wird leichter ansprechen, er wird rascher vorwärtskommen und braucht auch an Tonqualität nicht zurück zu bleiben. Er darf aber nicht zu tief ansetzen, sondern zu zwei Drittel an die Oberlippe und zu einem Drittel an die Unterlippe, genau wie der Einsetzende. Denn zur Ausdauer brauchen beide Arten eine kräftige Tragfläche, und diese bieten die Schneidezähne des Oberkiefers.

Man beachte beim ersten Ansetzen genau die Mundstellung; es müssen die Lippen beim Zusammenschließen eine gerade Linie ergeben, und es dürfen die Lippen nicht nach oben oder nach unten gezerrt werden.

Der Lehrer möge das oftmalige Reden über die Atemtechnik (wie es ein vielgeübter Brauch der Gesangspädagogen ist) vermeiden, weil dadurch der Schüler nur verwirrt wird. Es genügt, wenn der Schüler angehalten wird, nur durch den Mund, aber niemals durch die Nase bei Anlegung der Zunge an die unteren Zähne die Luft rasch einzuziehen, unter Vermeidung störender Geräusche, wie Schluchzen und dergleichen mehr. Bei Anlegung der Zunge an die oberen Zähne sind störende Geräusche nicht zu vermeiden.

Und nun beginne ich in der Mittellage beim Beisp. 27 oder Beisp. 28 und lasse den Schüler zuerst der Tiefe nach zustreben, gehe aber gleichen Schrittes langsam bis höchstens Beisp. 29 aufwärts.

Beispiel 27

Beispiel 28

Beispiel 29

Ist der Schüler durch die tiefe Lage gewöhnt, viel Luft zu geben, wird auch der Ton nach oben zu ein voller und runder werden; man baue daher von unten auf. Die ersten Studien beschränken sich nur auf die Naturtöne. Die Naturtonübungen lasse ich gleichzeitig sowohl am 2., 1. und 3. Ventil üben, also Naturhorn in E, Es und D (Beisp. 30).

Beispiel 30

Es sind 400 Etüden, die der Schüler zu blasen hat, um eine Lippenfertigkeit zu erlangen, die für jeden Hornisten, besonders aber dem F-Hornisten unentbehrlich sind, spielt doch die Lippentechnik in der Praxis eine große, bedeutende Rolle, da die Klassiker und alten Meister in der Orchester-, Kammermusik- und Sololiteratur nur die Naturtöne verwenden konnten.

Wichtig ist auch, daß der Lehrer schon von allem Anfang an darauf achtet, daß der Schüler sämtliche Vortragszeichen beachtet, streng rhythmisch bläst und er ihm in dieser Hinsicht keinerlei Freiheiten gestattet. Es ist dies für den späteren Lehrgang sehr wichtig, weil sich Fehler leichter an- als abgewöhnen lassen. Für den Vortrag ist es ebenfalls von großer Bedeutung, da der Schüler viel früher das schülerhafte Blasen abstreifen wird.

Schon in diesem Stadium des Unterrichts wird der Schüler gehalten, Naturganztonbindungen zu üben, welche bei entsprechender Schnelligkeit als Lippentriller Anwendung finden.

Beispiel 31

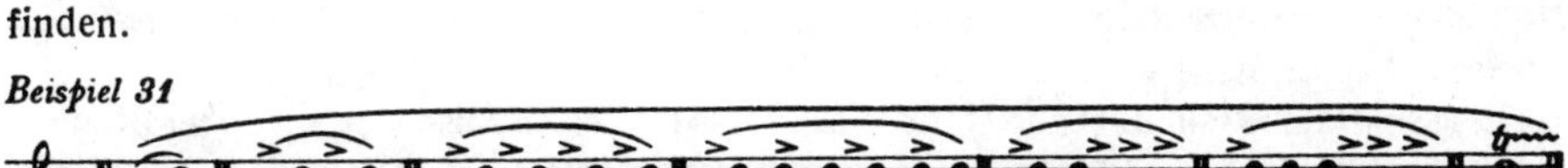

Gleichzeitig verbindet diese Übung die Erlernung der für den Schüler so schwierigen Bindungen und die Erhöhung der Treffsicherheit der Naturtöne C, D und E, welche für die Praxis so ungemein wichtig sind.

An die Vollendung der Naturhornschule schließen sich außer dem Stopfhorn die Tonleiter- und Intervallstudien an:

Beispiel 32 **Franz Strauß**

Das Studium des Stopfhorns ist deshalb sehr wichtig, weil die Wiener Hornisten auf das schlecht klingende Hilfsmittel eines Dämpfers verzichten und durch diese Etüden die Schwierigkeiten des Stopfens zu überwinden lernen, so daß die reine Intonation beim ganzen Umfang erzielt wird.

Die bisher erreichte Fertigkeit des Schülers auf dem Instrument findet nun dadurch Anwendung, daß ich ihm kleine und leichte Solostücke mit Klavierbegleitung spielen lasse. Und nun beginnt die große Krise der Lernzeit:

Das Transponieren.

Diesem Teil des Unterrichts habe ich mein besonderes Augenmerk zugewendet. Er umfaßt ca. 500 Etüden in allen Tonarten und Stimmungen. Die Etüden sind von Stiegler, Rossari, Klotz, Kopprasch, Oskar Franz, Cacciamani, Galay, Jacqmin usw. Um ein richtiges Transponieren des Schülers zu erreichen, muß immer beachtet werden, daß er auch die Töne richtig benennt, z. B. ist Dis in D immer His in F, aber niemals C zu benennen.

Der Entwicklungsgang des Transponierens ist für die Schüler der folgende: da die Veränderung des Notenbildes vor dem geistigen Auge des Schülers diesen leicht verwirrt, so muß, um die Technik des Transponierens zu erleichtern, mit einer Stimmung begonnen werden, welche in unmittelbarer Nähe der Ausgangsstimmung liegt und die wenigstens Vorzeichen aufweist. Die Ventile des Horns, welche die schwingende Luftsäule verlängern und dadurch die Tonhöhe herabsetzen, bedingen, daß die tiefen Transpositionen technisch leichter sind als die hohen.

Da nach der Natur der Blechblasinstrumente eine B-Tonart leichter ist als eine Kreuz-Tonart, ist mit der Es-Stimmung zu beginnen. Beim F-Horn klingt der Naturton F, wird aber C geschrieben; der Schüler muß daher beim Transponieren in Es einen Ton tiefer lesen, so daß er B-Dur bläst, welches Es-Dur klingt. Zur nächsten Stimmung wird erst fortgeschritten, wenn die vorhergegangene fehlerfrei wiedergegeben wird. Und so folgen die tieferen Stimmungen, und zwar E, D, C- und B-Horn. An die Vorstudien in den bisher genannten Stimmungen schließen sich 50 Etüden in fortschreitender Schwierigkeit an. Diese sind durchwegs ohne Vorzeichen, aber schon mit Versetzungszeichen versehen. Nach gewissenhafter Erlernung dieser 50 Etüden hat der Schüler die tiefen Stimmungen schon so weit erlernt, daß nun zu den schwierigen hohen Transpositionen geschritten werden kann.

Diese sind die Stimmungen in C, As, A und B-Alto. Nach Absolvierung dieser Studien, wobei immer wieder Etüden in den bereits durchgenommenen Stimmungen wiederholt werden müssen und zu diesen der Vollständigkeit halber noch A und As-Basso dazu genommen wird, schreitet der Lehrgang zu den letzten, schwierigsten Transpositionen: Des und H-Basso, Fis und Ges-Alto. Die Schwierigkeit dieser Stimmungen liegt darin, daß beim Des-Horn große Ansprüche an die Fingertechnik gestellt werden und beim H-Horn noch die schwierige Lesart (übermäßige Quart tiefer) dazukommt. Fis- und Ges-Horn sind zwei ganz verschiedene Stimmungen, und es ist darauf zu achten, daß die transponierten Töne immer stimmrichtig benannt werden. Neben der Erlernung des Transponierens haben die Schüler stets auch Etüden in F zu blasen, weil durch das Vergreifen beim Transponieren der Schüler das fehlerfreie Blasen verlernen würde. Es sind dies folgende Studien: B. E. Müller, 22 und 15 Etüden; V. Ranieri, 30 Etüden in 3 Heften; Blume-Stiegler, Etüden in allen Tonarten; Wirth und Mohr.

Fortschreitend in der Schwierigkeit der Studienwerke kommen dann Etüden in allen Stimmungen, nun mit Vorzeichen. Diese sind von verschiedenen Komponisten unter Bedachtnahme auf die sich steigernde technische Schwierigkeit zusammengestellt.

Beispiel 33

W. A. Mozart. Figaros Hochzeit, Nr. 8. Chor

Beispiel 34

W. A. Mozart. Cosi fan tutte (Nr. 25 Rondo)

Allegro moderato

Zu dem bis nun geschilderten Lehrgang braucht ein talentierter Schüler, welcher die anatomischen Vorbedingungen zum Hornblasen besitzt, beiläufig drei Jahre, und derselbe kann nunmehr in das Studium der Hornliteratur eingeführt werden. Dies bedeutet aber nicht, daß der Schüler nicht ständig zur Beibehaltung der bereits erlangten Lippen-, Finger- und Transponierensfertigkeit Spezialetüden zu studieren hat. Es kann nun mit dem Studium von Konzerten, Konzertetüden mit Klavierbegleitung und Transpositionsetüden mit Klavierbegleitung begonnen werden.

Nach dem Transponieren kommen auch 50 Etüden für hohes B-Horn. Es soll der Schüler die Behandlung dieser Hornart kennenlernen und sich an den Klang gewöhnen, da es doch einige Solostellen in der Orchesterliteratur gibt, welche nur am B- bzw. A-Horn möglich sind (Beisp. 33 und 34).

Gleichzeitig lasse ich vorstehende 50 Etüden auch auf der Wagnertuba in B blasen, damit auch dieses Instrument dem Schüler bekannt gemacht wird.

Der weitere Studiengang des Schülers entwickelt sich in folgender Weise. Je nach der Eignung des Schülers werden Etüden von Nauber, F. de Grave, Bartolini, Paudert, F. Strauß, Nowak, Kling, Artôt, Mohr, Maxime Alphonse, Belloli ohne Klavierbegleitung,

Lewy, Gallay, Mondini, Cugnot, Panseron, Oskar Franz, von Karl Stiegler und mir mit Klavierbegleitung versehen, sowie Konzertstücke von Wilhelm Raff, Lewy, Nisle, Josef Richter, Bibl, Glazounow, Gabler usw. durchgenommen.

Voraussetzung für einen richtigen Unterricht ist die individuelle Behandlung der Schüler. Trotz meines überaus reichhaltigen Archives, vielleicht das größte für Horn auf der ganzen Welt, bin ich doch ab und zu gezwungen, einem Schüler zur Überwindung von Hindernissen im Fortgang seines Studiums neue Etüden zu bringen und zu bearbeiten. Durch die immer weiterschreitenden Anforderungen, welche von den modernen Komponisten an den Hornbläser gestellt werden, muß auch mein Archiv immer wieder durch neue Etüden vervollständigt werden, damit die Schüler beizeiten auf die ihrer harrenden Aufgaben vorbereitet sind.

In den letzten zwei Jahrgängen werden, nach Schwierigkeit geordnet, die Konzerte für Horn mit Klavierbegleitung durchgenommen. Beginnend mit den Sonaten von Spindler, Duvernoy, Blanc, Eichborn und Nisle folgen die Konzerte von Mozart und Matys. Merkwürdig ist es, daß das Konzert Nr. 4 in Es-Dur von Mozart in der Bearbeitung mit Klavierbegleitung derart verstümmelt ist, daß das Konzert eigentlich seiner ganzen Eigenart beraubt ist. Es wurden, hauptsächlich im ersten Satz, so viel Takte herausgestrichen, daß ein Vergleich mit der Partitur nur Kopfschütteln hervorrufen kann. Karl Stiegler hat die Begleitung nach der Originalpartitur verfertigt, und selbe wird in dieser seiner Handschrift bei mir im Unterricht verwendet.

Fortschreitend kommen dann die Sonaten von Krafft, Ries, Rheinberger, Zenger, Wojacek, Beethoven, Leidesdorff, Haas, Camillo Horn, Braun, Haindl und Fischer, die Konzerte von Saint-Saëns, Dukas, Rebay, F. Strauß, Sinigaglia, C. M. von Weber, R. Schumann, 2 Konzerte von Haydn, Kiel, Eisner, Wichtl, R. Strauß, Grube, Eckert,

Beispiel 35

Atterberg, Gödicke, Gabler. Zum Konzert von Richard Strauß will ich noch bemerken, daß ich, um dem Hornisten Zeit zu lassen, Wasser auszuleeren, da sonst bis zum Schluß keine Gelegenheit mehr dazu ist, vor dem Tempo 1, un poco più mosso, das vorhergehende Lento sehr langsam spiele, damit dieser Handgriff in Ruhe ausgeführt werden kann (Beisp. 35).

Selbstverständlich wird auch die Kammermusik nicht vernachlässigt werden dürfen. Hier, besonders bei den Klassikern, wirkt sich die Erlernung der Naturhorntechnik im besonderen Maße aus (Beisp. 36).

Beispiel 36

W. A. Mozart. Pianoforte-Quintett Es-Dur, 1. Satz

In schnellem Tempo auszuführende Dreiklangszerlegungen findet man in jedem klassischen Kammermusikwerk. Die virtuose Wiedergabe der Dreiklänge trägt viel zu einer gelungenen Aufführung eines Werkes bei. Um den Kammermusikwerken verständnisvoll gegenüber zu stehen, muß sich jeder Musiker nach der Art seines Instruments folgerichtig verhalten. Der Hornist als einziger Blechbläser in diesem Zusammenspiel hat es am schwersten. Ist doch sein Instrument in der Tongebung den anderen gegenüber im Nachteil. Der große Ton muß sich verständnisinnig angleichen und gegebenenfalls sogar unterordnen können, denn das Piano ist am Horn sehr schwer, da es leicht versagt. Das beste Beispiel für schlechtes Anpassen kann man bei dem Horntrio von Brahms erleben. Das Klavier und die Geige werden aus Besorgnis, um nicht von dem großen starken Ton des Waldhorns erdrückt zu werden, überhaupt kein Piano spielen und so allenfalls dem Hornisten, welcher sich anpassen wollte, in unschöner Klangart übertönen. Andererseits kann ein Hornist, welcher nicht bedenkt, daß er in einem kleinen Raum mit zartklingenden Instrumenten zusammenspielt, die anderen derart zurückdrängen, daß man z. B. bei einem Geigensolo nur die Füllstimme des Horns als dominierende Stimme hört. Dieses zu vermeiden, ist Sache des betreffenden Lehrers, der dem Schüler zu erklären hat, daß Vortragszeichen relativ, d. h. dem Raume sowie der Art des Stückes anzupassen sind, daß also ein Forte im Orchester im Tutti stärker als im Solo, aber in der Kammermusik weniger stark zu sein hat. Ein mit Piano bezeichnetes Solo mit Orchesterbegleitung hat doch so stark zu sein, daß für den Hörer dieses Solo gut zu hören ist. Als letztes möchte ich noch sagen, daß das Piano in der Kammermusik die leiseste Art von Piano überhaupt zu sein hat.

Schon im Laufe des Studiums, und zwar nach der Erlernung des B- und A-Horns, hat der Schüler Solostellen der Orchesterwerke kennenzulernen. Er hat unter anderem die in dem Solobuche von Gumbert gesammelten Solostellen zu studieren und an der Hand des Lehrers die Eigenarten dieser Stellen sich anzueignen. Der Schüler muß schon nach Erlernung der hauptsächlichsten Transpositionsarten das Orchesterspiel aufsuchen, da er trotz fehlerlosen Transponierens der Etüden im Orchester anfänglich Schwierigkeiten hat. Erst wenn das Transponieren zwangsläufig richtig erfolgt, kann er seine ungeteilte Aufmerksamkeit dem Werke widmen und wird erst von diesem Zeitpunkt an befähigt sein, die notwendige Orchesterroutine sich anzueignen.

Tägliches Üben beim Horn ist eben so wichtig, wie bei jedem anderen Instrument. Dabei kommt es nicht auf das viele und lange, sondern auf das zweckmäßige Studium an. Vor allem pflege man das Tonziehen (Aushalten) und beachte dabei folgende Arten:

1. Im Piano beginnen und crescendo bis ins Fortissimo gehen, dann abschwellen lassen, bis man zum Abschluß wieder Piano erreicht. Wert ist darauf zu legen, daß das Fortissimo zeitlich genau in der Mitte des ausgehaltenen Tones liegt.
2. Fortissimo-Piano, also sehr stark den Ton anblasen und sofort Pianissimo weiterhalten, solange der Atem reicht und man den Ton, ohne dass er zittert, aushalten kann.
3. Pianissimo, durchwegs ganz leise. Dabei binde man den Einsatz an die Zeit, d. h. man zähle sich zwei Schläge vor und setze dann bestimmt ein. Bei Nicht- oder Schlechtansprechen des Tones das Instrument absetzen und frisch beginnen. Dies erhöht die Sicherheit und kommt einem Einsatz im Orchester gleich, was ja auch gewöhnlich nach einigen Pausen eintritt.

Wie wichtig das Töneaushalten ist, beweist die 4. Symphonie von Anton Bruckner. Sie ist für das Horn eine der dankbarsten, aber auch unangenehmsten Aufgaben. Schon das erste Solo, mit welchem die Symphonie beginnt, nur von einem zarten Streichertremolo untermalt, ist durch den freiliegenden Pianoeinsatz einer der heikelsten in der gesamten Literatur (Beisp. 37).

Eine ähnliche unangenehme Situation befindet sich in der „Ägyptischen Helena“ von Richard Strauß (Beisp. 38). Dieses Gis ist einer der am schlechtesten ansprechenden Töne am F-Horn, weil durch das Öffnen des 2. und 3. Ventils die Luftsäule bedeutend verlängert wird und die Luft einen vielfach gewundenen und verzweigten Weg zurücklegen muß. Nicht nur aus diesem Grunde ist dieser Einsatz unangenehm, sondern durch die hohe Lage ist dieser Einsatz auch auf dem B-Horn heiklig. Aus diesen Beispielen ist ersichtlich, welche Notwendigkeit das bestimmte Einsetzen bei der täglichen Übung des Tonaushaltens ist.

Zu vorstehendem ist noch zu bemerken, daß diese Übungen die Sicherheit und Ausdauer fördern, den Ton veredeln und überhaupt die Kultur des Blasens ausmachen.

Beispiel 37

Ant. Bruckner. IV. Symphonie (romantische)

Man beginnt das tägliche Studium mit einigen Etüden, dann Töneaushalten und beschließt es mit Natur- (Lippen-) Trillerübungen. Als Etüden wählt man solche in mittlerer Schwierigkeit sowie Naturtonübungen in raschem Tempo. Auch Naturtondreiklangzerlegungen dürfen nicht vergessen werden, da, wie schon früher gesagt, diese für die Kammermusik unentbehrlich sind.

Das anhaltende Trillerüben ermüdet zwar sehr, macht aber einen leichten und geschmeidigen Ansatz. Aus meiner Erfahrung weiß ich, daß der Triller, wenn er nach vorhergehendem und anhaltendem Blasen (z. B. im 3. Akt einer Oper) zu erfolgen hat, nicht willig rollt, da die Lippen schon zu sehr verpreßt oder ermüdet sind. Ist man aber wie obige Übungseinteilung ergibt, gewöhnt, nach ausdauerndem Blasen den Triller anzuwenden, wird dieser zu jeder Zeit ansprechen. Somit wird man die Zweckmäßigkeit meiner Übungseinteilung als richtig anerkennen müssen.

Bevor ich zum nächsten Kapitel übergehe, möchte ich noch die Anwendung des Baßschlüssels in den Hornstimmen erwähnen. Dieser wird verhältnismäßig selten angewendet, und seine Notierung ist um eine Oktave zu tief. In neuerer Zeit wurde versucht, den Baßschlüssel in seine normale Lage zu bringen, doch sind solche Versuche leicht geeignet, große Verwirrungen zu verursachen, wie es auch tatsächlich der Fall ist. Erst durch das Studium der in Baß gesetzten Stelle entscheidet sich die Frage, welche Baßnotierung gemeint ist. Schon im Interesse der leichteren Lesbarkeit wäre eine allgemein gebräuchliche Notierung vorzuziehen, doch die großen Kosten der dadurch notwendigen Neuausgaben machen diese Bestrebungen immer zunichte.

Beispiel 38

Rich. Strauß, Op. 75. Die Aegyptische Helena. 1. Akt, Finale. Helenas Erwachen

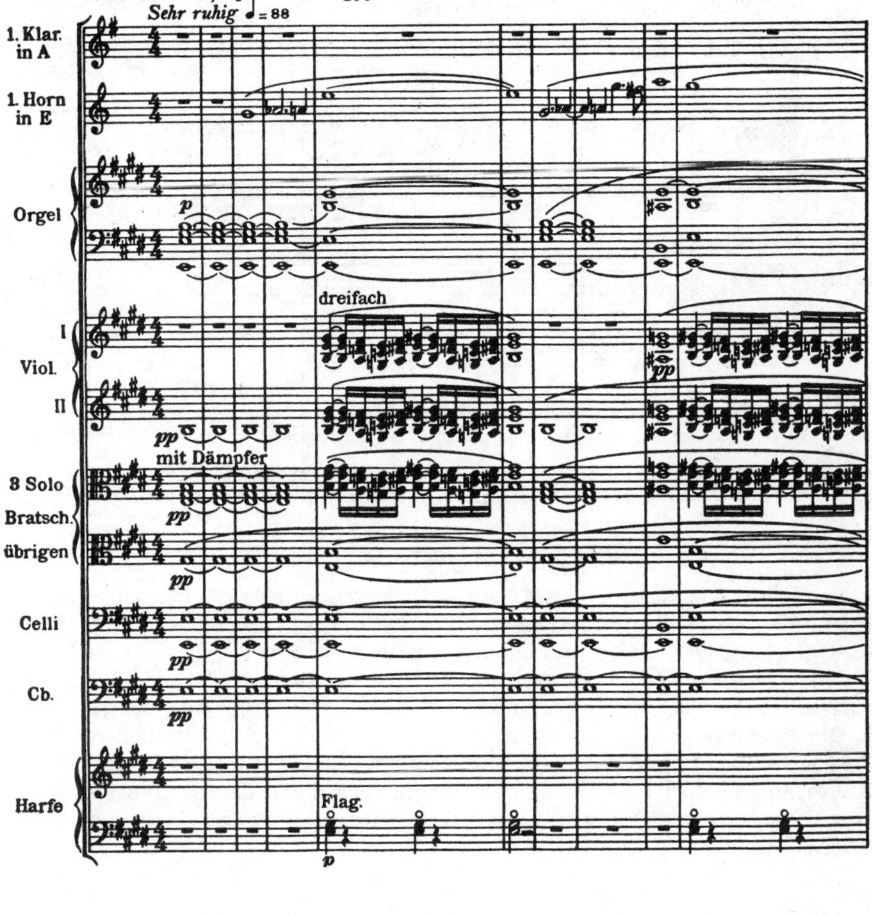

Einführung des Hornes ins Orchester.

Der Zeitpunkt, zu welchem das Horn als Orchesterinstrument Anwendung findet, ist nicht mehr festzustellen, Die erste erhaltene Partitur, ein Quintett von Waldhörnern (trompe de chasse), erschien 1664 in Lulys „Princesse d'Ellide".

Bereits im Jahre 1712 waren zwei Jägerhornisten der kaiserlichen Hofkapelle in Wien auch in der Oper bedienstet; es muß also auf die ständige Verwendung der Jagdhörner in Opern- und Konzertkompositionen geschlossen werden. Johann Mattheson schreibt 1713 aus Hamburg: „daß das corno da caccia schon sehr en vogue gekommen; die brauchbarsten haben F-Stimmung. Sie klingen auch dicker und füllen besser als die übertäubenden und schreienden Clarinen (Trompeten), weil die ersteren um eine Quinte tiefer stehen".

Der im 18. Jahrhundert berühmte Joh. Josef Fux (gest. zu Wien 1741) hat das Horn paarweise verwendet, desgleichen Jean Ph. Rameau (1759) in seiner Oper „Die Sybariten" und in Händels „Wasserfahrtmusik" (1715) erscheint das Horn als Orchesterinstrument. Joh. Seb. Bach verwendet das Horn als selbständiges Soloinstrument. Er sowie auch Händel gebrauchten das Horn meist in den höchsten Lagen. Zur Ausführung von Koloraturen verwendet Joh. Seb. Bach das Horn, wie z. B. im 1. Brandenburger-Konzert, welches eigentlich als Hornkonzert zu werten ist. Auch darf man in seinen Werken das Corno in der Regel nicht als Horn deuten, sondern als Horninstrument im allgemeinen. Bei der Bezeichnung „Corno col soprano" (Kantate Nr. 26) oder Corno-c-Moll dürfte das Cornetto oder der Zink gemeint sein. Bei „Corno da tirarsi" scheint eine Verwechslung mit „Tromba da tirarsi" (Zugtrompete) vorzuliegen. Das „Waldhorn" wurde unzweifelhaft mit „Corno da caccia" bezeichnet.

Beispiel 39

Die meisten Komponisten notierten das Horn im klangschönsten Umfang, d. h. selten über das Beisp. 39 hinaus. Kommt es aber einmal vor, daß diese Grenze überschritten wird, sind die hohen Töne meist gedeckt oder durch polyphone Instrumentierung getragen, selten solistisch. Eine Ausnahme ist vielleicht der Hornruf in „Siegfried", doch sind die hohen Lagen auch bei Richard Wagner einwandfrei zu bringen. Denn obzwar Richard Wagner für diesen Ruf das F-Horn vorschreibt, wird von den meisten Hornisten zur leichteren Wiedergabe dasselbe auf dem B-Horn geblasen. Ich habe aber auf diese Erleichterung trotz der großen Schwierigkeit verzichtet und immer auf dem F-Horn geblasen. Es ist wohl verständlich, daß die Hornisten zumeist das B-Horn für diese Stelle verwenden, da dieses Solo durch die überaus heiklige Situation die größte Anforderung an die Nerven des Ausführenden stellt.

Die Verwendung des Horns im Orchester ist mannigfach, weil kein Blasinstrument so sehr der menschlichen Stimme ähnlich ist. Es dient das Horn als Verbindung der verschiedenen Instrumentengruppen im Orchester, da es sich durch seine Anpassungs- und Modulationsfähigkeit am besten einfügt. Auch ist es wie kein zweites Instrument befähigt, dem Orchester die Fülle seines vollen und satten Tones zu verleihen. Ist doch die Meistersingerpartitur der beste Beweis für seine vielseitige Verwendung, sowohl solistisch wie auch als Füll- und Baßstimme, da es gerade dieses Instrument ist, welches die musikalischen Vorgänge auf der Bühne im voraus anzeigt, dieselben unterstützt und charakterisiert.

An Jagd- und Waldstücken ist die Hornliteratur überaus reich. Von den älteren Meistern sei an erster Stelle C. M. von Weber genannt, der dem Horn überall eine große, dominierende Rolle zuweist. Der Jagdchor aus „Freischütz" und „Euryante" sowie „Preciosa", Rossinis Jagdchor im „Wilhelm Tell", der Jagdchor im „Ein Nachtlager von Granada" von Conradin Kreutzer, Richard Wagners 2. Akt „Tristan und Isolde", 1. Akt „Tannhäuser", ferner der Hornruf in R. Wagners „Nibelungen-Trilogie" gehören zu den schönsten Jagdfanfaren.

Die älteren Komponisten wiesen dem Horn meist die Stellung eines lyrischen Tenors zu. Von Robert Schumann wird es „die Seele des Orchesters" genannt. C. M. v. Weber, Richard Wagner, Robert Schumann, Johannes Brahms, Gustav Mahler und Richard Strauß verwenden das Horn gleichsam als lyrischen Helden und als Tenor Buffo, aber dem Waldcharakter entsprechend auch als Jagdhorn und zu den verschiedensten anderen Charakterisierungen.

Im zweiten Akt der „Walküre“ illustrieren die Hörner das Hundegebell, im zweiten Akt des „Freischütz“ die wilde Jagd. Im 2. Akt von Verdis „Aida“ wird das Erscheinen des heiligen Stiers Apis auf dem Des gekennzeichnet, im „Till Eulenspiegel“ weist im ersten Thema Richard Strauß dem Horn die Personifikation des Till zu.

Besondere Effekte werden dem Horn durch Stopftöne zugeteilt. Richard Wagner läßt hierin die Hörner hervorragend zur Geltung kommen. Im 2. Akt des „Lohengrin“, während der sog. Balkonszene, unterbricht das erste und dritte Horn die lyrische Stimmung und hebt so den schauerlichen Eindruck des Klagerufes der Ortrud plastischer hervor. In den Meistersingern ist es wieder das Stopfhorn, und zwar das dritte Horn, welches den allgemeinen Tumult am Ende des zweiten Aktes unterbricht und den Auftritt des Nachtwächters anzeigt. Unheimlich und geheimnisvoll klingt das Hornquartett im Tarnhelmmotiv im „Rheingold“, desgleichen im Vergessenheitsmotiv in der Götterdämmerung.

Richard Wagner hat dem Horn eine Art Primadonnenrolle zugewiesen und dadurch eine solistische Gleichstellung mit allen anderen Instrumenten bewirkt.

Gustav Mahler schreibt meist in Kreuztonarten, die den Hornisten am unangenehmsten sind, bringt sie also in peinliche und heiklige Situationen. Pfitzner verwendet zu oft die gepreßten, selten frei klingenden Töne (Gis und A).

Viele Neutöner gefallen sich in Forcierung der hohen Lage, zumeist mit wenig Geschick. Wahrscheinlich finden sie Gefallen an dem unschönen, schrillen Klange und an der Verzerrung des schönen Horntones (Beisp. 40).

Die verschiedene Anwendung der Hörner in deutschen und romanischen Ländern bringt es mit sich, daß die ihnen gebührende Rolle in den modernen romanischen Musikwerken nicht zugewiesen ist. Die Romanen bemühen sich seit jeher dem Horn das Piano der Klarinette aufzuzwingen, was selbstverständlich nur auf Kosten des wohlklingenden Horntones gehen kann.

Das von diesen verwendete Instrument ist von engerer Mensur und dünnerem, gehämmertem bzw. gewalztem Material. Durch die engere Mensur ist die Technik erleichtert, und diese Hörner eignen sich weniger für getragene Melodien, denn auch die Tragfähigkeit des Tones ist fast ganz verloren gegangen. So ist aus einem dem Gesang ähnlichen Instrument ein Tonwerkzeug für bravoureuse Technik geworden.

Rückblickend auf die vorstehenden Ausführungen drängt sich unwillkürlich die Betrachtung auf, daß ein Instrument, dessen Entwicklung 2 Jahrtausende brach gelegen hat, in wenigen Jahren eine derart führende Rolle in der Kunstmusik einzunehmen berufen war. Ich glaube die Gründe für diese Erscheinung darin suchen zu müssen, daß durch den großen Tonumfang des Horns und sein modulationsfähiges Anpassen an die Vox humana den Komponisten ein weites Feld der Betätigung eingeräumt war. Es ist jedenfalls ein Instrument, daß die volle Liebe und Aufmerksamkeit des ausübenden Künstlers beansprucht. Genau wie der Sänger hängt auch der Hornist von seiner körperlichen Verfassung ab, und dies mehr als jeder andere Instrumentalist. Da das Horn, wie schon früher erwähnt, jenes Instrument ist, welches über die meisten Naturtöne verfügt, erfordert es auch die präziseste Stellung der Mundmuskeln und Geschmei-

Beispiel 40

Alban Berg, Op. 7 Wozzek, 5. Scene

digkeit der Lippen. Aus diesem Grunde ist es auch verständlich, daß eine Erkältung der Luftwege, welche immer harte, unempfindliche und meist auch gesprungene Lippen zur Folge hat, dem Hornisten in der Ausübung seines Instruments weit mehr behindert als jeden anderen Bläser. In dieser innigen Verbundenheit des Horns mit dem ausführenden Bläser liegt der Reiz dieses Instruments, denn nur ein wahrhaft musikalisch und ideal empfindender Bläser vermag dem Horn seinen poetischen und seelenvollen Ton zu verleihen. Wie nannte Robert Schumann das Horn?

„Die Seele des Orchesters".

Die Trompete

von

Fritz Ramin,

Kammermusiker und 1. Posaunist an der Staatsoper Berlin.

Trompete und Posaune sind die markantesten Blasinstrumente. Die Trompete, von alters her das bevorzugte Instrument für kriegerische und religiöse Zwecke, ist auch heute noch das führende Signal- und Fanfareninstrument. Im Orchester bildet sie mit den Posaunen eine einheitliche Klanggruppe, der in der Komposition vorwiegend der Ausdruck des Heroischen und Weihevollen zufällt.

Der Klangcharakter der Trompete und Posaune wird durch die beiden Instrumenten gemeinsame Bauart bestimmt. Beide sind zylindrisch verlaufende Metallröhren, die sich nur am Ende zum Schallbecher konisch erweitern. Die Anblasvorrichtung, das Kesselmundstück, ist ebenfalls beiden Instrumenten gemeinsam; nur fällt der Trompete vorwiegend das hoch- und hellklingende Sopranregister zu, während die Posaune, vom hohen Tenor abwärts bis zum Baß dunkel und vollklingend, das tiefe Register übernimmt. Obwohl sich die Posaune durch die Zugvorrichtung wesentlich von der Trompete unterscheidet, so haben doch beide Instrumente denselben Ursprung und einen ähnlichen Entwicklungsgang.

Geschichtliches.

Im Gegensatz zum Waldhorn, das wohl von einem Tierhorn seinen Ausgang genommen haben mag, geht die Trompetenform eher auf eine Röhre aus Knochen oder Bambus zurück, die durchgängig gerade, also ohne Biegung oder Krümmung war. Nach diesem Vorbild sind später Metallröhren geformt worden, die ein Instrument ergaben, welches in geschichtlicher Zeit bei allen Kulturvölkern als Vorläufer unserer heutigen Trompete anzusehen ist. Die Römer nannten dieses Instrument Tuba bzw. Buccina.

Aus bildlichen Quellen kann man schließen, daß im Mittelalter die metallene Trumba, auch Busine genannt, eine verhältnismäßig lange, gerade Blechtrompete war, die einen wenig ausladenden Schallbecher hatte. An diesem Instrument hing gewöhnlich ein Standartentuch; ein Beweis, daß die Trompete das bevorzugte Musikinstrument des Fürsten- und Ritterstandes war.

Eine Weiterentwicklung der Trompete konnte durch die Kunst erfolgen, Metallröhren zu biegen und in beliebige Windungen zu formen. Im 13. Jahrhundert begann man bereits, zwischen größeren und kleineren Instrumenten zu unterscheiden. Große, langgestreckte Instrumente sind nicht allein unhandlich, sondern können auch leicht durch Übergewicht verbogen werden. Dem konnte nur abgeholfen werden, indem man die Röhre künstlich bog und ihr einen mehrfach gewundenen Verlauf gab. Versuche, die u. a. dem Instrument die Zickzackform eines flachgedrückten S gaben, führten um etwa 1500 zu der bis auf den heutigen Tag beibehaltenen einfachen Bügelwindung, die der Trompete die jetzt gebräuchliche äußere Form gab. Bei der

Bügelwindung liegen die geraden Führungen der Röhre parallel und sind durch U-Kniestücke verbunden. Um dem gewundenen, zusammengesetzten Instrument einen festen Zusammenhalt zu geben, isolierte man die Stangen durch einen Holzklotz und umwickelte sie mit einer Schnur. Dies ist die Entstehung des so prächtig wirkenden Banderols.

Es ist anzunehmen, daß diese Neuerung, die Bügelwindung, namentlich dem süddeutschen und oberitalienischen Instrumentenbau zu verdanken ist. In Nürnberg hatten die Instrumentenmacher Hainlein, Ehe und Haas bedeutenden Ruf.

Für die kleineren, hochklingenden Instrumente wandelte sich die Bezeichnung „trumba“ in „trumbet, trummete“ und „trompete“, während der Name „busine“ für die großen, tieferen Instrumente verblieb und sich im Laufe der Zeit zu „busune, busaune“ und „Posaune“ änderte. Diese Bezeichnung wählte man für das um 1500 erfundene Zuginstrument (ital. tromba: Trompete, trombone: große Trompete).

Vor dem 16. Jahrhundert war der Gebrauch der Trompete auf Signale, Fanfaren und Aufzüge beschränkt. Wegen ihres edlen Klanges wurde dem Instrument eine Sonderstellung eingeräumt: die Trompeter gehörten zur Hofhaltung der Fürsten und Großen. Nach dem Verfall des Rittertums schlossen sich die Trompeter zu einer privilegierten Zunft zusammen, den sog. Kameradschaften der gelernten Trompeter. Diese hielten streng darauf, niemals „in verächtlichen Gelegenheiten mit Trompeten oder Pauken zu dienen“ oder gar „mit Kunstpfeifern oder Waldhornisten umzugehen“. In diesen Kameradschaften wurde auch die hohe Kunst des Clarinblasens gepflegt und als strenges Geheimnis bewahrt. Folgender Lehrbrief mag über das Zunftwesen einigen Aufschluß geben:

„Sr. Kgl. Mag. in Polen und Churfl. Durchl. zu Sachsen etc. zu der Zeit, Feld-Trompeter, Ich N. N. urkunde und bezeuge hiermit, und in Kraft dieses meines gegebenen Lehr-Briefes, für Jedermännlich, dem dieses zu lesen, oder zu hören, fürkömmt; daß Vorweiser dieses, N. N. gebürtig, von N. N. aus Sachsen mich ersuchet und gebeten, ihm die edle Ritterkunst der Trompeter, um gebührlich Lehrgeld, dem Gebrauch nach, nämlich fünfzig Thlr. gezahlet: habe ich ihm solches nicht abschlagen sollen; sondern ihn vielmehr, in Beisein ehrlicher Herrn Cameraden den 25. Juni des Eintausend, Siebenhundert, und vierzehnden Jahres, an zwei Jahre lang, Trompeter Gewohnheit nach, an- und aufgenommen, ihn in der löblichen Kunst soviel uns Gott beiderseits Gnade verliehen, und so wie es einem ehrlichen Feld-Trompeter, einen Jungen zu lernen, gebühret und wohl anstehet, erhalten .... und nach Abblasung seiner erlernten Feldstücken, Trompeter-Gebrauch nach losgesprochen, daß er hinführo aller Orten, wo Ritterliche Frei-Kunst gebrauchet wird, als ein ehrlicher Trompeter, erkannt und passieret werden soll; jedoch mit diesem Vorbehalt und Verbote, daß er innerhalb sieben Jahren und bevor er seine drei Feldzüge getan, ... keinen Jungen aufzunehmen, nicht zu lernen, Macht haben“ ... usw.

Die von allen Trompetern bis Anfang des 19. Jahrhunderts geblasene Naturtrompete, die im folgenden Kapitel ausführlicher beschrieben wird, war durch die Entwicklung der selbständigen Instrumentalmusik, bei welcher sie als Orchesterinstrument mitwirkte, gezwungen, sich dem Wechsel der Stimmungen anzupassen. Die Hauptstimmung, in der die meisten Instrumente gebaut wurden, war, wie man der Kürze halber zu sagen pflegt, in „tief D“. Der erste Schritt zu einer Tonerweiterung des Instruments war die Veränderung der Grundstimmung, also der feststehenden Naturtonreihe, durch Aufsetzen von Krummbügeln. Diese Krummbügel, auch Stimmbogen genannt, waren Zusatzröhren, die, an einer passenden Stelle aufgesetzt, die Luftsäule des Instruments verlängerten und dadurch die Stimmung vertieften. Nunmehr baute man Trompeten auch in höherer Stimmung, z. B. in tief Es- und F-Stimmung; eine tiefere Stimmung konnte ja nun beliebig durch die Stimmbogen hergestellt werden. Dies führte später zu der vom Horn ausgegangenen Inventionseinrichtung, d. h. durch verschieden große, auswechselbare Stimmbogen erhielt man verschiedene Grundstimmungen des Instruments. Mit dieser Inventionseinrichtung war aber nun der erste Schritt getan, die Sonderstellung der hochadligen Naturtrompete zu lockern. Zu gleicher Zeit, etwa um die Mitte des 18. Jahrhunderts, verlor auch die ritterliche Zunft der Trompeter immer mehr an Bedeutung, und so hatte der Niedergang der altehrwürdigen Trompeterkunst auch die Kunst des Clarinblasens verfallen lassen. Seit der Einführung der Klarinette ins Orchester leistete man auf die Clarinstimme der Trompete auch gern Verzicht. So mußte die Trompete, nachdem sie in der Kunst des Clarinblasens zur Zeit Bachs und Händels einen Gipfelpunkt in ihrer Auswertung erreicht hatte, sich auf sehr begrenzte Füllstimmen im Orchester zurückziehen. Es ist begreiflich, daß jetzt der Wunsch, die chromatische Tonskala blasen zu können, in den Vordergrund tritt. Es begann nun das erfolgreiche Streben nach Erweiterung der Tonreihe.

Die Inventionseinrichtung konnte nur die verschiedenen Grundstimmungen unter Beibehaltung der Naturtonreihe ändern. Ein weiterer Schritt wurde mit der Stopftechnik versucht. Anfang des 19. Jahrhunderts wurde deshalb die Stopftrompete halbmondförmig gebaut. Die Trompete verlor aber durch Einführung der Hand in den Schallbecher sehr viel an Klangfarbe; daher wurde dieser Versuch wieder aufgegeben. Ein anderes Experiment war der Bau der Klappentrompete. Dieses Instrument, bekannt durch den Hofmusikus Weidinger, Wien, das ähnlich wie bei den Holzblasinstrumenten durch gedeckte Löcher chromatische Tonfolgen hervorbringen konnte, erregte großes Aufsehen (1801). Meyerbeer und Rossini führten sie in das Orchester ein. Obgleich man nun auf dieser Trompete mittels der Klappen Passagen, Triller usw. ausführen konnte, so war die Einbuße an Klang doch so groß, daß man bald wieder auf die Klappentrompete verzichtete. Ohne Bedeutung als Verbesserung blieb auch die Zugtrompete („tromba da tirarsi" von Bach als „Corno da tirarsi" bezeichnet). Die Zugtrompete, wohl eine Anlehnung an die Posaune, besaß einen langen verschiebbaren Mundstückeinsatz. Da aber hier der Auszug im Gegensatz zur Posaune nur einfach war und zu einer Tonveränderung der ganze Körper des Instruments bewegt werden mußte, so konnte die Tonreihenerweiterung nur beschränkt sein. Auch wurde der Ansatz des Bläsers sehr gefährdet. In England schuf man in Anlehnung an Posaune und Inventionstrompete die sog. „Slide trumpet" mit einem auswechselbaren Stimmbogen. Dieses Instrument wird heute noch von englischen Trompetern bei Ausführung hoher Stellen in Werken von Händel geblasen.

Die wirklich brauchbare Verbesserung, mit der die vollkommen chromatische Tonskala erreicht wurde, war die Erfindung der Ventile. Der Zweck der Ventile liegt in der Veränderung der Länge der schwingenden Luftsäule innerhalb der Trompetenröhre. Durch die Ventile werden nämlich Verlängerungsröhren eingeschaltet, wodurch die Naturtonreihe vertieft wird. Zuerst wurden zwei Ventile eingebaut (um 1814 von Blühmel und Stölzel erfunden). Das eine vertiefte um einen halben, das andere um einen ganzen Ton. Später kam noch ein drittes Ventil hinzu, das um eineinhalb Ton vertiefte. Ob der Grundgedanke der Ventileinrichtung die Herstellung einer vollständigen Tonleiter war, ist nicht sicher; es ist anzunehmen, daß das lästige Auswechseln der Instrumente bzw. der Stimmbogen durch eine Tonwechselmaschine vermieden werden sollte. Tatsächlich wurde durch diese Neuerung die lückenlose chromatische Tonfolge erreicht. Da bei diesem Instrument die Klangfarbe einer Naturtrompete so gut wie beibehalten wurde, so wird das Ventilinstrument heute in allen Orchestern als brauchbarste Trompete sowohl für die alte als auch für die moderne Literatur geblasen. Um 1830 wurde die Ventiltrompete in die Militärmusik und etwa 1840 allmählich in die Konzert- und Opernorchester eingeführt.

Wesen und Eigenschaften der Trompete.

Die Trompete ist eine zylindrisch verlaufende Messingröhre, die an der einen Seite zum Anblasen ein Mundstück hat und an der anderen sich zu einem Schallbecher konisch erweitert. Tonerzeugung und Klangfarbe werden durch die Art des Blasens und den Bau des Instruments bestimmt. Das Mundstück dient lediglich dazu, die Lippen des Bläsers abzugrenzen und den Luftstrom dem Instrument zuzuführen. Nach dem Ansetzen an das Mundstück werden die Lippen gespannt und durch Atemgeben in Schwingungen versetzt, die auf die als Resonanz dienende Luftsäule des Instruments übertragen werden. Der breit ausladende Schallbecher bewirkt die Verstärkung des Tones.

Der Ton ist also in erster Linie Produkt des Bläsers, dessen Lippenspannung die Höhe und Tiefe des zu blasenden Tones bestimmt. Je stärker man die Lippen spannt, desto höher wird der Ton. Durch lange Übung weiß der Bläser nach seinem Gehör den Lippen die richtige Einstellung zu geben.

Die Trompete als Instrument meist hoher Stimmlage hat eine enge Mensur, d. h. einen kleinen Röhrendurchmesser. Dadurch wird die Ansprache der hohen Töne begünstigt. Das Mundstück muß in bezug auf Größe und Form im richtigen Verhältnis zur Mensur stehen. Es besteht aus Rand, Kessel und Bohrung. Da das Mundstück der verbindende Teil zwischen den Lippen des Bläsers und dem Instrument ist, wählt der Bläser gern eine Bauart des Mundstückes, die der Beschaffenheit seiner Lippen am besten entspricht, d. h. er wird je nachdem einen breiteren oder schmaleren bzw. schärferen Rand bevorzugen. Die Tiefe und Weite des Kessels und die Größe der Bohrung haben Einfluß auf Ansprache und Stimmung der Töne. Ein Mundstück mit flachem Kessel und enger Bohrung wird die Ansprache der hohen Töne erleichtern, jedoch den klanglichen Wert verringern, während ein solches mit tieferem Kessel und weiter Bohrung tiefere Töne erleichtert und einen volleren und weicheren Klang ermöglicht. Es sei bemerkt, daß bei einem so kleinen Mundstück, wie es die Trompete benötigt, die Maße in dieser Hinsicht nur um Bruchteile von Millimetern abweichen können, da ein Zuviel namentlich bei hohen Trompeten, erheblich die Stimmung des Instrumentes beeinflußt. Um ein klares Bild vom Stimmumfang und den Möglichkeiten der Trompete zu bekommen, sei zuerst die Naturtrompete einer näheren Betrachtung unterzogen.

Die Naturtrompete.

Die Naturtonreihe der einfachen Trompete zeigt Beisp. 1. Grundton und Oktave sind sehr schwer ansprechende Töne; sie sind klanglich bedeutungslos. Die im Notenbeispiel als Viertelwerte bezeichneten Töne sind unrein, lassen sich aber durch geschickten Ansatz

Beispiel 1

usw.

des Bläsers annähernd stimmend bringen. Über die Grenze aller Töne nach oben und unten entscheidet die Form des Mundstücks sowie die Fähigkeit des Bläsers; jedoch ist selten über das c̿ hinaus notiert worden. Die Notierung für Trompete erfolgte der Einfachheit halber in C-Dur mit der dabei angegebenen Stimmung der Trompete. Die oben notierte Tonreihe (Beisp. 2) klingt also auf der Trompete in D wie Beisp. 3, in F wie 4. Nur bei C-Instrumenten decken sich Klang und Notierung.

Beispiel 2

Beispiel 3

Beispiel 4

Um die Trompete als melodieführendes Instrument gebrauchen zu können, mußten die Trompeten in tiefen Stimmungen gebaut werden; denn die diatonische Reihenfolge fällt hier in eine Lage, in der die Töne noch leicht zu erzeugen sind, während bei der hohen Stimmung unserer modernen Ventiltrompete diese Naturtonreihe erst beginnt, wo der Umfang des Instruments aufhört. Die Bezwingung der hohen Tonlagen der Naturtrompete nannte man das Clarinblasen, während das Blasen des tieferen Registers mit Prinzipalblasen bezeichnet wurde. Über die Kunst des Clarinblasens herrscht heute oft eine ziemlich unklare Vorstellung; man hält es z. B. bei der Betrachtung von Werken Bachs kaum für möglich, wie die Trompeter damaliger Zeit auf den Naturinstrumenten die äußerst schwierigen Clarinpartien bewältigt haben. Man kann es sich nur so erklären, daß die Trompeter der Clarinstimme ein Mundstück mit sehr flachem Kessel benutzten und daß sie sich für dieses Gebiet spezialisierten. Interessante Angaben über Gebrauch und Technik der Trompete im 17. Jahrhundert findet man in der Schrift „Unterricht der musikalischen Kunst" von Daniel Speer (1687). (Zum Verständnis der folgenden Ausführungen sei auf das Notenbeispiel Nr. 1 hingewiesen): Den Grundton nennt Daniel Speer flattergrob, die Oktave grob, die Quinte faul (gemeint ist schwer ansprechend). „Die vierte Stimme heißt Mittelstimme und wird in solcher Marsch und lermen geblasen; ist das c̄." Fünfte Stimme Prinzipal. „In dieser wird auch lermen, Aufbruch und anderes mehr geblasen, ist eine schöne Stimme, wer sie recht zu tractieren weiß, hebt im g an, geht hinauf in's c̄ und endet sich gemeiniglich, wenn viel Trompeten beisammen sein im ē." (Die Bezeichnung Stimme bedeutet hier verschiedentlich Ton und Tonlage.) „Principal, diese Stimme variiert in vorgezeigten Tonis (Beisp. 5) und macht zuweilen im c̄ aufhaltende einen Triller, der sehr wohl zu hören." (Ein Lippentriller von zwei nebeneinanderliegenden Tönen der Naturtonreihe, in diesem Falle c̄—d̄, ist ausführbar.) „Die sechste Stimme heißt das ander Clarin, soll aber jederzeit in einer Terz von dem ersten Clarin niedriger gehen, wird aber im gemeinen Brauch nur bis in's f̄, oder höchstens g̿, außer im certiren (d. h. im konzertierenden Solo) gebraucht (Beisp. 6). Doch, wo zwei gleich gute Trompeter seind, können sie beede höher, als bis zur hier gezeigten Höhe blasen. Die siebente Stimme ist das erste Clarin, dieses hebt sich nun von c̄ an und geht von solchem

Beispiel 5

Beispiel 6

bis in die 8va, auch tractierens manche bis in's $\overset{\equiv}{f}$. Dieses Instruments der Trompeten findet man wenig Privatpersonen, die es erlernen. Ursach, es erfordert sehr große Leibskräften usw." J. E. Altenburg schreibt in seinem „Versuch einer Anleitung zur heroisch-musikalischen Trompeter- und Paukerkunst" (1795): „Wir verstehen unter Clarin oder Clarinstimme ungefähr das, was unter den Singstimmen der Diskant ist, nemlich eine gewisse Melodie, welche größtenteils in der zweigestr. Oktave, mithin hoch und hell geblasen wird. Der rechte Ansatz zur Formation dieses Klanges ist ungemein schwer zu erlangen und läßt sich nicht wohl durch gewisse Regeln bestimmen. Die Übung muß hierbei das beste tun, obgleich auch viel auf die Beschaffenheit der Lippen etc. ankommt." Aus diesen Ausführungen geht deutlich hervor, daß das Clarinblasen zur damaligen Zeit als eine schwere Kunst angesehen und deshalb wohl auch von den Zünften als Geheimnis streng gehütet wurde. Sicher ist aber, daß die Tonreinheit der Clarintrompeter im Vergleich zu unserer heutigen verwöhnt sauberen Stimmung sehr zu wünschen übrig ließ. Auch dürfte die Stimmung in damaliger Zeit bedeutend niedriger als die jetzige Kammertonstimmung gewesen sein und infolgedessen die Schwierigkeit der Höhe etwas herabgemindert haben. Ebenso wird durch die zusammengedrängte Lage der hohen Naturtöne sowie durch das Blasen mit flachem Mundstück wenig der ideale Trompetenton zur Geltung gekommen sein, weshalb das Versinken dieser Kunst nicht als allzu großer Verlust anzusehen ist.

Folgende Beispiele mögen einen Einblick in die Anwendung und in die Schwierigkeiten der alten Trompeterkunst geben:

Beispiel 7

G. F. Händel, Dettinger Tedeum

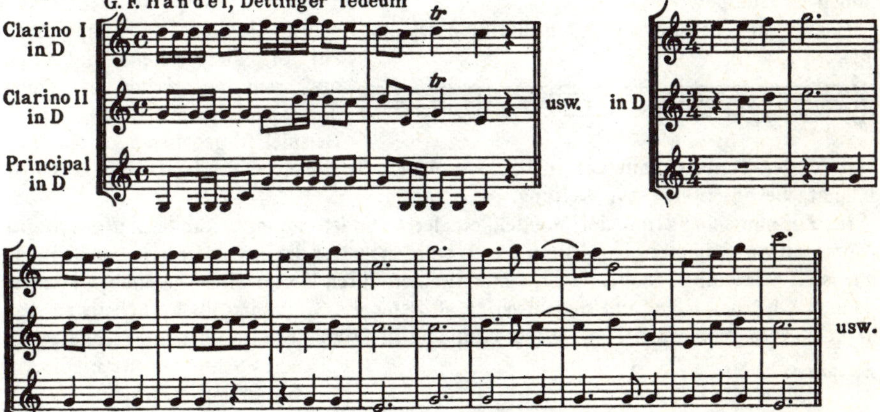

Beispiel 8

J. S. Bach, Weihnachts-Oratorium

Beispiel 9

J. S. **Bach**, Concert in F dur für concertierende Trompete, Flöte, Oboe und Violine

Heute werden die Clarinpartien der Werke Bachs und anderer meist auf einer Ventiltrompete in D hoher Stimmung geblasen, das Konzert F-Dur von Bach sogar auf einer hohen F-Trompete.

Nach dem Rückgang der alten Clarinbläserkunst beschränkten sich die Komponisten auf die am besten klingenden und rein ansprechenden Töne, und zwar hauptsächlich auf in Beispiel 10 gegebene.

Beispiel 10

In dieser Tonlage kam das Instrument durch Schönheit und Charakteristik seiner Klangfarbe am besten zur Geltung.

Im Zusammenhang mit der Möglichkeit der Grundstimmungsveränderung durch das Aufsetzen von Stimmbogen (Krummbügel) wurden später die Instrumente in der denkbar höchsten Stimmung gebaut, da ein Tieferstimmen durch Verlängerung geschehen konnte. Jedoch wird der Klang um so schlechter, je tiefer die Stimmung im Verhältnis zu der, in welcher es gebaut ist, liegt. Eine Trompete in D konnte also durch das Aufstecken eines Stimmbogens in die C'-Stimmung gebracht werden, eine F-Trompete in die Es-Stimmung usw. Wie unsere Klassiker die Trompete anwandten, mögen die Beispiele 11—16 zeigen.

In heutiger Zeit wird die einfache Naturtrompete nur

Beispiel 11

a) **Mozart**, Don Juan

Beispiel 12

Mozart, Zauberflöte

Beispiel 13

Beethoven, Leonore, Ouverture Nr. 2

Tromp. in Es

Beispiel 14

Beethoven, IX. Symph. II. Satz — IV. Satz

Molto vivace — *Allegro assai*

Tromp. in D

Beispiel 15

Beethoven, Egmont, Ouverture

Allegro con brio

Tromp. I. II in F

Beispiel 16

C. M. v. Weber, Arie der Rezia

Tromp. in C

noch als Signal- und Fanfareninstrument geblasen. Obwohl der Klang der Naturtrompete von der Ventiltrompete nicht übertroffen wird, so werden doch heute im modernen Orchester alle in der Literatur vorkommenden Signale (z. B. in der Leonorenouvertüre von Beethoven) auf dem Ventilinstrument geblasen, ausgenommen in der Oper die Bühnentrompeten im „Lohengrin" (Beisp. 17) u. ä.

Beispiel 17

R. Wagner, Lohengrin

4 Bühnen-Tromp. in C

Die Ventiltrompete.

Als die Ventileinrichtung auf die Trompete übertragen wurde, baute man das Instrument als

Oktavtrompete in B,	Alt-Trompete in Es/F/D,
Kleine Trompete in Es/D,	Baß-Trompete in B/C/A.
Sopran-Trompete in B/C/A,	

Diese vollständige Trompetenfamilie fand ihre volle Ausnutzung nur in der Militärmusik. Für das Symphonieorchester verblieb bis heute die am besten klingende (Sopran-) Trompete in (Hoch-) B-Stimmung. Diese Trompete wird von allen Trompetern für die heute in der Partitur als 1. und 2. bzw. auch 3. und 4. bezeichnete Stimme benutzt. Wie bereits im vorigen Abschnitt erwähnt wurde, verwendet man zur Wiedergabe der hohen Trompetenpartien der älteren Literatur eine Trompete in hoher C- bzw. D-Stimmung.

Die Baßtrompete, von R. Wagner in das Opernorchester eingeführt, wird heute in tiefer Es- und C-Stimmung gebaut.

Es sei nun kurz die gebräuchlichste Trompete in B beschrieben. Konnte bei der sog. Naturtrompete durch Aufstecken eines Krummbügels die Stimmung vertieft werden, so erfüllt das Ventil denselben Zweck, nur mit dem Unterschied, daß die 3 Ventile durch die leichte Bewegung eines Fingerdrucks unmittelbar hintereinander 7 verschiedene Grundstimmungen einschalten können. Diese sind bei der B-Trompete:

Beispiel 18

Eine chromatische Tonfolge wäre also mit den im folgenden bezeichneten Ventilen zu erreichen:

Beispiel 19

Wie zu ersehen ist, sind manche Töne mehrfach in der einen oder anderen durch verschiedene Ventileinstellung erreichbaren Stimmung gegeben. Die Wahl der Ventileinstellung hängt davon ab, ob der Ton in dieser oder jener Stimmung besser klingt, ob er leichter anspricht, reiner stimmt oder sich leichter in die gewünschte Figur einreiht. Die eigentlichen Grundtöne (Pedaltöne) haben, wie bei der Naturtrompete, keine praktische Bedeutung, denn sie sprechen schlecht an und klingen auch nicht gut. Einige auch auf der Ventiltrompete nicht reinstimmende Töne, wie z. B. fis und $\overline{\text{cis}}$, lassen sich durch geschickten Ansatz in die gewünschte Stimmung bringen. Da die Stimmreinheit der einzelnen Instrumente infolge abweichender Bauart immer etwas ungleich sein wird, ist es Aufgabe des Bläsers, sich auf dem Instrument einzublasen und nicht, wie es so oft fälschlich heißt: das Instrument einzublasen oder gar zu „verblasen“. Der Bläser hat also seinen Ansatz so zu bilden, daß er eine vollkommen reine Skala hervorbringt.

Studium.

Hauptvoraussetzung für ein erfolgreiches Studium der Trompete sind gesunde Lungen, gesundes Herz, gute, möglichst gerade gerichtete Zähne und normale, nicht zu starke Lippen. Neben der geistig-seelischen Leistung, die ja die Musik wie jede Kunst stets vom Ausübenden verlangt, erfordert das Trompetenblasen auch eine bedeutende physische Anstrengung, die hauptsächlich von der Lippenkraft und den Lungen gefordert wird. Ausdauer im Ansatz und sinngemäß angewandte Atmung werden vom Bläser verlangt. Im allgemeinen herrscht die Ansicht, daß die „Ausdauer“ eines Bläsers auf dessen Lungen zurückzuführen sei. Gewiß bedeutet es eine Anstrengung, längere Tonsätze im ff mit der nötigen Atemkraft durchzuhalten (Beisp. 20), doch soll selbst im größten Stärkegrad

Beispiel 20

Beethoven, Symph. A dur, III. Satz

immer so frei geblasen werden, daß der Ton durch zu starke Komprimierung der Luft nicht gepreßt klingt oder gar umschlägt. Bei richtiger Atemgebung und vernünftig eingeteiltem Atemholen wird dem Bläser die Luft so schnell nicht ausgehen; oft sogar bedingen hoch und schwach zu blasende Töne einen sehr geringen Luftverbrauch; die Anstrengung der Lungen liegt also mehr im Zurückhalten als im Verausgaben des Atems. Durch entsprechende Übung wird die Lunge sogar gekräftigt; das Blasen ist also eine gute Gymnastik. Viel eher als die Atmung aber versagt die Lippenkraft, d. h. der Ansatz. Lippenkraft oder, was gleichbedeutend ist, Stärke der Lippenmuskulatur kann nur durch lange Übung gewonnen werden. Im Ansatz liegt die Kunst des Blasens. Guter Ansatz aber bedeutet „fähig sein, ohne Anstrengung in allen Tonlagen leicht und sicher zu blasen“. Im Orchester ist jeder Bläser und besonders der 1. Trompeter fast immer Solist. Er kann sich nicht wie der Streicher auf seinen Nebenmann verlassen („Da tritt kein andrer für ihn ein, . . ."). Er muß oft blitzartig sich in gegebene Situationen hineinfinden und Anpassungsfähigkeit zeigen. Wenn auch einmal ein Geigenbogen unbemerkt abrutschen kann, eine entgleiste Trompete ist für das Orchester eine Katastrophe. Dennoch kann selbst dem besten Bläser ein Ton mißglücken. Ein Trompeter mit zweifelhafter Sicherheit aber ist in einem guten Orchester undenkbar.

Man hält die Trompete mit der linken Hand bei stehender oder sitzender, jedoch möglichst aufrechter Haltung. Die Finger der rechten Hand bewegen die Ventile. Der Zeigefinger bedient das erste, der Mittelfinger das zweite und der Ringfinger das dritte Ventil. Das Ansetzen des Instruments geschieht in der Weise, daß das Mundstück je zur Hälfte auf Ober- und Unterlippen angelegt wird. Beschaffenheit der Lippen und Zahnstellung sind aber bei jedem Bläser verschieden, so daß der Ansatz auch anders verteilt sein kann, etwa zu einem Drittel auf die Oberlippe und zu zwei Dritteln auf die Unterlippe oder umgekehrt.

Das Hervorbringen eines Tones heißt der Anstoß, der durch die Zungenspitze erfolgt. Es ist aber nicht so, daß die Zunge Stoßbewegungen ausführt, sondern die Zungenspitze liegt, um die Luftgebung zum Instrument zu versperren, an den Zähnen und zieht sich, den Ton angebend, zurück. Die Tonangabe darf also niemals ohne Zungenstoß erfolgen, etwa wie wenn man ein „ha" ausspräche. Der Bläser denke sich die Silbe „ta" oder „tü". Wie bereits erwähnt wurde, erfolgt das „hoch" und „tief" der zu blasenden Töne durch Spannung der Lippen. Der Bläser gewöhne sich zu Beginn der Übungen nicht an, beim Blasen höherer Töne das Instrument bzw. das Mundstück an die Lippen zu pressen, in der Meinung, nur so die hohe Tonlage zu beherrschen; die erhöhte Lippenspannung hat nur durch die Kraft der Lippenmuskeln zu erfolgen. Vermag der Schüler die höheren Töne nur mit großer Anstrengung anzugeben, so überlasse man dies einer späteren Zeit, da dieselben bei einem regelmäßigen Studium sich ganz von selbst einstellen. In der bereits erwähnten Schrift von Daniel Speer (1687) finden wir über die Technik des Blasens folgende sehr richtige, allerdings recht drastische Bemerkungen:

„Vor's ander soll auch ein Incipient sich angewöhnen, die Backen einzuziehen und nicht aufzublasen, denn solches steht nicht allein ungeformt, sondern hindert auch, daß der Atem seinen rechten Fortgang nicht gewinnen kann, verursacht dem Menschen auch Schmerzen bei den Schläfen, dannenhero die Getreuen Trompeter ihren Lehrlingen solches auch wohl mit Ohrfeigen abzugewöhnen pflegen. Es wird aber ferner zu dieses Instruments rechter Tractierung folgendes erfordert: 1) gesunde Leibeskräften, 2) starker, lang anhaltender Atem, 3) eine geschwind regende oder läufige Zunge, 4) ein unverdrossener Fleiß in steter Übung, wodurch der Ansatz überkommen und erhalten wird, usw."

Diese Grundregeln haben auch heute noch volle Geltung. Hauptaufgabe für den Anfänger wie für den bereits befähigten Bläser ist das Tonaushalten. Das Langaushalten der Töne stärkt die Ausdauer für den Atem und den Ansatz und trägt dazu bei, den Ton, der bei einem Anfänger zuerst immer roh klingen wird, zu veredeln. Ist die Lippenmuskulatur durch das Blasen gestärkt, so wird der Bläser in der Lage sein, die unreinen Töne eines Instruments, die durch einen Ventilgriff nicht verbessert werden können, durch seinen Ansatz, d. h. in diesem Falle durch das Treiben oder Sinkenlassen der

Beispiel 21

Lippen, vollkommen rein zu bringen. Bei diesen Übungen muß aber darauf geachtet werden, daß bei einem An- und Abschwellen eines Tones (Beisp. 21) derselbe durch die größere Atemkraft nicht höher und beim Nachlassen des Atems nicht tiefer wird. Außerdem ist darauf zu achten, daß das An- und Abschwellen gleichmäßig erfolgt. Man soll also nicht die Atemkraft auf ein großes Crescendo verausgaben, so daß beim Decrescendo die Luft schon so weit ausgegangen ist, daß das Piano zu früh eintritt. Der Ansatz muß in jeder Hinsicht so geschult und gepflegt werden, daß Klangfarbe und Stimmung sich bei jeder dynamischen Veränderung gleich bleiben. Die Tonansprache auf der Trompete ist namentlich bei Pianoeinsätzen in hoher Tonlage äußerst schwierig, deshalb werden die Soloeinsätze trotz einfach gehaltener Noten oft mehr gefürchtet als technisch schwierige Passagen.

Passagen und Figuren im schnellen Tempo (Beisp. 22), wie sie besonders in der franzö-

Beispiel 22

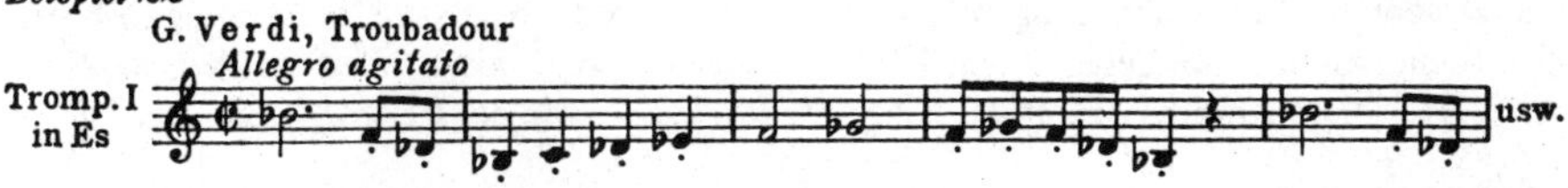

sischen und italienischen Literatur gefordert werden, lassen sich oft mit dem einfachen Stoß, d. h. dem jedesmal erneuten Anstoß eines Tones mit der Zunge, nicht bewältigen (Beisp. 23). Hier bedient sich der Trompeter der sog. Doppelzunge. Die Doppelzunge

Beispiel 23

wird durch die schnell zurückgestoßene Zunge gebildet. Der Vorgang ist hierbei der, daß die Zunge, wie oben bereits beschrieben, zum Anstoß des Tones an der oberen Zahnreihe liegt; hat sich dann aber die Zunge nach dem Anschlagen des Tones zurückgezogen („ta" oder „ti"), so wird der folgende Ton durch Gaumenanschlag gebracht, der am besten durch die Silbe „ke" veranschaulicht wird. Beim Studieren ist sehr darauf zu achten, daß die zweite Silbe „ke" der ersteren an Schärfe und Ton gleichkommt. Mit

Beispiel 24

dieser Technik (Beispiel 24) lassen sich z. B. Sechzehntel- und Zweiunddreißigstel-Figuren präzis bringen. Der Schüler beginne mit dem Studium der Doppelzunge

Beispiel 25

Beispiel 26

aber erst, wenn er über eine gewisse Sicherheit im einfachen Anstoß sowie über eine ungezwungene Tongebung verfügt. Zuerst übe man die Doppelzunge auf ein und demselben Ton, langsam anfangend, etwa wie Beisp. 25, dann schneller (Beisp. 29), später in fortschreitender Tonfolge (Beisp. 27). Bei einer Triolenfigur wird die sog. Triolen-

Beispiel 27

Beispiel 28

doppelzunge durch zweimaligen Zungen- und einmal darauffolgenden scharfen Gaumenstoß gebildet, also wie Beispiel 28.

Die Bindungen (Legato) der Tonintervalle geschehen bei weitergeführter Atemgebung durch schnelle Einstellung der Lippen für den anzubindenden Ton ohne Anstoß der Zunge. Die Atemgebung hat bei der Bindung so geschickt zu geschehen, daß der anzubindende Ton nicht betont wird oder gar bei zu starker Einziehung des Atems nicht anspricht. Müssen bei dem zu bindenden Intervall ein oder mehrere Ventile gedrückt werden, so ist ganz besondere Aufmerksamkeit notwendig, damit weder eine Lücke.entsteht, noch eine ungewollte, unschöne Markierung des folgenden Tones, sondern eine schön klingende Verschmelzung beider Töne, wie bei einer gesungenen Kantilene. Bindungen beginne der Schüler langsam in diatonischen Intervallen, dann erweitere er diese Studien auf möglichst große Intervalle, wie bei Beisp. 29. Die Bindungen

Beispiel 29

weiter Abstände zwingen außerdem den Bläser dazu, den Lippenansatz für Tief und Hoch beizubehalten, d. h. nicht umzusetzen, wie es bei schlechter Schule oft angewandt wird. Werden die Bindungen mit großem Fleiß betrieben, so wird nach geraumer Zeit die Ausführung eines Lippentrillers gelingen. Der Lippentriller ist überall da ausführbar, wo die

Beispiel 30

Diatonik der Naturtonreihe beginnt (Beisp. 30). Obwohl auf der Ventiltrompete mittels der Ventile die Ausführung eines Trillers ein leichtes ist — er ist auf diesem Instrument auch in tiefen Tonlagen ausführbar (Beisp. 31) —,

Beispiel 31

so erreicht doch der mit den Ventilen geblasene Triller nie die Schönheit eines Trillers, der allein von den Lippen hervorgebracht wird. Ein Triller mit den Lippen ist aber, wie schon angedeutet, bedeutend schwieriger und nur durch ein ausdauerndes Studieren der Bindungen zu erreichen. Man beginne langsam (Beisp. 32), ohne das Mundstück anzupressen, weder mit dem

Beispiel 32

Kinn zu wackeln noch die Zunge zu Hilfe zu nehmen. Trillerübungen blase man aber nicht allein in den höheren Tonlagen in Sekunden-Intervallen, sondern zur Vorübung auch etwas langsamer in größeren Intervallen. Durch diese Übungen wird ein äußerst geschmeidiger Ansatz erzielt, der die leichte Ansprache in allen Tonlagen fördert. — (Ergänzendes über Blas- und Atemtechnik bitte im Aufsatz über die Posaune nachzulesen.)

Es ist von großem Wert, wenn sich der Bläser, und besonders der Trompeter, der im Orchester so oft gesanglich geführte Melodien zu blasen hat, guten Gesang zum Vorbild nimmt. Dies ist für die Tonveredelung sowie für den musikalischen Ausdruck die beste Schule. Was will es schließlich schon bedeuten, wenn ein Trompeter ein Bravourstück mit flinker, blendender Technik hervorschmettert, jedoch der klangliche Wert des Tones und vor allem der musikalische Ausdruck zu wünschen übrig lassen. Hervorragende Dirigenten und gute Musiker haben immer noch einem Bläser den Vorrang gegeben, dessen Ton tragfähig, beseelt, modulations- und anpassungsfähig ist. Im guten Orchester wird ein stimmlich ausgeglichener Soloeinsatz höher eingeschätzt als ein Virtuosenstück von tollster Akrobatik.

Obwohl die moderne Ventiltrompete sich von der tonartgebundenen Stimmung auf Grund ihrer Chromatik losgelöst hat und man die Stimme so notieren könnte wie sie klingt, so hat man doch am Althergebrachten festgehalten und schreibt die jeweilige Stimmung der Partien vor. Dadurch kommt eine weitere Schwierigkeit zur Kunst des Trompetenblasens hinzu: das Transponieren. Bruckner z. B. schreibt in seiner 5. Symphonie neun verschiedene Stimmungen vor, und diese wechseln zweiundsechzigmal. Dem Komponisten bietet diese Schreibart Erleichterung und Bequemlichkeit, denn er kann in C-Dur schreiben, also auf Vorzeichen verzichten und H-Dur meinen, während der Trompeter umdenken muß, also die notierte Stimmung für sein Instrument transponiert zu lesen hat.

Als empfehlenswertes Studienmaterial für Trompete seien u.a. die Schulen von J. Kosleck, H. Pietzsch und L. Liesering genannt. Das musikalisch wertvollste Solostück ist wohl das Konzert in Es-Dur von Josef Haydn (Beisp. 33). Allerdings steht nicht fest, ob diese Komposition original für Trompete geschrieben worden ist, denn die hier vorkommende Chromatik war kaum auf einer Naturtrompete ausführbar. Da es aber an guter Sololiteratur für Trompete nur eine bescheidene Auswahl gibt, so ist diese Transposition von

Beispiel 33

großem Wert. Die schwierigste und für das Studium am besten geeignete Literatur sind die Partien in den Werken Bachs und Händels, die bereits im vorigen Abschnitt (Naturtrompete) erwähnt wurden. Da die Trompete als vortragendes Soloinstrument, außer beim Probespielen, heute fast gar nicht mehr zur Geltung kommt, so muß sich der Studierende mit allen maßgeblichen Orchesterpartien der älteren und modernen Literatur zur Vorbereitung seiner zukünftigen Tätigkeit vertraut machen.

Anwendung im Orchester.

Die Besetzung der Trompetengruppe im Symphonieorchester erfolgt zumeist zweistimmig als 1. und 2. Trompetenstimme. Wir finden diese Instrumentierung bei Haydn, Mozart und Beethoven. Der Farbenreichtum des Orchesters der Romantiker und der Modernen führte zu einer Erweiterung: eine 3. und 4. Stimme wurde hinzugefügt. Wagner vervollständigte den Trompetensatz sogar durch eine Baßtrompete. Die Aufgaben, die den heutigen Trompetern gestellt werden, sind keineswegs leichter als die der alten Clarinbläser. Diese konnten sich für bestimmte Gebiete, also für die hohe Tonlage, spezialisieren, während vom Trompeter des heutigen Orchesters Vielseitigkeit verlangt wird; das gilt namentlich für den Bläser der 1. Stimme. Die schwierigen Partien eines Richard-Strauß-Werkes bewegen sich sprunghaft in tiefsten und höchsten Tonlagen und erfordern naturgemäß ein ernsthaftes und intensives Studium. In einem modernen Konzertorchester kommt es in der Hochflut der Konzerttätigkeit vor, daß z. B. an einem Abend das Programm nur mit R.-Strauß- oder Wagner-Werken ausgefüllt ist und am darauffolgenden Tage die h-Moll-Messe oder das Weihnachtsoratorium von J. S. Bach aufgeführt wird. Diese Umstellung und derartig hohe Anforderungen werden heute vom Trompeter verlangt und fordern größte Ausdauer und Sicherheit.

Wie bereits erwähnt, werden die Werke der älteren Literatur auf hohen D- bzw. C-Trompeten geblasen. Da aber für das D-Instrument das zu einer B-Trompete passende Mundstück nicht stimmt und der Bläser mit seinem Mundstück nicht gern wechselt, weil dadurch die Sicherheit des Ansatzes gefährdet wäre, so hat man in neuerer Zeit Mundstücke mit abschraubbarem Rand angefertigt. Der gleichbleibende Rand ist es, der dem Bläser die Sicherheit und Stetigkeit seines Ansatzes garantiert. Es ist sehr empfehlenswert, sich dieser Neuerung zu bedienen; denn mit dem ständig gleichbleibenden Rand kann sich der Trompeter die passenden Kesselstücke für die B-, C- und D-Trompete zur Verfügung halten.

Eine von allen Trompetern gefürchtete Orchesterstelle ist das Solo im „Parsifal"-Vorspiel (R. Wagner) (Beisp. 34). Diese Solostelle verlangt große Atembeherrschung, seelenvollen Vortrag und schönen, edlen Ton. Leichter ist diese Partie auf der C-Trompete; doch ist die Stimmung auf dem C-Instrument nicht immer einwandfrei, und eine Unsauberkeit würde gerade in diesem Werke sehr leicht stören. Dieses Thema

Beispiel 34

R. Wagner, Parsifal

Tromp. I in F

muß so zu Gehör gebracht werden, daß es, wie notiert, unter einem einzigen Bindebogen erklingt. Meistens wird aber das Vorspiel in so langsamen Achteln dirigiert, daß eine Atempause hierbei nicht zu vermeiden ist. Am passendsten ist an der im Notenbeispiel eingezeichneten Stelle Luft zu holen. Es ist aber immer darauf zu achten, daß der vor einer eingeschalteten Atempause stehende Notenwert nach Möglichkeit nicht verkürzt wird. Die Atempause wird verdeckt, wenn man sich befleißigt, nach dem kurzen Atemholen schwach anzusetzen. Hat man den Ton, so kann das Crescendo sofort ansteigend zum (klingenden) h geführt werden. (Hier ist der Höhepunkt im Dynamischen, nicht beim Achtel c als höchstem Ton.) Eine andere Stelle, die sehr viel Kraft und Tonschönheit verlangt, ist:

Beispiel 35

R. Wagner, Rheingold

Zuerst hat das Thema nur in einfachem f (sechstaktig) zu erklingen, dann aber im ff (achttaktig). Die beste Lösung für eine glanzvolle Wiedergabe dieses C-Dur besteht darin, daß der 2. Trompeter, der an dieser Stelle der Partitur nach zu pausieren hat, dem 1. Trompeter einige Takte abnimmt; dadurch wird am besten eine zu große Anstrengung vermieden. Natürlich muß dies so geschickt geschehen, daß die Abwechselung nicht gehört wird. Die notierten Stakkatopunkte verstehe man als gut angestoßene, aber dabei etwas klanglich gehaltene Notenwerte; gerade die kurzwertigeren Noten verlieren, zu schnell genommen, leicht an durchdringender Kraft. Dies gilt besonders für Stellen, wie Beisp. 36 etwa. Hier, besonders im $^{12}/_{8}$-Takt, muß die 2. Trompete

Beispiel 36

R. Wagner, Siegfried, II. Akt

so gut das von der 1. Trompete angefangene Thema übernehmen und durchführen, als wenn nur ein Instrument blasen würde. Anstrengend in bezug auf das Durchhalten ist für beide Trompeten die Stelle im 3. Satz der 7. Symphonie von Beethoven (Beisp. 20). Unangenehme Einsätze für die 1. Trompete sind im 2. Akt der „Götterdämmerung" (Beisp. 37).

Beispiel 37

R. Wagner, Götterdämmerung, II. Akt

Das hier zu bringende Thema bedeutet das gesungene Wort „Spitze“ und muß dementsprechend von der Trompete scharf und spitz geblasen werden. Einen verwirrenden Eindruck bezüglich des Rhythmus macht Notenbild Beispiel 38. Diese komplizierten Takteinteilungen finden sich natürlich bei allen anderen Instrumenten, für den Bläser erfordern sie aber besondere Überlegung in bezug auf die Atemeinteilung.

Beispiel 38

R. Wagner, Siegfried

Außer den schwierigen Stellen für die hohe Trompete gibt es auch für die tiefe Trompete heikle Einsätze, so z. B. den Soloeinsatz der 2. Trompete im „Fliegenden Holländer“ (Beisp. 39), der 3. Trompete im „Ring“ (Beisp. 40) und für die 1. Trompete (Beisp. 41) aus „Maskenball“ (Verdi). Eine Solostelle, bei welcher die Doppelzunge

Beispiel 39

R. Wagner, Holländer

Beispiel 40

R. Wagner, Ring

Beispiel 41

G. Verdi, Maskenball

angewandt werden muß, ist die in Beispiel 23 gegebene. Melodieführende Trompetenstellen im Tutti des Orchesters finden wir in Beisp. 42. Hier kann der gesangliche Vortrag angewandt werden, um sich durch Geschmeidigkeit den anderen Instrumenten anzupassen.

Beispiel 42

R. Wagner, Tannhäuser

Ein Beispiel, wo die Klangfarbe „silberheller“ Trompeten meisterhaft angewandt wurde, ist der A-Dur-Einsatz im „Lohengrin“ (Beisp. 43). Wenn dieser Satz äußerst zart und pp sowie rhythmisch genau gebracht wird, dann geben die Trompeten dem Orchester höchsten Klangreiz.

Die fanfarenartige Anwendung der Trompete schafft dem Instrument auch im großen Orchester die größte Klangentfaltung. Als Beispiele seien die Bühnentrompeten im „Othello“ (Beisp. 44) und im „Tannhäuser“ (Beisp. 45) angeführt.

Beispiel 43

R. Wagner, Lohengrin

Tromp. I in E

Tromp. II u. III in E

Beispiel 44

G. Verdi, Othello, III. Akt

Tromp. I. II in C

Tromp. III. IV in C

Tromp. V. VI in C

Beispiel 45

R. Wagner, Tannhäuser, II. Akt

12 Tromp. in H (auf der Bühne)

3 Ventil-Tromp. in E (im Orchester)

Folgende Notenbeispiele aus den Werken von Richard Strauß werden den Leser auf Grund der vorangegangenen Ausführungen ohne weitere Angaben über die Schwierigkeiten des Trompetenblasens aufklären.

Beispiel 46

a) R. Strauss, Till Eulenspiegel

Tromp. I in F

Beispiel 47

Also sprach Zarathustra

Beispiel 48

Ein Heldenleben

dim.
ppp
Tromp. in Es
Lebhaft bewegt
ff
f
Tromp. I in Es
Lebhaft
Solo
ff
molto marc.
sempre ff
usw.
Tromp. in Es
Heftig bewegt
usw.
Tromp. I in Es
Tromp. II in Es
Mäßig langsam
etwas markiert
p
mf
cresc.
ff dim.
p
molto dim.
Beispiel 49
Salome
Tromp. I.II in C
Largo
f
ff
f
usw.
Molto vivo
fz
fp
Tromp. I in E
Lebhaft
p
Sehr schnell
f
Tromp. I in C
Kreischend
con sord.
ff
Tromp. I.II in C
Molto Allegro
ff
mf

Beispiel 50

Die Baßtrompete.

Vor der Einführung in das Opernorchester durch R. Wagner wurde die Baßtrompete bereits in den Militärorchestern geblasen. Für das Symphonieorchester wird sie heute in tiefer C- und Es-Stimmung gebaut. Das C-Instrument hat einen volleren Klang und wird des größeren Mundstückes wegen meistens von einem Posaunisten geblasen, der die Baßtrompete als Nebeninstrument übernimmt, da die wenige Literatur für dieses Instrument einen beson-

Beispiel 51

a)

b)

c)

deren Bläser nicht rechtfertigt. Ebenso verhält es sich, wenn die Baßtrompete in Es geblasen wird. In diesem Falle übernimmt das Instrument gewöhnlich ein Trompeter, da das Mundstück des Es-Instruments sich dem einer Trompete nähert. Außer R. Wagner „Ring des Nibelungen" (Beisp. 51) hat R. Strauß in „Elektra" und „Guntram", sowie Stravinski in „sacre du printemps" die Baßtrompete angewandt. Die Notierung erfolgt für die Baßtrompete im Violinschlüssel, klingt aber eine Oktave tiefer.

Anmerkungen.

Im 3. Akt des „Tristan" ist die Klangkraft des Englischhorn zu schwach, um im Tutti des Orchesters (bei der freudigen Weise) gehört zu werden. Wagner bemerkt hierzu: „Das Englischhorn soll hier die Wirkung eines sehr kräftigen Naturinstruments, wie das Alpenhorn, hervorbringen; es ist daher sehr ratsam, je nach Befund des akustischen Verhältnisses, es durch Oboen und Klarinetten zu verstärken, falls man nicht, was das Zweckmäßigste wäre, ein besonderes Instrument aus Holz nach dem Modell der Schweizer Alpenhörner hierzu anfertigen lassen wollte, welches seiner Einfachheit wegen (da es nur die Naturskala zu haben braucht) weder schwierig noch kostbar sein wird." Wo dieses Instrument heute nicht vorhanden ist, bläst ein Trompeter diese Stelle auf einer Trompete mit eingesetztem Dämpfer, der dem Instrument einen gedeckten Klang gibt. Auf Vorschlag Wagners ist aber tatsächlich eine Holztrompete gebaut worden, die mit einem passenden Trompetenmundstück geblasen werden kann und die Bezeichnung „Tristantrompete" erhalten hat. Die dafür in Frage kommende Stelle ist:

Beispiel 52

R. Wagner, Tristan

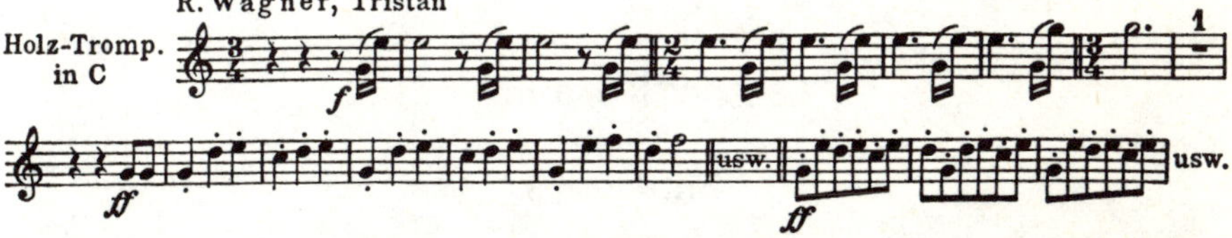

Aus Gründen der Bühnenwirksamkeit hat Verdi für seine Oper „Aida" die sog. ägyptischen Trompeten vorgeschrieben. Um den historischen Charakter zu wahren, sind diese langgestreckten Instrumente wahrscheinlich in Anlehnung an altägyptische Abbildungen gebaut worden. Sie stehen in zwei verschiedenen Grundstimmungen (in As und in H) und sind mit je einem Ventil versehen. Im „Triumphmarsch" blasen diese Instrumente folgende Melodie (Beisp. 53):

Beispiel 53

Neben der eigentlichen Trompete wird im Orchester noch das Cornet à piston geblasen. Dieses Instrument, das nach der Erfindung der Ventile aus dem Posthorn entstanden ist, hat eine konische, aber schlanke Mensur und nähert sich dem Klange eines Horns. Es wird hauptsächlich in den romanischen Ländern geblasen, in der Militärmusik allerdings auch in Deutschland und bei Wiedergabe der Originalliteratur auch im Opernorchester. Hier wird es jedoch auch nur in der den Trompeten gleichkommenden B-Stimmung geblasen; daher ist ein Wechsel der Instrumente gut möglich, und es können, soweit die Kornette zur Verfügung stehen, die betreffenden Stellen aus den Werken Bizets (Beisp. 54), Gounods usw. auf diesen Instrumenten originalgetreu geblasen werden.

Beispiel 54

G. Bizet, Carmen

Andante moderato

Solo

I.u.II. Cornet a pist. in A

usw.

Die Posaune

von

Fritz Ramin.

Geschichtliches.

Mit dem in dieser Abhandlung beschriebenen Instrument ist die im heutigen Symphonieorchester fast ausschließlich geblasene Zugposaune gemeint, die eine Sonderstellung unter den Blasinstrumenten einnimmt infolge der Eigenart ihrer Zugmechanik, welche sich seit Jahrhunderten nicht geändert hat. Die Posaune gehört als Blechblasinstrument zur Familie der Trompeten. Ihr Ursprung ist in der Entwicklung der Trompetenform zu suchen.

Als sich im 13. Jahrhundert eine Scheidung zwischen kleinen und großen Trompeten vollzog, wurden die größeren und tieferen Instrumente Busune, abgeleitet von Busine, später im Sprachwandel dann Busaune und Posaune benannt (siehe Abschnitt „Geschichtliches“ im Aufsatz: Die Trompete!). Diese große Instrumentenart war der langgestreckten Metallröhre wegen unhandlich; darum wurde sie zur Vermeidung des Verbiegens durch Übergewicht in S-Windungen bzw. in Zickzackform gebogen. Später wurden die geraden Führungen durch U-Kniestücke verbunden. Aus diesen Abwandlungen entstand die heutige Posaune. Das untere Kniestück mit den parallelliegenden Röhren wurde vom unteren Knie bis hinauf zum Mundstück zu einer beweglichen Scheide gestaltet; diese konnte mittels eines Quersteges über innere, knielose Röhren hin und her bewegt bzw. gezogen werden.

Das Heimatland des Zuges ist nicht sicher bekannt. Als Entstehungszeit ist das 15. Jahrhundert anzunehmen. Die äußere Form der Posaune hat sich in der ganzen Zeit nicht geändert und ist heute noch die des ausgehenden 15. Jahrhunderts. Bei der Militärmusik wurde vorübergehend das Schallstück nach oben bzw. nach hinten gerichtet, um den Schall nach den marschierenden Truppen zu werfen.

Das 16. Jahrhundert, das zum Ausbau der einzelnen Instrumentengruppen führte, bildete auch die Posaune zum Chor, und im Zusammenhang mit der seinerzeit für Singstimmen und Instrumente gleichgeltenden Kompositionsweise wurde die nähere Bezeichnung der einzelnen Instrumentenglieder nach dem Register der menschlichen Stimme gewählt. So entstanden:

Diskantposaune in B,
Altposaune in F und Es,
Tenorposaune in B,
Baßposaune in F,
Kontrabaßposaune in B.

Die Diskantposaune ist nur selten gebaut worden und kaum zur Anwendung gekommen; sie wurde in der alten Musik meistens durch den als Melodieinstrument brauchbareren Zinken ersetzt. Die Bezeichnung „Diskant" galt größtenteils für die Altposaune.

Im 17. Jahrhundert verschwanden Diskant- und auch Kontrabaßposaune, und es verblieb nur das typische Posaunentrio der Alt-, Tenor- und Baßposaune, bis um die Mitte des 19. Jahrhunderts auch die Altposaune wegen ihres matten Klanges in der mittleren und tiefen Lage mehr und mehr zurücktrat und durch eine weitere Tenorposaune ersetzt wurde. Ebenso gebrauchte man seit Erfindung der Ventile allmählich an Stelle der Baßposaune in F, die wegen ihrer Länge einen Handgriff am Steg zur Führung des Zuges besitzt und deshalb unbequem zu blasen ist, eine Tenorposaune mit weiterer Mensur und einem eingebauten Quartbogen mit Stellventil für die Baßlage, die sog. Tenorbaßposaune oder Quartposaune (1839 von C. F. Sattler, Leipzig). Die Oktav- oder Kontrabaßposaune in B, in der unteren Oktave der Tenorposaune, die tiefste Posaune, ist im 16. und 17. Jahrhundert als weitmensuriertes Instrument gebaut worden; sie ist aber ihrer Größe wegen unhandlich und sehr schwer zu blasen. Die Bestrebungen, ein tiefes Instrument zu schaffen, haben ihre Lösung erst durch die von G. Weber, Mainz (1816) erfundene Doppelzugposaune gefunden. Wie der Name sagt, sind die Zugröhren verdoppelt worden, so daß der Zug bei einer der Tenorposaune entsprechenden Ausziehlänge doppelte Arbeit leistet. Wagner hat bekanntlich in seiner „Ring"-Partitur zum vierstimmigen Posaunensatz an Stelle der Tuba die Kontrabaßposaune hinzugefügt. In neuerer Zeit hat man als Kontrabaßposaune eine Konstruktion auf der Grundlage der Baßposaune in F geschaffen, die ein passendes Schallstück mit zwei Ventilen für die tiefe Es- und B-Lage besitzt (1925 von A. Sprinz, Berlin). Dieses Instrument wird heute in Bayreuth und Berlin im „Ring" geblasen.

Eigenheiten und Wesen der Posaune.

An der Posaune unterscheidet man das Mundstück, den Zug mit seinem zur Führung angebrachten Verbindungssteg sowie das Schallstück mit ausladendem Schallbecher. Mundstück, Zug und Schallstück sind zusammensetzbare Einzelteile. Die bewegliche Scheide des Zuges ist gewöhnlich ohne Sicherung auszuziehen, doch gibt es in neuerer Zeit Vorrichtungen, die das ungewollte Abrutschen des äußeren Zuges vermeiden. Das Herstellungsmaterial ist wie bei allen anderen Blechblasinstrumenten größtenteils Messing oder Goldmessing. Wichtiger als das Material ist für den Instrumentenbau die genaue Berechnung der Mensur und Länge sowie das passend gedrehte Mundstück, da dies für die gute und gleichmäßige Ansprache, Stimmung und Klangfarbe der Töne ausschlaggebend ist. Großen Wert legt der Bläser auf ein gutes Funktionieren des Zuges, der, um einwandfreies Gleiten zu ermöglichen, aus gutem Material hergestellt und präzis gearbeitet sein muß. Der Zug wird vor Gebrauch eingefettet. Dies alles ist Hauptvoraussetzung für die makellose Blastechnik.

Die Mechanik des Posaunenzuges bezweckt die Verlängerung bzw. Verkürzung der Luftsäule durch Aus- und Einziehen. Die Zuglänge ist zur Erreichung der chromatischen Tonskala in sieben gleichmäßige Abstände, gerechnet vom Mundstück nach außen eingeteilt, die in keiner Weise markiert sind und die der Bläser, ähnlich wie der Geiger die Fingersätze und Lagen seines Instrumentes, auf Grund seines Gehörs und längerer Übung genau zu finden weiß. Kleine Anhaltspunkte für das Augenmaß geben lediglich der in bestimmter Höhe dem Zuge nächstliegende Rand des Schallbechers und die am unteren Ende des inneren Zuges angebrachten sog. Schuhe. Als Norm ist dies aber nicht anzusehen, da die Bauart in den Maßen voneinander abweicht. Man bezeichnet die einzelnen Abstände mit dem Fachausdruck „Zug“ oder „Lage“.

Jeder Zug ergibt den Abstand eines Halbtones. Zur klaren Übersicht sei ein Notenbeispiel über die Tonlage an der gebräuchlichsten Tenorposaune in B gegeben (Beisp. 1).

Das gleiche Beispiel ist für Alt- und Baß-

Beispiel 1

posaune anzuwenden, nur mit dem Unterschied, daß die Altposaune eine Quarte höher, also auf dem ersten Zuge mit Es und die Baßposaune eine Quarte tiefer (1. Zug F) beginnt:

Beispiel 2 a)
Ton-Umfang: Altposaune in Es

b)
Ton-Umfang: Baßposaune in F

Die 7 Grundtöne des Instruments werden Pedaltöne genannt; sie kommen praktisch wenig zur Anwendung. Man rechnet den Tonumfang chromatisch lückenlos aufwärts von der erstüberblasenen Oktave des Grundtons auf dem 7. Zuge. Wie die chromatische Tonfolge zu ziehen ist, zeigt folgendes Notenbeispiel (Beisp. 3). Von der zweiten über-

Beispiel 3
Tenor-Posaune

blasenen Oktave des Grundtones auf dem 7. Zuge ab sind auf gleicher Höhe gelegene Töne auf zwei und mehr verschiedenen Zügen zu blasen. So bekommt man z. B. auf der Tenorposaune das e auf dem 2. und 7. Zug, b auf dem 1. und 5. Zug, $\bar{d}$ auf dem 1., 4. und 7. Zug usw. Für den Bläser kommen in der Praxis gewöhnlich die Töne der dem Mundstück am nächstliegenden Züge in Betracht, doch ist oft bei der Ausführung von Bindungen oder Tonfolgen in schnellem Tempo die Anwendung dieser außenliegenden sog. Hilfszüge notwendig. Bemerkenswert ist, daß die Posaune gegenüber den Ventilinstrumenten den Vorteil hat, die in der Naturtonreihe nicht stimmenden Töne einfach durch eine kleine Verschiebung des Zuges rein klingend blasen zu können. Beispielsweise ist fast auf allen Instrumenten der Tenorposaune das c und $\overline{\text{ges}}$ auf dem 3. Zug zu tief (Beisp. 4). Derartige Töne können leicht nach Gehör höher gezogen werden. So ermöglicht der Zug die Anpassungsfähigkeit der Posaune und macht sie unabhängig von der jeweiligen Stimmung.

Beispiel 4

Um 1830 setzten im Instrumentenbau Bestrebungen ein, die Blechblasinstrumente mit den damals eben erfundenen Ventilen zu versehen. Auch die Posaune wurde in diesen Strom hineingerissen. Man versuchte, den Zug durch Ventile zu ersetzen. Dabei stellte sich aber heraus, daß die so gebaute Posaune neben der vorwurfsfreien Reinheit auch den hohen Adel ihres Klanges aufgegeben hatte. Dafür hatte sie jedoch den Vorteil großer technischer Beweglichkeit eingetauscht. Dieser Vorteil im Gegensatz zu der angeborenen, etwas schwerfälligen Art der Zugposaune hat der Ventilposaune bald zur Einbürgerung verholfen. Sie wird in außerdeutschen Militärkapellen und sogar auch in italienischen Opernorchestern gern geblasen. Seit dieser Zeit wurde auch in fast allen italienischen Kompositionen (Verdi, Mascagni usw.) für Ventilposaune geschrieben. Die wundervolle Klangfarbe der Zugposaune ist jedoch durch keine Neuerung erreicht worden, und sie wird deshalb fast von allen Orchestern bevorzugt und beibehalten.

Den Hauptdienst hat, wie bereits erwähnt wurde, das Ventil der Tenor-Baß-Posaune erwiesen. Der oben am Schallstück eingebaute Bogen für die Baßlage wird durch ein Ventil in die Luftsäule eingeschaltet und vertieft die Tonlage um eine Quarte. Man erhält also auf der Tenorposaune mit Ventileinschaltung auf dem 1. Zug F, auf dem 2. Zug E usw. bis zum 7. Zug H, und somit ist die chromatische Skala bis zu den Pedaltönen geschlossen (Beisp. 5). Außerdem bringt dieses Stellventil dem Bläser Erleichterung bei technisch unbequem liegenden Stellen.

Beispiel 5

Man spricht von einer Altposaune in Es, Tenorposaune in B. usw., weil deren Ton Es bzw. B die Grundstimmung des ersten, also geschlossenen, d. h. nicht ausgezogenen Zuges des Instrumentes ist. Trotzdem ist die Posaune kein transponierendes Instrument; im Gegensatz zu Trompete und Horn wird für die Posaune die klingende Stimmung notiert. Geschrieben wird für die Posaunen je nach der Stimmlage des Instruments im Alt-, Tenor- und Baßschlüssel. Seitdem man vorwiegend die Tenorinstrumente bläst, wird die Stimmlage häufiger durch 1., 2. und 3. bzw. 4. Posaune bezeichnet.

Die zwei Hauptfaktoren zur Erzeugung des Tones sind wie bei allen durch Kesselmundstück geblasenen Blechinstrumenten Luftsäule und Lippenspannung. Ein Ton wird erzeugt, indem erstens der Bläser die durch den Rand des Mundstückes abgegrenzten, elastisch gespannten Lippen durch Atemgebung zum Schwingen bringt und indem zweitens diese Schwingungen durch den Kessel des Mundstücks auf die als Resonanz dienende Luftsäule des Instruments übertragen werden. Bekanntlich erzielt man auf Blasinstrumenten dieser Art bei gleicher Länge der Luftsäule Töne der Naturtonreihe durch Überblasen. Die Höhe und Tiefe der Töne wird durch die stärkere bzw. geringere Spannung der Lippen des Bläsers erzielt. Wenn man also vom Grundton ausgeht, so ist als nächster Ton die Oktave, dann die darauffolgende Quinte, Quarte usw. durch Überblasen zu erreichen. Wo bei anderen Blechblasinstrumenten eine chromatische Veränderung in der Tonfolge durch den Fingerdruck eines oder mehrerer Ventile erreicht wird, da muß der Posaunist mit seinem Zug einen mehr oder weniger weiten Weg zurücklegen. Oft sogar reicht die Armlänge des Bläsers bei der Tenorposaune kaum dazu aus, den weitesten Abstand (7. Zug) genau zu ziehen. Hierin liegt eine der zahlreichen Schwierigkeiten der Beherrschung des Zuginstrumentes.

Studium.

Zur Erlernung und künstlerischen Beherrschung der Posaune gehören außer der musikalischen Begabung: manuelle Geschicklichkeit, kräftige, aber nicht zu volle Lippen, möglichst gerade gerichtete und feste Zähne und natürlich eine gute Lunge (vgl. Abschnitt „Studium“ im Aufsatz Trompete!). Für den Anfänger liegen die Schwierigkeiten zunächst darin, überhaupt einen Ton zu erzeugen oder, fachmännisch ausgedrückt, in der Ansprache des Tones. Da die Posaune ein verhältnismäßig großes Mundstück hat, wird die Ansprache des Tones am ehesten in der tiefen und mittleren Tonlage gelingen. Gehalten wird das Instrument am oberen Verbindungssteg des Zuges mit der linken Hand, und zwar so, daß der äußere, bewegliche Zug leicht mit der rechten Hand geführt werden kann. Beim Blasen versuche man möglichst ruhig zu stehen oder zu sitzen, zumal das Ziehen sehr leicht zu „ausdrucksvollen" Bewegungen verleitet. Bei der Länge des Auszuges halte man das Instrument nicht zu sehr nach vorne geneigt, sondern besser horizontal.

Die Elementarstufe der Tonerzeugung erfordert große Geduld, bis ein annehmbarer Klang erzielt wird und ein guter Anstoß des Tones gelingt. Den größten Wert muß der Bläser zu Beginn seiner Studien und auch später dauernd auf das Aushalten der Töne legen, um dadurch die Lippenmuskeln zu kräftigen und widerstandsfähig zu machen. Im Zusammenhang mit dem Lippentraining ist die Zugtechnik auf das genaueste zu erlernen, da nur ein einwandfreies Ziehen eine saubere und korrekte Ansprache der Töne garantiert. Der Wechsel des Zuges hat so schnell zu erfolgen, daß der Zug auf dem bestimmten Abstand ruht, bevor der nächstzublasende Ton angestoßen wird. Hierauf ist im Anfang ganz besonders zu achten; denn gewöhnt sich der Posaunist bei langsamen Übungen nicht äußerste Korrektheit an, so werden bei schnellen Passagen die Reinheit der Töne und die gute Ausführung der Bindungen leiden. Hinzu kommt, daß durch das Ziehen, besonders der weiten Abstände, z. B. vom 1. zum 7. Zug, das Instrument leicht erschüttert wird. Das kann zur Folge haben, daß durch die Übertragung auf die Lippen die klare Ansprache der Töne in Frage gestellt ist. Dies ist nur durch schnellen und genauen Wechsel des Zugabstandes zu vermeiden, und zwar so, daß der Zug dem Wert der betreffenden Note entsprechend verweilt und — bei zusammenhängend zu blasenden Tonfolgen — auf den nächstfolgenden Zugabstand wechselt, bevor der Ton angeblasen wird.

Es dauert nun oft eine geraume Zeit, bis der Bläser den vollen — normalen — Tonumfang seines Instrumentes beherrscht. Erklärlich ist, daß die hohe und höchste Tonlage am schwierigsten zur Ansprache zu bringen ist, da hierfür die Lippen äußerste Spannkraft haben müssen, um namentlich bei lang und stark auszuhaltenden Tönen nicht zu erschlaffen. Die Stetigkeit des Ansatzes und die Ausdauer ist nur durch sinngemäßes Üben zu erreichen und erstreckt sich bei der Posaune in erster Linie auf das Tonliche. Die tonliche Pflege muß so eifrig betrieben werden, daß die der Posaune eigene durchdringende, charakteristische Klangfarbe selbst im größten ff nicht roh, sondern abgerundet und edel klingt. Die individuelle Veranlagung des Bläsers spielt hierbei natürlich eine Rolle. Es ist eine Hauptbedingung, daß alle Töne durch ungezwungene Atemführung geblasen werden. Leider wird oft versucht, das Ansprechen der Töne, namentlich in hoher Lage, durch Pressen oder Quetschen und eine dadurch verursachten Verkrampfung des Kehlkopfes zu erleichtern; das führt aber analog dem bekannten „Knödeln" des Sängers zu einer verkrampften, gequält klingenden Tonerzeugung, die unbedingt zu vermeiden ist. Der Bläser, dem die Höhe Schwierigkeit bereitet, übe zuerst nur die Töne, die er durch leichte Ansprache erreicht, die Höhe stellt sich im Laufe der Zeit von allein sicherer ein. Um die Spannkraft der Lippen zu erhöhen, halte man die Töne höherer Lage im p aus und steigere diese Übungen mit einem zuerst kleinen, später größeren Crescendo und Decrescendo.

Die Praxis stellt den Bläser oft vor sehr schwierige Aufgaben, namentlich dann, wenn das lange Aushalten eines Tones vorgeschrieben ist. In der tiefen Tonlage, wo im forte wie auch im p, viel Luft bei langen Tönen verbraucht wird, muß der Bläser in der Atemtechnik geschult sein, will er höchsten Anforderungen genügen. Deshalb muß das Aushalten des Tones besonders geübt werden. Bei dieser Übung kommt es darauf an, den Ton, falls keine dynamische Veränderung vorgesehen, gleichmäßig bis zum Ende des Atems klingen zu lassen, also ohne *dim* (Beisp. 6).

Beispiel 6

Neben der Tonbildung ist der gute und schnelle Stoß zu trainieren, um der Zunge die erforderliche leichte Beweglichkeit zu geben, die besonders in der französischen und italienischen Literatur vom Bläser gefordert wird (Beisp. 7). Die sog. Doppelzunge, mit welcher der Trompeter den schnellen Stoß bewältigt, ist auf einem Instrument mit großem Mundstück im allgemeinen nicht gut anwendbar, doch müßte ein befähigter Posaunist, der beispielsweise in höheren Tonlagen mit der Trompete zusammen schnellgestoßene Figuren zu blasen hat (Beisp. 8), wegen des besseren, einheitlicheren Zusammenklanges auch diese Technik beherrschen. Näheres über die Doppelzunge (siehe im Abschnitt „Studium" des Aufsatzes „Die Trompete!").

Beispiel 7

Bizet, Carmen

Beispiel 8

a) Verdi, Macht des Schicksals

b) Verdi, Troubadour

Beispiel 9

Verdi, Aida

Neben dem scharfen und spitzen Anstoß gibt es den weichen Gaumenstoß, der beim Portato angewendet wird. Hier wird bei gleichbleibender Atemführung die Zunge nicht bis an die Lippen geführt („ta"), sondern der Anstoß bzw. die Markierung erfolgt am Gaumen („la") (Beisp. 9).

Die größte und für die Zugposaune besonders typische Schwierigkeit liegt in der Ausführung einer korrekten und gut klingenden Bindung. Geschmeidige Lippen und eine eigens für das Legato geschulte Atemgebung sind Grundbedingung. Muß bereits bei getrennt gestoßenen Tonfolgen peinlich genau gezogen werden, so hat das Ziehen, falls die auszuführende Bindung einen Zugwechsel verlangt, im engsten Zusammenhang mit der Atmung mit größter Geschicklichkeit und Geschwindigkeit zu geschehen. Sind zwei Töne auf ein und demselben Zug zu binden, so ist der erstere immer gut zu halten, der zu bindende schwächer anzublasen. Bedingt die Bindung eine Zugveränderung, so ist außerdem der Atmung ganz besondere Achtung zu schenken. Will man z. B. auf der Tenorposaune vom 6. zum 1. Zug (Beisp. 10) binden, so ist ein schlecht klingendes Glissando nur zu vermeiden, wenn im Moment der Bindung der Zugwechsel blitzschnell vor sich geht und der Atem so weit eingezogen wird, daß der angebundene Ton etwas schwächer erklingt. Naturgemäß würde, auch wenn die Notierung keine dynamische Veränderung vorsieht, bei gleich stark geführter Atmung der angebundene Ton durch den beim Einziehen des Zuges entstandenen Luftdruck betont erscheinen. Bei einer Bindung von innen nach außen, z. B. vom 1. zum 5. Zug (Beisp. 11), muß der Ton, von dem aus die Bindung zu erfolgen hat, so voll klingend bis zum letzten gehalten werden, als wolle man ihn, während der Zug bereits die Bewegung ausführt, bildlich gesagt: überhalten.

Beispiel 10

Beispiel 11

Bindungen zu üben und in jeder erweiterten Form zu pflegen, ist gerade für den Posaunisten notwendig. Bei den Ventilinstrumenten wird mit einem leichten Fingerdruck erreicht, was die Posaune mit einer in der modernen Literatur oft an Akrobatik grenzenden Zugtechnik bewältigen muß.

Da die Posaune ihr Hauptbetätigungsfeld im Orchester hat, so ist es für den Bläser von größter Wichtigkeit, sich mit den Übungen zu befassen, die ihn befähigen, den Anforderungen eines modernen Orchesters zu genügen. Für die Elementarstufen seien zum Unterricht die Posaunenschulen von Robert Müller, Karl Hausmann und Seidel genannt. An Etüden zum Studium seien empfohlen: 60 Etüden von Kopprasch, 66 Etüden in allen Dur- und Molltonarten von Slama, Technische Studien für Posaune von R. Müller, 20 Künstleretüden von K. Bruns, Zehn Studien für die Posaune von C. Pfleger sowie Tonleiter und Akkordübungen, 32 tägliche Zungen- und Lippenübungen von E. Gaetke. Auf letztere sei als Studien zur Treffsicherheit und zur Übung der Bindungen besonders hingewiesen. Da hier alle Übungen so aufgeschrieben sind, daß die Tonveränderung keinen Zugwechsel erfordert, so kann sich der Studierende allein auf Lippenstellung und Ansatz konzentrieren (Beisp. 12).

Beispiel 12 a)
E. Gaetke

Von den für die Posaune als Soloinstrument geschriebenen Kompositionen sind folgende am bekanntesten: Concertino von Ferd. David, Es-Dur, Konzert in B-Dur von Friedb. Gräfe, Konzert in As-Dur von Jehmlich, Konzert in A-Dur von Eug. Reiche, Konzertstück von W. Mühlfeld, Konzert in B-Dur von Seraf. Alschausky, Konzert von M. Büttner, Konzert von C. F. Müller, Concertino in B-Dur von Sachse. Unter den genannten ist das Concertino von David wohl das musikalisch Wertvollste. Aus den diesem Werke entnommenen Beispielen mag ersichtlich sein, inwieweit technische Möglichkeiten anzuwenden sind und am besten klingen (Beisp. 13). Das Concertino ist für die Tenorposaune geschrieben.

Beispiel 13

Ferd. David, Concertino

(Tonumfang vom Pedalton Kontra-G bis zum c̄.) Der Lippentriller ist auf der Posaune bei Sekundenintervallen der Naturtonreihe, also ohne Zugwechsel ausführbar. Es gehört jedoch zu seiner Beherrschung lange Übung (Beisp. 14); eingehendes Studium der Bin-

Beispiel 14

dungen ist hierbei erforderlich. (Bitte das hierüber im Abschnitt „Studium" der Trompete Gesagte zu vergleichen!) Bei dem im David-Concertino zu blasenden Triller auf F und fis sei darauf hingewiesen, daß zu einer besseren Ausführung des Nachschlages derselbe auf dem 4. Zug für den f-Triller und auf dem 3. Zug für den fis-Triller geblasen werden kann. Obwohl die Intervalle auf diesen Zügen nicht stimmen, so wird jedoch in der Schnelligkeit der Triller genau als eine große Sekunde gehört.

Von unseren Klassikern gibt es keine Posaunenkonzerte, auch in die Kammermusik hat die Posaune, außer einigen modernen Kompositionen (Stravinsky u. a.), keinen Eingang gefunden. Als einzige Originalkomposition von Beethoven gibt es drei Equale für vier Posaunen. In diesen drei Tonsätzen (Beisp. 15) kommt der ernste Charakter des Instruments klar zum Ausdruck. Mozart verwendet in seinem Requiem einmal die Posaune solistisch (Beisp. 16).

Beispiel 15 (Bruchstücke)

L. van Beethoven, Drei Equale

Beispiel 16

Mozart, Requiem

Als vortragendes Soloinstrument wird die Posaune in der heutigen Zeit fast nur noch in populären Konzerten der Militärmusik u. a. gehört. Obwohl es an Virtuosen nicht fehlt, so haben doch Bravourstücke der Posaune wie auch der Trompete an Interesse verloren. Das mag kein Nachteil sein, wenn man bedenkt, daß demgegenüber die herrliche Klangfarbe beider Instrumente dem Orchester den höchsten Glanz verleiht

Für den Studierenden wie für den Orchestermusiker gilt es jedoch, sich mit der Sololiteratur eingehend zu beschäftigen, da er Solostücke bei Probespielen beherrschen muß und diese zur Erhaltung seiner Fähigkeiten eine ständige Übung bilden.

Neben Tonübungen und Etüden, die Ausdauer, Sicherheit und Beweglichkeit erzielen, ist vor allem der gesangliche Vortrag zu pflegen. Die Posaune ist eines der gesangfähigsten Blasinstrumente; sie eignet sich vorzüglich zum Vortrag von Liedern u. dgl. Beim Studium des Liedblasens kann der Bläser den oft spröden und harten Ton tragfähiger und wohlklingender gestalten und den Ausdruck des Vortrages erhöhen, indem er Atmung und Phrasierung dem unterlegten Text sinngemäß anpaßt. Außerdem lernt der Bläser an solchen Studien bereits einen Unterschied zu machen zwischen einem im Verein mit dem Orchester erklingenden, gesanglich geführten Thema im Forte und einem oft von den Posaunen scharf und einschneidend zu bringenden Einsatz. Besonders sollte die liedmäßige Blasart im Rahmen eines Quartetts, wofür die Gesangsliteratur reichliches Material gibt, zur Erzielung des Zusammenspiels und der Gehörbildung gepflegt werden. An den Vokalsätzen lassen sich die besten Beispiele geben für das Hervortreten der einzelnen Stimmen, besonders in bezug auf dynamisch ausgeglichenes Einfügen der Mittelstimmen. Es ist für den Zusammenklang des Posaunentrios bzw. -quartetts äußerst wichtig, daß der einzelne Bläser im Orchester die notwendige Einfühlungsgabe besitzt, diesen oder jenen Ton im Akkord hervor- oder zurücktreten zu lassen oder auch z. B. die kleine Septime oder die kleine Terz tief genug, die große Terz usw. höher zu ziehen. Gerade die Posaune, die bereits in der alten Vokalmusik befähigt war, unisono mit den Singstimmen zu gehen, besitzt die anpassungsfähigste Stimmreinheit vor allen anderen Blasinstrumenten.

Anwendung im Orchester.

Die Hauptaufgabe für die Posaune bestand in der älteren Zeit, so besonders in der alten Kirchenmusik, in der Unterstützung der Vokalmusik. Mit der Entwicklung der selbständigen Instrumentalmusik wuchsen die Ansprüche, die an die Posaune gestellt wurden. Nach der Einfügung des Posaunenregisters in das Opernorchester (Gluck, Mozart), später dann in die Symphonie (Beethoven) steigerte sich die Auswertung der technischen Möglichkeiten über Berlioz, Wagner bis zu Richard Strauß und der Moderne. Zum Studium seien besonders empfohlen: Orchesterstudien für Posaune von Franz Dreyer, 5 Hefte von R. Müller, Orchesterstudien aus Wagners Werken, von K. Hausmann, Orchesterstudien aus Symphoniewerken von R. Strauß, von O. Berthold.

Da der Posaunensatz heute, wie bereits erwähnt, wegen der seit Wagner bevorzugten tieferen Instrumente zumeist auf Tenorinstrumente geblasen wird, so stellt die ältere Literatur dem ersten, also hohen Posaunisten oft schwere Aufgaben. Befähigte Bläser erreichen allerdings auf einer engmensurierten Tenorposaune bei einem Mundstück mit flachem Kessel den Umfang einer Altposaune bis zum $\bar{\bar{f}}$ und höher, doch kann die sichere Ansprache nicht immer garantiert werden; diese höchsten Tonlagen klingen auch auf der Tenorposaune nicht klar und hell genug. Zur einwandfreien Wiedergabe der Altposaunenpartie in Beethovens „Missa solemnis", V., VI. und IX. Symphonie, in Schuberts Großer Messe, in Schumanns Rheinischer Symphonie (Beisp. 17—20) u. a. muß aber das Altinstrument unbedingt geblasen werden. Da der Bläser verständlicherweise Mund-

Beispiel 17

a) **Beethoven, Missa**

Allegro ma non troppo

Beispiel 18

Beethoven, Symphonie Nr. 9

Allegro energico

Beispiel 19

Schubert, Messe (Gloria)

Allegro moderato

Beispiel 20

R. Schumann, Symphonie Nr. 3 (Rheinische)

Feierlich

stück und Instrument nicht gerne wechselt, so sei zur Schonung des Ansatzes empfohlen, beim Blasen der Altposaune für den Wechsel der Instrumente ein Mundstück mit einem abschraubbaren Rand zu benutzen. Der dadurch gleichbleibende Rand erhält den gleichmäßigen Ansatz, und man kann mit den anschraubbaren Kesselstücken für Alt- und Tenorposaune leicht das jeweils bequemere Instrument benutzen.

Abgesehen von den zugtechnisch unbequem liegenden und schwer zu blasenden Passagen (Beisp. 21 u. 22), sind die im langsamen Tempo oft fast pausenlos langtaktigen

Beispiel 21

Rossini, Tell, Ouverture

Allegro

Beispiel 22

G. Verdi, Othello

Allegro

Stellen, wie z. B. die Arie „O Isis“ aus Mozarts „Zauberflöte“ (Beisp. 23), die schwierigsten Aufgaben, die dem Bläser gestellt werden. Diese 55 Takte der Baßarie werden meist äußerst piano geblasen und stellen an die Bläser die höchste Anforderung an Ausdauer und weicher Tongebung. Man muß, um die Feierlichkeit der Arie nicht zu gefährden, alle Notenwerte, selbst die der Achtel, in größter Breite klingen lassen. Die Atemgebung ist hier besonders schwierig, namentlich für die hohe Posaune, da man die Luft der schwachen Tongebung halber lange in der Lunge festhalten muß. Darum sei erneut auf das Studium der langauszuhaltenden Töne im Piano, verbunden mit dem Atemholen in kürzester Zeit, hingewiesen.

Beispiel 23

In den Fällen, wo der Bläser von Grund auf nicht die richtige Anleitung zum Blasen erhalten hat und sich meist durch eigenen Fleiß weitergebildet hat, wie es z. B. in den sog. Stadtpfeifen und auch beim Militär oft der Fall ist, sind die angewöhnten Fehler in der Blastechnik manchmal sehr schwer abzugewöhnen. Durch die Marschmusik, die der Bläser als Stadtmusikant oder als Soldat oft stundenlang ausführen muß, wird der Ansatz und die Ausdauer durch das meist gleichbleibende Forte zwar gestärkt, doch wird dadurch nicht der Ansatz erreicht, der für die Ausführung der Feinheiten, wie sie heute im Symphonieorchester verlangt werden, notwendig ist. Im Zusammenhang hiermit soll erwähnt werden, daß der Bläser, wie man so oft hören kann, einen Ton wohl gut anblasen kann, ihn in bezug auf den klingenden Wert aber nachlässig oder zu kurz aushält. Punktierte Notenwerte oder gar Fermaten sind, wenn keine dynamische Veränderung vorgeschrieben ist, in demselben Stärkegrad der Länge des Wertes gemäß, also ohne Diminuendo, durchzuhalten. Selbstverständlich kann in diesem Sinne keine Marschmusik geblasen werden, da es hierbei, ebenso wie beim Tanz, in erster Linie auf den betonten Rhythmus ankommt. Ebenso verlangt der Charakter eines Werkes eine unterschiedliche Behandlung in der Auswertung des Tones. Oft jedoch verleitet beispielsweise ein schnelles Tempo dazu, den als Viertelnote notierten Ton als ein forziertes Achtel zu blasen (Beisp. 24).

Für die Ausführung bedeutet das: Niemals bei längerwertigen Tönen, auch im Forte nicht, die ganze Atemkraft gleich zu Beginn verschwenden, sondern den Wert der Note voraussehen und den Atem gut verteilen, damit kein Decrescendo eintritt. Dies erfordert natürlich in der tiefen Tonlage der Posaune viel Übung, da hier ja der Atemverbrauch weit größer ist als in der Höhe. Bei der gleichmäßig verteilten Atmung hat man noch den Vorteil, daß dadurch ein weit tragfähigerer und glanzvollerer Ton erzeugt wird und ein Überschlagen und sog. Knurren des Tones vermieden werden kann. Man kann zum Vergleich die Bogentechnik des Streichers heranziehen, der ja auch nicht zu sehr

Beispiel 24

Mozart, Ouverture „Zauberflöte"

Allegro

auf die Saiten drücken darf, sondern einen schönen Ton im Forte durch sinngemäß und gleichmäßig geführten Bogen erzielt.

Im folgenden sei nun das Wichtigste über die Atemtechnik gesagt. Wo ist Atem zu holen?

Durch schlechte Atemgebung leidet der Ton, durch Atemholen an unpassender Stelle aber leiden die musikalische Linie und auch der Rhythmus. Bekanntlich werden Unterschiede zwischen den sog. schweren und leichten Taktteilen gemacht, die aber mehr im Rhythmischen als im Dynamischen fühlbar sein sollen. Die Betonung — beim $^4/_4$-Takt auf Zähler 1 und 3 fallend — verleitet den Bläser — in diesem Falle also je nach Bedürfnis — vor 1 oder 3 zu atmen, da ja der nach dem Atemholen geblasene Ton naturgemäß am stärksten klingt. Dies erscheint als die bequemste Lösung (Beisp. 25). So soll aber, um am Prinzip des gleichmäßig durchzuhaltenden Tones festzuhalten, nicht geatmet werden. In Anbetracht der Auswertung des Klanges bemühe man sich stets, den Ton gegen Ende des Atemvorrats stärker und nach dem Luftholen schwächer anzublasen; also wäre besser vor Zähler 2 oder 4 Atem zu holen. Im Meistersingervorspiel wären die Atemzeichen (V) gemäß Beispiel 26 einzufügen.

Beispiel 25

R. Wagner, Meistersingervorspiel

Beispiel 26

R. Wagner, Meistersingervorspiel

Sehr gewichtig

Die rhythmische Betonung auf 1 und 3 wird durch guten Anstoß und breites Aushalten (—) des Viertelwertes ohne weiteres erreicht. Geschieht dann das Atemholen blitzschnell, und wird auf Zähler 2 oder 4 der Einsatz mäßiger gedacht, aber auch wieder tonlich breit, so wird man ein Atemholen fast gar nicht hören und rhythmisch einwandfrei blasen können. Bei dieser Atmung wird auch der Bläser niemals in die Verlegenheit kommen, einen durch den Kapellmeister plötzlich verzögernd dirigierten Auftakt mit einem durch Atemholen oder durch Luftknappheit entstehenden Tonausfall zu quittieren. Gerade in Opernorchestern ist oft mit unvorhergesehenen Fermaten oder verspäteten Einsätzen der Sänger zu rechnen.

Nicht immer angebracht ist es, nach den langwertigsten Noten zu atmen. Im Solothema der Posaunen im Meistersingervorspiel ist eine Atempause nach dem angebundenen Achtel im 4. und 6. Takt falsch; der Bläser käme rhythmisch zu spät, wollte er die angebundene Note korrekt überhalten und dann vor dem folgenden Achtel atmen. Die Atemzeichen wären also gemäß Beispiel 27 einzufügen.

Beispiel 27

Richard Wagner hat in der „Tannhäuser“-Ouvertüre jede Note des Pilgerchorthemas mit einem ∧ versehen. Das bedeutet unzweifelhaft die Betonung der einzelnen Note. Sicher ist aber auch, daß damit keine getrennte Akzentuierung im Sinne eines Sforzato gemeint ist. Da dieses Thema als glanzvolle Steigerung in der Ouvertüre und am Schluß der Oper mit dem Chor erklingt, so ist diese Melodie trotz des ff äußerst gesanglich zu blasen, um durch geschickte Atmung eine dem Text entsprechende Wiedergabe zu erreichen. Die Notierung lautet gemäß Beisp. 28 (R. Wagners handschrift-

Beispiel 28

liche Eintragung in die Partitur: „Die Posaunen sind durchgehends durch 2 Tenor- und 1 Baßposaune zu besetzen.“ — Also die bereits erwähnte Ablösung der Altposaune!) Für die Atmung wäre Beisp. 29 gemäß einzutragen. Jeden Notenwert breit, fast lückenlos

Beispiel 29

klingen lassen. Selbst bei der Triole, die immer etwas treibend zu blasen ist, denke man an die volle Tonauswertung. Im 13. Takt beginne man ruhig mit einfachem Forte, um dann crescendierend mit der Triole zum nächsten Takt (Höhepunkt) deutlich zum ff hinzuführen. Zum klaren Verständnis sei gesagt: Das breitklingende Halten und Auswerten des Klanges darf niemals ein rhythmisches Verschleppen zur Folge haben, es gilt eher zu treiben, als behäbig dahinzublasen. Oft lassen sich Kapellmeister verleiten, nach der nur von den Posaunen geblasenen Melodie nachgiebig zu dirigieren, und dies hätte eine üble Verschleppung zur Folge, wenn in solchen Fällen die Posaunengruppe nicht einheitlich führen würde.

Beispiel 30

Beispiel 31

Ein anderes Beispiel, wo durch ungeschicktes Atemholen das notierte Thema unklar für das Ohr wirken kann, finden wir am sog. „Vertragsmotiv“ aus dem „Ring“ (Beisp. 30). Nicht selten ließe sich nach Gehör notieren (Beisp. 31). Der Zuhörende soll sich aber auch ohne Partitur vorstellen können, wie das Thema notiert ist. Der Bläser hat also das ff durchweg beizubehalten. Da nach der Tiefe zu mehr Luft verbraucht wird, so denke er sich ein Crescendo bis zum E; für das Ohr wird sich dies nicht bemerkbar machen. Atem darf erst nach der 1. Viertelnote im 2. Takt geholt werden. Deutlich ist im 1. Takt zwischen dem Achtel und dem Sechzehntel zu unterscheiden. In den folgenden Takten breite Viertelnoten (Beisp. 32). Das Sechzehntel im 1. Takt muß besonders kraftvoll gestoßen werden; wegen der Kürze des Wertes erklingen derartige Töne im Gesamtbild meist zu schwach. Ein typisches Beispiel hierfür ist die Einleitung zur „Walküre“ (Beisp. 33). Die Achtelauftakte sind im ff oft nicht durchdringend genug und werden vom Tutti des Orchesters leicht überdeckt; es sind nur die langwertigen Töne markant zu hören. Hier müssen also die Achtel fest angepackt und besonders deutlich angeblasen werden.

Beispiel 32

Beispiel 33

(Die Klammern bedeuten: nicht Original, sondern vom Verfasser empfohlen!)

Ähnliches wäre für den „Walkürenritt“ zu sagen (Beisp. 34); wenn die Sechzehntel nicht besonders markant angestoßen werden, erklingen sie im Ver-

Beispiel 34
R. Wagner, Walküre

hältnis zu den anderen Notenwerten zu schwach. Als weitere Schwierigkeit tritt hier der Zugwechsel hinzu. Auch ist bei diesem Tonsatz auf partiturgetreue Wiedergabe insofern zu achten, als nicht die punktierten Viertel die betontesten sind, sondern das „∧" des 1. Taktwertes. Alle diese scheinbar elementarsten Grundbedingungen muß man bei einem Instrument wie die Posaune sehr gewissenhaft beachten, um erstrangige Leistungen zu vollbringen.

Bezüglich der Atemtechnik soll noch erwähnt werden, daß die Posaunengruppe bei der Wiedergabe einer unisono geblasenen Stelle nicht immer gleichzeitig Atem holt. Im „Rheingold" hätten z. B. die 1. und 2. Posaune zu atmen, wie Beispiel 35 zeigt.

Beispiel 35
R. Wagner, Rheingold

Nur in dieser Ausführung kann die von Wagner beabsichtigte lückenlose und im Stärkegrad unverminderte Wiedergabe erfolgen. Ebenso werden im „Siegfried" bei dem von 3 Posaunen geblasenen Fluchmotiv (Beisp. 36) verschieden eingeteilte Atempausen wesentlich zur Erzielung eines lückenlosen Crescendo bzw. anhaltenden Forte in den Parallelstellen beitragen.

Beispiel 36
R. Wagner, Siegfried

Das gleiche gilt für das Siegfriedmotiv am Schluß der „Walküre". Dieses Thema, vom 3. Takt ab ff strahlend durchgehalten, ist sehr anstrengend; die punktierten Werte gehen leicht verloren; dem ist nur durch entsprechende Atmung vorzubeugen:

Beispiel 37
R. Wagner, Walküre

Ein heikles Gebiet für die Posaunen, namentlich in den tiefen Tonlagen, sind weiter die unter einem Legatobogen piano oder sogar pp durchzuhaltenden Themen, wie z. B. bei Beisp. 38. Der Einsatz in der „Walküre" ist deshalb so schwierig, weil die Posaunen

Beispiel 38
R. Wagner, Walküre

Beispiel 39
Joh. Brahms, I. Sinfonie

von den Einleitungstakten ab ca. 15 Minuten lang schweigen; nun setzen sie plötzlich mit vorgezeichnetem ppp äußerst zart und solo ein. Auch der Einsatz von Beispiel 39 wird von der Posaunengruppe gefürchtet. In dieser Symphonie von Brahms schweigen die Posaunen in den ersten drei Sätzen ganz. Nach einigen Pianotakten setzt nun dieser weihevolle A-Dur-Akkord solo ein.

Was leichten Stoß, Beweglichkeit und Geschicklichkeit betrifft, so verlangt die italienische und französische Literatur im Opernorchester größte Virtuosität. Wie erwähnt wurde, ist in der romanischen Literatur seit der Zeit der Ventilinstrumente hauptsächlich für die Ventilposaune geschrieben worden. Die Blastechnik des heutigen Posaunisten ist nun meistens so weit ausgebildet, daß er auf seinem Zuginstrument auch diese Partien, von einigen Ausnahmen abgesehen, partiturgetreu bläst. Es sei hier darauf aufmerksam gemacht, daß das Ventilinstrument wohl einen bedeutend leichteren und spitzeren Ton erzielt, aber niemals die große Tragfähigkeit der Zugposaune erreicht. Darum denke der Zugposaunist beim Blasen der genannten Literatur stets an eine unterschiedliche Behandlung und betrachte aus dieser Perspektive alle dynamischen Notierungen. Außer den vom Kapellmeister besonders geforderten fff mäßige man sich in allen Stärkegraden. Hier können im brillanten Tempo (Beisp. 40 u. 41) dem Charakter des Werkes entsprechend die Notenwerte lockerer und kürzer geblasen werden. Nicht ausführbar ist auf der Zugposaune z. B. der Triller auf B in der „Othello"-Partie (Beisp. 42). Statt des Auftaktes und der Vorschläge in der Einleitungsmusik wird oft als Notbehelf ein Glissando geblasen. Für die musikalische Gestaltung von Gewitter und Sturm erscheint dieser Ersatz schon angebracht, doch da die Trompeten mit ihren

Beispiel 40
G. Verdi, Othello

Beispiel 41

Beispiel 42

Beispiel 43

Beispiel 44

Beispiel 45

Beispiel 46

Beispiel 47

Ventilen korrekte Tonfolgen bringen und die Posaunen unisono dazu geschrieben sind, so lasse man lieber diese nie schön klingenden Schleifer fort. Die $^{12}/_{8}$-Bewegung (Beisp. 43 u. 44) ist jedoch gut ausführbar und auch auf der Zugposaune von herrlicher Klangwirkung. Für schnell zu stoßende Figuren kann man je nach Befähigung des Bläsers die Doppelzunge anbringen, um die Spritzigkeit dieser Musik heimatgetreu wiederzugeben (Beisp. 45).

Folgende Orchesterstellen aus den Werken von R. Wagner,

Beispiel 48

R. Wagner, Siegfried

R. Strauß und Pfitzner mögen einen Einblick in die Schwierigkeit der Posaunenpartien geben: Beisp. 46—57. (Zu Beisp. 56.) Pfitzner selbst trägt in die eingeklammerten Takte ein: „evtl. vom I. Horn zu blasen!“, ein Beweis dafür, daß ihm die besondere Schwierigkeit dieser im

Beispiel 49

R. Strauß, Till Eulenspiegel

Beispiel 50

R. Strauß, Zarathustra

Beispiel 51

R. Strauß, Heldenleben

Beispiel 52

R. Strauß, Salome

Beispiel 53

R. Strauß, Rosenkavalier

Beispiel 54

H. Pfitzner, Palestrina

Beispiel 55

H. Pfitzner, Palestrina

Beispiel 56

H. Pfitzner, Palestrina

Beispiel 57

R. Wagner, Lohengrin

breiten Tempo und in hoher Lage stehenden Stelle bekannt ist. Die Schwierigkeit der Ausführung würde etwas herabgemindert sein, wenn der vorangehende Teil des II. Aktes den Bläser nicht physisch ermüden würde; denn hier sind die Posaunen dauernd tätig, an einer Stelle sogar 60 Takte lang ohne nennenswerte Pausen.

Die weitere technische Auswertung der Posaune durch Anwendung des Dämpfers, der sog. Flatterzunge, des Glissandos usw. bewirkt natürlich manchen neuen Klangeffekt, den sich namentlich die moderne Musik zunutze gemacht hat.

Die Komponisten sind aber von jeher der Posaune am besten gerecht geworden, wenn sie dem Instrument seine Sonderstellung auf Grund seines edlen Klanges (Mozart „Zauberflöte“, Wagner „Parsifal“ usw.) eingeräumt haben.

Die Tuba.

Das tiefste Baßinstrument der Blechblasinstrumente ist die Baßtuba. Um 1830 infolge der Erfindung der Ventile entstanden, wird die Tuba heute im Symphonieorchester zur Besetzung der in der vorangegangenen Zeit für die Ophicleïde (ein veraltetes Klappenhorn) und der seit ihrer Einführung für sie originalgeschriebenen Partien geblasen. Die Tuba gehört als konisch gebautes Blasinstrument mit tiefem Kesselmundstück zur Familie der Flügelhörner. Sie nähert sich aber in der Tiefe dem Klang der Posaunen, so daß die Tuba in ihrer Instrumentierung größtenteils den Baß bzw. Kontrabaß im vierstimmigen Posaunensatz bildet (Beisp. 58).

Neben einer vierventiligen B-Tuba wird für die bessere Ausführung der Tubastimmen heute meistens die Baßtuba in F mit 6 Ventilen geblasen. Trotz der Angabe der Stimmung ist die Tuba kein transponierendes Instrument. Der Klang aller Baßtuben ist gleich der Notierung, also in C. Den Tonumfang der 6ventiligen Baßtuba zeigt Beispiel 59. Die im „Ring“ (Wagner) zu blasende 4ventilige Kontrabaßtuba (Beisp. 60) hat den Tonumfang von Beispiel 61.

Die Anwendung und die Schwierigkeiten des Instruments zeigen die Beispiele 62 u. 63.

Richard Strauß schreibt in seinem „Don Quixote“ und „Heldenleben“ eine Tenortuba in B vor. Diese Tenortuba ist aber keine Horntuba wie die Tenortuben in Wagners „Ring“ oder in Bruckners Symphonien, sondern das zur Art der Flügelhörner gehörende 4ventilig und konisch gebaute Tenorinstrument. Zum Unterschied von der Wagnerschen Tenortuba wird das hier gemeinte Instrument mit einem Kesselmundstück geblasen. Die Tenortuba, die durch die

Beispiel 58

Beispiel 59

Beispiel 60

Beispiel 61

Beispiel 62

Beispiel 63

Ventile technisch beweglicher und im Vergleich zur Posaune runder im Klang ist, hat R. Strauß verwandt, um das Charakteristische in seinen Kompositionen zum Ausdruck zu bringen.

Beispiel 64

R. Wagner, Walküre, I. Akt

Beispiel 65

R. Wagner, Tannhäuser, III. Akt

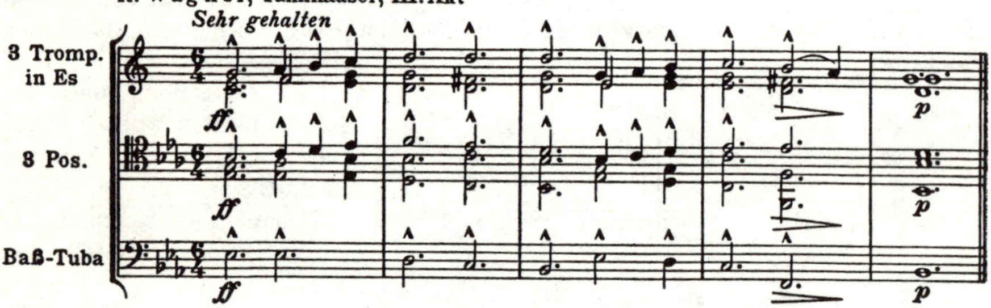

Schlußbemerkung.

Es sei noch darauf hingewiesen, daß die in heutiger Zeit als „Posaunenchöre" bezeichneten Blasvereinigungen nicht nur Posaunen, sondern sogar größtenteils Ventilinstrumente, also Trompeten, Flügelhörner und Tuben, blasen. Die Bezeichnung „Posaune" ist wohl gewählt, weil sich mit diesem Namen die altüberlieferte biblische Vorstellung des feierlichen, kraftvollen Klanges der Blechinstrumente verknüpft. Die Literatur für diese Posaunenchöre beschränkt sich größtenteils auf Arrangements für die betreffenden Instrumente.

Für den Zusammenklang von Trompeten und Posaunen sei aber auf die alten Turmmusiken aus dem 17. Jahrhundert hingewiesen (Pezel, Schein u. a.). Die „Denkmäler deutscher Tonkunst" sind hierfür eine reiche Fundgrube. Der Verlag Breitkopf & Härtel in Leipzig hat aus der „fünfstimmig blasenden Music" des damaligen Leipziger Stadtpfeifers Johann Pezel für 2 Trompeten und 3 Posaunen Suiten und Intraden neu bearbeitet herausgegeben.

Zum Schluß seien noch zwei Notenbeispiele angeführt (Beisp. 64 u. 65).

Diese Beispiele, die natürlich nicht vereinzelt dastehen, lassen erkennen, daß Trompeten und Posaunen nicht nur die kraftvollsten Instrumente des Orchesters sind, sondern sie machen auch deutlich, daß diese Instrumente zu tiefem seelischem Ausdruck fähig sind.

Der Weg zu den Schlaginstrumenten

von

Hans Gärtner

Mitglied des Wiener Staatsopern- und Philharmonischen Orchesters, Lehrer am Neuen Wiener Konservatorium.

Einleitung.

Der Schlagzeugspieler leistet geistig wie körperlich Qualitätsarbeit.

Bis vor kurzem hat man sich um die Hygiene des Musikerberufes im allgemeinen wie im besonderen wenig gekümmert. Ich behaupte, daß es unerläßlich ist, die Konstitution des Musikers in körperlicher wie in geistiger Hinsicht zu umgrenzen. Die Feststellung, daß zum Schlagzeug nur vollkommen gesunde, energische Menschen gehören, ist von größter Bedeutung; außerdem muß der Schlagzeuger vor allem „Musiker" sein. Bekanntlich beginnt das Studium für den Musikerberuf in relativ jungen Jahren und wird in der Regel mit Chorgesang und allgemeiner Musiklehre angetreten. Erst später erfolgt die Wahl eines zu erlernenden Instrumentes. Stellt sich dann nach längerer Zeit irgendein Gebrechen oder eine gewisse konstitutionelle Minderwertigkeit heraus, die zum Aufgeben des Instrumentes zwingt, dann wird in der Regel ein ganz falscher Weg, der zum Schlagzeug, beschritten. Dies ist der Hauptgrund, daß es unter den Schlagzeugern so viele proletarisierte, versumpfte Existenzen gibt. Gerade beim Schlagzeuger wäre es notwendig, Eignungsprüfungen in bezug auf die Herztätigkeit und die Atmungsverhältnisse, besonders aber auf die Energetik desselben, einzuführen. Mehrmaliges Versagen bei Paukern und Schlagzeugspielern ist nicht immer auf Unaufmerksamkeit zurückzuführen, sondern tritt infolge organischer Fehler öfters in Erscheinung. Nach Messungen durch Primarius Dr. Neubauer in Wien ist zum Beispiel die Herztätigkeit des Schlagzeugers die höchste unter allen Instrumentalisten. Außerdem muß, wie oben erwähnt, der Schlagzeuger vor allem „Musiker", ja ein guter Musiker sein, weil er ohne diese Voraussetzung nie ein guter Schlagzeuger werden kann.

Beim Schlagwerk spielt die Qualität des Tones und die technisch-richtige Ausführung beinahe eine größere Rolle als bei anderen Orchesterinstrumenten. Ein schlecht ausgeführter Beckenschlag oder ein Triangelschlag, welcher nicht an Silber, sondern an Schmiedeeisen erinnert, besonders aber das sogenannte Teppichklopfen auf den Pauken, kann für den Orchesterklang verheerend wirken. Aus den verschiedensten Gründen werden Schlaginstrumente häufig von Leuten bedient, deren eigentliche Tätigkeit eine andere ist, wodurch die überragenden Effekte vergröbert und entstellt werden. Die

Probleme, die der Schlagzeuger zu lösen hat, sind durch das Eindringen der verschiedenen Schlaginstrumente als Träger von Rhythmus und Akzent in die moderne Musik ständig im Wachsen begriffen und erfordern vom Ausübenden unbedingtes, musikalisches Verantwortungsgefühl und peinlichste Genauigkeit.

Pauken.

Die Pauke ist das wertvollste, mindestens paarweise, im modernen Orchester aber meist zu dritt und viert verwendete Schlaginstrument mit bestimmbarer Tonhöhe. Hand- und Kesselpauken waren schon den Ägyptern und Griechen des klassischen Altertums bekannt. Die Morgenländer gaben ihnen späterhin verschiedene Gestalten; üblich waren kleine Handpauken, welche mit einem Griff oder einer Handhabe versehen waren, um sie mit der linken Hand bequem anfassen und mit der rechten schlagen zu können. Vom alten Gebrauch der Pauken findet man mehrere Nachrichten, sie wurden von Männern und Frauen geschlagen. Man bediente sich ihrer bereits bei der ersten Musik, die zu Ehren Gottes erklang. Unsere gewöhnlichen Pauken haben die Form großer runder Kessel, welche größtenteils aus Kupfer (in Frankreich auch aus Messing) verfertigt sind. Das Fell ist die Membrane, während der Kessel als Resonator dient. Ein Eisenreifen (Fellreifen) mit sechs bis acht Stimmschrauben, deren Muttern am Kesselbord verankert sind, hält das Fell über der Öffnung fest.

Beispiel 1

Beispiel 2

Den durch Umstimmen erreichbaren Tonumfang zeigt bei der Großen oder F-Pauke Beisp. 1, bei der Kleinen oder B-Pauke Beisp. 2.

Das Umstimmen der Pauken erfolgt durch Anziehen der Stimmschrauben, wodurch der Fellreifen über dem Kesselrand nach unten gezogen wird und das Fell dadurch eine Spannung erhält, was eine Veränderung des Tones nach oben hin zur Folge hat. Für die Zwecke des Paukers früherer Zeiten genügte die gewöhnliche Einzelschraubenstimmung, da er nur mit den Trompetern zusammen in Tätigkeit trat und daher mit der üblichen Trompetenstimmung sein Auskommen fand. Durch die paritätische Eingliederung in das Orchester und das Aufkommen der neueren, namentlich der romantischen Musik (Bruckner-Brahms: spätromantisch; Strauß: die neuzeitliche Richtung und die „Moderne"), traten hier notgedrungen große Änderungen ein. Bei raschem Wechsel der Tonart mußten früher die Pauken so lange pausieren, bis der Pauker alle Stimmschrauben angezogen oder nachgelassen hatte, wodurch natürlich der Komponist in der Anwendung seiner Mittel sehr beschränkt, noch mehr aber in der Durchführung seiner künstlerischen Absichten behindert wurde.

Die Vervollkommnung dieses Instrumentes erfuhr im Laufe der Zeit immer mehr Verbesserungen und hat in der heutigen Reformhebelpauke und der Pedalpauke die vollendetste Ausgestaltung erreicht. Heute werden an den Pauker bedeutend höhere Anforderungen gestellt als früher, daher ist es eine unumgängliche Notwendigkeit, ein technisch vollkommenes Instrument zu haben, damit Umstimmungen in denkbar kürzester Zeit, sicher und vor allem rein, vorgenommen werden können.

Der kgl. Hofpauker Gerhard Cramer in München kam als erster auf den Gedanken, alle Schrauben durch einen Mechanismus gleichzeitig anzuziehen und auf diese Art die Spannung bedeutend zu beschleunigen und auszugleichen. Die von Pfund & Hoffmann erfundene Hebelpauke, welche mit einem Hebel leicht und sicher gestimmt werden kann, verkörpert eines der besten Systeme. Große Verdienste um die Vervollkommnung der Maschinenpauke erwarb sich Hans Schnellar in Wien. Besonders hervorzuheben ist seine Reformpauke und die von ihm erfundene Reisepauke. Bei dieser wird der Fellreifen nicht nach unten gezogen, sondern durch eine Pfanne, welche am Boden des Kessels angebracht ist, nach oben gedrückt. Die Wirkung ist dieselbe, doch durch den Wegfall der Sammelplatte, in welcher sich alle Stimmschrauben vereinigten, verringerte sich das Gewicht der Pauke wesentlich. Drehkesselpauken stehen weniger in Verwendung, da sie nach Ansichten vieler Pauker einige Nachteile aufweisen. Es sei hier nur einer erwähnt: um einen Stimmungswechsel zu erzielen, muß die Pauke mehr oder weniger gedreht werden, wodurch die Anschlagstelle (Schlagfleck) dauernd gewechselt wird.

Der Pauker muß wie jeder andere Instrumentalist danach trachten, einen möglichst schönen, klangvollen Ton hervorzubringen, er darf nie vergessen, daß aus keinem Instrument, also auch nicht aus der Pauke, mehr herauszuholen möglich ist, als diese infolge ihrer Beschaffenheit und Dimensionierung herzugeben imstande ist. Leider wird in dieser Beziehung viel Unfug getrieben, und die Schuldigen sind nicht immer unter den Paukern, sondern häufig unter den Kapellmeistern zu suchen. Ein Paukenwirbel z. B., bei dem man zuviel Kraft anwendet, klingt nicht mehr schön und stark, sondern wirkt ruppig. Die Qualität des Tones hängt vor allem vom Anschlag, von der Beschaffenheit der Instrumente und von der Art der Schlägel ab. Das Fell darf weder zu dick noch zu dünn sein, denn seine Schwingungen müssen sich mit denen des Kessels vereinbaren.

Pedalpauken.

Von den Pedalpauken sind die nach Pittrich-Gneiserschem System gebauten heute zweifellos die meistverwendeten. Das Umstimmen geschieht durch ein Fußpedal; durch eine Hauptschraube (Spindel) kann die Wirkung des Pedals ergänzt werden.

Liliputpauken.

Seit einer Reihe von Jahren stehen kleine, sogenannte Liliputpauken in Verwendung. Die von Hans Schnellar gebauten Instrumente wurden in der Wiener Staatsoper zum erstenmal in der Oper „Cadillac" von Hindemith gebraucht. Besonders sinnvoll verwendet Robert Heger die Liliputpauke in seiner Oper „Der Bettler Namenlos". Den Umfang dieses Instrumentes zeigt Beisp. 3.

Beispiel 3

Aufstellung der Pauken.

Die Aufstellung der Pauken geschieht in der Weise, daß die kleinere (höher gestimmte) links, die größere (tiefer gestimmte) rechts steht. In der Praxis bezeichnet man die erstere mit 1, die andere mit 2. Benötigt man eine dritte Pauke, dann kommt diese links seitlich zu stehen und wird mit 3 bezeichnet, während eine vierte rechts steht und mit 4 bezeichnet wird. Die Bezeichnung erfolgt zur leichteren Übersicht in zweierlei Ziffern (Beisp. 4). Früher fand der Pauker mit den üblichen zwei Instrumenten sein Auslangen; sie

Beispiel 4

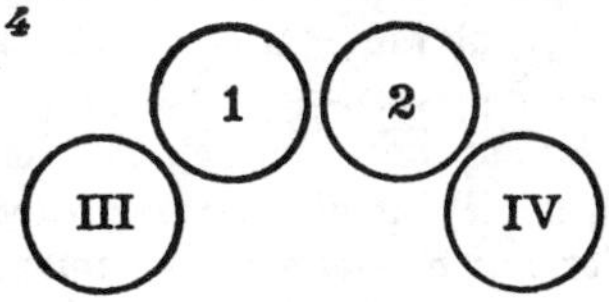

wurden regelmäßig in Quarten oder Quinten gestimmt, obwohl es auch damals schon Ausnahmen gab. Als klassisches Beispiel erwähne ich Beethoven; er schrieb in seiner neunten Symphonie für die Pauken in Oktaven (Beisp. 5). Heute benötigt der Pauker mitunter drei, vier und fünf Instrumente. Beispiele aus der Praxis Beisp. 6.

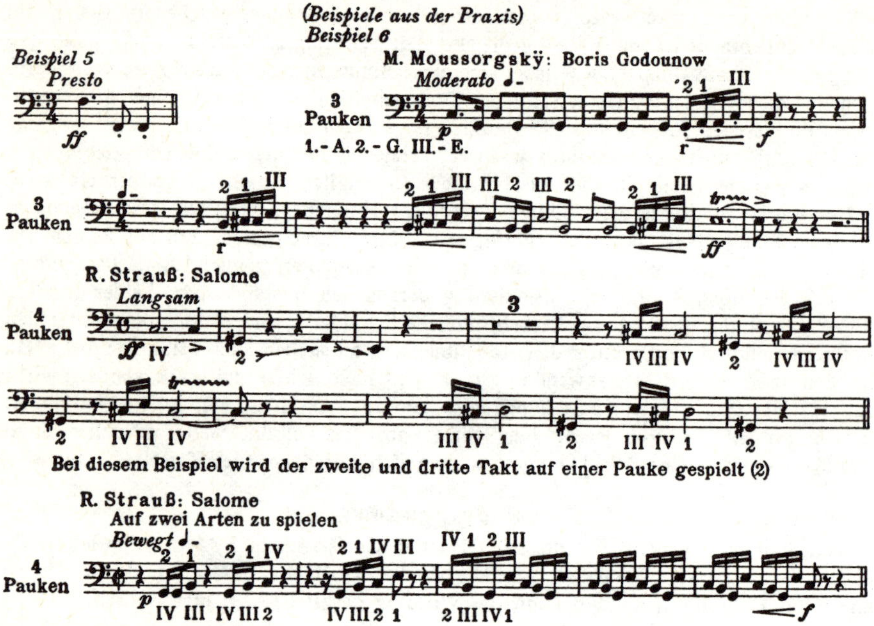

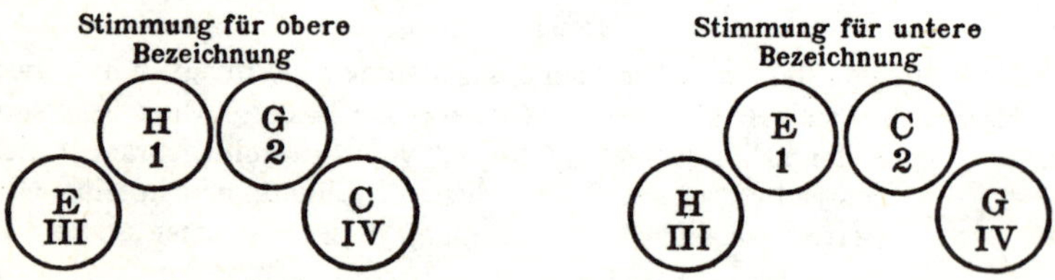

Paukenschlägel.

In der Tongebung spielen drei Faktoren eine große Rolle, und zwar die Beschaffenheit des Instrumentes, die Qualität des Felles und die Art der Schlägel. Der Pauker bedient sich der Schlägel, welche sich nach dem Material, ihrer Größe und den verschiedenen Härtegraden der Schlägelköpfe unterscheiden. Mit vier bis fünf Paaren findet der Pauker im Durchschnitt sein Auskommen. Für einen Wirbel in pp verwendet man große, weiche, aus gespaltenem, weißen Filz verfertigte Schlägel. Für einen Wirbel, der vom Piano zum Forte crescendiert, sind ebensolche Schlägel, mit etwas dünnerem Filzüberzug zu empfehlen. Der dünnere Filzüberzug bezweckt das Fühlbarwerden des Schlägelkernes, was für den Paukenton im Crescendo von Wichtigkeit ist. Solche Schlägel sind auch bei rhythmischen Solostellen im Piano zu verwenden, weil der Anschlag mit solchen ein weicher ist, der Ton jedoch immer hell bleibt.

Im Tutti stehen meistens Schlägel mit Flanellköpfen in Verwendung.

Für besonders markante Stellen im Fortissimo verwendet man Schlägel mit Korkköpfen, welche mit Flanell dünn überzogen sind. Diese Art wird von den Komponisten meistens mit „Holzschlägel" bezeichnet. Im Gebrauch der verschiedenen Schlägelarten ist vor allem die Musikalität des Paukers und der Wille des Komponisten bzw. des Dirigenten ausschlaggebend. Die Größe der Schlägelköpfe soll sich immer nach den Dimensionen der Instrumente richten, also für kleine Pauken entsprechend kleine Köpfe, für große Pauken größere, aber nicht zu große, denn solche Schlägel klingen immer dumpf. Viele werden das nicht glauben, daher sei der alte Grundsatz zitiert: Probieren geht über Studieren.

Wichtig ist die Haltung des Paukers. Er muß vor allem gerade aufrecht sitzen und hat jede unnötige Körperverkrümmung oder Bewegung anderer Art zu vermeiden. Der Schlägel darf nicht fest in der Hand sitzen, sondern wird zwischen Daumen und Zeigefinger, mit letzterem in der Höhe des zweiten Fingergliedes leicht gehalten, während der Mittelfinger leicht anliegt. Eine Grundbedingung für den Pauker ist es, imstande zu sein, einen schön und angenehm klingenden, abgerundeten Wirbel zu schlagen. Er muß „dicht" sein, d. h. die einzelnen Schläge müssen aufeinanderfolgen. Zur Erlernung eines guten Wirbels empfehle ich nachstehendes Beispiel, welches am Anfang langsam, später dann immer schneller zu üben ist. Auch ist es ratsam, bei dieser Übung verschiedenartige Schlägel zu verwenden, wodurch der angehende Pauker ihre besondere Eigenart am besten kennenlernt.

Beispiel 7

Für das Anfangsstadium ist Heinrich Knauers Paukenschule zu empfehlen. Orchesterstudien, wie sie von verschiedenen Instrumentalisten betrieben werden, um prägnante Stellen als solche in rein technischem Sinne kennenzulernen, haben für den Pauker wenig Zweck, vorausgesetzt, daß es sich nicht um ausgesprochene Solis handelt. Ich rate jedem Pauker, beim Studium schwerer Orchesterstellen den Klavierauszug in Anspruch zu nehmen, sich seine Stelle dort anzusehen und vorzuspielen oder sich vorspielen zu lassen, damit er nicht nur von seinem Part als solchen, sondern von der Stelle des Werkes in seiner Gesamtheit Kenntnis erlangt, ohne welche seine Tätigkeit wenig nützlich, ja unter Umständen sogar unheilbringend ist.

Kleine Trommel.

Durch bildliche und schriftliche Belege ist erwiesen, daß man in Europa schon lange vor dem Eindringen der Pauke verschiedene Trommeln gekannt und verwendet hat. Schon das bunte Gaukler- und Spielmannsvolk des römischen Reiches hatte sich der

Trommel asiatischer Kulte bemächtigt. Mehr und mehr hat sich die Trommel auch ins Große entwickelt. In einer Turnierschilderung Heinrichs von Türlein zu Anfang des 13. Jahrhunderts ist zum erstenmal davon die Rede, daß die aus Trommeln und Flöten bestehende Marschmusik die Kämpfer anfeuert. In späterer Zeit, im 15. Jahrhundert, brachten Werke der damals aufgekommenen graphischen Künste, Holzschnitt und Kupferstich, immer häufiger Darstellungen von Trommler- und Pfeifergruppen an der Spitze von Söldnerabteilungen.

Immer mehr und mehr verschwanden Trommeln und Pfeifen aus der Tanzmusik, in Stadt und Land haben Schallinstrumente verschiedenster Art ihren Platz eingenommen und sie gänzlich von dort verdrängt. Die Trommel wurde ein ausgesprochenes Militärinstrument und mußte im Sinne größerer Schallkraft umgestaltet werden, was durch Erweiterung der Felle und Erweiterung der Zarge geschah, welche nicht selten die doppelte Länge des Durchmessers aufwies. Jene Trommeln, welche aus dem 16. Jahrhundert erhalten blieben, sind zum Großteil verunstaltet und sind im allgemeinen 50—75 cm hoch und 40—50 cm weit. Die Einführung der Messingtrommel fiel ins 18. Jahrhundert, während die Schraubentrommel zu Beginn des 19. Jahrhunderts eingeführt wurde. Der Engländer Cornelius Ward dürfte der erste gewesen sein, der das Zugschraubensystem von der Pauke auf die kleine und große Trommel übertrug. Als Orchesterinstrument ist die kleine Trommel schon 1706 von Martin Marais in seiner Oper „Alcyone“ und von Gluck 1779 in der „Iphigenie in Tauris“ verwendet worden.

Heute stehen noch zwei Typen von kleinen Trommeln für Orchesterzwecke in Verwendung, und zwar die kleine Trommel, ital. tamburo piccolo oder tamburo militare, franz. caisse claire oder caisse à timbre; engl. side drum und die Wirbel- oder Rührtrommel, ital. tamburo rullante oder tambura da rullo; franz. caisse sourde oder tambour roulant.

Am schwersten zu erlernen ist von allen Schlaginstrumenten die kleine Trommel. Dies gilt in technischer als auch in praktischer Beziehung. Die richtige Haltung der Schlägel allein verursacht häufig Schwierigkeiten, weshalb zu Anfang auf die linke Hand besonderes Augenmerk zu lenken ist. Die eigentlichen Funktionen dieser Hand obliegen hauptsächlich zwei Fingern, und zwar dem Daumen und Ringfinger. Ich benenne letzteren absichtlich so, um Mißverständnissen vorzubeugen, da er beim Tastenspieler als vierter, beim Streicher als dritter Finger bezeichnet wird (Abb. 1).

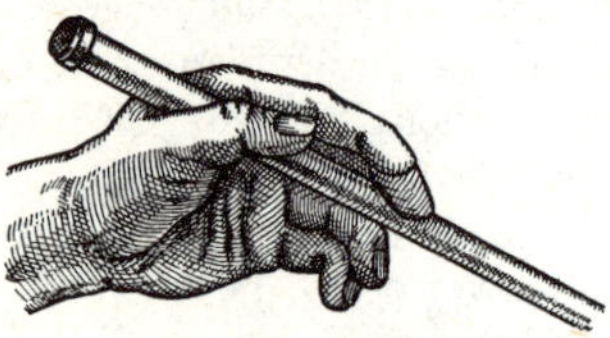

1. Schlägelhaltung.

Bei richtiger Schlägelhaltung hat der Daumen den Druck auszuüben, während der Ringfinger als Stütze dient. Beim Anschlag gibt dieser von selber nach, so daß also der Schlägel nur in der Daumenkerbe festsitzt. Bezüglich der rechten Hand ist darauf zu achten, daß Daumen und Zeigefinger den Schlägel nicht auf gleicher Höhe anfassen, denn das würde dessen Hebelwirkung hemmen. Der Zeigefinger muß ungefähr einen Zentimeter vor dem Daumen liegen, das Ende des Schlägels ruht an der Wurzel des kleinen Fingers, wo er den nötigen Gegenpol findet. Der Anfänger darf beim Trommeln niemals sitzen, er muß unbedingt stehen, und zwar mit umgehängtem Instrument, wobei als Gurt ein breiter Riemen, welcher über der rechten Schulter liegt, verwendet wird. Abzuraten ist von der Verwendung eines „Leibriemens“ als Trommelgurt, da an diesem das Instrument horizontal hängt und eine richtige Haltung ausschließt. Die Lage der Trommel darf erst dann geändert werden, wenn man sie vollkommen beherrscht.

Dies gilt besonders für Jazzschläger. Viel zu sagen gibt es über die Art des Lehrens. Ich habe in meiner längeren Praxis als Lehrer für Schlagzeug, vom Militär angefangen bis zum Neuen Wiener Konservatorium, reichliche Erfahrungen gesammelt und behaupte, daß es ein Unding ist, die Schüler bei Beginn des Unterrichtes mit Etüden zu quälen; es gibt doch viele Leute, welche trommeln lernen, ohne jede musikalische Vorbildung genossen zu haben (Militär, Vereine usw.). Die wichtigste Aufgabe des Lehrers ist, den Schüler zur Lernfreudigkeit anzueifern und ihm diese zu erhalten. Schon aus diesem Grunde allein ist es angezeigt, den Unterricht gleich mit praktischen Übungen und nicht, wie eben erwähnt, mit Etüden zu beginnen. Diese Behauptung sei durch folgendes Beispiel unter Beweis gestellt:

Beispiel 8
Marschtempo

In diesem Fußmarsch findet man fast alles, was ein Trommelschläger können muß; im ersten Takt das erste Achtel mit Vorschlägen, Rucker genannt ①.

Das dritte mit dem vierten Achtel verbunden ergibt den sogenannten Wirbelrucker ②. Im zweiten Takt ③ stehen Doppelschläge oder Schleppstreiche.

Der siebente Takt besteht aus gewöhnlichen, einfachen Schlägen ④, welche zuerst geübt werden müssen. Die Ellbogen dürfen dabei nicht an den Körper gepreßt werden, sondern sollen sich anfangs viel nach außen bewegen, weil dadurch die richtige Schleuderbewegung der Schlägel erzielt wird. Beim Schleppstreich ③ bringt der linke Schlägel den Vorschlag, der andere folgt unmittelbar darauf. Beim einfachen Rucker ① macht die linke Hand die Vorschläge, welche durch kurzen Aufschlag mittels Daumendruckes zustande kommen, worauf der einfache Schlag mit der rechten unmittelbar folgt. Der Rucker ist zuerst unbedingt getrennt, d. h. mit jeder Hand einzeln zu üben. Beim Wirbelrucker beginnt man am besten mit der rechten Hand. Der Schlägel wird mit dem Zeigefinger kurz und leicht auf das Fell gedrückt, worauf die linke Hand in Verbindung mit der anderen dasselbe tut; diesem Vorgang folgt noch ein Schlag mit der rechten Hand als Abschlag. Der ganze Vorgang ist aus Beispiel 9 genau ersichtlich.

Beispiel 9

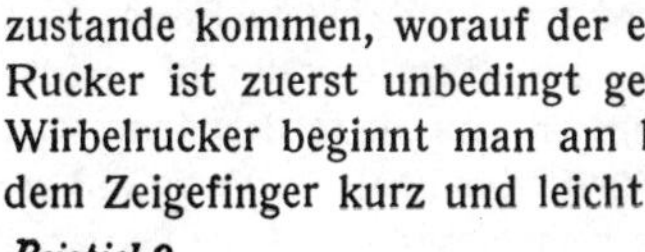

Als Aufschlagstellen werden in der Regel zwei etwa im Drittel des Felldurchmessers liegende Flächen benützt, jedoch schlägt man die Trommel am Rande. Hier sei gleich erwähnt, daß die Bezeichnung „am Rand geschlagen" nicht mit dieser „am Reifen" zu verwechseln ist. Hier kann man gleich mit dem Lernen des Wirbels beginnen, und zwar durch Wiederholung der beiden ersten Noten vom Beisp. 9. Links leichter Druck mit dem Daumen, welcher nicht quer über dem Schlägel liegen darf; die Daumenspitze nimmt Richtung gegen den Schlägelkopf (siehe Abb. 1).

Rechts erfolgt ebenfalls ein leichter Druck mittels des Zeigefingers.

(Hand- und Armbewegungen in nicht zu rascher Folge ausführen.) Kann der Anfänger dann einen halbwegs annehmbaren Wirbel, so kann er ihn durch fleißiges Üben nebenstehenden Beispieles ausgleichen und verbessern (Beisp. 10).

Beispiel 10

Anfangs langsam, dann immer schneller

Zuerst werden von jedem Anfänger die Schläge (je zwei) lediglich mit dem Handgelenk ausgeführt, nach längerer Übung jedoch kommt er darauf, daß durch Beschleunigung der Bewegungen die Schlägel von selbst zu springen beginnen. Denkt er in diesem Stadium an die ersten beiden Leistungen im Wirbelrucker (Beisp. 9), so erfährt der Wirbel ohne jedwedes Dazutun eine erhebliche Verbesserung. Wenn jetzt mit der Übung von Etüden begonnen wird, bereiten diese dem Schüler wenig Schwierigkeiten.

Der rhythmische Wirbel.

Den meisten Schlagzeugern ist der große Vorteil des rhythmischen Wirbels heute noch unbekannt. Besonders Jazzschläger müssen sich diesen zunutze machen, da er manche Erleichterung bezüglich der Präzision schafft. Beim Wirbel ist die vorgeschriebene Taktart genau so zu beachten wie bei Figuren, und die Handbewegungen müssen ebenfalls rhythmische sein. Ich fand bei vielen Schlagzeugern, welchen der rhythmische Wirbel bisher unbekannt war, nach Aneignung desselben vollste Zustimmung.

Gedämpft wird die kleine Trommel durch Auflegen eines Tuches auf das Schlagfell. Bei der Bezeichnung „Trommel ohne Schnarrsaite" (welche nicht mit „gedämpft" zu verwechseln ist) schiebt man einen kleinen Holzkeil zwischen Resonanzfell und Saiten.

Triangel.

Der Triangel ist eines der einfachsten Orchesterinstrumente, die es überhaupt gibt; dennoch muß er als „Instrument" betrachtet und mit ebensoviel Ernst wie jedes andere behandelt werden. Der Triangel, vom ital. triangolo „Dreieck" ist ein Schlaginstrument aus einem runden zum Dreieck gebogenen Stahlstab und gibt, mit einem Eisen- oder Stahlstäbchen geschlagen, einen sehr hohen, durchdringenden Ton, was darauf zurückzuführen ist, daß viele eng benachbarte Obertöne mitklingen. Im Mittelalter fand man auch Triangel in Trapezform, meistens aber standen solche der heutigen Form in Verwendung. Es gibt wohl wenig Komponisten, welche sich dieses Instrumentes nicht bedienen, weil sich durch die verschiedene Art des Klanges im Forte und Piano verschiedene Wirkungen erzielen lassen, so z. B. bei Musikstücken von bizarrem oder überaus brillantem Charakter. Zur Schlagart bzw. Verwendung des Triangels sei folgendes erwähnt: das Instrument darf niemals an einer Schnur hängen, weil das undichte, lockere Geflecht einer solchen sofort Dämpferwirkungen auslöst. Für einen „Musiker" kommt also nur eine Darmsaite in Betracht und da wieder eine möglichst dünne. Die Triangelstäbchen sollen ebenfalls aus Stahl oder hartem Eisen und in einiger Anzahl vorhanden sein, da im Forte dickere, im Piano wieder dünnere gebraucht werden. Vorschreibungen, wie z. B. „Triangel mit Stricknadel", sind absolut verwerflich. Am besten klingt der Triangel am Zeigefinger einer Hand hängend, weil der Finger von selbst mitschwingt;

diese Art des Schlagens ist nach „Möglichkeit" einzuhalten. Der Wirbel wird am besten in der oberen Ecke geschlagen, wozu sich im Piano ein Triangel mit weniger ausgerundeten Ecken besser eignet.

Der Klang des Triangels hängt nicht nur von der Beschaffenheit desselben und der Hängesaite allein ab, sondern auch vom Anschlag. Bei einem harten, festen Schlag mit einem dicken Stäbchen klingt der Triangel metallisch-eisern, während bei Verwendung eines dünnen Stäbchens der Klang ein silbern-heller ist. Um besonders krasse Wirkungen zu erzielen, wird in der weisen Voraussicht, daß auch aus einem Triangel nicht mehr herauszuholen als (praktisch ausgedrückt) drinnen ist, manches Mal die Verwendung mehrerer Triangel gleichzeitig vorgeschrieben. Der Beweis, daß dieses Instrument ebenso wichtig ist wie andere, braucht nicht erst erbracht zu werden.

Schlagidiophone.

Fast jede Sprache kennt mindestens ein Wort für „Klapper" und eines für „Rassel". Wenn auch selbst in der Schriftsprache mit diesen Wörtern willkürlich umgesprungen wird, so kann es doch kaum vorkommen, daß etwa eine Kastagnette als Rassel bezeichnet würde, obwohl ihr Geräusch ebenso auf dem Aneinanderschlagen der Teile beruht wie dasjenige aufgereihter Kügelchen.

Hierin liegt die Anerkennung zweier grundsätzlich getrennter Begriffe. Es werden überall, wenn auch unbewußt, die Schlagidiophone in zwei nach ihrem konstruktiven Ursprung und ihrer akustischen Wirkung gleichmäßig geschiedene Kategorien gesondert. Die Klappern haben ihr Vorbild in den menschlichen Händen, die bei den Natur- und den alten Kulturvölkern zusammengeschlagen oder gegen den Körper geklatscht wurden, die Rasseln hingegen haben ihr Vorbild in der Pflanzenwelt und in Gegenständen des menschlichen Haus- und Zierrats. Mohnkapseln mit Samenfüllung, Vorratssäcke mit hartem Inhalt, Halsschnüre mit Muschelschalen u. a. m. sind die ältesten Rasseln. Die musikalische Leistung ist bei beiden Arten grundverschieden. Die Klappern geben scharf begrenzte Einzelschläge, die Rasseln dagegen ganze Komplexe von Geräuschen. Mit ersteren erzielt man klare, rhythmische Geräusche, während man mit letzteren nur solche mit bedingter Präzision zustande bringt. Das wesentliche Kriterium für die Einteilung der Schlagidiophone ist die Art, wie die Perkussion zustande kommt.

Der Spieler kann die Schlagbewegungen des Instrumentes unmittelbar oder mittelbar herbeiführen. Im ersten Falle bringen die Hände des Spielers die Instrumententeile selbst zusammen. Im anderen Fall bewegen die Hände des Spielers die Vorrichtung, an oder in der die schlagenden Körper angebracht sind; sie schlagen nicht, sondern schütteln den Apparat oder bewegen ihn sonstwie. Es ist dabei nebensächlich, ob etwa zwischen Hand und Instrument Glieder eingeschaltet sind (Schlägel, Klöppel, Hebel, Läuteseile, Tasten od. dgl.), solche Zwischenglieder sind keinesfalls Kennzeichen der mittelbaren Perkussion.

Entscheidend ist, daß der Spieler einzelne, scharf abgegrenzte Schläge auszulösen vermag und daß das Instrument für diese Art der Perkussion eingerichtet ist. Trifft das zu, so sind die Klangwerkzeuge u n m i t t e l b a r g e s c h l a g e n e I d i o p h o n e.

Der Ausgangspunkt der unmittelbar geschlagenen Idiophone liegt, wie schon erwähnt, im rhythmischen Händeklatschen. Es ergeben sich daraus für u n m i t t e l b a r g e s c h l agene Idiophone zwei Unterordnungen. Die Angehörigen der einen, wie Kastagnetten und Becken, haben gleichwertig klingende Einzelteile, die im selben Maße die Klangerzeugung herbeiführen, während die der anderen einen klingenden und einen nicht klingenden Teil besitzen. Es unterscheiden sich danach Gegenschlagidiophone und Anschlagidiophone.

Tambourin.

Die Rahmen- oder Schellentrommel wird bei uns Tambourin genannt und ist das Lieblingsinstrument der Spanier und Italiener. Das Tambourin besteht aus einem in der Regel 6—7 cm hohen und 1 cm dicken Rahmen, über welchen das Fell, durch Schraubenklammern festgehalten, gespannt ist. Im Rahmen sind in den Ausschnitten je zwei aufeinanderliegende Messingblättchen gelagert, welche beim Anschlagen oder Streifen mit dem Finger über das Fell ein klirrendes Geräusch erzeugen. Einzelne Schläge im Piano werden am besten mit dem Mittelfinger, solche im Forte mit dem Handballen ausgeführt. Der Wirbel entsteht durch Streifen des Felles entlang des Randes, entweder mit dem Daumen von oben nach unten oder mit der Spitze des Zeigefingers von unten nach oben.

Im Forte hebt man das Tambourin hoch und schüttelt es mit beiden Händen. Häufig ist zu bemerken, daß der Tambourinschläger dem Orchester nachhinkt, d. h. die einzelnen Schläge, die er zu bringen hat, folgen nicht genau im Takt, sondern immer eine Idee zu spät. Diesem altbekannten Übel ist dadurch abzuhelfen, daß sich der Ausführende bemüht, stets dem Orchester um einen Gedanken vorauszueilen.

Kastagnetten.

Kastagnetten sind Paare einhändig zu spielender, natürlicher oder ausgehöhlter Gefäßklappern, deren Schalen im Winkel aneinandergeschlagen werden. In ihrer typischen modernen Form bilden sie flache Muscheln aus hartem Stoff, im ungefähren Durchmesser von 3—6 cm, mit etwas vorgearbeitetem Rand am Unterende und einem doppelt durchbohrten, flossenförmigen Ansatz am oberen Ende, durch den lose die als Scharnier wirkende Verbindungsschnur der beiden Schalen gezogen wird. Der Daumen wird von unten (außerhalb des Apparates) in die Schnur geschoben, bis sie so stramm sitzt, daß die Unterenden nicht mehr ganz schließen. Durch den wechselnden Aufschlag der übrigen Finger werden sie gegeneinander geschnellt. Die Urform ist offenbar eine zweischalige Muschel. Das spröde Material, hartes Holz, wie Grenadill, Buchs und Kokos, Knochen, Elfenbein oder Horn, Stoffe von mindestens 1,8 Dichte, ergibt in seiner beträchtlichen Stärke ein trockenes, aber scharf knackendes, äußerst präzises und durch die Resonanzaushöhlungen gerundetes Geräusch, das zur Heraushebung prickelnder, fortreißender Tanzrhythmen wie kein anderes geeignet ist.

Die Heimat der Kastagnetten oder Tanzklappern ist Südeuropa, vor allem Spanien und Italien. Spanien ist schon im Altertum ein Hauptsitz der Tanzkunst gewesen. Die gaditamischen Tänzerinnen mit ihrem Crumata waren im ganzen Reiche berühmt und bildeten einen wichtigen Anziehungspunkt der vornehmen Feste. Nach den außerspanischen Ländern scheint die Kastagnette kaum gedrungen zu sein. Um das Jahr 1800 wurden in Deutschland, und zwar in Nürnberg, Kastagnetten erzeugt. Im Orchester wird die echte Kastagnette fast nie benützt, da ihre Technik recht schwer ist. Die übliche Orchesterkastagnette ist ein ganz brauchbarer Ersatz. Es sind das Stielkastagnetten, welche man mit der Hand in jeweilig vorgeschriebenem Rhythmus schüttelt. Von den Stielkastagnetten gibt es wieder zwei Arten, die einfachen und die Doppelkastagnetten. Die ersten verwendet man im Piano, wenn eine rhythmische Stelle besonders exakt gebracht werden soll. Im Forte findet meistens die Doppelkastagnette Verwendung.

Xylophon.

Das Xylophon, Holz- und Strohinstrument oder auch Strohfiedel genannt, ist ein Holzstabspiel, bestehend aus abgestimmten, halbrunden Stäben, welche auf Strohwalzen liegen und mit Klöppeln geschlagen werden. Es stammt aus Asien und dürfte in Europa seit dem 15. Jahrhundert bekannt sein. Die heute bei uns im Gebrauch stehenden modernen Xylophone aus Palisander-, Nuß-, Ahorn- oder Fichtenholz werden als Orchester- und Soloinstrumente verwendet und unterscheiden sich in zwei Typen, in zwei- und vierreihige. Das vierreihige, welches hauptsächlich als Soloinstrument Verwendung findet, besteht meistens aus 39 Stäben und hat den Tonumfang, den Beisp. 11 zeigt.

Beispiel 11

Die Stäbe liegen hier nicht in chromatischer Reihenfolge, sondern in einer von der G-Dur-Skala nach beiden Seiten hin ausgehenden Staffelung.

Auf dem Instrument treten einige Stäbe doppelt auf, die Beispiel 12 angibt, ein Umstand, der für den Spieler nicht selten von großer Bedeutung ist. Wäre nun der Ton F nicht zweimal am Xylophon zu finden, so müßte beispielsweise bei der F-Dur-Skala die rechte Hand über die linke schlagen, welcher Vorgang sich immer als Behinderung der Schlagtechnik, in vielen Fällen sogar als Unmöglichkeit erweisen würde. Ebenso verhält es sich mit den übrigen, zweifach vorhandenen Stäben. Zur richtigen Erlernung des Xylophons müssen vor allem die Handgelenke ausgebildet werden. Zu diesem Zwecke empfehle ich folgendes Beispiel:

Beispiel 12

Beispiel 13

Man übe zuerst ganz langsam und achte besonders auf gleichmäßig starken Anschlag beider Schlägel. Nach und nach kann das Tempo dann beschleunigt werden, solange die beiden Hände gleichmäßig korrespondieren.

Glockenspiel.

Seit dem 9. Jahrhundert ist die Herstellung von Glockenspielen durch abendländische Mönche nachzuweisen. „Cymbala" war der durch Überlieferung bekannte älteste Name. In den meisten Fällen waren die Glöckchen aus einer Kupfer-Zinn-Legierung hergestellt, hatten Halbkugelform und wurden in beliebiger Anzahl an einem Gerüst aufgehängt und von einem, zwei oder mehreren Spielern geschlagen. Im 14. Jahrhundert wurde das

Glockenspiel in zwei Typen geteilt, und zwar der eine großen Formates, welcher seinen Platz auf Stadt- und Kirchtürmen fand, während der kleine Typus die Form des Glockenklavieres annahm. Dieses Instrument wurde im 17. Jahrhundert an den deutschen Höfen zum Spielen geistlicher Weisen mit Vorliebe verwendet. Später ging diese Form des Glockenspieles in die Orgel über und schien meistens als eigentliche Stimme, und zwar als Halbspiel, in der Regel von c oder g an, chromatisch aufwärts im Manual. In der heutigen Praxis wird als Glockenspiel die Lyra bei den Militärkapellen und das im Symphonie- und sonstigen Orchestern in Verwendung stehende Stahlstabspiel als Glockenspiel benannt.

Dieses besteht größtenteils aus 29 Stäben, welche in chromatischer Reihenfolge nach dem Schema der Klaviertastatur aneinandergereiht auf Darmsaiten liegen, welche über einen der Stablänge entsprechend nach oben konisch verlaufenden Rahmen gespannt sind. Glockenspiele, bei welchen die Stäbe auf Woll- oder Seidenschnüren gelagert sind, weist ein erfahrener Schlagzeuger zurück, weil diese Art der Lagerung ebensolche Dämpferwirkungen auslöst, wie sie im Kapitel „Triangel" erwähnt sind. Der Tonumfang eines Glockenspiels mit 29 Stäben ist von c bis e″ (Beisp. 14).

Beispiel 14

Geschlagen wird das Glockenspiel bei Militärkapellen und anderen Blasorchestern mit kleinen Hämmern aus Messing oder Hartholz, während im Symphonie-, Theater- oder Salonorchester Schlägel mit kugelförmigen Horn- oder Hartgummiköpfen Verwendung finden. Das Volumen der Stäbe soll ein im Verhältnis möglichst großes sein, weil breite und dicke Stäbe einen metallisch hell klingenden, hingegen schmale, dünne Stäbe einen hohlen, blechern klingenden, unschönen Ton geben. Der Anschlag spielt bei diesem Instrument eine ebenso große Rolle wie bei allen anderen, welche unter die Art der Aufschlagidiophone fallen. Das Klaviaturglockenspiel, ein wie der Name schon sagt, durch Tasten zu spielendes Instrument, wird ebenfalls häufig vorgeschrieben. Schon Mozart schrieb in seiner „Zauberflöte" eine wichtige Stimme für ein Klavierinstrument, welches er einfach Glockenspiel nannte.

Beispiel 15

u. s. w.

Becken.

Es gibt zwei Arten von Becken, welche heute in Verwendung stehen, und dies sind solche türkischer und chinesischer Herkunft in verschiedenen Größen. Erstere klingen hellmetallisch und werden hauptsächlich in größeren Orchestern gebraucht, während man in kleineren Orchestern chinesische Becken, welche einen schwächeren, rauschenden Klang geben, vorzieht. Für Salonorchester-Schlagzeug (Flemminmaschine) sind chinesische Becken besonders zu empfehlen. Um einen schönen Klang zu erzielen, muß der Beckenschläger einige Momente besonders beachten: die Schwingungen der Becken sind am Rande am stärksten und nehmen gegen die Mitte zu ab, so daß im Zentrum ein toter Punkt entsteht und daher die Bohrung keinen Nachteil bedeutet. Vor allem dürfen die Becken nicht direkt aufeinandergeschlagen werden, sondern der Schlag muß ein streifender sein, weil dadurch die zwischen ihnen befindliche Luft richtig entweichen kann und die Schwingungen nicht beeinträchtigt.

Bei einem schlechten Schlag (aufeinanderklatschen) kann es vorkommen, daß im Becken Risse entstehen; ist dieser Umstand einmal eingetreten, so verhindert man ein Weiterreißen durch Ausfeilen der schadhaften Stelle.

Gehalten werden die Becken mit dem Daumen und Zeigefinger, während die Mittelglieder des Mittel- und Ringfingers als Balancestütze dienen. Dies gilt auch bei aufgeschnalltem Becken, von dem später die Rede ist.

Bei starken Forteschlägen oder im Crescendo lassen Daumen und Zeigefinger in der straffen Haltung des Beckenriemens etwas nach, wodurch mehr Schwingfreiheit erzielt wird. Unter Dämpfung des Tones versteht der Musiker das unmittelbare Abbrechen des Schalles. Das Dämpfen der Becken erfolgt durch leichtes Andrücken an den Körper. Die Schlagart, Becken mit Schlägel, wird häufig vorgeschrieben, wobei für türkische Becken Schlägel mit einem Kopf aus hartem Filz und ziemlich starkem Stiel, bei chinesischen hingegen leichtere Schlägel, und zwar in der Regel solche mit Flanellkopf und dünnerem Stiel zu verwenden sind, vorausgesetzt, daß der Komponist nicht ausdrücklich Becken mit Holz- oder Eisenschlägel (Triangelstäbchen) verlangt.

Nach Tunlichkeit hält der Beckenschläger ein Becken mit der linken Hand am Riemen und schlägt mit der rechten Hand auf den Rand des Beckens.

Bei einem auf diese Art zu schlagenden Wirbel dürfen die einzelnen Schläge mit dem Schlägel nicht allzu rasch aufeinanderfolgen, weil dadurch die Schwingungen nicht gefördert, sondern gehemmt werden. Fehlt es an genauer Vorschreibung durch den Komponisten, so bleibt es entweder dem Geschmack des Ausführenden oder aber dem Willen des Kapellmeisters überlassen, den Beckenwirbel mit einem oder zwei Schlägeln auszuführen, wobei in letzterem Falle das Becken natürlicherweise frei hängen muß. Es sei nochmals betont, daß ein Wirbel immer am Rande des Beckens zu schlagen ist; bei rhythmischen Stellen jedoch muß sich der Schlägel der Mitte, je nach Bedarf, nähern.

Beispiel 16

Becken mit Filzschlägel

Allegro

Im dritten Takt rückt der Schlägel vom Rand gegen die Mitte, sodaß im Drittel vom Durchmesser des Beckens geschlagen wird.

Schreibt ein Komponist Beckenwirbel mit Trommelschlägel geschlagen vor, so muß wieder der Geschmack und die musikalische Empfindsamkeit des Ausführenden die Anschlagstelle bestimmen, denn auch in diesem Fall sind verschiedene Klangwirkungen zu erzielen. Häufig wird in kleineren Orchestern ein Becken aufgeschnallt, d. h. es wird auf der Zarge der Großen Trommel entweder durch einen sogenannten Bock oder durch eine dort zu diesem Zweck fest eingebaute Flügelschraube befestigt. Das aufgeschnallte Becken darf niemals ganz fest, sondern muß etwas locker sitzen, um, wie schon einmal erwähnt, die notwendige Vibration nicht zu beeinträchtigen.

Das Schlagbecken wird, wie schon erwähnt, auch in diesem Fall nur mit Daumen und Zeigefinger am Riemen gehalten, ohne daß die Handfläche den Beckenknauf umklammert.

Auch muß der Beckenschlag hier wie immer etwas streifend erfolgen. Ein guter Klang kann durch Üben nachstehenden Beispieles in kurzer Zeit erzielt werden.

Beispiel 17

Beliebig verlängern und wiederholen.

Sehr häufige und mannigfaltige Verwendung finden die Becken in der Jazzmusik, nur wird dabei leider sehr viel Unfug getrieben. Nun einiges über die Dauer der Beckenschläge. Der Komponist müßte immer die Dauer des Schlages genau bezeichnen, da ein zu lang oder zu kurz klingender immer störend wirkt, und dieser grobe Fehler kann durch genaue Bezeichnung dauernd vermieden werden.

Folgt auf einen Schlag ein Pianissimo oder eine Generalpause, so muß dieser wie im nachstehendem Beispiel bezeichnet sein.

Beispiel 18

Die letzte Note wird nicht gespielt, sondern der vorhergehende Schlag auf das erste Viertel des letzten Taktes gedämpft

Bei langen Schlägen kann die gewünschte Dauer, wie folgende Beispiele zeigen, Ausdruck finden.

Beispiel 19

Ist die Bezeichnung ungenau oder schlecht, dann hilft dem Beckenschläger wieder nur seine Musikalität, vorausgesetzt, daß er das zu interpretierende Werk überhaupt kennt.

Große Trommel.

Im Gegensatz zur Kesselform der Pauke hat die Große Trommel einen zylindrisch-röhrenartigen Resonanzkörper, welcher in der Praxis vielfach, jedoch fälschlich, Kessel anstatt Zarge genannt wird. In früherer Zeit kannte man nur solche Instrumente, welche mittels der Trommelleine angezogen wurden; die Felle waren wie bei den modernen Trommeln auf schmale Reifen gewickelt, welche, über beide Zargenöffnungen gestreift, durch den Trommelreifen festgeklemmt wurden. Die im Zickzack zwischen Löchern der beiden Reifen laufende Trommelleine wurde durch Ledertaschen, die um benachbarte Führungen der Leine gelegt sind, straff gezogen. Heute werden nur mehr große Trommeln mit Zugschrauben gebaut; die Zarge besteht zum Teil aus Holz, Messing oder Aluminium. Die eigentliche Einführung der Großen Trommel ins Orchester geschah erst gegen Ende des 18. Jahrhunderts. Die falsche Behauptung, daß sie zum allererstenmal Spontini in seiner „Vestalin" (1807) vorschrieb, ist durch die Tatsache widerlegt, daß von der älteren deutschen Musikergeneration sie Mozart schon in der Oper „Entführung aus dem Serail" (1782) und Haydn in seiner Militärsymphonie (1794) vorschrieben.

Heute ist von den Schlaginstrumenten mit neutralem Ton die große Trommel eines der meistverwendeten, denn sie ist und bleibt im großen Orchester wie im kleinen Ensemble ein wichtiger Faktor. Nicht wegzudenken ist die Große Trommel von der Marschmusik, bei welcher sie vor allem zur Haltung von Tempo und Rhythmus dient. Bei der Militärmusik ist z. B. der Große-Trommel-Schläger für das vorgeschriebene Tempo bei Defilierungen und sonstigen Anlässen verantwortlich. Auch hier gibt es verschiedene Schlagarten. Für gewöhnlich schlägt man Große Trommel mit einem Schlägel ganz aus Holz mit kugelförmigem Kopf, welcher mit einer oder zwei Schichten Rehleder überzogen sein soll. Ist der Schläger gezwungen, einen Wirbel auf der Großen Trommel mit einem Schlägel auszuführen, so geschicht es auf folgende Art: er faßt den Schlägel in der Mitte des Stieles und schlägt mit dem Kopf und dem Stielende rasch abwechselnd gegen das Fell. Besonders bei Militär- und anderen Blasorchestern kann man diese Art immer beobachten, obwohl nicht einzusehen ist, warum die Großen-Trommel-Schläger solcher Kapellen, nicht ebenso wie ihre Kollegen im Symphonie- oder Theaterorchester, ein paar Wirbelschlägel bereithalten.

Solche Wirbelschlägel für Große Trommel sind Paukenschlägeln ähnlich und bestehen aus einem Stiel mit aufgeleimtem Kopf aus weichem Holz oder Kork, welcher mit Filz oder Flanell überzogen ist. Der Wirbel mit zwei Schlägeln auf der Großen Trommel wird größtenteils in der Art des Paukenwirbels ausgeführt, nur die Haltung der Schlägel ist dieselbe wie beim Schlagen der Kleinen Trommel. Wird aber eine ganz große Wirbelleistung verlangt, dann empfehle ich, diese doppelseitig, d. h. auf beiden Fellen mit je einem Schlägel durchzuführen. Bei geschickter Anwendung lassen sich wunderbare Effekte erzielen; so klingt z. B. ein Wirbel im pp düster, drohend und unheimlich, einzelne Forteschläge hingegen erinnern an Rauhheit, Grobheit und Brutalität. Die Schlagfläche (Anschlagstelle) soll für gewöhnlich im Viertel des Durchmessers liegen; wenn der Klang ein dumpfer sein soll, kann man sich mehr der Mitte nähern. Die große Trommel ist ein Instrument mit sehr weittragendem Ton; bei einer herannahenden Marschmusik hört man das am besten, denn ehe man von den anderen Instrumenten auch nur einen Ton vernimmt, hört das Ohr schon die Große Trommel. Im Konzert- und Theaterorchester muß sich der Große-Trommel-Schläger dieses Umstandes immer bewußt sein, besonders aber dann, wenn die Große Trommel mit den Becken zusammen in Aktion tritt. In diesem Falle muß der Große-Trommel-Schläger immer um einen Grad schwächer schlagen als der Beckenschläger.

Ist z. B. Fortissimo vorgezeichnet, so schlägt ersterer nur Forte, um nicht, wie man in Fachkreisen sagt, den Beckenschläger zuzudecken. Zurückhaltung ist, wenn nicht ein besonderes Hervortreten vorgeschrieben oder verlangt wird, im Sinne der Qualität des Gesamtklanges immer am Platze.

Tamtam, Gong.

Unter dem Namen Tamtam oder Gong verstehen wir eine Platte aus warm und kalt gehämmertem Glockengut, welche schalenartig gekrümmt ist, ohne indessen die Schwingungsform einer Glocke anzunehmen. Diese hat am Scheitel einen Knoten, am Rande dagegen einen Schwingungsbauch, beim Gong ist es umgekehrt. Das Gong wird an seinem umgebogenen Rand durchbohrt, an Schnüren oder dicken Darmsaiten aufgehängt und in der Mitte angeschlagen. Der Name Gong ist ein schallnachahmendes Wort, das so oder ähnlich klingend in den verschiedenen malaiischen Sprachen vorkommt. Die in unserer Praxis geläufige Benennung „Tamtam“ kommt ebenfalls aus dem Malaiischen (tamittam).

Als Erzeugnis einer eigenartigen, unnachahmlichen Spezialindustrie ist das Gong heute auf ein im Verhältnis eigentlich engbegrenztes Territorium beschränkt, und zwar ist das Ostasien, Indonesien sowie Vorder- und Hinterindien. In China mit Einschluß Indochinas dient das Gong überwiegend als Signalinstrument, hingegen wird es in Vorderindien ausschließlich beim hinduistischen Gottesdienst verwendet. Hinterindien und der Archipel verwenden es auch im Orchester. Das bei uns meistverwendete chinesische Tamtam mit fast neutralem Ton gilt in Indien als minderwertig. Dort wird vor allem auf einen gleichmäßig und gutgefärbten Klang und auf genaue Stimmung Wert gelegt. In der berühmten Gongstadt Semáran auf Java werden für Gongs, selbst von Eingeborenen, die höchsten Preise bezahlt; dies ist ein Beweis für den Grad der Ansprüche, die in Südostasien an solche Instrumente gestellt werden. In der europäischen Musik erklang am 4. April 1791 beim Gossec'schen Trauermarsch zum Begräbnis Mirabeaus zum erstenmal ein Gong.

Lesueurs Opernpartitur „Les Bardes" (1804) und Spontini mit seiner „Vestalin" (1807) führten das Instrument in das Orchester ein.

An der Berliner und Wiener Staatsoper hat man zur Zeit bei verschiedenen Aufführungen Gelegenheit, den unvergleichlich majestätischen, geheimnisvoll-übersinnlichen Klang der in ihrer Größe verschiedenen javanischen Gongs zu hören. Es müßte für die maßgebenden Faktoren jener Operntheater, welche heute Parsifal aufführen, ein nicht hoch genug gestecktes Ziel sein, ein Parsifalgeläute, bestehend aus Javagongs, zu erwerben. Würden unsere Komponisten und Dirigenten diesen herrlichen Klangwerkzeugen mehr Interesse und Verständnis entgegenbringen, so könnten unsere Orchester um eine Klangfarbe bereichert werden, der sie bisher nichts an die Seite zu stellen haben.

Das javanische Gong ist dickwandig und hat etwa die Form eines Birets (Kopfbedeckung katholischer Priester): ein hoher, einwärts gerichteter Rand, eine mehr oder weniger gewölbte Fläche mit einer halbkugelförmigen Ausbuchtung als Schlagfläche. Das chinesische Gong, welches bei uns fast ausschließlich mit Tamtam bezeichnet wird, ist in seiner Form ganz leicht gewölbt, mit einer kaum merklichen Einbuchtung in der Mitte als Anschlagfläche, der Rand ist rechtwinkelig rund, d. h. kantenlos nach rückwärts gebogen. Bei Forteschlägen ist es unbedingt in der Mitte anzuschlagen, während es im Piano ratsam erscheint, sich eine Anschlagstelle in der Nähe der Mitte zu suchen, da die Wandstärke mancher Tamtams eine nicht ganz gleichmäßige ist und sie, im Piano etwas seitlich angeschlagen, besser ansprechen. Zum Schlagen bedient man sich mehr oder weniger großer Schlägel, deren Köpfe aus aufeinandergesteckten Filzscheiben bestehen. Zu einem Wirbel im Piano können die Wirbelschlägel der Großen Trommel verwendet werden.

Zum Schlusse noch eine Warnung an alle Tamtamschläger: bei Forteschlägen ist es unerläßlich, den Mund leicht zu öffnen oder sich die Ohren durch kleine Wattepfropfen zu schützen, da infolge des ungemein starken Schalles eine Durchlöcherung des Trommelfelles zu befürchten ist.

Röhrenglocken.

Seit dem Ende des 18. Jahrhunderts wurden auf der Bühne sowie im Orchester häufig Glocken vorgeschrieben. Da wirkliche Glocken vor allem wegen des enormen Gewichtes und Platzmangels nicht in Betracht kamen, mußte man nach ähnlich klingendem Ersatz trachten; wirkliche Glocken hätten ja auch infolge ihres überaus lauten Klanges alles andere übertönt. Der Engländer Harrington hat im Jahre 1884 Röhrenglocken aus Bronze gegossen, welche, an einem Galgen hängend, mit Hämmern geschlagen wurden. Heute werden an Stelle der Bronzeröhren solche aus Stahl verwendet, welche auf der Bühne und im Orchester gute Dienste leisten. Die Röhrenglocke ist an einem Ende durchbohrt und wird mittels einer dicken Darmsaite aufgehängt, welche bei richtiger Hängeart von der Bohrung nach oben an der Röhre nicht anliegen darf, da diese den Klang wesentlich beeinträchtigt. Die Glocken müssen frei hängen. Man kann häufig beobachten, daß bei Röhrenglocken nicht der Grundton, sondern die Obertöne vorherrschend sind; des Rätsels Lösung ist die falsche Anschlagstelle. Diese ist ausnahmslos der obere Röhrenrand. Als Schlägel dienen am besten Hämmer aus hartem Holz, welche mit dickem, starkem Leder beschlagen sind.

Seit 1890 sind auch Tasten-Röhren-Geläute bekannt, und solche stehen auch heute in Verwendung (in Puccinis „Toska" u. a. m.). Röhrenglocken mit Ringschiebern, durch welche die Glocken umgestimmt werden können, wurden erst in letzterer Zeit hergestellt. Diese Ringschieber sind verstellbar und an beliebigen Stellen der Röhre festzuschrauben, wodurch der schwingende Teil derselben kleiner wird; dadurch entstehen entsprechende Tonveränderungen. Ein komplettes Röhrenspiel ist einem solchen mit weniger Röhren mit Ringschiebern vorzuziehen, vorausgesetzt, daß nicht Sparsamkeitsrücksichten ausschlaggebend sind.

Vibraphon-Röhrophon.

Das Vibraphon, welches zur Zeit hauptsächlich in der leichten Musik Verwendung findet, ist ein Metallstabspiel, auf dessen wunderbaren Klang auch ernste Komponisten nicht genug aufmerksam gemacht werden können. Dieses Instrument war vor dem Kriege in Europa gänzlich unbekannt und wurde in der Nachkriegszeit aus Amerika eingeführt; heute erzeugt man auch in Deutschland Vibraphone vollendetster Qualität. Seine Urheimat ist, wie bei den meisten Schlaginstrumenten, Indien, sein Vorläufer das javanische „Saron", ein Stabspiel, bestehend aus sieben Stäben. Wir kennen eine Type mit Schallkasten (Resonator), während es noch eine solche mit Resonanzröhren aus Bambus gibt, die von den Javanern „Gendér" genannt wird. Ich selbst habe im Jahre 1926 auf solchen Instrumenten anläßlich einiger Vorträge in der Wiener Urania über die Volksmusik der Javaner und ihre Instrumente von Lia Bandara in Noten gesetzte javanische Volkslieder zu Gehör gebracht, wobei diese nicht nur als solche, sondern vor allem die dazu verwendeten Originalinstrumente mit ihrem herrlichen Klang helle Bewunderung auslösten. Bald darauf wurde bei uns das Vibraphon mehr und mehr bekannt (welches eigentlich nichts weiter als Vervollkommnung des indischen Schlagstabspieles darstellt), das gewöhnlich aus 38 Stäben von Stahl, Bronze oder patentiertem Leichtmetall besteht. Unter jedem dieser Stäbe, auch Platten genannt, befindet sich eine Schallröhre, welche auf den jeweiligen Stab genauest abgestimmt sein muß, da Röhren erheblich höher stimmen als Stäbe gleicher Länge und Weite und um so höher, je dünner ihre Wand ist. Durch das Mitschwingen der in der Röhre eingeschlossenen Luftsäule wird der Ton gerundet. Durch das Rotieren, an einer durch alle Röhren laufenden Welle angebrachten Metallblättchen wird nun diese Luftsäule verkürzt und verlängert und unterbrochen und dadurch das Vibrato (ital., deutsch bebend), das forcierte Schwingen des Tones mit leichtem Schwanken der Tonhöhe, erzielt. Der Antrieb erfolgt entweder mittels Elektromotor oder durch ein Federlaufwerk und ist regulierbar, wodurch das Vibrato schnell oder langsam erfolgt. Gespielt wird das Vibraphon mit harten Filzschlägeln oder solchen mit Holzköpfen, welche mit Wolle oder Filz überzogen sind. In der unteren Lage nimmt man größere, weichere, in der oberen hingegen kleinere, harte Schlägel. Zur Dämpfung dient eine Vorrichtung mit Pedal. Die nötige Geläufigkeit sowie die Sicherheit beim Anschlagen von Akkorden erwirbt man sich durch fleißiges Üben von Skalen und Akkorden in allen Tonarten. Besonders zu achten ist auf die Haltung der Schlägel, wenn man deren drei oder vier benötigt; ich habe nicht nur die Beobachtung gemacht, sondern selber erfahren, daß man in diesem Fall die beiden Schlägel einer jeden Hand derart hält, daß der eine zwischen dem ersten und zweiten (Daumen und Zeigefinger), der zweite Schlägel zwischen dem vierten und fünften Finger (Ring- und kleiner Finger) sitzt. Bei dieser Haltung ist die Bewegungsfreiheit sehr groß, und die Entfernungen der einzelnen Schlägel voneinander können bei mehrstimmigen Akkorden leicht und bequem verändert werden. Eine Warnung sei hier noch gegeben: trotz des herrlichen, einschmeichelnden Tones darf die Verwendung des Vibraphones nicht übertrieben werden. Ein Zuviel wirkt dann eintönig, darum ist auch hier, wie beim Schlagzeug in der Regel überhaupt, Zurückhaltung geboten. Im großen Orchester kennt man dieses Instrument erst seit ganz kurzer Zeit.

Auf meinen Rat brachte Clemens Krauß das Vibraphon ins Opernorchester anläßlich einer Neueinstudierung der „Frau ohne Schatten" von Richard Strauß im Februar 1931 in der Wiener Staatsoper. Die im dritten Akt dieses Werkes von Strauß vorgeschriebene Glasharmonika hat sich in keiner Hinsicht bewährt, und so wurde bis dahin dieser Part am Harmonium gespielt. Die Einführung des Vibraphons ins Orchester an Stelle der Glasharmonika bezeichnete damals Richard Strauß als die ideale Lösung.

Kleinigkeiten, Zubehör.

Die Holztrommel, in der modernen Tanzmusik Wood-Block genannt, ist eine Abart der heute in Verwendung stehenden Tempelblocks. Diese sind tonchinesische Schlaggefäße (Cai mo) aus Hartholz, meist grellrot lackiert und zum Teil vergoldet; die von einem durchgehenden Schlitz aus mit einem gebogenen Messer ausgehöhlten und mit einem Handgriff versehenen Blocks werden mit Holznägeln geschlagen und geben einen hohlen, aber sehr weichen Ton. In der Jazzmusik sind sie zur Zeit sehr modern.

Maracas sind Rumba-Instrumente und werden ausschließlich in der Jazzmusik verwendet. Sie bestehen aus hohlen Kugeln von Metall, Holz oder echtem Kokosnuß mit Holzgriff, innen befinden sich kleine Aluminiumkügelchen. Durch halbkreisförmiges Vor- und Rückwärtsschwingen wird ein ganz eigenartiges, schleifendes Geräusch erzeugt. Ähnliche Vorrichtungen gab es schon viel früher. So z. B. die Sandbüchse, welche unter anderem in dem Ballet „Schlagobers" von Richard Strauß vorgeschrieben ist.

Tom-Tom. Das Tom-Tom ist ein Instrument asiatischen Ursprungs und wird nicht nur im Jazz-, sondern auch im großen Orchester verwendet. In der modernen Opern- und Konzertliteratur findet man es des öfteren vorgeschrieben, besonders bei Werken orientalischen Charakters. Die Zargenform ist faßförmig oder zylindrisch, das Fell am

Rande derselben aufgenagelt, welcher Umstand jedoch bei Witterungsumschlägen von großem Nachteil ist, da es weder angezogen noch nachgelassen werden kann. Aus diesem Grunde sind die nachträglich gebauten, zweifelligen Tom-Toms mit Spannschraubenmechanismus zu empfehlen. Geschlagen wird es für gewöhnlich mit Paukenschlägeln, wenn nicht eine andere, dezidierte Vorschreibung vorliegt.

Schellenkranz. Ein sehr häufig verlangtes Instrument ist der Schellenkranz; sein Vorgänger war der heute noch bei der Marschmusik ab und zu in Verwendung stehende Schellenbaum. Dieser besteht aus einer aufrechten Tragstange, rundem Metallaufputz und mehrreihigem Rollschellen- und Glöckchenbehang, der durch Schütteln oder beim bloßen Marschieren klingelt. Die Form unseres Schellenkranzes ist ein mit einem Griff versehener Holz- oder Metallrahmen, an welchem eine Anzahl Schellen verschiedener Größe angebracht sind. Je nach Bedarf wird der Schellenkranz durch Schütteln oder Aufschlagen einer Hand auf den Rahmen zum Klingen gebracht. Bei rhythmischen Stellen im Piano empfiehlt es sich, den Anschlag nur mit einem Finger, so wie beim Tambourin auszuführen.

Die Peitsche: Im Verein mit dem Schellenkranz findet man häufig die Peitsche vorgeschrieben. Zur Nachahmung eines Peitschenknalles bedienen wir uns einer aus zwei durch ein Scharnier verbundenen Hartholzbrettchen bestehenden Klappe. Durch kräftiges Zusammenklappen dieses Brettchens entsteht der gewünschte Effekt.

Ein nicht selten vorkommendes Hilfsmittel ist die Rute, mit welcher man je nach Vorschrift entweder auf die Zarge der Großen Trommel oder auf das Fell schlägt. So hat z. B. Mozart in seiner „Entführung aus dem Serail" und Richard Strauß in der „Elektra" Rute vorgeschrieben.

Schnarre-Ratsche: Die Schnarre, auch Ratsche genannt, gehört zur Kategorie der Schrappidiophone. Das bekannte Schnarrengeräusch entsteht dadurch, daß Brettchen oder Stäbchen über eine Reihe von Kerben oder über ein Zahnrädchen hinwegschrappen. Schnarren gibt es in verschiedenen Größen, und so sind damit verschiedenartige Effekte zu erzielen. Die kleine Schnarre wird durch einfache Schwungbewegung in Tätigkeit gesetzt; zur leichteren Handhabung wurden vor nicht langer Zeit anschraubbare Schnarren mit einer Kurbel erzeugt, welche klangliche sowie handliche Vorteile aufweisen und daher den früher gebräuchlichen vorzuziehen sind.

Nachsatz.

Wir haben die einzelnen Schlaginstrumente in bezug auf ihre Beschaffenheit, Behandlung und Verwendung besprochen. Im großen Orchester, in dem mehrere Schlagzeuger vertreten sind, kann naturgemäß auf die Ästhetik mehr Gewicht gelegt werden als bei solchen, die kleinere und kleinste Gruppenbesetzungen haben. Bei kleiner Besetzung müssen vor allem einmal die verschiedenen Stimmen zusammengezogen werden, wodurch das Lesen erschwert wird; außerdem ist es häufig der Fall, daß Stimmen und Instrumente gewechselt werden müssen.

Solche Umstände lenken manchmal von der Sache ab und verursachen Schwierigkeiten. Ein gewisses Maß von Können und Routine sowie gute Nerven und vor allem kameradschaftliches Zusammenarbeiten schützen vor Verlegenheiten.

Kenntnis des zu spielenden Werkes schaffen dem Schlagzeuger große Erleichterung, Agilität und schnelles Auffassungsvermögen sind unerläßliche Grundsätze; letztere Eigenschaften werden besonders von dem Musiker verlangt, welcher als einziger Vertreter seines Faches beim Schlagzeug sitzt; der Umstand, daß das Niveau eines Ensembles oder einer Jazzkapelle nicht zuletzt vom Schlagzeuger abhängt, wird leider zu wenig gewürdigt. Zu unserem Leidwesen ist aber bei solchen Kapellen (hier muß es betont werden) maßloser Unfug getrieben worden. Mit Schaudern erinnern wir uns noch, was vom Schlagzeuger (Jazzschläger) in der Zeit des Verfalles alles verlangt wurde; ohne Autohupen, Kuhglocken, Pistolen fand er nicht mehr sein Auskommen. Die Zeit der Konsolidierung ist auch, Gott sei Dank, an uns nicht spurlos vorübergegangen und hat die Bedeutung des Schlagzeugs in unserem Sinne geändert. Die Jazzmusik ist negroiden Ursprungs und wird heute noch von verschiedenen Leuten als Negermusik bezeichnet, obwohl zur Zeit davon nicht mehr viel übriggeblieben ist. Ich möchte an dieser Stelle gleich feststellen, daß sich in Wien besonders Karl Gaudriot und David Mathe um die Verfeinerung derselben große Verdienste erworben haben. Die jeglicher Feinheit und Musikalität entbehrenden Lärmmacher konnten sich nicht halten, und so wurde das Schlagzeug seiner ursprünglichen Bestimmung wieder zugeführt. Der Jazzschläger hat Tempo und Rhythmus zu halten und tritt nur ab und zu mit den verschiedenen Breacks (Solostellen) hervor.

Diese Breacks muß der Schlagzeuger immer noch, und zwar in technischer wie in klanglicher Hinsicht zu verbessern trachten, wozu es der Kenntnis der verschiedensten rhythmischen Variationen bedarf. Zweckdienlich dafür sind solche im nachstehenden Beispiel:

Beispiel 20

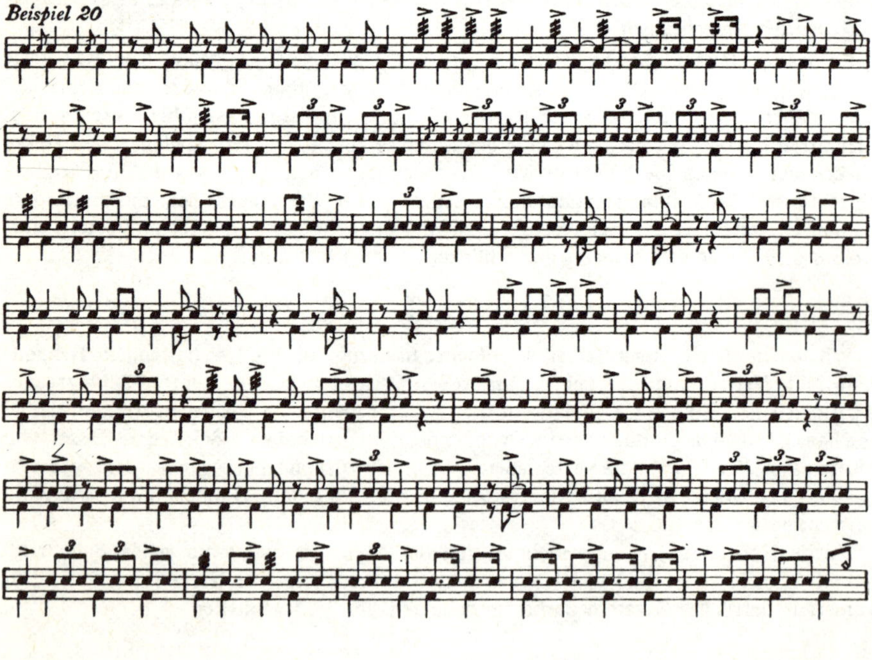

Dieses Beispiel übt man am besten taktweise, man achte besonders auf die Betonungen

Zum Schluße meiner Ausführungen wiederhole ich noch einmal, daß es eine unumgängliche Notwendigkeit für den Schlagzeuger ist, ein anderes Instrument zu beherrschen, denn es beeinflußt nicht nur seine musikalische Auffassung im günstigen Sinne, sondern sichert ihm sein Fortkommen, da ja bekanntlich im kleinen Ensemble i m m e r, bei mittleren Orchestern häufig die Beherrschung eines Nebeninstrumentes zur Bedingung gemacht wird.

Die Harfe

von

Franz Jelinek,
Orchestermitglied der Wiener Staatsoper und der Wiener Philharmoniker,
Professor an der Staatsakademie für Musik.

Kurze Geschichte der Harfe.

Mit Recht darf man die Harfe als eines der ältesten Musikinstrumente bezeichnen. Wenn auch nicht in der heutigen Form, so doch dem ganzen Wesen nach finden wir schon im fünften vorchristlichen Jahrtausend die Bogenharfe. Diese besteht der Form nach eigentlich nur aus einem mit dem Resonanzkörper verbundenen Musikbogen, an dem die Saiten, drei bis fünf an der Zahl, befestigt waren. Dieser Harfentyp ist heute noch vereinzelt in Asien und Afrika zu finden. Etwa 3000 Jahre später (eine zwölfsaitige Holzharfe mit Kupferwirbeln aus dem Jahre 3500 v. Chr. wurde kürzlich in einem der Königsgräber von Ur in Chaldäa ausgegraben) ist man in Vorderasien dazu übergegangen, den Saitenträger (Hals) nicht mehr bogen-, sondern winkelförmig aus dem Resonanzkörper herauswachsen zu lassen. Der Saitenumfang wurde vergrößert, und es entstand die Winkelharfe. Auch in akustischer Hinsicht stellt die Winkelharfe einen Fortschritt dar, denn die Winkelform paßt sich der notwendigen Saitenverkürzung an. Aus dieser Harfenform entwickelt sich nun im Laufe der Zeit die Rahmenharfe. Man verband den Resonanzkörper und den Hals durch einen Stützbalken (Säule — Vorderstange) und schuf dadurch den Rahmen. In unserem Erdteil wird die Harfe zuerst bei den Angelsachsen und Iren im 8. Jahrhundert erwähnt. Die irische Form zeigt schon den sich nach oben verjüngenden Resonanzkörper, den nach innen gebogenen und damit sehr widerstandsfähigen Hals und die Vorderstange. Diese Harfe war mit Kupfersaiten bespannt, wurde im linken Arm gehalten und mit der rechten Hand gespielt und hält sich bis über die Zeit der Minnesänger (12.—13. Jahrhundert). Dann wurde, um beide Hände für das Spiel frei zu bekommen, vom Halten der Harfe Abstand genommen. Mit geringer Abänderung der Form bleibt die Harfe die gleiche, nur wird sie jetzt auf eine Unterlage gesetzt. Später baute man, um sie von der Unterlage loszulösen, an die kleine Rahmenharfe einen dünnen Sockel (Stock). Diese Harfe, Stockharfe genannt, ist der direkte Vorläufer der heutigen Harfe, denn jetzt bedurfte es nur mehr einer Vergrößerung des Resonanzbodens und des Tonumfanges, und die heutige Form war geschaffen. Diese Verbesserungen ließen auch nicht lange auf sich warten. Wir finden schon im Jahre 1618 in England ein Instrument mit 43 Saiten bespannt vor, eine Saitenzahl, die von den heutigen Harfen nicht viel überboten wird. Diese Harfe war mit ziemlich dicken Saiten aus Messingdraht bespannt, wogegen man auf dem Festland schon im 13. Jahrhundert Darmsaiten bevorzugte. Die eben erwähnte Harfe war schon ziemlich verwendungsfähig, man konnte große Akkorde, Begleitung mit Bässen spielen. Ja, schon Soli waren möglich. So finden wir sie bald in Verwendung als Begleit- und Soloinstrument bei Tanzmusiken und als beliebtes Begleitinstrument bei Volkssängern. Doch hatte diese Harfe noch immer einen großen Fehler, es fehlte ihr die Modulationsfähigkeit, d. h. man konnte nur in einer Tonart musizieren. Wollte man in einer anderen Tonart spielen oder mußte auch nur ein einziger Ton verändert werden, ergab sich die Notwendigkeit umzustimmen. Um diesem zeitraubenden Umstand abzuhelfen, hatte man in der zweiten Hälfte des 17. Jahrhunderts in Tirol eine Harfe gebaut, auf der man die Tonhöhe durch einen gegen jede der Saiten zu drückenden Haken um einen Halbton verändern konnte. Diese Harfe wurde Hakenharfe genannt. Es war dies schon ein großer, zeitersparender Fortschritt, jedoch mußte der Spieler immer noch bei jeder chromatischen Veränderung auch nur eines Tones die linke Hand frei haben, um den betreffenden Haken zu betätigen. Trotz dieses Mangels hat sich aber diese Harfe bis auf den heutigen Tag erhalten, und man kann sie bei Straßenmusikanten noch antreffen. 1720 erfand Hochbrucker in Donauwörth ein System, welches auch diesem Mangel abhelfen sollte. Er verband die Haken oktavenweise durch schmale Stahlbänder, die am Säulenende des Halses an einer Übersetzung befestigt wurden. In die Säule selbst kamen Stangen, an deren einem Ende diese Übersetzungen angebracht, während am anderen Ende Pedale befestigt wurden, die dann am Sockel der Harfe heraustraten. Damit war die Pedalharfe erfunden, die heute einfache Pedalharfe genannt wird. Die oben erwähnten Stangen haben eine doppelte Funktion: sie wirken einesteils als Zug-, andernteils als Druckstangen. Beim Eintreten der Pedale wird die Stange nach unten gezogen und dadurch infolge einer Übersetzung ein Schließen der Maschinen bewirkt. Um aber ein Öffnen der Maschinen zu bewirken, müssen die Stangen als Stoßstangen dienen. Dazu ist jedes Pedal mit einer starken Spiralfeder verbunden, die zu wirken beginnt, wenn der Druck des Fußes nachläßt oder ganz aufhört und das Pedal nicht fest eingeschaltet wird. Diese Harfe hatte schon 7 Pedale (für jeden Grundton ein Pedal) und ermöglichte Leistungen, die bis dahin unmöglich waren. Später nahm man dann von den Haken Abstand und ersetzte sie durch kreisrunde Scheiben. Diese Scheiben (Maschinen genannt) haben zwei gabelförmig stehende Stifte und sitzen an einer beweglichen Achse, die durch die vordere und hintere Messingplatte geht. An dem vorderen Teil der Achse sitzt die Maschine, die am anderen Ende befestigt ist. Durch einen Pedaltritt wird nun die Achse samt Maschine bewegt, die zwei Stifte pressen sich an die Saiten und verkürzen sie um einen halben Ton. Diese Harfe wurde, bei Ruhestellung der Pedale, in Es-Dur gestimmt und umfaßte die Tonarten Es-, B-, F-, C-, G-, D-, A- und E-Dur. Außerhalb dieses Umfanges liegende Töne oder Tonarten mußten aber nach wie vor durch Umstimmen oder Enharmonisieren (enharmonische Verwechslung) erreicht werden. Natürlich erhöhten sich durch einen Pedaltritt alle gleichnamigen Saiten, so daß ein Zusammenspiel von verminderten oder übermäßigen Oktaven un-

Beispiel 1

möglich war. Um die Übersicht zu ermöglichen, wurde die Harfe teilweise mit farbigen Saiten bespannt, und zwar F = blau, C = rot, alle übrigen weiß. Der Resonanzboden ist durch eine Leiste geteilt, in der für jede Saite ein Loch gebohrt ist. In dieses Loch kommt die durch einen Knoten verstärkte Saite und wird dort durch einen Zapfen aus Ebenholz oder Elfenbein festgehalten. Die Saite läuft nun durch die Maschine über den Steg in den Wirbel und wird dort vermittels des Stimmschlüssels aufgespannt. Der Wirbel ist rund, hat eine sich nach vorne verjüngende Form und ist rückwärts vierkantig (zum Anstecken des Stimmschlüssels). Vom großen G aufwärts werden Darmsaiten, abwärts übersponnene Stahlsaiten verwendet. Zu erwähnen wäre noch, daß die Normierung der Oktaven für den Harfenspieler eine andere ist, was durch die Besaitung bedingt ist. Die Saiten der Harfe sind numeriert von 0—35 und untergeteilt in 5 Oktaven (Beisp. 1). Der Rest besteht aus übersponnenen Stahlsaiten. Diese Einteilung wurde von den Saitenfabriken getroffen, um im Falle des Reißens von Saiten rasch Ersatz zu finden.

Die einfache Pedalharfe stellte durch ihre Beschränkung auf acht Tonarten noch lange nicht das Ideal für einen Musiker vor. 1780 begründete Cousineau in Paris die Theorie der Doppelpedalharfe. Sie wurde von Seb. Erard aufgegriffen und danach im Jahre 1820 die erste Doppelpedalharfe gebaut. Durch diese Erfindung gewann die Harfe viele und große Vorteile und wurde erst richtig verwendungsfähig. Einige Änderungen waren an der Harfe vorzunehmen. So mußte z. B. der Sockel vergrößert werden (Abb. 1), um Platz zu schaffen für die zweite Pedaleinschaltung. Das vom Sockel Gesagte betrifft auch die Mechanik. War früher nur eine Maschine, so waren jetzt deren zwei unterzubringen, wodurch eine Verbreiterung der Messingplatten bedingt war (Abb. 2). Die Harfe wurde durch den Bau doppelter Pedale größer und schwerer. Diesem Umstand mußte auch der Resonanzkörper angepaßt werden. Er wurde umfangreicher, wodurch das Instrument an Tonvolumen bedeutend gewann. Durch die zweimalige Verkürzung der Saiten wird eine Erhöhung um je einen Halbton erreicht, so daß, wie aus Abb. 1 und 2 zu ersehen ist, jeder Ton von ♭ über ♮ auf ♯ erhöht werden kann. Der Tonumfang wurde von Erard erweitert von Kontra C bis A_4. Seb. Erard, der die erste Doppelpedalharfe erbaute, errang sich dadurch die entscheidende Vormachtstellung im Harfenbau. Der Begriff „Harfe" war von dem Namen „Erard" kaum zu trennen.

Ein schwer empfundener Mangel haftete jedoch auch dieser Harfe noch an, es fehlte ihr die Chromatik. Fortlaufende chromatische Skalen oder Akkorde, selbst im lang-

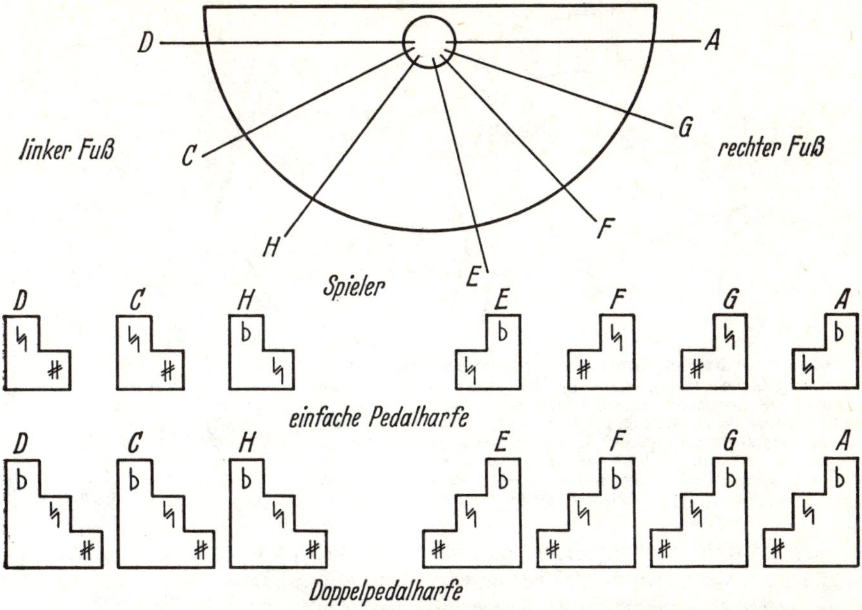

1. Anordnung der Pedale bei Harfen. Man beachte die Vereinheitlichung durch die Doppelpedale: Ruhestellung — sieben ♭, einmal eingetreten — sieben ♮, zweimal eingetreten — sieben ♯.

samsten Tempo, waren nicht ausführbar. Da der Harfenspieler mit zwei Füßen sieben Pedale zu bedienen hat, bedarf es unbedingt einer gewissen Zeit, um mehr als zwei Pedale zu treten, wodurch eine Chromatik nahezu ausgeschlossen erscheint. Um nun diesen letzten Mangel zu beheben, versuchten J. H. Pape in der Mitte des 19. Jahrhunderts und später Lyon & Co. den Bau einer chromatischen Harfe. Der Gedanke ging dahin, die Harfe durch ein anderes System der Besaitung von der Pedaltätigkeit unabhängig zu machen. Dieses System war so gedacht, daß alle Töne durch eigene Saiten erzeugt werden, nicht wie bei der Pedalharfe, bei der drei Töne auf einer Saite erzeugt werden. Durch den Fortfall der ganzen Mechanik wurde der Hals enger und dadurch ermöglicht, von beiden Seiten des Halses Saiten aufzuziehen. In den Resonanzboden wurden zur Befestigung der Saiten statt einer Leiste deren zwei eingelegt. Jetzt konnten die Saiten von beiden Seiten kreuzweise aufgezogen werden. Durch diese Art der Besaitung, von links oben nach rechts unten und umgekehrt, entstand ein Punkt, an dem sich die Saiten kreuzten. Die Anordnung der Saiten war derart, daß von einer Seite nur weiße Saiten gezogen wurden (gestimmt in C-Dur), während von der anderen Seite nur schwarze Saiten gezogen wurden (Obertöne Cis — Dis — Fis — Gis — Ais). An dem Kreuzungspunkt der weißen und schwarzen Saiten lag die Chromatik und auch die Spielfläche. Jetzt hatte man wohl die Chromatik gewonnen, aber so ziemlich alle Harfeneffekte eingebüßt. Durch die Vermehrung von fünf Saiten für jede Oktave ergab sich eine weitere Vergrößerung der Harfe. Da eine Verlängerung der Harfe

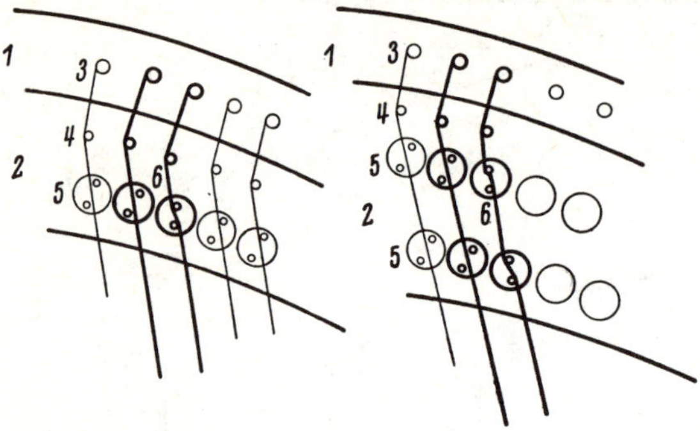

2. Maschinerie der einfachen Pedal- und der Doppelpedalharfe. 1. Hals der Harfe (aus Ahorn). 2. Messingplatte. (Man beachte die Verbreiterung durch die zweite Maschine.) 3. Saitenwirbel. Er geht durch den Hals und hat konische Form. Vorne für die Saiten ein Loch, rückwärts vierkantig zum Anstecken des Stimmschlüssels. 4. Steg, der den schwingenden Teil der Saite abgrenzt. Der Teil vom Wirbel zum Steg schwingt nicht. 5. Maschine offen. 6. Maschine einmal, beziehungsweise zweimal geschlossen, wodurch der schwingende Teil der Saiten verkürzt wird, $^1/_2$—$^2/_2$ Ton.

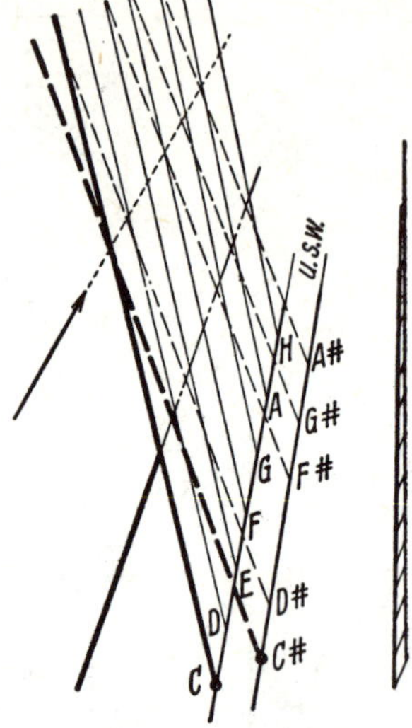

3. Saitenebene der chromatischen Harfe. Der Pfeil zeigt auf den Kreuzungspunkt der schwarzen und weißen Saiten (Spielfläche).

um $^5/_7$ nicht mehr möglich war, vielmehr die Hände sich als zu kurz erwiesen, wurde die ohnehin enge Mensur der Harfe noch mehr verengt, um alle Saiten unterzubringen. Dadurch wurde die Mensur aber so eng, daß es fast unmöglich war, ohne Nebengeräusche zu spielen.

Alle „Glissandi" wurden unmöglich, da die Eventualität von Synonymen durch den Fortfall der Mechanik nicht mehr zu Recht bestand. Diese Verluste wurden durch den Vorteil der Chromatik keineswegs ausbalanciert; man blieb daher nach einigen Versuchen wieder bei der Doppelpedalharfe. Im Jahre 1889 fing die Firma Lyon & Healy in Chicago Harfen zu bauen an, die geeignet waren, der Firma Erard beträchtliche Konkurrenz zu machen. Viele technische Verbesserungen machten die amerikanischen Harfen dem Harfenspieler (besonders im Orchester) bald unentbehrlich. Die Klangstärke, welche die der Erardharfen weit übertrifft, die Präzision und Haltbarkeit der Mechanik, die langjährige reine Stimmung in allen Tonarten verbürgt, verdrängten bald die Erardharfen. Heute finden wir in fast allen großen Orchestern nur mehr Harfen der Firma Lyon & Healy. Der Umfang der Harfen wurde etwas vermindert, und zwar so, daß die amerikanischen Harfen nur vom Kontra D bis F_4 (G_4) reichen. Mit Rücksicht auf diesen Umstand ist

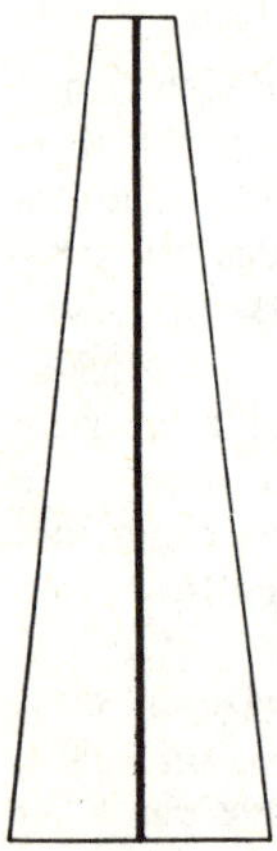

4. Resonanzboden der Doppelpedalharfe. In der Mitte liegt die Leiste, in der mittels Knöpfen die Saiten befestigt sind.

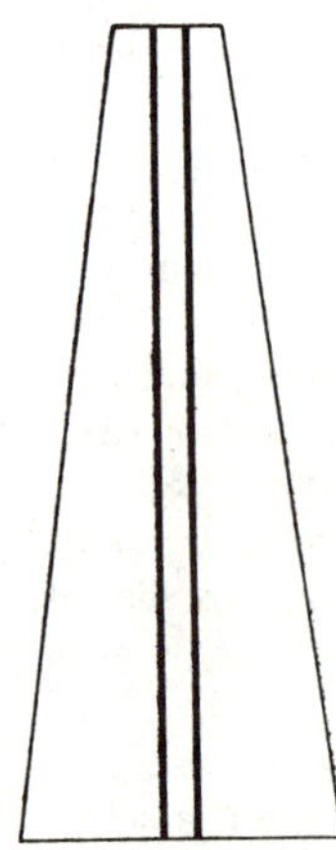

5. Resonanzboden der chromatischen Harfe. Der Boden wird von zwei Leisten unterbrochen.

es daher ziemlich zwecklos, wenn Komponisten, wie E. W. Korngold und A. Berg, bis zum Subkontra H (Wozzek) oder Rich. Strauß bis A_4 (Josefslegende) schreiben. Da der Ton nicht mehr auf der Harfe ist, muß er eben ausgelassen werden. In den letzten Jahren begann man auch in Deutschland wieder Harfen zu bauen, Löffler in Berlin und Obermaier in München. Leider sind beide Firmen noch zu wenig bekannt und auch noch zu jung, um ihre Erzeugnisse mit altbekannten Instrumenten wirksam konkurrieren lassen zu können.

Das Studium.

Im Zeitalter der mechanischen Musik (Radio — Schallplatte — Tonfilm) ist es mehr als je angebracht, die Rentabilität eines Brotstudiums zu untersuchen. Ganz besonders bei der Harfe ist es wichtig, diesem Umstand sein Augenmerk zuzuwenden. Der Anschaffungspreis eines geeigneten Instrumentes schwankt zwischen 3000—6000 Mark, das Studium ist lang und kommt infolge hoher Notenpreise und Saitenverbrauch sehr teuer.

Außerdem ist zu bemerken:

Die Tätigkeit als Solist kommt mangels geeigneter Literatur und geringer Ausdrucksmöglichkeiten nicht in Frage. Rein technisches Können bei immerwährendem Decrescendo (man mag eine Saite stark oder schwach anreißen, sie wird immer decrescendieren) vermag auf die Dauer das Publikum nicht zu fesseln. Die Kammermusikliteratur beschränkt sich auf einige wenige Werke, so daß dem Harfenspieler ein Arbeitsfeld nur im großen Orchester geboten wird.

In sehr vielen Theatern und Symphonieorchestern ist nur eine Stelle besetzt, in wenigen zwei, und nur in einem einzigen Falle in Europa sind vier Stellen besetzt (Berliner Staatstheater). Aus dem vorher Gesagten kann man ersehen, daß die Zahl der Harfenspieler sehr gering ist. Diese wenigen Harfenspieler müssen wirklich allerersten Ranges sein, was nicht jedem zu erreichen vergönnt ist, da es Sache des Talentes ist.

Wer sich dennoch dem Studium der Harfe widmen will, dem sei gesagt, daß jetzt erst die Schwierigkeiten beginnen. Das Instrument stellt an den Studierenden und später Ausübenden Anforderungen wie kein zweites Orchesterinstrument. Es gehören ein guter Kopf, gute Augen, gute Ohren, technisch sehr gut ausgebildete Hände und sehr flinke Füße dazu, um ein brauchbarer Harfenspieler zu werden. Von großem Vorteil ist es, wenn der Studierende Pianist ist, da dann schon das Lesen in zwei Systemen Gewohnheit ist.

Nun zum Studium selbst:

Die Haltung der Harfe ist schnell erklärt und auch leicht befolgt. Man setzt sich auf den Sessel, und zwar auf die vordere Hälfte (um den Füßen Bewegungsfreiheit zu lassen) und legt die Harfe auf die rechte Achsel. Die Harfe muß so liegen, daß sie fast in Schwebe liegt. Zu weit nach rückwärts drückt sie auf der Achsel, was zu vermeiden ist, zu weit nach vorne besteht die Gefahr, daß sie wieder nach vorne kippt. Das ist natürlich eine Kleinigkeit, die jeder Schüler sofort versteht und befolgt. Nun folgt die Erklärung der Besaitung (siehe Notenbeispiel 1). Trotz der teilweise farbigen Besaitung muß der Harfenspieler immer sein Instrument im Auge behalten, da man die Farbe nicht fühlt. Ein Blindspiel wie beim Klavier ist unmöglich.

Wenn alles Vorhergesagte vom Schüler erarbeitet ist, beginnt der praktische Teil des Lehrganges mit der Handhaltung. Da dieser Abschnitt der Lehrzeit grundlegend für alle Zeiten ist, widme ich ihm besondere Aufmerksamkeit. Bemerkt sei, daß die Eigenart der folgenden Lehre als „Wiener Schule" des Harfenspiels bezeichnet werden kann. Sie wurde von Anton Zamara, geb. 3. 3. 1823 in Mailand, gest. 15. 11. 1901 in Wien, ins Leben gerufen. Er wurde 1843 als Soloharfenist an die Wiener Hofoper berufen und ihm gleichzeitig die Lehrerstelle am Wiener Konservatorium übertragen. Dort begründete er nach eigener Methode seine Lehrweise, die vom Jahre 1883 ab sein Sohn Alfred und nach dessen Pensionierung im Jahre 1919 ich weiterführe. Anton Zamara legte nebst technischer Vollendung das Hauptgewicht auf guten und vollen Ton. Diesen erreichte er durch eine Handhaltung, deren Vorzüge alle seine Schüler erkannten und weiter pflegen. Er ging dabei von dem Grundsatze aus, daß, um den Ton weich und voll zu gestalten, es besser sei, so viel Fleisch der Fingerspitzen als möglich an die Saiten zu bringen. Je knochiger und fleischloser die Fingerspitzen sind, um so härter wird naturgemäß der Ton. Wir bemühen uns daher, obigem Grundsatz folgend, die rechte Hand in einen ca. 90°-Winkel zur Saitenebene zu bringen, die linke Hand etwas abwärts geneigt, und jetzt die Finger ungefähr in der Hälfte der Saiten einzusetzen. Dadurch kommt fast die ganze Fläche der Fingerspitzen mit den Saiten in Berührung, und man ist imstande, einen weichen und vollen Ton zu erzeugen. Versucht man jetzt diese Handstellung einzunehmen, so wird man finden, daß für den kleinen Finger kein richtiger Platz vorhanden ist. Er käme entweder unter den 4. Finger, oder man müßte die Hand verdrehen. Auch spricht das Kräfteverhältnis gegen eine Verwendung des kleinen Fingers. Die Harfenspieler der ganzen Welt spielen daher nur mit 4 Fingern rechts und links, ein Umstand, der vielen Komponisten nicht geläufig zu sein scheint, wie uns ihre Harfenstimmen immer wieder zeigen. Diese 4 Finger sind durch den Umstand, daß man die Harfe auf der rechten Achsel liegen hat und von rechts und links in die Saiten greift, bei gleichlaufenden Passagen gleich. Das heißt, ein besonderer Fingersatz für rechte und linke Hand, wie beispielsweise beim Klavier, entfällt. Dadurch erübrigt sich auch später ein gesondertes Tonleiterstudium, da alle Tonleitern gleiche Fingersätze haben. Die 4 Finger des Harfenspielers werden wie folgt benannt:

Daumen = 1. Finger,	Mittelfinger = 3. Finger,
Zeigefinger = 2. Finger,	Ringfinger = 4. Finger.

Diesen theoretischen Erklärungen folgt die Anwendung.

Der Schüler muß sich jetzt bemühen, laut Anweisung die Hände zu halten und die Finger an die Saiten zu legen. Ist die Hand richtig angelegt, beginnt die Tätigkeit der Finger. Jeder einzelne Finger soll und muß mit einer Bewegung, die fast einer streichenden gleicht, aus den Saiten genommen werden. Sie muß, bei absolut ruhiger Hand, eine nach außen federnde sein. Die Innenfläche der Hand darf weder berührt noch dürfen die Finger nach innen genommen werden, um später Platz zum Untersetzen zu haben. Dabei muß darauf geachtet werden, daß alle 4 Finger gleich stark angeschlagen werden, was einige Schwierigkeiten bietet, da von Natur aus nicht alle Finger gleich entwickelt sind. Dieser Ausgleich ist nur durch intensives Studium zu erreichen.

Bei dieser Tätigkeit habe ich die Erfahrung gemacht, daß es allen Schülern viel leichter fällt, unsere Handhaltung bei absteigenden Bewegungen einzuhalten. Ich lasse daher einige Zeit nur kleine 4-Finger-Übungen abwärts spielen, um die Handstellung zu festigen. Erst wenn diese Festigung erzielt ist — bei dem einen dauert es länger, bei dem andern kürzer —, beginne ich mit Übungen in aufsteigender Richtung. Selbst nach dieser sorgfältigen Vorbereitung kann man noch oft die unmöglichsten Verdrehungen der Hand beobachten. Ist auch diese Klippe überwunden, dann beginnt erst das eigentliche Studium, und zwar verwende ich die langjährig bewährte Harfenschule von Anton Zamara. Ich möchte aber darauf hinweisen, daß in den letzten Jahren eine Harfenschule von Viktor Coeur erschienen ist, die entschieden zu beachten ist. Nach und nach werden dann Skalen-, Dreiklang- und Septakkordübungen in das Studium eingelegt.

Eine Verlängerung der 4 Finger wird durch Unter- bzw. Übersetzen erreicht. In aufsteigender Richtung greift der 4. Finger unter den Daumen, in absteigender der Daumen über den 4. Finger (Beisp. 2).

Beispiel 2

Unter- und Übersetzen ist natürlich auch mit dem 2. und 3. Finger möglich, je nachdem eine Passage 6, 7 oder 8 Töne umfaßt.

Nach kurzem Studium, welches einstweilen nur der Handhaltung und Erwerbung einer wenn auch kleinen Fingerfertigkeit gewidmet war, tritt etwas Neues in das Leben des angehenden Harfenspielers. Hat man bisher nur in einer Tonart musiziert, so kommen in den weiteren Studien schon andere vor, und gelegentlich taucht schon ein vorübergehendes Versetzungszeichen auf. Hier beginnen die Schwierigkeiten, die außer der Harfe kein anderes Orchesterinstrument kennt. Die Harfe ist diatonisch gestimmt und hat keine Obertasten oder ähnliches. Jede durch Versetzungszeichen bedingte Tonveränderung muß mit den Füßen hergestellt werden. Zu diesem Zwecke ist die Harfe mit 7 Pedalen versehen. Jedes Pedal bezieht sich auf einen Ton, der zweimal erhöht werden kann. Die Pedale sind nach abwärts zu treten, und es befinden sich bei jedem zwei Stufen, um sie fest einzuschalten, wenn ein Versetzungszeichen längere Zeit in Kraft tritt. Falls ein Versetzungszeichen nur vorübergehend Gültigkeit hat, hält man das Pedal für diese Zeit mit dem Fuße und läßt es dann wieder aus, wodurch der Normalzustand wieder hergestellt wird.

Da die Harfe bei offenen Pedalen in Ces-Dur (einer sehr seltenen Tonart) steht, tritt an den Schüler bald die Notwendigkeit heran, sich mit ihnen zu befassen. Nach kurzer Erklärung über die Anordnung derselben, deren sich 3 links (H, C, D) und 4 rechts (E, F, G, A) befinden, beginne ich sofort mit einigen Tretübungen. Hier achte ich hauptsächlich darauf, daß die Ferse stets am Boden bleibt. Es kommt in der Praxis sehr häufig vor, daß man mit beiden Füßen gleichzeitig Pedale treten muß. Da man aber nur halb auf dem Sessel sitzt, braucht man in diesem Falle einen Stützpunkt. Diesem Zwecke müssen die Fersen dienen. In den Anfangsstudien kommen wenig Pedale vor, und dadurch wird es möglich, den Schüler nach und nach in deren Gebrauch einzuführen.

Mit der Zeit wird dann das Pedaltreten zur Gewohnheit und geht derart in Fleisch und Blut über, wie es eben beim brauchbaren Harfenspieler sein muß. Jetzt erst kennt der Schüler das Instrument, und es gibt nichts mehr zu tun, als Technik zu sammeln, um später allen Anforderungen gewachsen zu sein.

Laut Lehrplan der Akademie für Musik und darstellende Kunst in Wien schließen an die Harfenschule von A. Zamara die „30 fortschreitenden Etüden" und die „7 progressiven Sonatinen" von F. J. Nadermann an.

Letztere sind 2—3sätzige Sonatinen, an denen der Schüler zum ersten Male eine geschlossene Form beobachten kann. Dann folgen die „24 Präludien" von F. J. Nadermann.

Alle diese Studienwerke verfolgen nur den einen Zweck, das bisher Erlernte zu festigen und Geläufigkeit zu erwerben. Die nächstfolgenden Studien verfolgen schon einen weitergehenden Zweck. — Bisher wurde nur in der gebräuchlichen Form Harfe gespielt. Die „20 melodischen Etüden" von Ch. Godefroide führen nun in verschiedene Abarten des Harfenspieles ein. Eine der ersten ist das Flageolett. Diese Töne werden dadurch erzeugt, daß man die zu spielende Saite genau in der Mitte abgrenzt und dann mit dem Daumen die obere Hälfte anreißt. Dazu verwenden wir als Abgrenzung rechts den 2. Finger, links den Daumenballen. Es entsteht ein hellklingender Ton, der eine Oktave höher klingt, als die gespielte Saite sonst klingen würde. Zum ersten Male kommt auch eine Abart des Glissandos vor, und zwar Glissando in Terzen, Sexten und Oktaven mit Fingersatz. Es wird so ausgeführt, daß der Daumen über die Saiten gleitet, während der 2., 3., 4. Finger wie immer spielt. Diese Bewegung ist jedoch nur nach abwärts möglich. Nach aufwärts gibt es nur ein Terzenglissando, bei dessen Ausführung der 2. und 3. Finger in ganz steifer Haltung über die Saiten gleiten. Dann folgen noch das „Melodienalbum" 2. und 3. Teil von E. Schuëker op. 8 und die „18 Etüden für höhere Ausbildung" von F. J. Nadermann.

Von den letztgenannten sagte A. Zamara: diese Etüden sind so vorzüglich, daß jeder Harfenspieler vor seinem Tode noch einmal aufstehen soll, um sie noch einmal zu spielen. Nach meinen Erfahrungen kann ich diesen Ausspruch begreifen. Denn in diesen Etüden ist alles enthalten, was der Harfenspieler braucht, um seine Hände weich und geläufig zu erhalten. Damit ist die Unterstufe, die 2 Jahre dauert, abgeschlossen, und es beginnt die Oberstufe in Dauer von 3 Jahren.

Diese wird zunächst einmal durch das Studium der „50 großen Etüden" von Ch. Bochsa op. 34 eingeleitet.

Daneben folgen schon die kleinen Vortragsstücke: Parish-Alvars: „Souvenir de Pischek", Oberthür: „Am Meeresstrand", A. Hasselmans: „Gitana — Serenade — Patrolle und Petite Valse".

Es sind dies kleine Vortragsstücke, die zwar keinen großen literarischen Wert besitzen, aber vorläufig genügen, um den musikalischen Geschmack zu bilden.

Da ich jedoch die Tätigkeit des Harfenspielers als Solist verneine, beginne ich jetzt schon, meine Schüler für die Tätigkeit als Orchestermusiker vorzubereiten. Dies strebe ich durch gründliches Studium der Orchesterliteratur zu erreichen. Ich beginne mit den leichteren Stimmen, etwa für Carmen, Faust usw., bis zu den leichten Stimmen Richard

Wagners. Dieses Studium führe ich so durch, daß ich meinen Schülern die Orchesterstimmen studieren lasse und sie dann mit ihnen durchnehme. Ich übernehme bei diesem Studium den Klavierpart und überlasse es meinen Schülern, Takt und richtigen Einsatz selbst zu finden. Diese Art und Weise hat sich gut bewährt, und ich habe gefunden, daß dadurch Selbständigkeit und taktfestes Arbeiten erreicht und gefördert wird. Mit den acht großen Präludien von Ch. Bochsa schließt das 3. Jahr. Außer diesem instrumentalen Studium dringe ich schon vom 3. Jahr ab auf solide und gründliche theoretische Ausbildung.

Da es sich bei der Harfe um ein reines Akkordinstrument handelt, halte ich Beherrschung der Musiktheorie für dringend geboten. Es kommen in der Praxis oft derart rasche Passagen vor, daß es nicht mehr möglich ist, sie Note für Note zu lesen. Da bedarf es dann einer gründlichen theoretischen Vorbildung, um solche Passagen rein optisch zu lesen und zu spielen.

Der 4. Jahrgang beginnt und endet mit den „48 großen Etüden" von F. Dizi (als Studienmaterial).

Daneben schließt sich das Studium der schwereren Solostücke an. Und zwar nehme ich im 4. Jahre durch: H. Trneček: „Schubert Fantasie, eine Bearbeitung von Schubertliedern"; H. Trneček: Vltava (Moldau), eine Bearbeitung der gleichnamigen symphonischen Dichtung, C. Saint-Saëns: Fantasie für Harfe Solo, op. 95; C. Saint-Saëns: Fantasie für Harfe und Violine, op. 124; L. Spohr: Fantasie für Harfe Solo, op. 35 (bearbeitet von A. Holy).

So wie im 3. Jahre werden auch im 4. die Orchesterstudien fortgesetzt. Dies 4. Jahr ist dem Studium der Stimmen von Rich. Wagner gewidmet. Es folgen nacheinander: Tannhäuser, Meistersinger, Tristan und der Nibelungenring.

Letzteren habe ich für eine Harfe bearbeitet und gebe diese Bearbeitung jeden meiner Schüler mit in das praktische Leben.

Das 5. Jahr, gleichzeitig das letzte, dient nur mehr der technischen und künstlerischen Vollendung. In technischer Hinsicht wird sie durch das Studium „der 8 großen Etüden" — der „Konzertetüde in C-Dur" und der „Improvisationen" von Wilhelm Posse (Berlin) zu erreichen versucht. Diese Etüden sind das Vollkommenste für Harfe. Die Anforderungen an Hand- und Fußtechnik sind unerhörte. Man kann daher mit ruhigem Gewissen jedem Schüler das Zeugnis künstlerischer Reife ausstellen, der diese Studien absolviert hat.

In künstlerischer Hinsicht schule ich durch das Studium der wenigen großen Originalwerke oder Bearbeitungen: G. Fr. Händel: Concerto grosso für Harfe mit Orchester; Dittersdorf-Pillney: Konzert für Harfe mit Streichorchester, 2 Oboen, 2 Hörnern; W. A. Mozart: Konzert für Flöte und Harfe mit Orchester op. 299; K. Reinecke: Konzert für Harfe mit Orchester op. 182.

Diese wenigen Werke sind der ganze Schatz an wertvoller Sololiteratur. Ich lasse sie daher vollzählig studieren. In der modernen Literatur finden wir noch ein Werk, und zwar: Cl. Debussy: „Danses für chromatische Harfe mit Orchester".

Dieses Werk wurde von H. Renié (Paris) für Pedalharfe umgearbeitet und wird in dieser Form gespielt.

Neben diesen Werken lasse ich noch studieren: Cl. Debussy: Sonate für Flöte, Viola und Harfe; M. Ravel: Introduktion und Allegro für Harfe, Streichquintett, Flöte und Klarinette; B. Sekles: Suite für 10 Soloinstrumente und Rich. Stöhr: Septett.

Zum Schlusse werden noch die letzten Erfahrungen, die uns Rich. Strauß in seinen Werken bietet, durch das Studium seiner Harfenstimmen nutzbringend verwertet.

Verwendung als Orchesterinstrument.

Die Spieltechnik der Harfenspieler, anfangs gering, später besonders durch die Anforderungen, die Richard Wagner stellte, immer mehr und mehr gesteigert, steht heute schon auf einer sehr beachtenswerten Stufe. Und doch gibt es immer wieder Hindernisse zu überwinden, die leider in der geringen Vertrautheit der jetzt lebenden Komponistengeneration zu suchen ist. Im besonderen trifft dieser Vorwurf bei den meisten deutschen Komponisten zu. Während italienische, französische und englische Komponisten geradezu vorbildliche Harfenstimmen schreiben, ich erwähne G. Puccini, dessen Harfenstimmen ohne jede Korrektur ausführbar sind, M. Ravel, dessen Stimmen zwar sehr schwer, aber auch ausführbar sind, setzen sich die deutschen Komponisten mit souveräner Unbekümmertheit über die Eigenart und Behandlung der Harfe hinweg. Um für Harfe zu schreiben, genügt es nämlich nicht, eine Klavierstimme mit Harfe zu überschreiben und damit den Harfenspieler vor oft unerfüllbare Aufgaben zu stellen. Genau so wie jeder Kompositionsschüler den Umfang aller Blasinstrumente kennenlernt, sollte er auch die Eigenart und Behandlungsweise der Harfe lernen. Daß das in vielen Instituten nicht der Fall ist, lehren uns die Harfenstimmen, die wir im Orchester immer wieder vorgelegt bekommen. Vielleicht liegt es auch am Mangel eines geeigneten Lehrbuches, denn selbst in den verschiedenen Instrumentationslehrbüchern ist die Harfe meist nur flüchtig und unsachgemäß behandelt. Ich will nun versuchen, allgemein verständlich die Vorteile und Verwendungsmöglichkeiten der Harfe, eines Instrumentes, das bei sachverständiger Behandlung prachtvolle Effekte hervorzubringen vermag, zu erläutern.

Skalen und ähnliche Bewegungen sind in jeder Tonart und Schnelligkeit ausführbar. Sollten sie einmal zu schnell werden, so daß ein Spiel mit Fingersatz nicht mehr möglich ist, kann man sich mit dem später erwähnten Glissando helfen. Dabei empfiehlt es sich, mit den beiden Stimmen nicht zu nahe aneinander zu gehen, da sonst eine Hand die andere am Spielen stört. Quinten und größere Intervalle sind gleichlaufend gut ausführbar. Quarten und noch kleinere Intervalle klingen in raschem Tempo schlecht, da die Hände zu nahe aneinander spielen und daher Nebengeräusche kaum zu verhindern sind. Ein allzu großer Wechsel an chromatischen Veränderungen ist besser zu vermeiden. Als gut klingendes Beispiel dieser Art führe ich hier eine Stelle aus H. Berlioz: Symphonie fantastique, 2. Satz (ein Ball) an (Beisp. 3).

Als zweites gut klingendes Beispiel, bei dem sich jedoch der Harfenspieler schon durch enharmonische Verwechslung helfen muß, führe ich eine Stelle aus Rich. Strauß: Ariadne auf Naxos an (Beisp. 4).

An diesem Beispiele muß selbst dem Laien der Unterschied zwischen Schreibweise und Ausführung auffallen. Während im Original unbedingt eine Tonwiederholung mit gleichzeitigem Pedalwechsel (Dis—D auf einer Saite, eine sehr fragliche Angelegenheit in dem Tempo) notwendig wäre, ist beides in der zweiten Notierung durch Aus-

Beispiel 3

nützung der Enharmonik vermieden. In diesem Falle wird das im Original notierte Dis auf der E-Saite als Es gespielt, das im Original notierte E als Fes auf der F-Saite, und damit sind alle obengenannten Unannehmlichkeiten beseitigt.

Beispiel 4

Ausgesprochene Chromatik ist nicht ausführbar. Es ist daher nach dieser Richtung größte Vorsicht geboten. Überängstlichkeit ist jedoch auch nicht nötig; ich führe zur Veranschaulichung ein Beispiel von Chromatik an, das zwar sehr schwer, aber bei harfentechnischer Schreibart ausführbar ist.

Beispiel 5
Rich. Strauß: Ägyptische Helena

Die Anfangsbezeichnung: in C: G♯ D♭, besagen, daß der Harfenspieler die Harfe in C-Dur einstellt und die Pedale Gis und Des vorbereitend eintritt. Die Buchstaben zwischen den Zeilen bedeuten das Pedal und je ein Versetzungszeichen einen Pedalwechsel. Aus diesem Beispiele ist zu ersehen, wie aus einer hoffnungslos scheinenden Stimme durch Ausnützung der Enharmonik eine spielbare Stimme wurde.

Beispiel 6

Die Spannweite der vier Finger reicht infolge der engen Mensur der Harfe weit über eine Oktave. Akkorde über drei Oktaven (mit beiden Händen) bereiten absolut keine Schwierigkeiten. Solche Akkorde wie in Beispiel 6 sind ohne weiteres spielbar. Als Beispiel gut klingender Akkorde, die trotz aller Einfachheit prachtvoll klingen, führe ich hier zwei Stellen aus Rich. Wagners „Tannhäuser" an. Beide Stellen spielt und begleitet die Harfe allein: 1. Akt: Dir töne Lob, die Wunder sein gepriesen (Beisp. 7), und 2. Akt: Blick ich umher in diesem edlen Kreise (Wolframs Lied zu Beginn des Sängerkrieges auf der Wartburg, Beispiel 8). Beide Stellen sind leicht zu spielen und dabei von großer Wirkung.

Beispiel 7

R. Wagner, Tannhäuser 1. Akt

Beispiel 8

R. Wagner, Tannhäuser 2. Akt

Größere und mehr als achtstimmige Akkorde sind nur als rasches „Arpeggio“ zu spielen, und da sie Zeit brauchen, im raschen Tempo nicht zu empfehlen. Ein Beispiel ganz großer Akkorde zeigt R. Leoncavallo im „Bajazzo“, wo er die Akkorde nur im Umfang angibt und die Ausführung dem Harfenspieler überläßt.

Beispiel 9

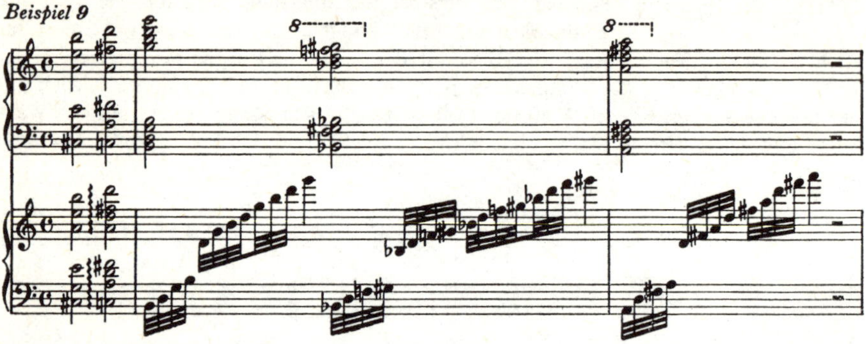

Hier handelt es sich um ein mäßiges Tempo, daher ist es leicht möglich, 12—15 Noten auf ein Taktviertel zu spielen. Läßt man jedoch, wie meistens Rich. Strauß, die Harfen zu zweit oder viert spielen, dann ist bei geschickter Stimmenverteilung einfach nichts unmöglich. Ein Beispiel für diese Behauptung bietet der Rosenkavalier im 2. Akt. Eine Akkordfolge, die für eine Harfe ganz unmöglich wäre und äußerst geschickt auf zwei Harfen verteilt ist.

Beispiel 10

Rich. Strauß, Rosenkavalier, 2. Akt (Auftritt des Rosenkavaliers).

Diese wenigen Takte zeigen deutlich, daß der erste Harfenspieler fast immer in C-Dur, während der zweite durchweg in Ges-Dur spielt. Diese beiden Tonarten sind so weit voneinander entfernt, daß ein Harfenspieler allein die Stelle nicht durchführen kann.

Ein weiteres Beispiel (11) aus dem Rosenkavalier führe ich hier an, um zu zeigen, wie der Harfenspieler allzu großen Pedalwechsel vermeiden kann. In diesem Falle wären von A-Dur nach Ges-Dur drei Pedale von ♯ nach ♮ und weitere sechs Pedale von ♮ nach ♭ zu treten. Um dem auszuweichen, wird die ganze Stelle in ♭ gespielt, und es ist, um nach Ges-Dur zu kommen, nur ein Pedal zu schließen (F ♭—♮).

Hier erscheint durch die Enharmonisierung, rein optisch betrachtet, das Notenbild oft verzerrt und würde daher in der Partitur artfremd wirken. Uns Harfenspielern

Beispiel 11
R. Strauß, Rosenkavalier.

liegt aber die ganze Stelle in dieser Ausführung viel besser in den Füßen. Dazu möchte ich noch bemerken, daß wir solche kurze Stellen frei aus dem Kopfe enharmonisieren und diese Stelle nur als Beispiel umgeschrieben wurde, daher in unseren Opernstimmen nicht zu finden ist.

Es folgt ein weiteres Beispiel einer Akkordverbindung, dessen Ausführung nur an der Notierung scheitern würde. Der Komponist bezweifelt selbst die Möglichkeit und klammert daher im dritten Takt der ersten Harfe einen Akkord ein, der eventuell wegzulassen ist. Auch hier war durch eine andere Verteilung auf zwei Harfen das Original leicht zu erreichen (Beisp. 12).

Dieselbe Stelle kommt einige Takte später um einen halben Ton höher noch einmal und wird dort ebenso verteilt wie hier angegeben.

Ein weiteres Beispiel gebe ich aus der „Frau ohne Schatten“, das im Original kaum ausführbar ist und auch nicht restlos zu enharmonisieren war. Es wurde daher zu einer teilweisen Enharmonisierung gegriffen, d. h. wir fangen enharmonisch an und gelangen dann auf Umwegen zum Original. Trotzdem erfordert diese Stelle noch immer eine ziemliche Pedaltätigkeit. Da nun Rich. Strauß gelegentlich der Einstudierung dieser Oper die Harfen verdoppeln ließ, spielen wir vorsichtshalber diese Stelle zu zweit. Die zweite Harfenstimme wurde in die dritte (zweite erste Harfe) eingetragen (Beisp. 13).

Nun folge noch ein Beispiel einer Reihe von Akkorden, die im Original absolut unmöglich sind. Hier ist auch durch Enharmonisieren kein Ausweg zu finden, weshalb

Beispiel 12
E. W. Korngold: Wunder der Heliane. (1. Akt)

Beispiel 13
Rich. Strauß: Frau ohne Schatten. 1. Akt (Szene der Kaiserin)

wir diese Stelle auf zwei Harfen verteilten. Durch diese Verteilung auf zwei Harfen war es möglich, den Wünschen des Komponisten gerecht zu werden (Beisp. 14).

Zerlegte Akkorde sind als einfaches Arpeggio in fast unbegrenzter Schnelligkeit ausführbar. In Oktaven oder ähnlichen Intervallen vermindert sich die Schnelligkeit naturgemäß durch das Unter- oder Übersetzen beider Hände, wogegen bei einfachen Passagen eine Hand die andere ablöst. In Sexten oder noch kleineren Intervallen empfiehlt es sich nicht, Akkordzerlegungen zu schreiben, denn bevor eine Saite ausklingen kann, muß sie schon wieder von der anderen Hand gespielt werden. Die Saiten werden dadurch frühzeitig gedämpft und der Wohlklang der Harfe geschädigt. Aus diesen Gründen sind allzu kleine Intervalle in Akkordbewegungen zu vermeiden. Sextenzerlegungen jedoch wie im angeführten Rosenkavalier-Beispiel klingen, da es sich um ein mäßiges Tempo handelt, noch gut und voll, da die einzelnen Saiten Zeit zum Ausklingen haben.

Als letztes Beispiel dieser Art eine Stelle aus „Tannhäuser".

Zu dieser Stelle ist weiter nichts zu sagen, als daß sie im Original nicht gut klingt, da die Oberstimme zu weit von der Unterstimme entfernt ist. Auch technisch ist zu

Beispiel 14
Rich. Strauß: Frau ohne Schatten. 3. Akt

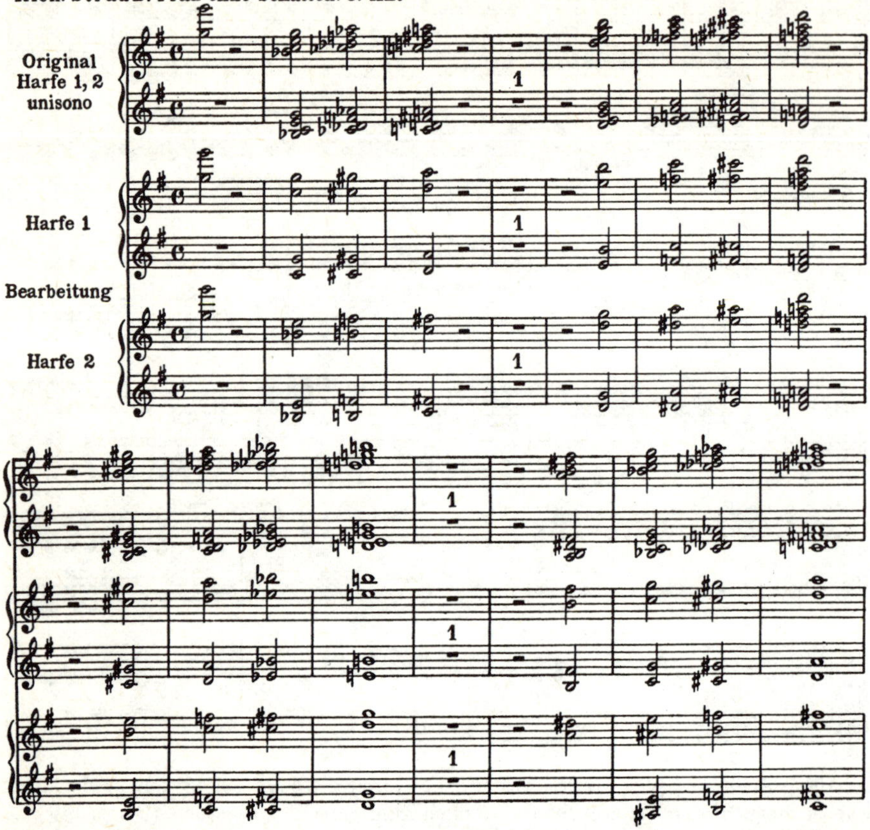

dieser Stelle nichts zu bemerken. Ich lasse ähnliche Fingerübungen bereits im dritten Jahrgang studieren, um die Finger möglichst unabhängig zu machen. Interessant wird die Stelle erst dadurch, daß sie Rich. Strauß in seiner Instrumentationslehre als nicht ausführbar bezeichnet. Da nun, wie oben erwähnt, gerade diese Stelle nicht zu den schweren zählt, regt sich der Widerspruchsgeist, wenn der führende deutsche Meister ohne jede konkrete Unterlage eine derartige Behauptung aufstellt. Diese Stelle wurde wohl von Anton Zamara, im Einvernehmen mit Rich. Wagner, abgeändert, aber rein aus akustischen Gründen. Ich führe deshalb sowohl Original als auch die Abänderung an (Beisp. 15).

Eine weitere Spielart des Harfenspiels ist das „Bisbigliando". Es entspricht etwa dem Tremolo anderer Instrumente und wird so ausgeführt, daß man einen drei- bis höchstens vierstimmigen Akkord so rasch und oft als möglich hintereinander spielt. Anbei ein kleines Beispiel (16) aus Rich. Strauß: Don Juan, um die Ausführung zu veranschaulichen. Das

Beispiel 15

Rich. Wagner: Tannhäuser. 2. Akt. (Tannhäuser: Zu Gottes Preis. Sängerkrieg)

im Beispiel angeführte Bisbigliando dauert 7 Takte lang, bevor die Auflösung des Akkordes erfolgt. Aus dem Beispiel ist zu ersehen, daß bei der Ausführung des Bisbigliandos auf einer Saite in rascher Folge zwei Finger spielen müssen. Daher ist es nur im äußersten Pianissimo wirksam (was bei dem angeführten Beispiel 16 zutrifft). Beim Solospiel kann man damit prachtvolle Effekte erzielen. Zweistimmig (Triller) oder als Einklang (Martellato) ist es auch im Forte möglich. Diese Art wird mit den beiden zweiten

Beispiel 16
R. Strauß, Don Juan

Beispiel 17

Fingern ausgeführt und kann dadurch auch Forte gebracht werden.

Ein Beispiel (17) für diese Art führe ich aus E. W. Korngold: Wunder der Heliane an.

Eine weitere Spielmanier sind die Flageoletts. Über ihre Erzeugung habe ich schon im Abschnitt über das Studium geschrieben. Flageoletts sind in der rechten Hand nur einstimmig, in der linken Hand zwei- und dreistimmig möglich. Bei zwei- oder dreistimmigen Flageoletts wird zur Abgrenzung der Saiten statt dem Daumenballen der Handrücken verwendet.

Der Umfang, in dessen Rahmen sich zwei- und dreistimmige Flageoletts ausführen lassen, ist jedoch mit einer Quint beschränkt. Ausführbar sind alle Flageoletts von  bis zirka . Weiter abwärts kommen Stahlsaiten, die keine Flageoletts geben, aufwärts werden die Saiten schon so kurz, daß eine Abgrenzung in der Hälfte an der Handgröße scheitert. Die Schreibweise A. Bergs und anderer, die Noten zu notieren, das Flageolettzeichen o darüber zu machen mit dem Vermerk: klingt wie notiert, ist, da leicht zu Mißverständnissen führend, nicht zu empfehlen. Am besten ist und bleibt die alte Form, Flageoletts so zu notieren, wie es allgemein gebräuchlich ist, und zwar eine Oktave tiefer, als sie dann bei der Ausführung klingen sollen. Ein zweites Flageolett, kaum gebräuchlich in Fachkreisen und sehr beschränkt im Umfang (nur in der vierten und fünften Oktave ausführbar), ist auch noch aus der Harfe herauszubringen und würde ungefähr wie folgt zu notieren sein: 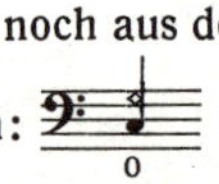 klingt .
Als letzte Spielmanier der Harfe gebe ich das „Glissando“ an, eine Spielart, die unter allen Orchesterinstrumenten nur der Harfe zur Verfügung steht. Diese Spielart wird vielfach mißverstanden, mißbraucht, und es wird viel Unmögliches verlangt. Glissando bedeutet ein Gleiten über die Saiten und wird aufwärts mit dem zweiten Finger der rechten Hand, abwärts mit dem Daumen ausgeführt. Durch den Umstand, daß der Harfenspieler über 15 gesonderte Tonarten verfügt, ergibt sich die Möglichkeit von Akkordglissandi. Ein solches Glissando entsteht dadurch, daß man unter Zuhilfenahme der Pedale zwei und zwei Saiten gleichklingend einstellt. Da in jeder Skala sieben Töne sind, schließen sich Dreiklänge von selbst aus, da immer ein akkordfremder Ton darin enthalten wäre. Nachstehend werde ich die gebräuchlichsten Glissandomöglichkeiten anführen, und zwar in der Form, daß ich erst die Notierung und dann die Ausführung angebe.

1. Alle Tonleitern: da genügt es vollständig, den Anfangs- und Schlußton durch einen Strich zu verbinden, die gewünschte Tonart und die Bezeichnung Glissando anzugeben.

Beispiel 18

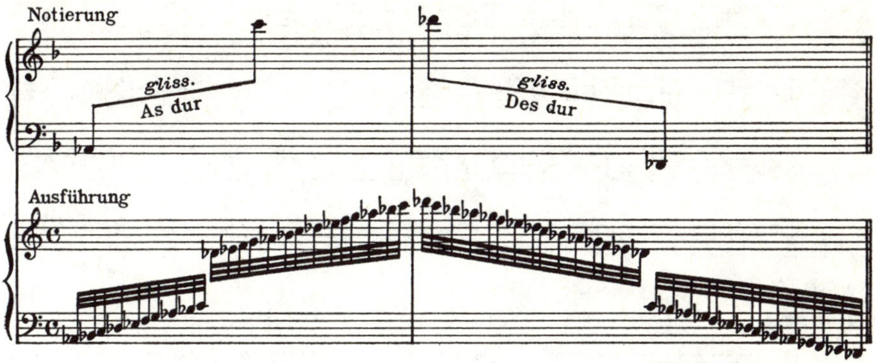

Zu dieser Art Glissando ein Beispiel aus A. Berg: Wozzek. 1. Akt.

Beispiel 19

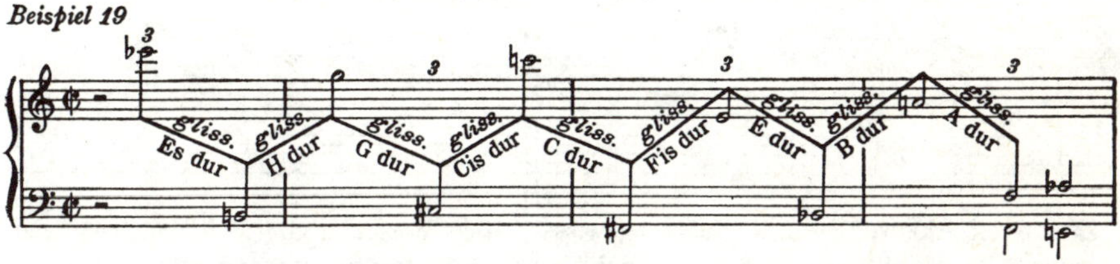

Diese vorangeführte Stelle aus dem Wozzek ist ganz unmöglich auszuführen, denn es wären vom 1. zum 2. Glissando: 3 Pedale von ♭—♮ und 5 von ♮—♯,
vom 2. zum 3. Glissando: 4 Pedale von ♯—♮,
vom 3. zum 4. Glissando: 6 Pedale von ♮—♯,
vom 4. zum 5. Glissando: 7 Pedale von ♯—♮,
vom 5. zum 6. Glissando: 6 Pedale von ♮—♯,
vom 6. zum 7. Glissando: 2 Pedale von ♯—♮,
vom 7. zum 8. Glissando: 4 Pedale von ♯—♮ und 2 von ♮—♭,
vom 8. zum 9. Glissando: 2 Pedale von ♭—♮ und 3 von ♮—♯ zu treten.

Ein derartiger Pedalwechsel ist ausgeschlossen, da ein Glissando an das andere anschließt und daher keine Zeit ist, vier bis acht Pedaltritte auszuführen.

Beispiel 20

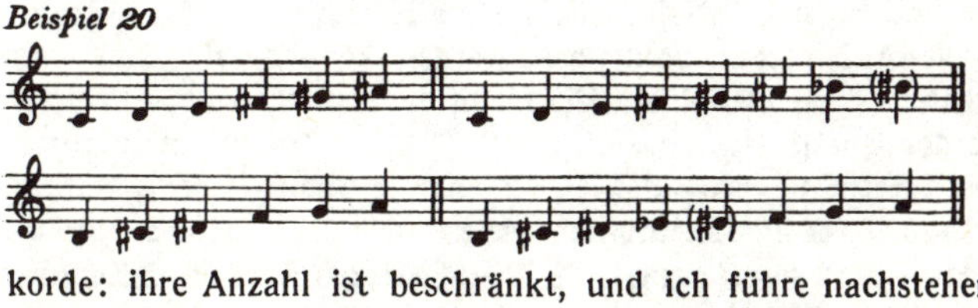

2. Ganztonleiter: wird dadurch möglich, daß man den 7. Ton entweder erhöht oder erniedrigt. Siehe Beispiel 20.

3. Dominantseptakkorde: ihre Anzahl ist beschränkt, und ich führe nachstehend alle ausführbaren an. Alle folgenden Beispiele beziehen sich nur auf den Umfang einer Oktave, selbstverständ-

lich ist aber der Gesamtumfang der Harfe dann auf diesen Akkord eingestellt. Die schwach gedruckten Noten sind die auf der Harfe hergestellten Verdopplungstöne.

Beispiel 21

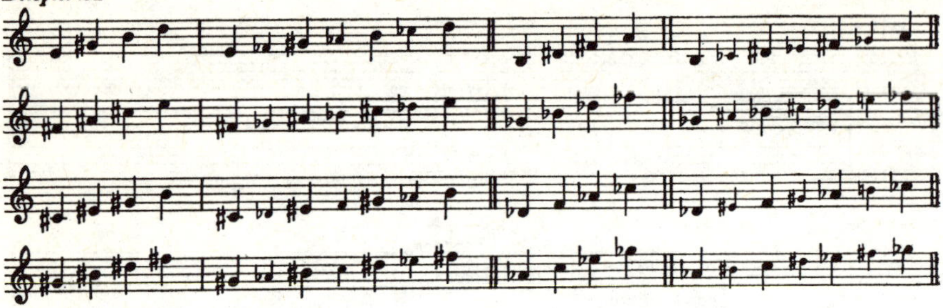

4. Verminderte Septakkorde: Alle.

Beispiel 22

Zu diesen Akkordglissandi gibt es gewissermaßen Formeln, d. h. die Harfenspieler haben die Pedalstellung im Kopfe, um bei diesen häufig vorkommenden Akkorden rasch die Pedale in die richtige Stellung zu bringen. Sie lauten

zu den Akkorden 1: in C: E♯ A♭ G♯ C♭, zu den Akkorden 2: in G: H♯ E♭ D♯ G♭,

zu den Akkorden 3: in F: F♭ A♯ D♭ C♯.

Natürlich kann man auch jede Verdopplungsnote als Nebenton verwerten, und es ist beispielsweise der Akkord: D—E—G—B—Cis ohne weiteres als Glissando zu spielen. Ebenso kann man mit jedem anderen Ton verfahren. Eine weitere Reihe von Nonen — Nebensept — und alterierten Akkorden sind noch als Glissando ausführbar. Um festzustellen, ob irgendein Akkord als Glissando möglich ist, genügt es, wie in den vorstehenden Beispielen, zu untersuchen, ob innerhalb einer Oktave mittels einfacher Versetzungszeichen so viele Akkordtöne verdoppelt werden können, als Töne vom Akkord zur Oktave überzählig sind. Bei einem Vierklang müssen sich drei, bei einem Fünfklang zwei Töne verdoppeln lassen, sonst ist das Glissando nicht auszuführen.

Ein einzig dastehendes Glissando verwendet H. Rabaud in seiner Oper „Maruf", und ich möchte nicht versäumen, es hier anzuführen. Dieses Glissando wird durch eine Querstellung der Pedale H—C und E—F erzielt, die so eingetreten werden, daß immer die tiefere Saite höher klingt als die höhere. (His—Ces—Eis—Fes.)

Beispiel 23

Notierung

In C: H♯ C♭ E♯ F♭.

Ausführung

Das nun folgende Beispiel ist aus der Walküre (1. Akt), im Original für sechs Harfen geschrieben. In dieser Besetzung wird diese Stelle gespielt, wie sie geschrieben ist. Da wir in Wien diese Stelle zu viert spielen, nehmen wir sie als Glissando, um stärker durchzukommen. Durch Anwendung des Glissandos an dieser Stelle wird sie rauschend, da durch das Glissando im selben Zeitmaß fast doppelt so viel Töne erklingen, als notiert sind. Im fünften Takt ändert sich der Akkord, es wird aus einem verminderten ein Dominantseptakkord, wozu in diesem Falle nur der Wechsel eines Pedales notwendig ist (Beisp. 24).

Abschließend sei noch gesagt, daß der Harfenspieler die ♭-Tonarten bevorzugt und sehr viele Stellen der Literatur enharmonisiert. Es ist dies darauf zurückzuführen, daß beim Musizieren in Kreuzen die Saiten zweimal durch die Pedale abgegrenzt werden. Dadurch wird der klingende Teil der Saiten gekürzt und der Ton etwas dumpfer. Bei einer Enharmonisierung nach Be-Tonarten können die Saiten bis zum Steg voll ausklingen, wodurch der Ton heller wird. Diese Enharmonisierung darf jedoch nicht ausarten. Ich erinnere mich aus meiner Praxis eines Falles, in dem mir gelegentlich einer

Beispiel 24

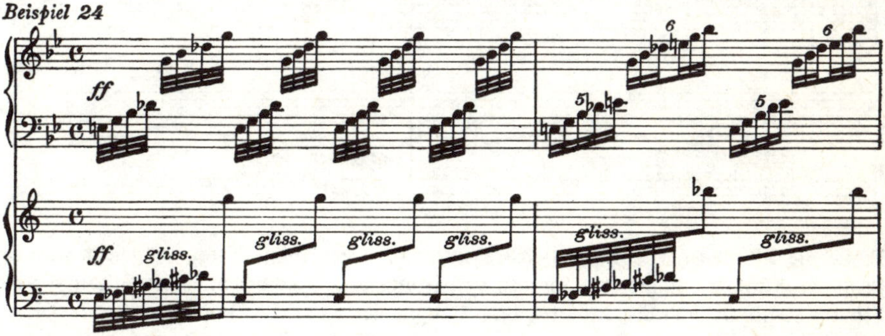

In F: F♭ A♯
D♭ C♯.

Probe die Stimme der Symphonietta eines namhaften Komponisten vorgelegt wurde. In dieser Stimme wimmelte es nur so von ♭ und ♭♭. Erst bei näherem Studium der Stimme stellte sich heraus, daß die ganze Symphonietta in C-Dur komponiert war. Diese sicherlich gut gemeinte Enharmonisierung ist natürlich übertrieben und auch nicht möglich, da es auf der Harfe weder ♭♭ noch ♯♯ gibt. Um solchen Übertreibungen vorzubeugen, betone ich hier, daß eine Enharmonisierung nur bis Ces-Dur möglich ist.

Militärmusik und Marschmusik

von

Heeresmusikinspizient Prof. Hermann Schmidt.

1. Geschichtliches.

Wenn man sich fragt, wie lange die Militärmusik eigentlich schon besteht, dann kann man nur antworten: so lange, wie es Militär und Soldaten gibt. Dabei ist es gleichgültig, was man unter Militär und Soldaten versteht. Mögen es die Legionen der Römer oder die kampfgewohnten Stämme unserer alten Vorfahren, die Ritter oder Landsknechte des Mittelalters gewesen sein, sie alle sind gemeinhin Kriegsvolk und haben der Kriegsmusik nicht entbehren können. Kann man schon beim Urmenschen feststellen, daß er Sinn für unsere schönen Künste hatte, so hat er auch schon in der grauen Vorzeit angefangen, sich Musikinstrumente zu bauen. Wahrscheinlich ist, daß ihn der Gesang der Vögel zur Hirtenmusik angeregt, hingegen der Ruf der gehörnten Tiere, wie Hirsch, Büffel, Elch usw. zum Motiv des Kampfrufes, der zunächst auf der Jagd verwendet wurde, geführt hat. Von diesen hat er gehört, wie sie sich mit ihren Lockrufen auf weite Entfernung verständigten, was ihn wiederum veranlaßte, die Tragweite seiner Stimme durch verstärkende Mittel zu vergrößern. Daß er dabei auf die Verwendung von Tierhörnern kam, ist weiter nicht zu verwundern. Jedenfalls fällt in diese Zeit die Entstehung zweier Kunstgebiete in der Musik.

Es bildeten sich heraus: die Hirtenmusik, ausgehend von den trillernden und jubilierenden Gesängen unserer Vögel, und die Kriegsmusik, ausgehend von den Lock- und Kampfrufen der gehörnten Säugetiere.

Schon die ältesten Urvölker haben Tierhörner zu Signalhörnern verarbeitet, die zur Ankündigung von Opfertagen, zur Zusammenrufung des Volkes und, wie schon erwähnt, für Zwecke der Jagd Verwendung fanden. Bei den alten Griechen hieß ein solches Signalhorn „Kegas“, bei den Hebräern „Schofar“, bei den Äthiopiern „Keren“. Die Inder nannten es „Nursingh“. Die Römer, die schon frühzeitig Bronze verarbeiteten, sind die ersten gewesen, die Hörner aus Metall fertigten. Auch Holz (Baumrinde) und Elfenbein werden zur Herstellung gedient haben, bevor man zu Silber und Messing überging. Ein silbernes Hüfthorn zierte den Heerführer, und Heimdall, der Wächter von Walhall, verkündete mit einem Hornruf die Ankunft der in siegreicher Schlacht gefallenen Helden.

Aus Hörnern entstanden Trompeten und Posaunen, aus der Schalmei Flöten und Klarinetten.

Genau wie das erste Horn, fällt auch die Erfindung der Trommel in die graue Vorzeit des Altertums. Woher sie stammt, kann schwer festgestellt werden. Weder Römer noch Griechen führten Trommeln. In Europa taucht sie erst im 13. Jahrhundert bei den Ungarn und Böhmen auf. Höchstwahrscheinlich kannten sie zuerst die Chinesen, von denen sie über Persien durch die Türkei zu uns gekommen sein mag. Auch die Bezeichnung Tambour stammt aus dem persischen tambûr. Die Glanzzeit der Trommel ist die Landsknechtszeit. Aus der kleinen Trommel ist dann später die große Trommel und die Pauke entstanden.

Es kann nicht wundernehmen, daß schon im Mittelalter die genannten primitiven Instrumente vom Heer als Signalinstrumente übernommen wurden. Aus diesen Instrumenten entwickelten sich, wenn auch langsam, im Laufe der Jahrhunderte unsere mannigfachen Militärmusikinstrumente. Zur Trommel gesellte sich die Querpfeife, zur Oboe die Klarinette, zur Fanfare die Posaune, zum Waldhorn das Helikon, zur Trompete das Tenorhorn und Bombardon.

Das Aufkommen des Militärmarsches verdanken wir der Einführung des Gleichschrittes. Man kann sich eigentlich nicht vorstellen, daß nicht auch in früheren Heeren im Gleichschritt marschiert worden wäre, doch bei uns ist der Gleichschritt erst unter Friedrich Wilhelm I. eingeführt worden. Und zwar lernten ihn die Preußen von dem Landgräflich Hessen-Kasselschen Regiment, das sich ihn seinerseits im Dienste des Kaisers auf Sizilien aneignete, während das Antreten mit dem linken Fuß von den Niederländern unter Moritz von Oranien übernommen wurde. Der Gleichschritt war wegen seines langsamen Tempos, wie man es um 1720 anwandte, den Soldaten unbequem. Deshalb fiel es auch schwer, ihn im Tempo einzuhalten. Daher mag es gekommen sein, daß er sich so schwer Eingang verschaffte. Das Tempo des Marschierens richtet sich immer nach dem Temperament des Menschen. Gewiß wird eine Truppe durch den Gleichschritt angefeuert und eng zusammengehalten, doch immer im Gleichschritt zu marschieren, würde zu anstrengend sein und kann nur in Verbindung mit dem belebenden Element der Musik — und sei es nur eine Trommel — ausgeführt werden. So entstanden unsere Militärmärsche. Im Anfang waren Melodie und Harmonie ganz einfach gehalten, bis nach Verstärkung der Kapellen und der Erfindung der Ventilinstrumente eine Erweiterung der Klangmöglichkeiten vor sich gehen konnte. Ein Blaskörper unserer heutigen Zeit ist mit einem solchen aus der Zeit Friedrichs des Großen nicht zu vergleichen. Wenn man sich vorstellt, daß eine damalige Regimentsmusik nur aus 6 Hoboisten bestand (2—3 Schalmeien, 2 Baßpommern oder Dulcian und nur einer Trompete), so wird man verstehen, daß uns eine derartige Musik heute nicht mehr befriedigen könnte. Es fehlten die Mittelstimmen, die bei uns so beliebten Hörner, Posaunen und Schlagzeuginstrumente. Erst in der Zeit nach den Revolutionskriegen nahm die Militärmusik einen gewaltigen Aufstieg. Die Klarinette wurde erfunden, ebenso das Inventionshorn. Durch die Franzosen kam das Serpent und die Ophikleide zu uns. So wurde die Besetzung eine reichhaltigere und dadurch die Harmonie eine weit bessere und vollere.

Die deutschen Könige und Fürsten wandten ihrer Militärmusik stets größtes Interesse zu.

Besonders Preußens Könige pflegten die Militärmusik. Wenn auch eine zentralisierte Leitung der Militärmusik erst im Jahre 1883 durch die Schaffung einer Armeemusikinspizientenstelle einsetzte, so waren doch schon immer berufene Männer damit beauftragt, von zentraler Stelle für die Militärmusik zu wirken. Friedrich dem Großen wird der alte Quantz zur Seite gestanden haben, wenn auch hierüber keine Aufzeichnungen vorhanden sind. Unter Friedrich Wilhelm II. wird ein Ballettkapellmeister Gürlich genannt. Dann folgten ein Kammermusiker Tausch und Kapellmeister Schneider unter Friedrich Wilhelm III. In einer dienstlichen Beziehung standen die genannten allerdings zu den Truppenteilen und Kommandobehörden nicht. Vornehmlich hatten sie die Aufgabe, bei besonderen Anlässen, so bei Vermählungsfeierlichkeiten und Abendmusiken Fackeltänze zu komponieren und zu leiten. Die Kapellmeister standen zur damaligen Zeit noch nicht auf der künstlerischen Höhe wie heute. Sie rekrutierten sich ohne jede höhere Ausbildung aus den Reihen der Hoboisten und Trompeter oder Zivilkapellmeister. Nur drei tüchtige Militärkapellmeister sollen genannt sein, die sich hohe Verdienste um die preußische Militärmusik erworben haben. Es sind dies die Stabshoboisten Weller, Neithardt und Rode.

Friedrich Weller, geb. 1790, war von 1814—1844 Stabshoboist im 2. Garde-Regiment zu Fuß. Er war der erste Kapellmeister, der der Bevölkerung unsere Klassiker näher brachte, indem er Stücke aus Opern und Symphonien für Militärorchester bearbeitete und so den Grundstein zu der Kulturarbeit unserer Militärkapellen legte.

August Heinrich Neithardt (geb. 1793) war ursprünglich Kapellmeister beim Garde-Jäger-Bataillon, trat jedoch 1822 zum Kaiser-Franz-Garde-Regiment Nr. 2 über. Er ist der Komponist des Preußenliedes und begründete auch den berühmt gewordenen Domchor, mit dem er schon damals Kunstreisen durch Deutschland, England und Rußland unternahm. 1839 verlieh ihm der König den ehrenvollen Titel eines Königlichen Musikdirektors.

Der dritte Kapellmeister dieser Zeit, der eine Erwähnung verdient, ist der Königliche Musikdirigent Johann Gottfried Rode. Es ist sein Verdienst, die preußische Jägermusik reformiert zu haben. Diese Musik, die bis 1815 fünfstimmig war, und zwar 1 Trompete, 3 F-Hörner und 1 Posaune führte, baute er weiter aus, indem er nach der Erfindung der Ventilinstrumente diese seiner Besetzung hinzufügte. Unter seinen Kompositionen ist der Marsch „Der Jäger aus Kurpfalz“ noch heute einer der beliebtesten. Es wäre damals wohl schon erforderlich gewesen, eine Zentralstelle für das Militärmusikwesen zu schaffen. Man beschränkte sich aber darauf, nur bei besonderen Veranstaltungen zivile Künstler mit der Leitung zusammengezogener Militärmusikkorps zu beauftragen, bis schließlich unter Friedrich Wilhelm III. Wilhelm Friedrich Wieprecht berufen wurde (geb. 1802). Angeregt durch die tüchtigen Militärkapellmeister Weller, Neithardt und Rode, strebte Wieprecht zunächst danach, für die Militärmusik bessere Instrumente einzuführen. Durch die Erfindung der Ventilinstrumente (Blühmel und Stölzel) wurden seine Bestrebungen erleichtert. Er verband sich mit dem in Berlin lebenden Musikinstrumentenmacher Moritz, der die Baßtuba erfand, und führte diese neben den Kornetts und Tenorhörnern sowie Altkornetts in die Militärmusik ein. Wieprecht war es, der für die Militärkapellen (Infanterie, Jäger und Schützen sowie Kavallerie) eine einheitliche Stimmenbesetzung aufstellte und einführen ließ. Dadurch ließen sich Stücke leichter einheitlich bearbeiten und verbreiten, und Wieprecht konnte dadurch wiederum seine Massenkonzerte einführen, die einen kolossalen Zuspruch beim Berliner Publikum fanden.

Am 16. Mai 1838 leitete Wieprecht aus Anlaß der Empfangsfeierlichkeiten für den Kaiser Nikolaus I. von Rußland das erste Großkonzert von 1086 Musikern und 150 Spielleuten. Solche Veranstaltung fanden immer mehr Anklang, und Wieprecht wiederholte sie nicht nur alljährlich in Berlin, sondern auch in der Provinz. Wenn auch Wieprecht keine größeren Kompositionen geschafften hat, auch seine Märsche nicht mehr unserer Zeit entsprechen, so hat er doch eine große Anzahl von wertvollen Opernfantasien für Militärmusik bearbeitet. Er ging sogar so weit, die Symphonien Beethovens für Militärmusik zu bearbeiten und in seinen Konzerten zu spielen. Ich komme hierauf noch später zurück. Wieprecht bekleidete keinen militärischen Rang, denn er war nicht aus der Armee hervorgegangen. König Friedrich Wilhelm III. verlieh ihm aber eine Uniform, später auch noch den Helm mit Gardestern und eine Kragenstickerei. Dadurch wurde seine Stellung in militärisch-dienstlicher Hinsicht eine bessere, und er konnte sich so den Musikmeistern gegenüber besser durchsetzen. Wieprechts Ruf drang bis über die Grenzen des deutschen Vaterlandes hinaus. Im Jahre 1847 erhielt er den Ruf, die türkische Militärmusik zu organisieren. 1852 erhielt er einen solchen von der Regierung in Guatemala.

Als 1860 34 neue Infanterie-Regimenter und 10 neue Kavallerie-Regimenter gegründet wurden, hatte Wieprecht seine Vorschläge dem damaligen Kriegsminister zu unterbreiten. Auf seine Vorstellung erhielten die Stäbe zunächst kleine Hornmusiken, die später in große Musikkorps umgewandelt wurden. Den schönsten Triumph erntete Wieprecht, als er mit einem eigens zusammengestellten Musikkorps (aus Anlaß der Pariser Weltausstellung) an einem Wettkampf der europäischen Militärkapellen teilnehmen konnte. Nach 34jähriger Tätigkeit schloß Wieprecht die Augen am 4. August 1872. Erst im Jahre 1887 kam der Nachfolger, indem Fr. Wilh. Voigt als Armeemusikinspizient berufen wurde. (Nach Wieprecht war der Kgl. Musikdirektor Saro beauftragt gewesen, die großen Massenkonzerte zu leiten.)

Voigt, der aus dem 1. Garde-Regiment zu Fuß hervorgegangen war, bekleidete das Amt nur drei Jahre. War Wieprechts Stellung nur eine private, so wurde in Voigt eine fachmännische Vertretung der Militärmusik im Kriegsministerium neu geschaffen. Ihm verdanken wir viele schöne Heeresmärsche, die noch heute gern gehört werden. Krankheit zwang ihn, 1890 zurückzutreten. Von 1890—1908 sehen wir Gustav Roßberg als Führer der preußischen Militärmusik. Wer kennt ihn nicht, den scharf geschnittenen Soldaten! Seine besondere Liebe galt den Spielleuten, deren Ausbildung er mit besonderem Eifer überwachte. Als die Armee sich weiter vergrößerte, wurde noch die Stelle eines zweiten Inspizienten geschaffen. Als seinen Gehilfen wählte sich Roßberg den durch hohe künstlerische Eigenschaften ausgezeichneten Musikdirektor Grawert vom Inf.-Regt. 13 aus Münster. Als Roßberg wegen vorgerückten Alters 70jährig zurücktrat, wurde die zweite Stelle durch den hervorragenden Musikmeister des Inf.-Regt. 47 aus Posen, Oscar Hackenberger besetzt. Grawert, der 1925 nach segensreicher Tätigkeit zurücktrat, starb 1927, während Hackenberger im November 1929 ganz plötzlich durch den Tod abberufen wurde. Beide haben sich um den künstlerischen Ausbau der Militärmusik hohe Verdienste erworben. Als während des großen Krieges das Heer eine ungeahnte Größe angenommen hatte, haben sie dem Vaterlande große und aufopfernde Dienste geleistet.

Angefangen von Fr. Wilh. Voigt, haben alle Inspizienten zuerst danach gestrebt, einen tüchtigen Musikmeisterersatz heranzubilden. Seit Gründung der Königlichen Hochschule für Musik unter Kaiser Wilhelm I. im Jahre 1871 wurden alljährlich mehrere tüchtige begabte Militärmusiker an dieses Kunstinstitut kommandiert. Unter der Anleitung der berufensten Künstler und Professoren war die Ausbildung eine vortreffliche. Die derzeitigen Armee- bzw. Heeresmusikinspizienten waren ebenfalls als Lehrer an der Hochschule tätig und hatten die Oberaufsicht über die Schüler. Hierbei sei noch eines tüchtigen Mannes gedacht, der an der Entwicklung der deutschen Militärmusik sein ganzes Leben mitgearbeitet hat. Es ist der Trompetenaltmeister, Lehrer und Professor Kosleck. Ihm verdanken wir die Wiedereinführung der reinen historischen Trompeten- und Fanfarenmusik.

2. Die Militärmusik im Weltkrieg.

Die deutsche Militärmusik hat sich in allen Kriegen, besonders aber im Weltkrieg vortrefflich bewährt. Jede Reserve-, Landwehr- und Landsturmformation schuf sich eine Kapelle. Wie aber ein Heer im Frieden schon als Stammtruppe bestehen muß, so muß man auch die Militärmusik im Frieden schulen und gut vorbereiten, um sie im Ernstfall zur Verfügung zu haben. Die bestehenden Musikkorps gelten und dienen als Muster. Ein Heer ohne Musik würde kalt und leblos erscheinen. Und wie man schon im Altertum den Kriegsgott durch Gesang und Musik anrief, um den kriegerischen Geist der Kämpfer zu wecken, so wird es auch in Zukunft bleiben, und man wird dieses Mittel noch zu steigern versuchen. Zusammenfassend muß gesagt werden: Auf der einen Seite wird die Militärmusik anfeuernd wirken, auf der anderen Seite wird sie den Krieger in seinem rauhen Handwerk wieder beruhigen und verfeinern, um so mehr als wir Deutsche ein charaktervolles und tief veranlagtes Volk sind.

3. Über die Zusammensetzung des Instrumentalkörpers eines Militärmusikkorps.

In der deutschen Heeresmusik hat man schon von Anfang an die Besetzung der Instrumente nach einem gewissen einheitlichen Modus aufgebaut. Bei der Infanterie hat man den Holzbläsern nach und nach die Messinginstrumente hinzugefügt, ebenso die Schlaginstrumente. Um das Jahr 1806 sah eine Infanteriemusik folgendermaßen aus:

2 Flöten,
2 Oboen,
1—2 Klarinetten in Es oder F,
2 Klarinetten in C,
2 Fagotte,
2 Inventionswaldhörner (mit Einschiebe-Stimmbogen),
2 Inventionstrompeten,
2 Baßposaunen,
1 Serpent,
1 kleine Flöte,
Kontrafagott,
1 Altposaune,
1 Tenorposaune,
Große Trommel,
Kleine Trommel,
Becken.

Es sei hier als Beispiel eine Partitur für Blas- (Militär-) Musik über den Heeresmarsch Nr. 9, Herzog von Braunschweig, in der alten Besetzung aus den Jahren 1805 beigefügt. Wir sehen die Notierungen der damals gebräuchlichen Instrumente meistens in C stehend. Nur die hohe Klarinette steht in F. Flauto 4ª bezeichnet die kleine (Piccolo-) Flöte. Weiter interessiert, daß der noch heute sehr beliebte Marsch ursprünglich im $^2/_4$-Takt geschrieben war. Erst Wieprecht schrieb ihn in $^4/_4$-Takt um. Um auch Fanfarentrompeten mit benutzen zu können, wurde der Marsch von Grawert nach Es-Dur bearbeitet,

Beispiel 1

Marsch Herzog von Braunschweig 1805 in alter Besetzung

Fl. 4a
Fl. 8a I. II
Ob. I. II
Pet. Cl. F
Cl. I. II C
Fag. I. II C. Fag.
W. Hr. I. II C
Trp. I. II C
Tromb.
Serp.
T. di S. Tri.
Tamb. P. Gr. C.
sf
Fl. 4a
Fl. 8a I. II
Ob. I. II
Pet. Cl. F
Cl. I. II C
Fag. I. II C. Fag.
W. Hr. I. II C
Trp. I. II C
Tromb.
Serp.
T. di S. Tri.
Gr. C.

wodurch er im vollen tonlichen Glanz heute erklingt. Um einen Vergleich zwischen der alten und heutigen Instrumentenbesetzung anstellen zu können, sind die beiden ersten Teile des Marsches in der modernen Besetzung aufgezeichnet. Der Komponist des Marsches ist leider unbekannt geblieben. Es ist zu vermuten, daß ihn Beethoven komponiert hat. Man betrachte die wunderbare Struktur des Marsches, die Wiederkehr und Verarbeitung des Eingangmotivs im 2. Teil nach dem überleitenden 2. Thema. Dann das herrliche Trio für Klarinette, das gleich einem Rondo brillante dahinfließt. Wahrlich einer unserer schönsten Heeresmärsche. Der Marsch wurde um das Jahr 1805 im Tempo à = 70—75 Schritte in der Minute gespielt. Es ist wahrscheinlich, daß er dem Herzog von Braunschweig gewidmet war, der 1806 die Preußen bei Jena und Auerstädt so unglücklich führte.

Um das Jahr 1830 kamen nach und nach die Ventilinstrumente, und zwar zunächst Waldhörner, Trompeten und Althörner, letztere an Stelle von Altposaunen, zur Einführung.

Vor dem Kriege war die Besetzung der Militärkapellen eine sehr verschiedenartige. Die einzelnen Truppenteile hatten nach ihrer Gattung auch eine spezielle Instrumentenbesetzung (vgl. Tabelle S. 240). Die Infanterie und Fußartillerie hatten Holz-, Messing- und Schlaginstrumente. Bei den Jägern und Schützen hatte man eine Hornmusik (Flügelhörner, Waldhörner, Tenorhörner, Tuben und Trompeten). Eine ebensolche hatten die Pioniere, aber mit Schlaginstrumenten. Erwähnt seien noch das Musikkorps der 1. und 2. Matrosen-Division und die Musikkorps der See-Bataillone. Besonders das 3. See-Bataillon in Tsingtau hat im fernen Osten durch seinen rührigen Musikmeister Wille an der Verbreitung deutscher Kunst im fernen Osten hervorragenden Anteil. Nur den Musikkorps der Infanterie war es vorbehalten, Schellenbäume zu führen. Die bayrischen und württembergischen Regimenter machten eine Ausnahme; sie führten diese Schmuckstücke nicht. Bei den berittenen Truppen (Kavallerie und Artillerie) bestanden Trompeterkorps. Nur den ältesten Kavallerie-Regimentern und solchen, denen Könige oder Fürsten als Chefs vorstanden, wurden Pauken verliehen. Um die Erinnerung an die Ritterzeit wachzuhalten, traten das Trompeterkorps des Regiments der Gardedukorps, der Garde-Kürassiere und der Leibgarde-Husaren bei großen Paraden nur mit Fanfarentrompeten und Kesselpauken auf. Die Stärke der einzelnen Musik- und Trompeterkorps war sehr verschieden. Die ältesten Garde-Regimenter, das 1. und 2. Garde-Regiment zu Fuß, das 1. und 2. Garde-Grenadier-Regiment und das Garde-Füsilier-Regiment zählten 48 etatmäßige Hoboisten, während die übrigen Garde-Regimenter und die Linienregimenter 42 Hoboisten hatten. Die Kavallerieregimenter hatten 20 Trompeter, die Artillerieregimenter 24—36, je nach der Stärke der Abteilungen und Batterien. Jäger-, Schützen- und Pionierbataillone hatten 21 Hornisten. Im Jahre 1909 wurden die Stärken der Musikkorps verringert und eine genaue Vorschrift über die Instrumentenbesetzung durch das Kriegsministerium herausgegeben. In der üblichen Besetzung für Militärmusik sieht dann unser Heeresmarsch Nr. 9 folgendermaßen aus (Beisp. 2).

Als nach dem Kriege das ruhmreiche alte Heer auf 100000 Mann zusammenschmolz und die Bataillone und Abteilungen getrennt in Garnisonen verlegt wurden, ging man daran, Bataillons- und Abteilungsmusiken zu gründen. Wenn auch nur in einer Stärke von 27 Musikern, haben diese Musikkorps doch in hervorragender Weise ihren Dienst erfüllt und den nationalen und heldischen Geist in unser heutiges Drittes Reich herübergetragen.

Beispiel 2

Heeresmarsch Nº 9 (Herzog von Braunschweig in neuer Besetzung)
Große u. kl. Flöte
Oboen
Klarinetten in Es
Flügelhörner
1. u. 2. Waldhorn in Es
3. u. 4. Waldhorn in Es
Tenorhörner
Baryton
Tuben
1. u. 2. Trompete in B
3. u. 4. Trompete in Es
1. u. 2. Posaune
3. Posaune
Gr. u. kl. Trommel
Solo
Pauken in Es u. B
Glockenspiel
1.
Klarinetten 2.
3.
1. u. 2. Fagott

Fl.
gr. Fl.
Ob.
Kl. Es
Flgh.
1.2. W. Hr. Es
3.4. W. Hr. Es
Ten. Hr.
Bar.
Tub.
a 2
1.2. Trp. B
3.4. Trp. Es
1.2. Pos.
3. Pos.
Tr.
Pk.
Glck.
Klar. B
Fag.

Fl.
Ob.
Kl. Es
Flgh.
1.2.W.Hr. Es
3.4.W.Hr. Es
Ten.Hr.
Bar.
Tub.
1.2.Trp. B
3.4.Trp. Es
1.2.Pos.
3.Pos.
Tr.
Pk.
Glck.
Klar. B
Fag.
a 2
sf
ff
fz

Fl.
Ob
Kl. Es
Flgh.
1.2.W.Hr. Es
3.4.W.Hr. Es
Ten. Hr.
Bar.
Tub.
1.2.Trp. B
3.4.Trp. Es
1.2.Pos.
3.Pos.
Tr.
fz
Pk.
Glck.
Klar. B
Fag.

1.
2.
3
Fl.
Ob.
Kl. Es
Flgh.
1.2.W.Hr. Es
3.4.W.Hr. Es
Ten. Hr.
Bar.
Tub.
1. 2. Trp. B
3. 4. Trp. Es
1. 2. Pos.
3. Pos.
Tr.
Pk.
Glck.
Klar. B
Fag.

Verzeichnis der Instrumente der Preußischen Militärmusik vor 1914.

Bezeichnung der Instrumente	Stimmung in	Infanterie-Regiment		Jäger-(Schützen-)Bataillon		Kavallerie-Regiment		Feldartillerie-Regiment zu 6 Batt.		Feldartillerie-Regiment zu 8 Batt.		Lehr-Regiment der Feldartillerie-Schießschule zu 9 Batt.		Fußartillerie-Regiment		Pionier-Bataillon		Eisenbahn-Regiment (Nr. 1 u. 3)	
		Zahl der Instrumente	Zahl der Musiker	Zahl der Instrumente	Zahl der Musiker	Zahl der Instrumente	Zahl der Musiker	Zahl der Instrumente	Zahl der Musiker	Zahl der Instrumente	Zahl der Musiker	Zahl der Instrumente	Zahl der Musiker	Zahl der Instrumente	Zahl der Musiker	Zahl der Instrumente	Zahl der Musiker	Zahl der Instrumente	Zahl der Musiker
Flöte (große)	C	2		·	·	·	·	·	·	·	·	·	·	1		·	·	1	
Flöte (kleine)	C	2	2	·	·	·	·	·	·	·	·	·	·	1	1	·	·	1	1
Flöte (kleine)	Des	2		·	·	·	·	·	·	·	·	·	·	1		·	·	1	
Klarinette	Es	2	2	·	·	·	·	·	·	·	·	·	·	1	1	·	·	1	1
1. Klarinette	B	3	3	·	·	·	·	·	·	·	·	·	·	2	2	·	·	2	2
2. Klarinette	B	2	2	·	·	·	·	·	·	·	·	·	·	1	1	·	·	2	2
3. Klarinette	B	1	1	·	·	·	·	·	·	·	·	·	·	1	1	·	·	1	1
Fagott	·	2	2	·	·	·	·	·	·	·	·	·	·	1	1	·	·	1	1
Oboe	·	2	2	·	·	·	·	·	·	·	·	·	·	1	1	·	·	1	1
Waldhorn	F	4	4	4	4	·	·	·	·	·	·	·	·	2	2	3	3	2	2
Kornettino	Es	·	·	1	1	1	1	2	2	2	2	2	2	·	·	1	1	·	·
Sopran-Kornett ..	B	2	2	5	5	4	4	5	5	7	7	8	8	2	2	4	4	2	2
Alt-Kornett	Es	·	·	·	·	2	2	2	2	3	3	3	3	·	·	·	·	·	·
Tenor-Horn	B	2	2	2	2	3	3	3	3	3	3	4	4	2	2	2	2	2	2
Bariton-Tuba	B	1	1	1	1	1	1	1	1	2	2	2	2	1	1	1	1	1	1
1. Baß-Tuba	F od. Es	1	1	1	1	1	1	2	2	2	2	3	3	1	1	1	1	1	1
2. Baß-Tuba	B	2	2	2	2	2	2	2	2	3	3	3	3	1	1	2	2	2	2
1. Trompete	B	1	1	1	1	2	2	2	2	2	2	3	3	1	1	1	1	1	1
2. Trompete	B	1	1	1	1	·	·	·	·	2	2	2	2	1	1	·	·	1	1
2. Trompete	Es	·	·	·	·	2	2	2	2	2	2	2	2	·	·	1	1	·	·
3. Trompete	Es	1	1	1	1	1	1	2	2	2	2	2	2	1	1*)	1	1	·	·
4. Trompete	Es	1	1	1	1	1	1	1	1	2	2	2	2	1	1*)	·	·	·	·
Tenor-Zugposaune	B	2	2	·	·	·	·	·	·	·	·	·	·	2	2	·	·	2	2
Baß-Zugposaune .	F	1	1	·	·	·	·	·	·	·	·	·	·	·	·	·	·	·	·
Kleine Trommel .	·	1	1	·	·	·	·	·	·	·	·	·	·	1	1	1	1	1	1
Große Trommel ..	·	1	1	·	·	·	·	·	·	·	·	·	·	1	1	1	1	1	1
Becken	·	1 Paar	1	·	·	·	·	·	·	·	·	·	·	1 Paar	1	1 Paar	1	1 Paar	1
Triangel	·	1	·	·	·	·	·	·	·	·	·	·	·	1	·	1	·	1	·
Glockenspiel	·	1	·	·	·	·	·	·	·	·	·	·	·	1	·	1	·	1	·
Pauken		1 Paar	·	·	·	·	·	·	·	·	·	·	·	1 Paar	·	1 Paar	·	1 Paar	·
Zahl der Musiker .	·	·	36	·	20	·	20	·	24	·	32	·	36	·	26*)	·	20	·	26
Musikmeister	·	·	1	·	1	·	1	·	1	·	1	·	1	·	1		1	·	1
Gesamtzahl	·	·	37	·	21	·	21	·	25	·	33	·	37	·	27	·	21	·	27

4. Über die Zusammensetzung eines Orchesters für Blasinstrumente.

Unsere heutige Militärmusik wie auch die der Vorkriegszeit lehnt sich an das Streichorchester an. Melodie- und Harmonieinstrumente sind zu einem Ganzen verschmolzen, genau wie bei der Streichmusik. Was bei der Streichmusik die Violinen sind, das sind bei der Blasmusik die Klarinetten und Flöten. Oboen verbleiben in ihrem Verhältnis und treten ab und zu noch als verstärkende Melodieinstrumente mit auf. Die Fagotte sind die Bässe der Holzblasinstrumente. Ihr Ton mildert den der Baßtuben in geeigneter Weise ab. Durch seinen großen Umfang kann das Fagott auch die Cellostimme im Verein mit dem Bariton gut imitieren. Auch als Füllinstrument läßt sich das Fagott gut verwenden, und so hört man im Orchester sog. Sprungbässe gut durch. Sehr gut behandelt wollen im Blasorchester die Waldhörner sein. Aus den Werken Beethovens, Webers, Wagners kennen wir das Horn vor allem als Soloinstrument. Bei der Militärmusik dagegen muß das Waldhorn auch als Füllinstrument verwandt werden. Ausgehaltene Akkorde im Verein mit den Tenorhörnern geben gute Klangwirkungen. Die Flügelhörner sind einzig und allein Melodieinstrumente. Einerseits imitieren sie die Klarinetten aus der Streichmusik, andererseits verstärken sie die Klarinetten im Forte, wie es ja auch bei der Streichmusik der Fall ist. Falsch ist die Ansicht, daß die Tenorhörner die Bratschen zu vertreten hätten. Das erste Tenorhorn verwendet man ebenfalls als Melodieinstrument, während das zweite als Begleitinstrument zu fungieren hat. Im Verein mit dem Bariton (Bombardon) fällt diesem Instrument der Cellopart zu. Die Trompeten geben erst dem Militärorchester den richtigen Glanz. Sie müssen hell klingen und im Verein mit den Posaunen künden und zünden. Erstere, mit Zungenschlag und in gebrochenen Triolenakkorden zu Gehör gebracht, verleihen der Militärmusik ihren eigentlichen Charakter, ganz besonders kommt das bei der Trompetenmusik der berittenen Truppen zum Ausdruck, auf die ich noch zu sprechen komme. Die Posaunen wirken nur, wenn sie im Verein zu dreien oder zu vieren angewandt werden. Seitdem unsere Militärkapellen keine Baßposaunen mehr besitzen, ist die Kunst, dieses Instrument zu blasen, geschwunden. Dieses Instrument verlangt vor allem einen besonders gut und stark gebauten Bläser mit breiter Brust. Wenn auch die Instrumentenbaukunst dazu übergegangen ist, eine sog. Quartposaune zu bauen, so kommt diese doch an den Ton einer Baßposaune nicht heran. Die Posaunen sind förmlich die Stützen eines Orchesters. Man kann sie als Melodieinstrumente im ff grandios verwenden (Tannhäuserouvertüre). Auch Marschkomponisten verwandten sie so, wie Beispiel 4 zeigt. Mit auszuhaltenden Akkorden, in weiter Lage angewandt, geben die Posaunen dem Orchester die beste harmonische Fülle. Die Schlaginstrumente haben einzig und allein die Aufgabe, den Rhythmus zu beleben.

Die nun folgenden Beispiele zeigen an einem bedeutsamen Werk der deutschen Musik, an Mozarts Ouvertüre zur Zauberflöte, die Bearbeitungsmöglichkeiten für Militärmusik.

Bei der Partitur für Kavalleriemusik sehen wir, daß die Instrumentengruppen in B oder Es stehen. Baryton und Tuben sind in C notiert. Diese Instrumente stehen aber auch in B oder Es. Baryton steht in B. Das Merkwürdige ist, daß der Bläser des betreffenden Instruments transponiert. Der Musiker hingegen geht von dem Standpunkt aus, daß er beim Erlernen eines solchen Instruments andere Griffe anwenden muß. Eine Ansicht, die völlig falsch ist, denn die Ventilgriffe auf Tuba, Tenorhorn oder Trompete sind gleich. Der Unterschied ist nur der, daß das Tenorhorn in B eine Oktave tiefer und die Tuba in B zwei Oktaven tiefer als eine Trompete in B steht. Genau so verhält es sich mit dem Kornettino in Es, Altkornett in Es und Tuba in Es.

Diese Art der Notierung hat in der Schweiz dazu geführt, daß dort sämtliche Komponisten und Bearbeiter für Blasmusik alle Instrumentengruppen, auch die Baßinstrumente, in Violinschlüssel notieren. Vor allem auch aus dem Grunde, daß, wenn ein Musiker zu einem anderen Instrument übergeht, was immer vorkommt, er nicht erst andere Griffe zu erlernen oder zu transponieren braucht (Beisp. 3).

Beispiel 3

Bei sämtlichen 3 Instrumenten wird der Ton ohne Ventil geblasen.

Beispiel 4

Heeresmarsch Nr. II, 85 von Unrath, für Heeresmusik bearb. v. H. Schmidt

Fl.
Ob.
Klar. Es
Flgh.
1. 2. Hr. Es
3. 4. Hr. Es
1.2.T.-Hr.
Bar.
Tub.
1. 2. Trp. B
3. 4. Trp. Es
1. 2. Pos.
3. Pos.
Tr.
Glck.
1. Klar. B
2. 3. Klar. B
a 2
Fag.
fz
p

Fl.
Ob.
Klar. Es
Flgh.
1. 2. Hr. Es
3. 4. Hr. Es
1. 2. T.-Hr.
Bar.
Tub.
1. 2. Trp. B
3. 4. Trp. Es
1. 2. Pos.
3. Pos.
Tr.
Glck.
1. Klar. B
2. 3. Klar. B
Fag.
a 2
fz
fzp
p

Man vergleiche die nun folgenden Partituren für Infanterie- und Kavalleriemusik mit der Originalpartitur für Streichmusik. Bei der Infanteriemusik sind die 1. B-Klarinetten die 1. Violinen, während bei der Kavalleriemusik die 1. Flügelhörner diesen Part übernehmen. Gerade bei einer Ouvertüre von Mozart kann man die Umlegung der Stimmen für Blasmusik am besten studieren. Bei Infanteriemusik ist noch Schlagzeug (große und kleine Trommel) hinzugenommen, weil diese Instrumente zu dieser Besetzung (auch Janitscharenmusik genannt) gehören. Da Mozart große und kleine Trommel und Gong selten verwandt hat, ist auch hier nur in Fortestellen davon Gebrauch gemacht (Beisp. 5—7).

Trompetenmusik.

Wie schon der Name sagt, ist sie aus der Fanfarenmusik entstanden. Sämtliche berittenen Truppen hatten seit der Zeit ihres Bestehens zunächst nur Signalbläser. Erst nach der Erfindung der Ventil- und speziell der Baßinstrumente führte Wieprecht diese auch bei der Kavalleriemusik ein. Vielfach wird diese Musik als „Blechmusik" bezeichnet. Bei dieser Musik sind die Trompeten und Flügelhörner am stärksten vertreten. Hinzu treten noch die Altkornetts, Tenorhörner und Tuben. Posaunen und Waldhörner sind nicht vertreten. Erstere würden sich wohl mit den Trompeten in der Klangwirkung gut vereinen, allein sie sind zu Pferde unhandlich und unpraktisch. Die Waldhörner wiederum sind klanglich zu gedeckt und haben nicht die im Verhältnis zu den Trompeten erforderliche Fülle. Als Schlaginstrumente führen die berittenen Truppen ein Paar Kesselpauken.

Als Spielstoff werden bei der Trompetenmusik in erster Linie Reitermärsche zu bevorzugen sein. In dem Heeresmarschverzeichnis sind in der III. Sammlung besonders die Märsche für berittene Truppen aufgenommen. Aber auch klassische Musik läßt sich gut ausführen. Mozarts Opernmusik ist besonders für die Übertragung geeignet. Ebenso Gluck und Haydn. Dann folgen Weber, Lortzing, Flotow und als italienische Meister Rossini und Verdi, wie gesagt, Musik, die melodienreich und nicht zu schwer in der technischen Ausführung ist. Größere Schwierigkeiten bietet Wagnersche Musik. Sie ist ohne Klarinetten nicht gut übertragbar. Nur einige Sätze sind geeignet, so z. B. das Königsgebet aus der Oper „Lohengrin", der Pilcherchor und das Lied an den Abendstern aus der Oper „Tannhäuser", Gralsrittermarsch aus dem Bühnenweihspiel „Parsifal" und einige Sätze aus „Rheingold". Dirigenten von Trompeterkorps sollten sich vor allem die Pflege echter Volksmusik angelegen sein lassen. Dazu gehören in erster Linie unsere schönen Soldaten- und Volkslieder. Aus diesem herrlichen Schatz sind unzählige Potpourris entstanden, die das Volk sehr gern hört.

Zwei Stücke seien als Beispiele hier in Noten angeführt. Das ist 1. die Paradepost (Beisp. 8, S. 255) und 2. der harmonische Zapfenstreich der berittenen Truppen (Beisp. 9, S. 256).

Welche Wucht kommt in der Paradepost, in dem frei vorgetragenen Unisono sämtlicher Instrumente zum Ausdruck. Ein Zwiegespräch zwischen Trompeten und Tuben einerseits und Kesselpauken andererseits.

Dann der harmonische Zapfenstreich (Retraite) der berittenen Truppen. Ein Beethoven hätte ihn nicht ausdrucksvoller komponieren können. Wer ihn einmal auf dem

Beispiel 5

W. A. Mozart. Die Zauberflöte, Ouverture K.V. 620 (Originalfassung)

Allegro
Ob.
Fag.
Trbni.
Vl.
Vla.
Bassi
Vc. e Cb.
zu 2
Vc.

Fl.
Cl.
Fag.
Cor.
Vl.
Vla.
Bassi
Vc. e Cb.
zu 2
Fl.
Ob.
zu 2
Cl.
Fag.
Cor.
Tr.
Trbni.
Timp.
Vl.
Vla.
Vc. e Cb.

Beispiel 6

W. A. Mozart. Die Zauberflöte, Ouverture (Infanteriemusik) **Bearbeitung von H. Schmidt**

Adagio

Fl.
Ob.
Klar. Es
Flgh.
I.
1. 2. W.-Hr. Es
3. 4.
1. 2. T.-Hr.
Bar.
Tub. Es u. B
1. 2. Trp. B
3. 4. Trp. Es
1. 2. Pos.
3. Pos.
Schlzg.
Pk. Es u. B
1. Klar. B
2. Klar. B
3. Klar. B
1. 2. Fag.
p

Allegro
Fl.
Ob.
Klar. Es
Flgh.
1. 2. W.-Hr. Es 3. 4.
Bar.
1. 2. Pos.
3. Pos.
1. Klar. B
2. 3. Klar. B
a 2
1. 2. Fag.
Klar. Es
1. Klar. B
2. 3. Klar. B

Ob.
Klar. Es
Flgh.
1.oder 2.
1.2.T.-Hr.
1.
Bar.
1. Klar. B
2. 3. Klar. B
1. 2. Fag.
a 2
sfp
tr
p
f
Ob.
Klar. Es
Flgh.
1.
2.
1.2.T.-Hr.
Bar.
Tub. Es u. B
1. Klar. B
2. 3. Klar. B
1. 2. Fag.

Fl.
Ob.
Klar. Es
Flgh.
1.2. W.-Hr. Es 3.4.
1.2. T.-Hr.
Bar.
Tub. Es u.B
1.2. Trp. B
3.4. Trp. Es
1.2. Pos.
3. Pos.
Schlzg.
Pk. Es u.B
1. Klar. B
2. Klar. B
3. Klar. B
1.2. Fag.
a 2

Beispiel 7

W. A. Mozart, Zauberflöte, Ouverture (Kavalleriemusik)

Allegro
Korn. Es
Flgh. B
Alt-Korn. Es
1. T.-Hr. B
2.3. T.-Hr. B
Bar.
Tub. Es u. B
2. Flgh.
1.2. Trp. B
3.4. Trp. Es
Pk. Es u. B
Korn. Es
Flgh. B
1.2. Trp. B
Korn. Es
Flgh. B
Alt-Korn. Es
1. T.-Hr. B
a 2
2.3. T.-Hr. B
Bar.

Korn. Es
Flgh. B
Alt-Korn. Es
1. T.-Hr. B
2. 3. T.-Hr. B
Bar.
Tub. Es u. B
1. 2. Trp. B
3. 4. Trp. Es
Pk. Es u. B
a 2
tr
sfp
p
f
1.

Beispiel 8

Parade-Post, angemessen der Vorschrift für die Instrumentenbesetzung der Trompeterkorps der berittenen Truppen

Beispiel 9

Harmonischer Zapfenstreich der berittenen Truppen

Kor. Es
Kor. B
A.-Kor. Es
Ten. Hr. B
Bar.
Trp. Es
Tub.
Pk.
mf
rit. dim.
rit. dim.
tr
3
2. Post
mf

Kor. Es
Kor. B
A.-Kor. Es
Ten. Hr. B
Bar.
Trp. Es
Tub.
Pk.
rit. dim.
mf
dim.
rit.
ff
tr

3. Post
Trp. Es
ff

Kor. Es
Kor. B
A.-Kor. Es
Ten. Hr. B
Bar.
Trp. Es
Tub.
Pk.
mf

Feierlich
Kor. Es
Kor. B
A.-Kor. Es
Ten. Hr. B
Bar.
Trp. Es
Tub.
Pk.
dim.
rit. dim.
a 2
p
mf
ff

Schlachtfeld bei hereinbrechender Nacht von weitem gehört hat, wird von dieser feierlichen Melodie und Harmonie überwältigt gewesen sein.

Unverantwortlich ist daher, wenn man diesen Zapfenstreich heute bei jeder Gelegenheit zu hören bekommt. Er dürfte von Rechts wegen nur bei großen Zapfenstreichen von den vereinigten Musik- und Trompeterkorps des Heeres gespielt werden.

Instrumentation der Militärmusik.

Unter Instrumentation versteht man die Kunst, eine Komposition oder einen musikalischen Gedanken aus einer Klavierstimme oder Skizze für Orchesterinstrumente umzusetzen oder zu übertragen. Besonders schwierig ist dies für Militärmusik. Während bei der Streichmusik weniger Instrumentengruppen vorhanden sind und die Stimmung vorwiegend in C steht, so ist dies bei der Militärmusik weit verwickelter. Die Flöten, Oboen und Fagotte stehen in C (Piccolo in Des). Die Klarinetten in B und Es. Die Flügel- und Tenorhörner in B, die Waldhörner in F, die Trompeten in B und Es. Die Posaunen stehen in B, werden aber in C notiert (teils im Tenor, teils im Baßschlüssel), ebenso das Baryton. Die Baßtuben wiederum stehen in F, Es oder B.

Es erfordert viel Übung, eine Militärmusikpartitur lesen zu können. Nicht jede Musik eignet sich für Militärmusik. Beethovens Werke sind bis auf wenige Ausnahmen schwer zu übertragen. Symphonien unserer Klassiker sind für Militärmusik abzulehnen. Der feine, sphärenhafte Klang unserer Streichinstrumente kann durch Blasinstrumente nicht hervorgebracht werden. Militär- (Blas-) Musik ist Volksmusik und muß es bleiben.

Nur wer eine reiche Instrumentenkenntnis besitzt, möglichst selbst die Instrumente spielen und blasen kann, die guten Tonlagen und den Umfang jedes Instruments praktisch oder theoretisch beherrscht, kann instrumentieren. In Beisp. 5 und 6 sind oben entsprechende Vorbilder gegeben. Noch schwieriger gestaltet sich die Aufgabe für Trompetenmusik. Hier sind nur Flügelhörner und Kornettino in Es die melodieführenden Instrumente. Die Trompeten haben in dieser Art Militärmusik die Aufgabe, den Klangcharakter zu dokumentieren. Bei dieser Musik sollen die Trompeten möglichst fanfarenmäßig verwendet werden und dominieren, wie es der Harmonische Zapfenstreich am besten zeigt.

Bezeichnung und Zahl der Instrumente bei den einzelnen Truppenteilen des Reichsheeres sind aus Tabelle Seite 261 zu ersehen.

Spielleute.

Ein nicht zu unterschätzender Bestandteil der Militärmusik sind bei den Fußtruppen die Spielleute. Gerade diese Musik, der rhythmische und melodiöse Einfachheit innewohnt, erfreut sich bei unserer Bevölkerung der größten Beliebtheit, ganz besonders der Bataillonshornist (früher Bataillons- oder Regimentstambour) mit seinem traditionellen Tambourstock.

Trommel und Querpfeife sind schon die Lieblingsinstrumente unserer Landsknechte gewesen. Während die Trommel im Laufe der Jahrhunderte einfacher und handlicher geformt worden ist, hat die Pfeife ihre ursprüngliche Form behalten, wenn sie auch um die Landsknechtszeit mindestens um eine Terz tiefer gestimmt war und daher weicher klang. — In jüngster Zeit hat man Versuche gemacht, die Spielleute mit Klappenpfeifen

Bezeichnung der Instrumente	Stimmung	Fußtruppen: A. Musikkorps beim Stab eines Infanterie-Rgt. — Zahl der Instrumente	A. — Zahl der Musiker	B. Musikkorps beim Stab eines Infanterie- oder Pionier-Batl. — Zahl der Instrumente	B. — Zahl der Musiker	C. Musikkorps der Wachtruppe Berlin — Zahl der Instrumente	C. — Zahl der Musiker	Berittene Truppen: D. Trompeterkorps beim Stab eines Reiter- oder Art.-Rgt., und einer Nachr.-Abteilung — Zahl der Instrumente	D. — Zahl der Musiker	Bemerkungen
1	2	3	4	5	6	7	8	9	10	11
Große Flöte	C	2	} 2	1	} 1	3	} 3			*) Bei Marschmusik schlägt der Oboist (oder der 2. Oboist) das Glockenspiel, der Fagottist (oder 2. Fagottist) die Becken. **) Der Schellenbaumträger wird nach Bedarf von der Truppe kommandiert.
Kleine Flöte	C	2		1		3				
Oboe	·	2	2*)	1	1*)	2	2*)			
Fagott	·	2	2*)	1	1*)	2	2*)			
Kontra-Fagott	·	·	·	·	·	1	1			
Klarinette	Es	1	1	1	1	2	2			
Klarinette	B	8	8	4	4	11	11			
Waldhorn	F	4	4	3	3	4	4			
Kornettino	Es	·	·	·	·	·	·	2	2	
Sopran-Kornett	B	2	2	2	2	4	4	5	5	
Alt-Kornett	Es	·	·	·	·	·	·	2	2	
Tenorhorn	B	2	2	2	2	3	3	3	3	
Bariton-Tuba	B	1	1	1	1	1	1	2	2	
Baß-Tuba	od. Es	2	2	1	1	2	2	2	2	
Baß-Tuba oder Helikon	B	2	2	2	2	2	2	2	2	
Trompete	B	2	2	2	2	2	2	4	4	
Trompete	Es	2	2	1	1	2	2	4	4	
Tenor-Zugposaune	B	3	3	3	3	3	3			
Baß-Zugposaune	F	·	·	·	·	1	1			
Kleine Trommel	·	1	}	1	}	1	}			
Große Trommel	·	1		1		1				
Becken (Paar)	·	1	2	1	2	1	2			
Triangel	·	1		1		1				
Glockenspiel	·	1		1		1				
Pauken (Paar)	·	1		1		1		1	1	
Schellenbaum	·	1	·**)	1	·**)	1	·**)			
Zahl der Musiker			37		27		47		27	
Musikmeister			1		1		1		1	
Zusammen			38		28		48		28	

zu versehen, um das Zusammenspiel mit dem Musikkorps zu erleichtern, doch sind diese Pfeifen für die Feldmusik zu kompliziert und versagen in der Ansprache bei den leichtesten Klappendefekten. Man ist daher bei der alten klappenlosen Form geblieben und hat sie der Normalstimmung (in Ces) angepaßt, während sie früher in B hoher Stimmung standen. Die Märsche und sonstigen Stücke müssen natürlich in den leichtesten Tonarten G- und D-Dur gesetzt sein. Der Tonumfang der Querpfeife erstreckt sich vom d'  bis zum a''' . Jedoch werden nur die Töne der 2- und 3-gestrichenen Oktave in G- und D-Dur verwandt, dann allerdings vom d'' bis zum g'''. Der Grund hierfür ist das zu schrille und scharfe Klingen der hohen Töne und das zu schwache Klingen der tiefen Töne. Von den drei Instrumenten der Spielleute ist das Spielen der Pfeife etwas schwieriger zu erlernen und erfordert daher mehr Zeit für den Schüler.

Das Signalhorn ist erst in der Zeit der Befreiungskriege im Heer eingeführt worden. Wegen seiner leichten Ansprache und Tonfülle (bis auf 3 km im Umkreis gut vernehmbar) ist es bis heute das beste Signalinstrument im Gefecht geblieben. Leute mit einigermaßen musikalischer Veranlagung und musikalischem Gehör können die wenigen Töne und Signale in kurzer Zeit erlernen. — Das Signalhorn steht in C der gegenwärtigen Normaltonhöhe. Nebenstehende Noten können geblasen werden: Für die Signale und Hörnermärsche kommen nur die fünf ersten zur Anwendung. Bei einzelnen Jägerbataillonen sind noch sog. Jäger- oder Pleßhörner in Gebrauch. Ihr Tonumfang ist derselbe, nur sind sie in Schneckenform gebaut. Nach den Signalen der Fußtruppen (Beisp. 11) werden noch einige Jagdsignale (Beisp. 12) angeführt.

Beispiel 10.

Die Trommel wird im Gefecht nicht mehr verwandt. Die Zeiten, als die Infanterie noch nach den anfeuernden Schlägen des Tambours vorstürmte, gehören der Vergangenheit an. Die Trommel wird nur noch beim Marsch-, Parade- und Wachdienst verwandt. Auch das Erlernen dieses Instruments ist leicht. Die ganze Kunst des Schlagens der Militärmärsche beruht in sieben Trommelarten, die hier genannt sein sollen:

1. Der Zitterschlag

2. Der Schleifschlag

3. Der Doppelschlag

4. Der Ruf

5. Der Druckruf

6. Der Wirbel

7. Der Doppelwirbel

Bei Paraden, Ehrenkompagnien, Wachaufzügen und beim Großen Zapfenstreich führt der Bataillonshornist den Tambourstock. In der preußischen Armee wurde der Tambourstock, den man schon früher bei den Franzosen kannte, um das Jahr 1808 eingeführt. In Frankreich legte man großen Wert auf einen großen und schmucken, man kann sagen phantastisch gekleideten Tambourmajor, der durch Schwenken und In-die-Luft-Werfen des Stockes die Aufmerksamkeit des Volkes auf das Herannahen der Truppe und auf sich selbst zog. Wahrscheinlich sind die Bewegungen mit dem Tambourstock letzte Reste des sog. „Fahnenspiels“. Die Fahnenschwenkerkunst fand während des Dreißigjährigen Krieges bei den Landsknechten ihren Eingang. Durch Bewegungen und Schwenken der Fahne wurden einzelne Marschweisen und Signale befohlen, nach denen die Bewegungen der Truppe ausgeführt wurden. Trommler und Pfeifer standen unter dem Befehl eines Fähnrichs, der seine Befehle wiederum vom Feldhauptmann oder Obristen bekam. Die Kunst des Fahnenschwenkens erforderte viel Übung, Kraft und Geschicklichkeit.

Heute ist der Leiter der Spielleute ein aus diesen Reihen ausgesuchter Unteroffizier. Seine Tätigkeit bezieht sich auf das Führen der Spielleute bei der Parade und das Anlernen der Spielleute auf ihren Instrumenten, Trommel, Pfeife und Signalhorn. Nur wer diese drei Instrumente beherrscht, tüchtiger Exerzierer ist, kann diese Stelle bekleiden. Der Musikmeister des betreffenden Truppenteils hat die Oberaufsicht über die Heranbildung des Bataillonshornisten und der Spielleute. Ein tüchtiger Bataillonshornist mit gut herangebildeten Spielleuten wird den guten Eindruck der Truppe in hohem Maße fördern.

Von dem Spielstoff für Pfeife und Trommel geben die Märsche, Beisp. 13, ein gutes Bild.

Beispiel 11

Gefechts-Signale

1. Für alle Truppen:

Seitengewehr pflanzt auf! ♩. = 160

Rasch vorwärts! ♩ = 120

Achtung! ♩ = 132

Gasalarm! ♩ = 112 *(gedehnt)*

Kampfwagenwarnung! (= Straße frei!)

♩ = 144

Fliegerwarnung! 𝅗𝅥 = 80

Fliegeralarm! ♩ = 138

Beispiel 12

Jagd-Signale

Begrüßung

Hallali

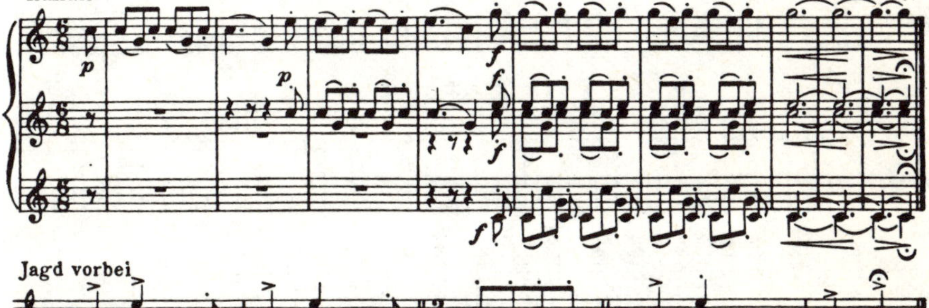

Jagd vorbei

Beispiel 13

Märsche für Pfeife und Trommel

Alle Infanterie-Regimenter schlagen und blasen beim Präsentieren von den in diesem Beispiel gegebenen Präsentiermärschen zuerst den Marsch Nr. 1 und dann Nr. 1 abwechselnd mit Nr. 3. So oft einer der Märsche durchgespielt ist, tritt eine Pause von 2 Schritten ein, bevor wieder angefangen wird. Die Märsche werden im Zeitmaß von 80 Schritt in der Minute gespielt.

Marsch Nr. 1 (Altpreußischer Grenadier-Marsch)

Marsch Nr. 2 𝅗𝅥 = 80

Marsch Nr. 3 𝅗𝅥 = 80

Marsch Nr. 4

An Stelle vorstehender Präsentiermärsche wird bei der Marine folgender Marsch benutzt:

Beim Präsentieren wird Marsch Nr.1 geschlagen

Marsch Nr.1. Holländischer Ehrenmarsch für Trommler und Pfeifer

Nr.5. Bei dem Parademarsch in Zügen und Kompaniefronten

Heeresmarsch

Nr. 6. Locken mit Einfallen der ankommenden Pfeifer und Trommler beim Parade-Marsch

Nr. 7. Fahnentrupp

Leitung des Musikkorps

Bei den Fußtruppen steht dem Musikkorps und den Spielleuten, und bei den berittenen Truppen dem Trompeterkorps ein Musikmeister als Führer vor. Er muß eine vollendete Kenntnis der Militärmusikinstrumente, wozu auch die Signalinstrumente gehören, besitzen. Für seine Ausbildung ist durch das Reichskriegsministerium ein dreijähriges (sechssemestriges) Studium an der Staatl. akademischen Hochschule für Musik in Berlin angeordnet.

Der Musikmeister muß bei der Marschmusik darauf bedacht sein, daß nicht allzu schwere Märsche gespielt werden. Nicht jeder Marsch eignet sich zum Marschieren; Melodien, die technisch für den Musiker zu große Schwierigkeiten bieten, sind ungeeignet. Sie verleiten leicht zum Eilen. Je einfacher der Marsch in Melodie und Harmonie, desto leichter wird er sich spielen lassen und dem Musiker und Soldaten Freude und Ansporn zum Mitmarschieren geben.

Das Tempo darf 114 Schritt in der Minute nicht überschreiten. Dieses Zeitmaß ist dem Marschtempo eines normalen Menschen angepaßt und muß vom Musikmeister genau innegehalten werden. Es empfiehlt sich, die Schritte nach dem Sekundenzeiger oder nach einer Stoppuhr zu zählen. Ein Marsch mit ruhiger Melodie paßt sich besser dem Tempo an, während figurierte Märsche leicht überhetzt und zum Treiben Anlaß geben. Für die Trompeterkorps ist zu sagen, daß die Märsche im Schritt zu Pferde etwas schneller gespielt werden, da der Schritt der Pferde etwas lebhafter ist.

Anforderungen an einen Militärmusiker.

Es braucht nicht erwähnt zu werden, daß der Dienst eines Militärmusikers nicht leicht ist. Gesunder, kräftiger Körperbau ist Grundbedingung. Mens sana in corpore sano. Nach seiner militärischen Ausbildung wird der junge Militärmusiker in das Musikkorps eingegliedert. Für ihn beginnt jetzt erst die richtige musikalische Ausbildung. Er muß die Literatur der Militärmusik nach und nach erlernen, diese aber ist äußerst reichhaltig. Die hauptsächlichsten Heeresmärsche müssen eingeübt werden, und es dauert nicht geringe Zeit, bis diese in- und auswendig sitzen. Es ist selbstverständlich, daß man von einer Militärmusik in erster Linie einen schneidigen Militärmarsch zu hören bekommt. Da müssen die Stimmen gut beherrscht werden, denn viele Heeresmärsche, z. B. der Radetzkimarsch, der Armeemarsch Nr. 9 (Märsche mit Variationen) bieten nicht geringe und nicht zu unterschätzende technische Schwierigkeiten. Nur ein guter Militärmusiker beherrscht sie einwandfrei. Bei der Marschmusik tritt noch die Anstrengung des Marschierens hinzu, zu Pferde das Reiten in den verschiedenen Gangarten. Beharrliche Übung und immer wieder straffe Übung unter Leitung des Musikmeisters entwickeln das Musikkorps zu einem vollwertigen Klangkörper. Freude an der Kunst und Ausdauer führen zum Erfolg.

Die Militärmusik in kultureller Beziehung.

Wenn man auch von einer Militärkapelle in erster Linie eine schneidige Marschmusik verlangt, so vergesse man nicht, daß einer solchen Kapelle höhere kulturelle Aufgaben zukommen. Meist ist in kleinen Städten die Militärkapelle das alleinige Kunstinstitut. Die Militärmusiker haben in der Kirche, bei großen Lokalkonzerten, Oratorien usw. die Musik zu stellen. Viele Militärmusikmeister sind Leiter von Männer- und gemischten Chören. Da ist es unbedingt erforderlich, daß ein Militärmusikkorps nicht nur die Harmoniemusik beherrscht, um einen Marsch spielen zu können, nein, es muß auch intensiv die Streichmusik pflegen. Mit kurzen Worten gesagt: Streichmusik verfeinert die Blasmusik. Der größte Teil der Gebrauchsmusik unserer Militär- und Blaskapellen ist der Opernmusik usw. entnommen. Unsere großen Klassiker haben nur für Streichmusik geschrieben. Da ist es unbedingtes Erfordernis, die Militärmusiker mit dem richtigen Klang und der Feinheit der Streichmusik bekannt zu machen. Eine besondere Aufgabe ist es für den vorstehenden Musikmeister, sich auch gute Streicher heranzubilden und sie stimmenweise gut zu verteilen. In der Regel geschieht das so, daß Streicher dann in der Militärmusik möglichst das Parallelinstrument spielen, z. B. wird man einen Geiger in der Blasmusik ebenfalls ein Melodieinstrument spielen lassen. Folgende Übersicht kann man aufstellen:

In der Streichmusik	In der Militärmusik (Blas- oder Harmonie-)
erster Geiger	B- oder Es-Klarinette die 2. oder 1. Stimme, 2. Tenorhorn.
zweiter Geiger	II. oder I. B-Klarinette, 3. und 4. Trompete in Es, 3. Waldhorn oder Flügelhorn.
Bratscher	Tenorhorn oder Posaune, II. Trompete oder III. Klarinette.
Violoncellist	Baryton oder Posaune.
Bassist	F- oder B-Tuba.

Die Bläser der Streichmusik wirken in der Militärmusik bei den gleichen Instrumenten, und zwar als Vertreter der 1. Stimmen, was keiner Erläuterung bedarf.

Aufgaben der Militärmusik.

Unserer Heeresmusik fallen heute zwei Hauptaufgaben zu. Erstens hat sie erzieherischen Wert in ihrer Einwirkung auf die Truppe. Seit der Einführung des Gleichschrittes gibt sie den Leuten den rhythmischen Halt und die nötige Straffheit. Eine Parade, ein Wacheaufziehen ist ohne Musik nicht denkbar. Ein Militärmarsch zündet, reißt mit, erhebt die Gemüter und fördert den engen Zusammenhalt der Truppe als unvergleichliche Einheit; Truppe und Militärmusik gehören daher zusammen. Militärmusik kann auch nicht durch Radio und Schallplatte ersetzt werden. In zweiter Linie dient die Militärmusik kulturellen Zwecken. Vor wie nach dem Kriege konnten sich kleinere Städte keine eigenen Kapellen halten. Eine Militärmusik (Musik auf Blasinstrumenten) ist äußerst schwer auf der Höhe zu halten. Nur durch Studium und ungewöhnliche Pflege ist es möglich, eine solche auf künstlerischer Höhe zu halten. Dabei ist es gerade die Musik, die unser deutsches Volk am meisten liebt.

Militärmusik und Volksmusik.

Während es vor der nationalen Erhebung den Militärkapellen vorbehalten war, Blasmusik zu interpretieren, so haben sich mit dem Aufschwung der nationalen Bewegung auch in der SA, in der SS, NSKK usw. unzählige Kapellen gebildet nach dem Muster der deutschen Militärmusik. Man hat erkannt, welches Volkskulturgut gerade in dieser Musik enthalten ist, wie gerade diese Musik zu den Herzen und zur Masse des Volkes spricht. In ihr liegt deutsches Wesen, Kraft und Stärke. Und sie wird gefördert und gestärkt durch unser sich immerwährend wieder verjüngendes Heer. Zur Militärmusik kommen unsere jungen Musiker und verlassen sie, zu tüchtigen Musikern herangebildet. So stellen sie unseren ersten Orchestern in Deutschland guten Ersatz und führen den anderen Formationen unserer großen Nation Leiter für Kapellen und Spielmannszüge oder stimmführende Musiker zu. Solange diese Musik im deutschen Heer bestehen wird, wird sie sich auf das ganze deutsche Volk und sein Kulturleben segensreich auswirken.

Tanzmusik

von

Dr. phil. Wilhelm Stauder.

Einleitung.

Schon seit dem Mittelalter kennt man den Tanz in zwei verschiedenen Arten, als geschrittenen und als gesprungenen Tanz. Letzterer, ungeradtaktig, lebhaft und ursprünglicher, der Tanz bäuerischer Kreise, brauchte zum Ausschwingen die Unbeschränktheit des freien Landes. Der erstere, geradtaktig und gemessen, war ein ursprünglich kultischer Tanz, der zum höfischen Tanz stilisiert wurde. Oft verbindet sich der Springtanz mit dem Schreittanz in der Weise, daß die geradtaktige Melodie des letzteren in den ungeraden Takt umgebogen wird (Vortanz — Nachtanz).

Diese beiden Grundformen, der gegangene und gesprungene, der gerad- und ungeradtaktige, der volksmäßige und der feiner abgeschliffene Tanz laufen durch die Jahrhunderte nebeneinander her und entwickeln sich gleichzeitig weiter. So führt der Schreittanz über die Allemande zum Marsch. Sein Nachtanz wird zum Ländler und Deutschen.

Das eigentlich wertvolle und lebenskräftige Element ist der derbe bäuerliche Tanz, der den in Formen und Konvention erstarrten gesellschaftlichen Tänzen immer wieder frisches Blut zuführt. Dabei ist nun festzustellen, daß der ursprünglich sehr lebhafte, wilde und ausgelassene Volkstanz mit seinen Sprüngen und Schwüngen, den weitausholenden Arm- und Beinbewegungen ruhiger, gezähmter wird, sobald er in den geschlossenen Raum kommt. So ist die Einengung und Verlangsamung der Bewegungen vom Ländler über den Wiener Walzer zum langsamen Walzer nicht zu verkennen. Mit ungenagelten Schuhen, auf dem glatten Boden der Wiener Tanzlokale, mußten sich die vielfältigen, großen und eckigen Bewegungen des Ländlers zum Gleiten des Walzers vereinfachen. Der Walzer wird dadurch im Zeitmaß zunächst schneller, um dann im langsamen Walzer das Tempo noch über das ursprüngliche des Ländlers hinaus zu verlangsamen.

Der geradtaktige Tanz, schon immer gemessener, läßt auch die Vereinfachung der Bewegung über die Allemande zum derben, aber straffen Marsch, und weiter zu den heutigen langsamen Schreit- und Gleittänzen erkennen. Auch hier war zunächst ähnlich dem Walzer, eine Geschwindigkeitszunahme bei Vereinfachung der Tanzbewegung zu verzeichnen (Geschwindmarsch). Der Einfluß des letzteren findet sich noch in unseren schnellen Gehtänzen. Dagegen hat sich der eigentliche Marsch bis heute in ungebrochener Frische erhalten. Er wird als Marschtanz ausgeführt. Der Einbruch negroider Tanzformen in unser Kulturleben ist längst überwunden und die Schreittänze unserer Zeit haben wieder an die alte Überlieferung angeknüpft.

Das Volkstum befruchtet auch in unseren Tagen den Tanz. So ist der Tango als Volkstanz zwar in Südamerika heimisch, entstand aber aus der tanzschöpferischen Begabung des artverwandten spanischen Volkes, das das dortige Land als Kolonisten besiedelte. Die Kraft des Volkstums findet ihren Ausdruck in der Beständigkeit des Tanzes, der sich schon mehrere Jahrzehnte in ungebrochener Frische erhalten hat, während gleichzeitige „Erfindungen" im besten Fall eine „Saison" erlebten. Auch der sehr beliebte und zündende spanische Marsch (Paso doble) fließt aus der gleichen Quelle.

Auch heute bestehen in Deutschland die beiden Grundformen des Tanzes, der gehüpfte und gesprungene als Volkstanz, der gemessenere als Unterhaltungstanz nebeneinander, nur mit dem Unterschied, daß sich der letztere nicht wie früher auf bestimmte Kreise beschränkt, sondern von allen Teilen des Volkes getanzt wird. Beide Arten werden mit Recht nebeneinander gepflegt, denn jede hat in unserem Staate ihre besondere Aufgabe zu erfüllen. Der Volkstanz ist Bewahrer alter Überlieferung und wertvollen Kulturgutes. Er behält seinen Platz auf dem Lande, in der Dorfgemeinschaft, und er bleibt seiner Landschaft, aus der heraus er entstanden ist, aufs engste verbunden. Der unterhaltende Tanz dagegen bringt seiner Zweckbestimmung entsprechend dem schaffenden Menschen Erholung und Entspannung, er vermittelt Freude und hilft die Freizeit gestalten.

Neue Tänze stoßen oft auf Ablehnung, sowohl heute wie früher. Davon bleibt aber der Wert des Tanzes selbst unberührt. Es sei daran erinnert, daß der Walzer zu seiner Entstehungszeit wegen seiner „unmoralischen Wirkung" heftig bekämpft wurde und daß manche Behörden ihn sogar verboten. Noch unter Wilhelm II. war seine Ausführung bei Hoffestlichkeiten streng untersagt!

Die folgende Darstellung behandelt nur die Musik des Unterhaltungstanzes (Gesellschaftstanzes), und zwar die der Gegenwart. Eine geschichtliche Darstellung liegt außerhalb des Rahmens dieser Arbeit. Auch finden die älteren Tänze nur so weit Berücksichtigung, als sie heute noch lebendig sind und allgemein getanzt werden. Es sind außer dem Walzer und Marsch noch Polka und Rheinländer, die man als Mischtypen zwischen dem Rundtanz und der geradtaktigen Form bezeichnen kann. Da die Tanzmusik für Soloinstrumente keine bestimmende Bedeutung besitzt, beschränkt sich ferner das folgende nur auf die Tanzmusik für Orchester.

Einen großen Raum nimmt naturgemäß die Besprechung der neueren Tanzmusik ein. Hier ist noch manches unbekannt; es sind viele Fragen zu klären. Obwohl Komposition und Instrumentation eigentlich zusammengehören, hat es sich in Anlehnung an die heute allgemein ausgeübte Praxis als notwendig herausgestellt, den Entwurf der Komposition (Form, Melodie, Harmonie, Rhythmus) von der Bearbeitung (Gliederung der Tanzkomposition, Besetzung, Instrumentenbehandlung) zu trennen. Schließlich findet auch die Wiedergabe der Tanzmusik genaue Beachtung. Gerade sie ist von nicht geringer Wichtigkeit; denn Tanzmusik ist keine minderwertige Musik, sondern sie stellt eine Gattung der Musik dar, die ganz bestimmte Aufgaben zu lösen hat (Zweckmusik) und die innerhalb des ihr gegebenen Rahmens eine ebenso hohe Vollendung erreichen muß, wie beispielsweise die Sinfonie innerhalb des ihrigen.

Außer Notenbeispielen benötigen unsere Ausführungen einer Ergänzung durch Schallplattenbeispiele. Um vom modernen Tanz-Orchester, seinen Instrumenten und ihrer Behandlung, von Ausführung und Vortrag die richtige Klangvorstellung zu übermitteln, ist diese Erweiterung unbedingt nötig. Es wird deshalb im Text auf Stellen geeigneter Schallplatten (mit Angabe von Bezeichnung und Nummer) hingewiesen. Sie mögen zum Studium dienen.

Es bezeichnen hierbei:

EG = Platten der Firma Electrola,
E = Platten der Firma Grammophon,
O und GO = Platten der Firma Lindström,
A und M = Platten der Firma Telefunken.

Die älteren Tänze.

Marsch, Polka, Rheinländer, Ländler.

Der Marsch. Der Marsch wird zwar auch zum Tanzen gespielt; jedoch erschöpft sich damit seine Aufgabe nicht. Er sei nur kurz gestreift. Zum Tanz wird entweder der einfache schlichte Marsch (Parademarsch) mit dem ungefähren Tempo von 𝅗𝅥 = 76 MM oder der Geschwindmarsch mit dem Tempo 𝅗𝅥 = 108—120 MM gebraucht. Sein Takt ist geradzahlig, also $^2/_4$, $^4/_4$, auch $^6/_8$ (letzterer gern beim Geschwindmarsch), und er besitzt regelmäßig ein kontrastierendes Trio.

Die Polka, um 1830 aufgekommen, ist böhmischen Ursprunges. Sie wurde wegen ihres schon vorher in der Ecossaise (Schottisch-Walzer) benutzten Schrittes auch „Schottisch" genannt. Es ist ein rascher Rundtanz im $^2/_4$-Takt mit dem Rhythmus:

Die Musik besteht aus 4 Teilen von je 8 Takten, die wiederholt werden. Die neue Polka, meist eine Schnellpolka, wird gern als Solo für Klarinette, Akkordeon usw. (mit Orchesterbegleitung) geschrieben und weicht in Rhythmus und Form bedeutend von dem alten Vorbild ab. Zum Beispiel hat die Polka von Rixner „Spitzbub" die Form des Marsches mit kontrastierendem Trio (vgl. zur neuen Polka auch EG 3178).

Aus der Polka entwickelten sich verschiedene Abarten. Die bedeutendste ist der Rheinländer, auch Rheinländer-Polka, Bayrisch-Polka und Jäger-Schottisch genannt. Das Tempo ist etwas langsamer als dasjenige der Polka („langsame Polka") mit dem Rhythmus:

Die Musik besteht ebenfalls aus 4 Teilen von je 8 Takten mit Wiederholung. Eine Tanztour ist jeweils mit 4 Takten vollendet. Die vom Volksmund unterlegten Worte:

bezeichnen die Ausführung dieses Tanzes.

Auch der neue Rheinländer lehnt sich nicht mehr streng an sein Vorbild an, sondern bewahrt nur das Zeitmaß und besitzt sonst die Form des neuen Tanzliedes (vgl. EG 3255).

Ehe der Walzer etwas ausführlicher behandelt wird, soll noch kurz darauf hingewiesen werden, daß auch der Ländler heute, mit etwas schnellerem Tempo, viel zum Tanz gespielt wird, und zwar werden die verschiedenen Ländlerthemen (je 8 Takte, durch Wiederholung auf 16 Takte erweitert) durch das bekannte Zwischenspiel (das alte Ländlernachspiel, ebenfalls zweimal 8 Takte):

Beispiel 1

abgelöst. Eröffnet werden diese Ländlerketten mit dem bekannten Anfang (Beisp. 2).

Beispiel 2

Die Form ist also: Vorspiel—Ländler 1 — Zwischenspiel—Ländler 2 — Zwischenspiel—Ländler 3 — Zwischenspiel usw. Der eigentliche Ländler wird solistisch (2 Klarinetten oder Trompete), das Vor- und Zwischenspiel im Tutti gebracht.

Der Walzer.

Der Wiener Walzer, untrennbar mit den Namen Josef Lanner, Johann Strauß (Vater) und Johann Strauß (Sohn) verknüpft, hat durch den jüngeren Strauß seine höchste Vollendung erfahren. Es gelingt Johann Strauß, den Walzer aus der Sphäre des reinen Tanzmusikalischen emporzuheben und ihn der Kunstmusik zu nähern, ohne daß sein Charakter als Zweckmusik und seine enge Bindung an die bodenständige Wiener Volksmusik verlorengeht.

Die auch für die Folgezeit verbindliche Walzerform besteht aus mehreren (meist 4—5) durch Ausdruck und Tonarten kontrastierenden Walzerteilen (Walzernummern), die durch eine große Einleitung (Introduktion) eröffnet und durch eine ausführliche Coda abgeschlossen werden. Einleitung und Schluß benutzen neben neuen Motiven mit Vorliebe Themen aus den Walzerteilen und zerfallen meistens in mehrere gegensätzliche Abschnitte (man vgl. die Einleitung zu „Geschichten aus dem Wienerwald“: Tempo di Valse-C-Dur, Langsam-G-Dur, Moderato [Ländlertempo]-G-Dur, Bewegter-D-Dur, Vivace-G-Dur, Tempo di Valse-C-Dur). Jede Walzernummer hat in der Regel zwei Abschnitte (A B) mit je zweimal 16 Takten. Wiederholt wird entweder der erste Abschnitt (A B A) oder der ganze Walzerteil (A B A B). Beim Tanz fällt die ganze Wiederholung eines Walzerteils gewöhnlich fort.

Seiner Zweckbestimmung entsprechend überwiegt bei dem Wiener Walzer neben dem melodischen das rhythmische Element, während die Harmonie geringere Bedeutung besitzt. Der Reichtum an melodischen Einfällen ist erstaunlich. Jeder Walzerteil und jeder Abschnitt desselben bringt neue, schöne Themen, die den Einfluß der typischen Wiener Volksmelodik und Anklänge an den Ländler (Dreiklangsintervalle, Sprünge) deutlich erkennen lassen. Die melodischen Bogen sind groß, oft 16taktig und schwungvoll. Wesentlich ist, daß diese Wiener Walzermelodik eine rhythmische Melodik ist; der wiegende, prickelnde, elektrisierende Charakter des Walzers wird nicht durch die einförmige Walzerbegleitung erreicht, die durchweg aus Baßton und zwei nachschlagenden Akkordtönen besteht, sondern durch die großartige Behandlung der melodischen Linie. Mit den verschiedensten Mitteln, wie Auftaktbildungen, Auftaktnoten mit folgender Pause (♩ | 𝄽), Triller auf schlechtem Taktteil, reizende Verzierungen

(Pralltriller, Vorschläge), verschiedenartige Aufteilung des Taktes durch Halbe, Viertel, punktierte Viertel und Achtelnoten, lustiges Spiel mit nachschlagenden Tönen, rhythmisches Variieren („Geschichten aus dem Wienerwald“ 4 B) usw., wird dieser hinreißende Schwung erzielt. Besonders wirkungsvoll sind interessante Synkopenbildungen („Künstlerleben“ 5, „Geschichten aus dem Wienerwald“ 2 B) und Taktverschleierungen (Taktschwerpunktsverschiebungen), die plötzlich einen $^{2}/_{4}$-Takt vortäuschen („Morgenblätter“ 1 B, „Geschichten aus dem Wienerwald“ 2 A).

Die Harmonie ist einfach — gern wird die Melodie von Terzen und Sexten begleitet („Wiener Blut“ 1, „Künstlerleben“ 1, „Geschichten aus dem Wienerwald“ 1) — und benutzt meist nur Tonika, Dominante und Subdominante mit ihren Parallelen. Die einzelnen Walzerteile, oft auch die beiden Abschnitte desselben, unterscheiden sich meist durch die Tonarten (bevorzugt werden Quintabstände). Innerhalb eines Abschnittes wird nur selten eine kurze Modulation nach der Dominante eingefügt.

Johann Strauß ist ein glänzender Instrumentator. Mit äußerster Sparsamkeit, aber sehr wirkungsvoll, wendet er die ihm zur Verfügung stehenden Mittel an und schafft damit ein ausgeglichenes, fein ausgewogenes Klangbild. Sein Tanzorchester besteht aus Violine I und II, Viola, Violoncello, Kontrabaß, Flöte I und II (auch mit Pikkolo), Oboe I und II, Klarinette I und II, Fagott I und II, Horn I, II, III, IV; Trompete I, II, III (III nicht immer), Posaune I, II, III (II und III nicht immer), Harfe (nicht immer) und Schlagzeug (Pauken, große und kleine Trommel, Triangel).

Träger der Melodie sind durchweg die Violinen I, unterstützt durch die Holzbläser (außer Fagott). Nur bei den seltener vorkommenden tiefen Soli schlagen die 1. Violinen nach. Die Holzbläser verstärken die Melodie und bringen die Terzen und Sexten dazu. Die 2. Geigen spielen nur in ganz seltenen Fällen kurze Stücke der Melodie unisono oder in Oktaven mit. In der Regel schlagen sie nach. Etwas mehr als die 2. Violinen, aber auch nur während kürzerer Stellen, unterstützt das Cello die Melodie oder begleitet in Sexten und Dezimen. Die Holzbläser sind in der für die Strauß-Zeit üblichen Weise gesetzt (Flöte und Klarinetten unisono mit Violine I, Pikkolo eine Oktave höher, Oboe [auch Klarinette] eine Oktave tiefer). Melodien in tiefer Lage (Baßsoli) bringen Baß, Posaune (Tuba), Fagott, Violoncello und manchmal die Trompeten (eine Oktave höher) und Hörner. Trompeten und Hörner werden auch sonst während kürzerer Teile zur Melodieverstärkung eingesetzt.

Die Walzerbegleitung besteht aus dem Baßton auf das erste Viertel und den beiden nachschlagenden Akkorden auf die zwei übrigen Viertel des Taktes. Kontrabaß, Cello, Posaune (Tuba) und Fagott markieren den Taktanfang, Violine II, Viola, Cello, Hörner und Trompeten schlagen nach, die Violinen und Bratschen zweistimmig, das Violoncello oft in Dreiklangsformen (pizz.). Dazu geben die Trompeten auch kurze signalartige Motive. Cello und Fagott bringen manchmal länger ausgehaltene Töne, die schon Ansätze zu einer kontrapunktischen Gegenstimme erkennen lassen.

Zusammenfassend ist festzustellen, daß im Tanzorchester von Johann Strauß die Streichinstrumente und Holzbläser vorherrschen und daß das Blech sehr zurückhaltend eingesetzt wird. Innerhalb dieses feststehenden Rahmens sind die Instrumente äußerst geschickt behandelt und gruppiert, sei es, daß zwei Melodieteile wie Frage und Antwort von zwei Instrumenten (-gruppen) durchgeführt werden, sei es, daß eine Instrumentengruppe (z. B. Violinen und Holzbläser) die Melodie, andere Instrumente dagegen (z. B. Blech) ein gegensätzliches Thema entwickeln („Geschichten aus dem Wienerwald“

3B). Auch ein Volksinstrument — die Zither — hat im Straußschen Tanzorchester Verwendung gefunden (Einleitung und Schluß von „Geschichten aus dem Wienerwald").

Zum Schlusse muß noch die verbreitete Meinung, der Wiener Walzer beruhe vorwiegend auf Streichbesetzung, berichtigt werden. Demgegenüber ist festzustellen: Die Melodie entsteht zwar aus Technik und Eigenart der Geige, aber nur die 1. Violine hat durchgehend Melodie, und diese Melodie wird immer von den Holzbläsern mitgespielt. Die Terzen und Sexten dagegen, die die für den Wiener Walzer charakteristische Zweistimmigkeit ausmachen, werden ausschließlich von den Holzbläsern, nicht von der zweiten Geige gebracht. Das oft gehörte Austerzen der Melodie durch Violinen entspricht nicht dem Strauß-Orchester, sondern beruht auf der Walzerbearbeitung für „Salonorchester" („Obligat-Violine").

Der Walzer nach Johann Strauß. Nach Johann Strauß hat sich der Walzer in formaler Beziehung nur wenig weiterentwickelt. Festzustellen ist eine Neigung zum Verringern der Zahl der Walzernummern auf 4 und sogar 3. Sie werden dafür gern durch weit ausgesponnene Einleitungen und ebensolche Schlüsse umrahmt. Auch der melodische Reichtum der Walzer bleibt weiter sehr groß. In der satztechnischen Durchbildung und Instrumentation sind bemerkenswerte Fortschritte erzielt worden. Die Hauptvertreter des neueren Walzers sind Emil Waldteufel („Ganz allerliebst", „Mein Traum", „Sirenenzauber", „Die Schlittschuhläufer" u. a.), Paul Linke („Verschmähte Liebe", „O Frühling, wie bist du so schön" u. a.) und Hanns Löhr („Künstlerlaunen" „Lachender Lenz", „Herbstmorgen", „Königskinder" u. a.).

Allmählich nähert sich der Walzer der neueren Harmonik. So bringt vor allem Löhr häufig kühne harmonische Wendungen (Modulationen, Trugschlüsse, alterierte Akkorde, Mollseptimenakkorde usw.). Auch die Melodie erscheint nicht mehr allein nur von Terzen und Sexten begleitet, sondern der für die neuere Tanzmusik so charakteristische dreistimmige Satz tritt zuweilen auf. Der Anfang von Waldteufels „Ganz allerliebst" ist schon ganz harmonisch, weniger melodisch, gedacht. Der dreistimmige Akkord erscheint zuerst bei Linke („O Frühling, wie bist du so schön") und später allgemein bei Löhr („Im schönen Tal der Isar", „Herbstmorgen", „Ein Frühlingstag in Garmisch" u. a.). Die 1. Violine ist auch nicht mehr ausschließlich melodieführend, sondern anderen Instrumenten und Instrumentengruppen (besonders Holzbläsern) wird das thematische Material unabhängig von den Violinen zugeteilt (Löhr: „Waldromantik", „Königskinder"). Der Ländler wird bei Löhr („Mein bayrisch' Oberland", „Ein Frühlingstag in Garmisch") immer nur von Klarinetten gespielt. Oft wird das Thema durch Verteilung an verschiedene Instrumente wie Frage und Antwort durchgeführt (Waldteufel: „Ganz allerliebst"; Löhr: „Von Land zu Land"). Zu der melodischen Linie treten häufig kontrapunktische Gegenstimmen und ausgezeichnete Baßführungen (Waldteufel: „Mein Traum"; Löhr: „Königskinder", „Herbstmorgen") und lebhafte Figurationen der Holzbläser (Waldteufel: „Mein Traum"; Löhr: „Königskinder", „Künstlerlaunen", „Herbstmorgen", „Von Land zu Land"). Zu besonderen Wirkungen wird auch gern die kompakte Klangmesse des Orchesters (Tutti) den in einzelnen solistischen Partien aufgelösten Stimmen gegenübergestellt.

Hanns Löhr stößt am weitesten in Neuland vor. Doch bleibt er immer stark volks- und landschaftsverbunden. Mit großer Liebe schildert er den Zauber der deutschen

Landschaft („Spätsommertag“, „Lachender Lenz“, „Herbstmorgen“, „Waldromantik“), wobei seine besonderen Neigungen nach Süddeutschland (Oberbayern) gehen. Die Walzer: „Im schönen Tal der Isar“, „Ein Frühlingstag in Garmisch“, „Mein bayrisch' Oberland“, „Wo die Prien rauschen“ sind ganz aus dem Boden dieser Landschaft und ihres Volkstums herausgewachsen. Der Ländler klingt hier nicht wie beim Wiener Walzer nur noch schwach in der Melodik an, sondern er tritt selbst im Walzer auf und wird für ihn bestimmend. Die enge Verbindung zum Volkstum läßt ihn auch das deutsche Volkslied benutzen — nicht als Walzerthema — sondern als ein Motiv, das den ganzen Walzer durchzieht („Königskinder“). Neuerdings strebt Hanns Löhr eine Erweiterung der Form des Walzers an. Dies führt zur Form des „sinfonischen“ Walzers, der aber schon das Gebiet der reinen Tanzmusik verläßt.

Tanzbesetzung.

Die Besetzung, die Johann Strauß und auch die neueren Walzerkomponisten ihren Werken zugrunde gelegt haben, ist das sog. „Große Orchester“, bestehend aus Streichquintett, zweifachem Holz, 4 Hörnern, 2—3 Trompeten, 2—3 Posaunen (Tuba), Pauken, Schlagzeug und Harfe. Für die praktischen Bedürfnisse mußten die Stücke aber auch in anderen Besetzungen erscheinen, und so entstanden Bearbeitungen für „Kleines Orchester“, für Blasmusik (Harmonie- und Blechmusik), Salonorchester, Schrammelbesetzung usw. Die größte Verbreitung hat das Salonorchester wegen seiner universellen Verwendbarkeit gefunden. Charakteristisch für diese Besetzung ist die Verwendung des Klaviers und teilweise des Harmoniums, die wiederum bestimmte Füllinstrumente überflüssig machten.

Die Stimmen des Salonorchesters werden so eingerichtet, daß sie sowohl von kleinster Besetzung ab (Klavier und Violine) gut klingen, als auch die verschiedenartigsten Instrumentenzusammenstellungen ermöglichen. Während früher das Stimmenmaterial hauptsächlich für drei etwas voneinander abweichende Besetzungsarten, die Wiener, Pariser und Berliner Besetzung geliefert wurde, hat sich für das neuere Salonorchester eine einheitliche Besetzung herausgebildet.

Die Pariser Besetzung bestand aus Klavier, Violine, Violoncello, Flöte und Kornett (5 Stimmen); die Wiener Besetzung aus Klavier, Harmonium, Violine I, Obligat-Violine, Violoncello, Kontrabaß, Flöte und Schlagzeug (8 Stimmen); die Berliner Besetzung aus Klavier, Violine I, Violine II, Viola, Violoncello, Kontrabaß, Klarinette, Kornett, Posaune und Schlagzeug (10 Stimmen). Diese Aufstellung, die den Hofmeisterschen Jahresberichten von 1914—1918 entnommen ist, weicht von den Angaben in Riemanns Lexikon geringfügig ab, wird aber durch vorliegendes Stimmenmaterial bestätigt. Außer diesen Hauptbesetzungsarten gab es noch eine Reihe anderer, die in der Tabelle 1 samt den abweichenden Angaben Riemanns wiedergegeben werden.

Das heutige Salonorchester, oft fälschlich „Pariser Besetzung“ genannt, besteht einheitlich aus folgenden Stimmen: Klavier (Direktionsstimme), Harmonium, Violine I (Direktionsstimme in 2 Exemplaren), Obligat-Violine, Violoncello, Kontrabaß, Flöte (mit Pikkolo), Klarinette, Oboe, Trompete, Posaune und Schlagzeug mit Pauken. Normalerweise geben die Verleger auch die für großes Orchester bestimmten Stücke in Salonorchester-Arrangement heraus und drucken die zum großen Orchester gehörigen sog. „Ergänzungsstimmen“ (Violine II, Viola, Flöte II, Oboe II, Klarinette II, Fagott I und II, Trompete II und III, Posaune II, III [Tuba], Horn I—IV, Harfe) hinzu. Damit wird die Herstellung für großes Orchester verbilligt. Zwischen dem Salon- und großen Orchester gibt es noch eine sehr verbreitete Besetzungsart, das „Kleine Orchester“ (Klavier, 2 Violinen I, Violine II, Viola, Violoncello,

Kontrabaß, Flöte I, Oboe I, Klarinette I und II, Fagott I, Trompete I und II, Posaune, Horn I und II, Schlagzeug). Diese Besetzungen sind ebenfalls in der Tabelle 1 zusammengestellt.

Tabelle 1. Besetzungsarten der älteren Tanzmusik.

Besetzungen	Stimmen																	
	Klavier	Harmonium	Violine I	Violine II	Obligat-Violine	Viola	Violoncello	Kontrabaß	Flöte (m. Pikkolo)	Oboe	Klarinette	Fagott	Horn	Trompete	Posaune	Harfe	Schlagzeug (m. Pauken)	Anzahl der Stimmen
Trio	1		1				1											3
Quintett	1		1		1		1	1										5
Älteres Salonorchester:																		
Wiener Besetzung (H) .	1	1	1		1			1	1								1	7
Wiener Besetzung (R) .	1	1	1		1		1										1	6
Pariser Besetzung (H) .	1		1				1		1					1				5
Pariser Besetzung (R) .	1		1				1	1	1					1			1	7
Pariser Besetzung (St) .	1		1				1		1		1			1				6
Berliner Besetzung (H).	1		1	1		1	1	1			1			1	1		1	10
Berliner Besetzung (R).	1	1	1	1		1	1	1	1		1			1	1		1	12
Berliner Besetzung (St).	1		1	1		1	1	1	1		1			1	1		1	11
Berlin-Wiener Bes. (H).	1	1	1		1		1	1	1		1			1	1		1	11
Amerikanisch (H) . . .	1		1	1			1		1		1			1			1	8
Bijou-Orchester (H) . .	1	1	1			1	1	1	1		1			1			1	10
Hausmusik (H)	1	1	1	1		1	1	1	1									8
Künstler-Ensemble (H) .	1		1				1	1	1		1			1				7
Liebhaber-Orchester (H)	1	1	1	1		1	1	1	1		1			1	1		1	12
Solisten-Orchester (H) .	1	1	1		1		1	1	1		1			1	1		1	11
Neueres Salon-Orchester .	1	1	2		1		1	1	1	1	1			1	1		1	13
Kleines Orchester	1		2	1		1	1	1	1	1	2	1	2	2	1		1	18
Großes Orchester	1		2	1		1	1	1	2	2	2	2	4	2—3	3	1	1	26—27

(H) bedeutet: Besetzung nach Angaben in Hoffmeisters Jahresverzeichnis 1914—1918.
(R) „ „ nach Angaben in Riemanns Musik-Lexikon.
(St) „ „ nach vorliegendem Stimmenmaterial.

Die beiden Stimmen der Violine I sind jeweils zwei gleiche Exemplare. Die Stimmen der Bläser bestehen je nach Anzahl aus 1., 2. und 3. Stimme. Klavier und Violine I sind Direktionsstimmen. Bei großem Orchester wird die Klavierstimme nur als Direktionsstimme benutzt.

Die Einrichtung der Stimmen für Salonorchester nimmt auf einen ganz bestimmten Aufbau Rücksicht. Den Grundstock des Ensembles bildet das Trio Klavier, Violine und Cello. Damit ist auch die Reihenfolge der Instrumente, wie sie besetzt werden müssen, gegeben. Falsch wäre es z. B. ein Trio mit Klavier, Violine I und Obligat-Violine oder Klavier, Violine I und Klarinette aufzustellen. — Zu dieser Grundbesetzung treten die übrigen Instrumente in folgender Reihenfolge: Streicher: Obligat-Violine, Baß; Holzbläser: Flöte, Klarinette (auch vor Flöte), Oboe (zuletzt); Blech: Trompete, Posaune.

Das wichtigste Instrument des Salonorchesters ist das Klavier. Es dient sowohl zur Begleitung, zur harmonischen Füllung („Generalbaß") und zu solistischem Spiel. Die Harmoniefolgen sind in Klavierakkorden festgelegt. Damit das Klavier (besonders in kleiner Besetzung) jederzeit für fehlende Instrumente einspringen kann, sind Melodie, Soli der einzelnen Instrumente, Holzbläser-Figuren usw. (mit Bezeichnung der Instrumente) in Stichnoten eingezeichnet. Die Violine ist die wichtigste Melodiestimme. Auch hier sind alle wichtigen Solo- und Begleitfiguren der übrigen Instrumente in Stichnoten notiert. Die Obligat-Violine unterscheidet sich charakteristisch von der Violine II des großen Orchesters. Während die Violine II mehr Begleitinstrument ist und insbesondere im Walzer fast nur akkordische Nachschläge bringt, führt sie als Obligat-Violine außer Begleitfiguren gern die zweite Melodiestimme durch, oft unisono oder in Oktaven mit Violine I, auch spielt sie die Terzen und Sexten, ebenso melodische Gegenstimmen zur Hauptmelodie. Das Cello folgt als wichtigstes Instrument nach Klavier und Violine I. Es bringt mehr Melodie als im großen Orchester (Melodieverdoppelung im Einklang und in der Oktave), daneben hat es auch noch die Aufgabe, ebenso wie die Obligat-Violine, die Hauptmelodie auszuterzen, es bringt ferner kontrapunktische Nebenmelodien und hat alle tiefen Soli (Fagott, Posaune, Horn) in Stichnoten eingezeichnet. Auch wichtige Themen der Obligat-Violine sind oft in die Cellostimme eingezeichnet. Wenn es nicht mit Melodiegebung beschäftigt ist, wirkt es als rhythmisches Instrument, besonders durch Dreiklangspizzicati. Das *Harmonium* dient einzig zum Füllen und wird *nur* im Salonorchester benutzt. Es ersetzt Horn, Fagott, Cello, Blech und Holzbläser. Auch bei den übrigen Instrumenten sind die wichtigsten Stimmen anderer Instrumente gleicher Tonlage immer in Stichnoten eingezeichnet, so daß beim Fehlen eines Instrumentes jederzeit ein anderes einspringen kann und bei beliebiger Instrumentenzusammenstellung niemals eine Melodiestelle fehlt.

Verfall der Tanzmusik (Jazz).

Diese Entwicklung der Tanzmusik ging aber nicht stetig vor sich. Bald nach der Hochblüte des Wiener Walzers traten Verfallserscheinungen auf, die in den Jahren nach dem Kriege zu einer vollkommenen Entartung der Tanzmusik führten und zeitweise den deutschen Walzer völlig verdrängten. Nach der Wende des 19. zum 20. Jahrhundert ist der Einbruch artfremder Tänze negroiden Ursprungs in unser Kulturleben festzustellen. Cake Walk (= Kuchentanz der Neger) mit den typisch synkopierten Rhythmen ♪ ♩ ♪, Rag Time, später One Step und Two Step kamen schon vor dem Kriege aus Amerika zu uns. Nach dem Kriege wurden wir mit der seit 1914 in Amerika sich entwickelnden „Jazz-Musik" (später „Syncopated Music" genannt) beglückt, die eine Mischung afrikanischer (Plantation-Songs, Negro-Spirituals) und englisch-amerikanischer Elemente darstellte. Auf negroide Einflüsse ist dabei besonders die Ausartung im Rhythmischen, der improvisatorische Charakter, die gleitende und heulende Tongebung, die groteske, stark sinnliche Klangwirkung und der häufige Umschlag in unechte Sentimentalität zurückzuführen.

Der zweiteilige Step-Rhythmus, der Rhythmus des Geschwindmarsches, verdrängte bald alle anderen Rhythmen. Indessen — und das ist das deutlichste Zeichen des Verfalls — entartete der Rhythmus gleichzeitig durch Überladung mit Synkopen (häufig über den Taktstrich), durch Triolenbildungen und ähnliche Figuren („entfesselter Rhythmus"). Die Entartung bestand aber bloß in der Anwendung und Kombination der Rhythmen. Die einzelnen Bildungen, wie Synkopen, Betonungsverschiebungen usw., haben schon vorher bestanden und wurden in der Kunstmusik seit jeher angewandt. Das Anhäufen und Ineinanderschachteln rhythmischer Verschiebungen erst verursachte den fratzenhaften Klangcharakter, den Taumelrhythmus und die sinnlich aufpeitschende Wirkung des Jazz.

Durch die übermäßige Anwendung der Synkope wurde nun nicht — wie man es gern behauptete — der Rhythmus gesteigert, sondern im Gegenteil, er wurde zerbrochen, zerstört. Es entstand in Wirklichkeit nicht *mehr*, sondern *weniger* Rhythmus. Während eine gute Tanzmusik einen fesselnden, zündenden Rhythmus besitzen muß, erklang die im wahrsten Sinne des Wortes „totsynkopierte" Musik äußerst eintönig („monoton").

Das Schlimmste aber war die Art der Ausführung, der improvisatorische Charakter, der mit der Jazz-Musik aufkam. Das gegebene Notenmaterial gab nur die Grundlage ab, es wurde fortwährend abgeändert, durch Improvisieren wurde die Melodie zerhackt, zerfetzt und völlig unkenntlich gemacht. Außerdem wurde die Melodie noch gern durch Passagen (Breaks), die allein ohne Unterstützung der Begleitinstrumente auftraten, unterbrochen. Solche Breaks gab es nach Hunderten zu kaufen. Sie wurden auswendig gelernt und an allen passenden und unpassenden Stellen als „Improvisation“ gebracht. Da bei der Ausführung nicht die Ensemblekunst im Vordergrunde stand, sondern sich die Spieler als eine Vereinigung von lauter Solisten betrachteten, improvisierten die verschiedenen Instrumente auch mit Vorliebe zu gleicher Zeit. Jedes Instrument verfolgte ohne Rücksicht auf die anderen nur seine eigene Linie, so daß jede harmonische Grundlage verlorenging. Diese Spielweise erinnerte sehr an die Musikausübung primitiver Völker, die keine harmonische Bindung kennen und deren Mehrstimmigkeit nur als zufälliger Zusammenklang völlig unabhängig improvisierter Melodien zu bewerten ist (Heterophonie).

Die Instrumente wurden in einer von dem üblichen Brauch stark abweichenden Spieltechnik unter Bevorzugung von harten abgerissenen Tönen (Banjo) und grellen Klangfarben benutzt. Das Klavier wurde zum Schlaginstrument, die Violine ihrer Eignung für schöne weiche Melodiegebung entfremdet und mit Vorliebe in extrem hohen Lagen benutzt, wobei eine veränderte Bogenführung spitze, harte und schneidende Töne hervorbrachte. Mit Hilfe eines Schalltrichters wurde sie außerdem „verbessert“. Ebenso improvisierte die Klarinette in den höchsten, sonst nicht verwandten Registern. Für das Blech wurden Dämpfer konstruiert, die rasselnde, quäkende und gepreßte Töne hervorbrachten. Dazu näselnden und blökten die Saxophone. Die verschiedensten „Effekte“, wie Flatterzunge, knallende Töne (Slap Tonguing), Glissando auf den Klappeninstrumenten, Imitationen von Tierstimmen, Lachen, Weinen und sonstige groteske Wirkungen wurden von den Spielern eingeführt. Dazu schuf der Schlagzeuger mit allen möglichen Lärminstrumenten einschließlich Flex-a-tone, Lotosflöte und „Singender Säge“ die Geräuschkulisse.

Um dem steigenden Bedürfnis nach „Piècen“ gerecht zu werden, wurde die Herstellung der Schlager industrialisiert und schablonenmäßig am laufenden Band produziert. Durch Herausgabe effektvoller Einleitungen, Zwischenspiele und Schlüsse (Introduktions, Interludes, Endings — „Thats all“ —) für alle Tonarten wurde gleichzeitig der Ehrgeiz nach „eigener Note“ befriedigt. In gleicher Weise wurden die Texte, die sich aus übelstem Schwulst, sentimentaler Einfalt und erotischer Banalität zusammensetzten, fabriziert.

Mit zu dem trübsten Kapitel dieser Zeit gehören die Jazzbearbeitungen von Volksliedern, Opern (Tannhäuser, Carmen, Troubadour, Tosca usw.) und sonstigen Stücken der Kunstmusik (Schumann, Schubert, Grieg, Chopin, Tschaikowsky). Nur die Jazzkarikaturen von „Gebet einer Jungfrau“ und „Klosterglocken“ waren zur rechten Zeit erschienen, um dem musikalischen Kitsch der Haus- und Salonmusik des 19. Jahrhunderts endgültig den Garaus zu machen.

Es konnte selbstverständlich nicht ausbleiben, daß man auch in anderen Ländern dieser ausgearteten Musik überdrüssig wurde und daß Bestrebungen entstanden, die Tanzmusik wieder auf einen höheren Stand zu bringen. So führte Paul Whiteman die Jazzmusik aus der mehr oder weniger improvisatorischen Praxis heraus und nähert sie mehr der Spielweise des symphonischen Orchesters. Ähnlich verfahren Jack Hylton, Caroll Gibbons u. a. Man muß anerkennen, daß von dem ursprünglichen Negereinfluß kaum etwas übriggeblieben ist.

Der Einfluß der Jazzmusik war auf Deutschland deshalb so besonders verderblich, weil Deutschland wie fasziniert auf das Ausland starrte und unbesehen alles übernahm und nachahmte, was von dort kam. Jede Selbständigkeit, alles spezifisch Deutsche ging auf diese Weise verloren. Eine unglaubliche Überfremdung deutschen Wesens griff um sich, und noch bis zum heutigen Tage erscheint die englische und amerikanische Tanzmusik vielen als das nachahmenswerte, aber ewig unerreichbare Ziel einer Tanzmusik überhaupt. Demgegenüber muß mit aller Entschiedenheit betont werden, daß es das erstrebenswerte Ziel für uns nur sein kann, zu einer deutschen Tanzmusik zu gelangen. Dies kann aber niemals durch sklavische Nachahmung fremder Erzeugnisse und ihre mechanische Übertragung auf unser Kulturleben erreicht werden. Da der Begriff „Deutsche Tanzmusik“ noch vielen Mißverständnissen ausgesetzt ist, sollen dazu einige grundsätzliche Ausführungen gemacht werden.

Deutsche Tanzmusik.

Eine neue deutsche Tanzmusik kann nicht plötzlich aus dem Boden gestampft werden, sie muß sich organisch entwickeln. Aber die Voraussetzungen, die Vorbedingungen, können und müssen geklärt werden. Selbstverständlich wird man auf dem älteren und wertvollen Gut weiterbauen müssen. Aber es kann nicht unsere Aufgabe sein, alte überlebte Formen zu pflegen und künstlich am Leben zu erhalten. Auch kann man nicht den Volkstanz aus seiner Landschaft herausnehmen und aus ihm einen Gesellschaftstanz machen. Eine Übernahme von Formen, die bei anderen Völkern entstanden sind, ist nicht abzulehnen, denn wir werden uns wertvollen Anregungen nicht verschließen. Nur müssen diese Anregungen in unserem Sinne umgestaltet werden; sie sollen zum Anlaß eigener schöpferischer Werke werden. Es muß hier betont werden, daß die heute getanzten Tänze durchaus deutsch sind und nicht mehr den geringsten Anklang an artfremde Einflüsse aufweisen. Was davon vor Jahren einmal vorhanden war (z. B. im Rumba, Charleston), ist längst ausgeschieden. Nicht ausschlaggebend für deutsche Tanzmusik ist auch die Frage der Besetzung, solange es sich um Instrumente handelt, die eine Musik in deutscher Weise — also mit guter Melodie- und Harmoniegebung — auszuführen gestatten.

Ausschlaggebend ist aber der geistige Inhalt der Tanzmusikkomposition. Hier muß der strengste Maßstab angelegt werden. Es genügt nicht, nur auf die Zersetzungserscheinungen des Jazz hinzuweisen, — es muß auch mit allen Mitteln die schlechte Tanzmusik, der musikalische Kitsch und die Banalität bekämpft werden. Ja, diese schlechte Musik ist noch viel gefährlicher als der Jazz, weil sie sich in ein unauffälligeres Gewand kleidet. Die an sich berechtigte Forderung nach Überwiegen des Melodischen gibt leicht zu Irrtümern Anlaß, denn sie sagt nichts über die Art der Melodie aus. Wir können nicht irgendeine armselige, platte Melodie als der deutschen Tanzmusik angemessen bezeichnen, nur weil bei ihr rhythmische Bildungen zurücktreten. Ausschlaggebend wird immer der wirkliche Wert der Melodie sein. Und der Rhythmus darf auf keinen Fall vernachlässigt werden.

Für den deutschen Tanzmusikstil ist deshalb wertvolle Melodik bei gleichzeitig gutem Tanzrhythmus, geschickte Harmonie- und Stimmführung und angemessene, nicht „effektvolle“ Instrumentation zu fordern. Vom Begriff des „Saisonschlagers“ ist abzugehen. Es sind wirkliche Werte zu schaffen, die die Mode überdauern, wie es etwa der Wiener Walzer tat. Um dieses Ziel zu erreichen, ist es aber unbedingt nötig, die gewaltige Überproduktion an Tanzschlagern einzudämmen und dafür die Güte im einzelnen zu steigern. Weniger bedeutet auch hier mehr.

Neuzeitliche Tanzmusik.

Die Komposition.

Form. Bezeichnend für die neuzeitliche Tanzmusik ist, daß beim Tanzen gesungen wird. Damit wird wieder an den Brauch des alten Tanzliedes angeknüpft. Der Vorsänger (der meist zu der Kapelle gehört) trägt den eigentlichen Liedtext vor, während die Tänzer beim Kehrreim mit einfallen. Manchmal wird nur der Refrain (auch kunstvoll mehrstimmig) gebracht. Grundsätzlich besteht deshalb die Form der Musik bei allen neueren Tänzen aus 2 Teilen, der Vorstrophe (Verse) und dem Kehrreim (Refrain, Chorus).

Die Vorstrophe wiederholt in der Regel das gleiche 8taktige Thema, besteht also aus 16 Takten. Der Kehrreim ist 32taktig und benutzt zwei 8taktige Themen nach folgender Aufteilung:

1. Thema (a)	8 Takte		oder	1. Thema (a)	8 Takte	
1. Thema (a)	8 Takte			2. Thema (b)	8 Takte	
2. Thema (b)	8 Takte			1. Thema (a)	8 Takte	
1. Thema (a)	8 Takte	(a a b a)		1. Thema (a)	8 Takte	(a b a a)

Außerdem kommt noch die Form a b a b vor.

Der Aufbau der Themen ist verschieden. In wertvolleren Kompositionen erstreckt sich die Melodie in weitem Bogen über die 8 Takte. Unbedeutende Schlagerlieder setzen sich aus kleinen, oft nur 1—2 Takte umfassenden Motiven zusammen, die ständig wiederholt werden.

Melodie, Harmonie, Rhythmus. Der Ausgangspunkt der Tanzkomposition ist der „Refrain"; um ihn gruppiert sich alles, er gibt die Hauptmelodie, das Thema. Dazu tritt die Vorstrophe. Beide zusammen geben die Grundlage für die Klavierentwurfstimme ab, die Verse und Refrain in gleicher Tonart mit Harmonieskizzen enthält. Die weitere Bearbeitung erfolgt dann als „Arrangement".

Die Melodie muß Wahrheit und Tiefe des Ausdrucks mit großer kräftiger Linie verbinden, sie soll volksmäßig sein, darf aber niemals süßlich schmachtend und armselig platt werden, wie es leider noch in vielen Schlagermelodien gefunden wird. Es eignet sich auch nicht jede schöne und wertvolle Melodie zu einer Tanzkomposition. Da sie zum Tanzen bestimmt ist, muß sie eine rhythmische Melodie sein, hinreißend und beschwingt, wie die Melodie des Wiener Walzers. Es ist ein Irrtum zu glauben, der Rhythmus gehe von den Begleitinstrumenten aus. Diese geben nur den Takt. Den Rhythmus muß die Melodie schon von Anfang an in sich tragen; es ist nicht möglich, eine unrhythmische Melodie durch rhythmische Verzerrungen (Überladung mit Synkopen u. dgl.) und durch die Art der Begleitung künstlich zu „rhythmisieren". So kann man manchmal in Tanzkompositionen sehr schöne Melodien finden, die aber wegen mangelnder Rhythmik für ihren Zweck ungeeignet sind. Da jede Tanzmelodie nur in einem genau für sie bestimmten Zeitmaß ihre beste rhythmische Wirkung besitzt, so ist außerdem beim Entwurf einer Tanzkomposition darauf zu achten, daß sich die Melodie auch für das ihr zugedachte Tempo besonders eignet. Schnellere Stücke bevorzugen deshalb längere Notenwerte, in langsameren Stücken soll sich die Melodie in kürzeren Tönen bewegen. Einen wichtigen Anteil an guter Melodierhythmik haben auch die in neuerer Tanzmusik oft mit dem Hauptthema verbundenen Gegenstimmen, die dann bei länger ausgehaltenen Melodietönen eine größere Bewegung zeigen (Beisp. 22 unten). Deutliche Themenbildung, richtige Periodisierung und klarer Aufbau sind selbstverständliche Voraussetzung jeder guten Tanzmelodie.

Da die kunsttechnischen Mittel der Tanzmusik auf den allgemein verständlich gewordenen Errungenschaften der kurz vorhergegangenen Kunstmusik beruhen, werden heute allgemein die harmonischen Mittel der Romantiker und Impressionisten angewandt: alterierte Akkorde, diatonische oder chromatische Gänge der Mittelstimmen, Dissonanzen, Ineinanderschieben von Dur und Moll, diatonische und chromatische Folgen von reinen Dreiklängen und von Septim- und Nonenakkorden. Diese Bildungen haben oft weniger tonale als klangfärbende Bedeutung.

Der Rhythmus geht, wie schon betont, hauptsächlich von der Melodie aus. Er muß klar und deutlich zutage treten, darf aber niemals ausarten und das Melodische überwuchern. Die Synkope kann, mit Maß angewandt, auch zur Melodiegestaltung dienen, sie kann den Rhythmus unterstützen und das Ganze leichtflüssiger machen. Sie darf aber nicht gewaltsam einer Melodie aufgepfropft werden und ihren melodischen Fluß zerstören.

Die einzelnen Tänze. Von neueren Tänzen werden heute getanzt: Foxtrott, langsamer Foxtrott (Slow-Fox), langsamer Walzer (English Waltz, Valse), Tango und spanischer Marsch (Paso doble).

Der Foxtrott ist ein schneller Schrittanz im $^4/_4$-Takt (Allabreve) mit Betonung des ersten und dritten Viertels. Er wird mit Wechselschritten getanzt und vielfach auch als „Wechselschrittler" bezeichnet. Die Melodie benutzt viertel und halbe Noten, auch Achtel mit Synkopen in Melodie und Begleitung (Beisp. 3). Die Harmonie ist meist einfacher gehalten. Dafür bringt die Begleitung oft ausgezeichnete Gegenrhythmen.

Beispiel 3

Carl Robrecht, Fließendes Gold

Helmut Gardens, Tokayer

Hans Carste, An allem ist nur der Frühling schuld

Der langsame Foxtrott (Slow-Fox) ist ein äußerst langsamer Schreittanz in $^4/_4$-Takt. Er wird mit Gleitschritten getanzt. Deshalb wurde auch schon vorgeschlagen, ihn mit „Gleittanz" zu bezeichnen. Sein Vorläufer ist der 1924 aufgekommene, etwas sentimentale Blues. Die Melodie des langsamen Foxtrott ist gesanglich, sehr ausdrucksvoll und bewegt sich gern in großen Intervallen unter Benutzung von Viertel- und Achtelnoten (bevorzugt werden Achtel), auch punktierten Achtel und vielen Triolen und Synkopenbildungen. Die Synkope zerbricht aber nicht die Melodielinie, sondern sie wird hier zu einem bedeutsamen Ausdrucksmittel (Beisp. 4, 17, 20, 21, 32).

Beispiel 4

Peter Igelhoff, Eh Du's gedacht

Franz Grothe, Ein neues Leben fängt an. (Aus dem Tonfilm „Das Schloß in Flandern")

Zwischen dem schnellen und langsamen Foxtrott gibt es noch verschiedene Übergangstempi (vgl. die Tempoangaben am Schlusse S. 314). Beliebt ist ein mittleres, meist mit Moderato bezeichnetes Zeitmaß (MM 𝅗𝅥 = 76), durch das unter Benutzung von punktierten Achteln ein gewisser Schlenderrhythmus erzielt wird (Beisp. 5 und 16).

Beispiel 5

Gerhard Winkler, Kaffeeklatsch (Foxtrott-Intermezzo)

Der langsame Walzer ähnelt dem Wiener Walzer, wird aber mit gedehnten, schleifenden Schritten nach langsamem Zeitmaß getanzt. Auch Melodieführung und Rhythmus weichen vom Walzer ab. Während beim Wiener Walzer das erste Viertel des Taktes überbetont ist und die beiden anderen unterbetont werden, liegen beim langsamen Walzer die Hauptwerte der Betonung auf dem ersten und zweiten Viertel, das letzte fällt ganz ab. Die tänzerische Bewegung muß im Rhythmus der Melodie ausgeprägt sein. Unzweckmäßig ist es deshalb, eine Melodie aus punktierten halben Noten zusammenzusetzen. Die besten Taktaufteilungen werden durch Viertelnoten, punktierte

Beispiel 6

Carl Robrecht, Laßt uns träumen

E. de Curtis, Vergiß mein nicht (aus dem gleichnamigen Tonfilm)

Viertel, mit Achtel u. ä. erreicht (Beisp. 6 und 27). Wegen der geringen Bedeutung des dritten Viertels fällt dieses auch oft aus oder verwandelt sich in einen Achtelauftakt, der dem Taktbeginn des langsamen Walzers einen besonderen Schwung verleiht: ♩ ♩ 𝄽 ♪ | ♩ Es sei betont, daß gerade beim langsamen Walzer der Rhythmus in der Melodie liegt und daß auf die Melodie getanzt wird.

Der Tango ist ein Tanz im langsamen $^2/_4$- (bzw. $^4/_8$-) Takt und wird in gemäßigter Bewegung ausgeführt. Er tritt in zwei etwas verschiedenen Arten auf, als „argentinischer Tango" und als deutscher „Lied"-Tango. Der sog. argentinische Tango stammt von der südamerikanischen Habanera, von der er auch die typischen Begleitrhythmen 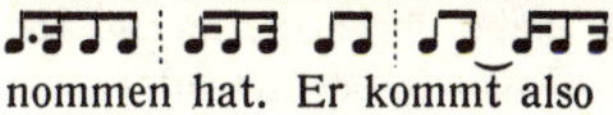, denen sich die Melodie ziemlich eng anschließt, übernommen hat. Er kommt also nicht nur aus Argentinien, sondern aus ganz Südamerika, und an der Entstehung seines Vorbildes haben die Nachkommen der spanischen Eroberer wesentlichen Anteil. In Melodie- und Baßführung, Rhythmus, Tonartwechsel zwischen Vorstrophe und Kehrreim (meist Verse = Moll, Refrain = Dur), Einteilung und Form lehnt sich der argentinische Tango sehr an die Habanera an. Von dem oben (S. 280) angegebenen allgemeinen Formschema weicht er etwas ab: Der Refrain besitzt wie bei seinem Vorbild 16 Takte (entspricht also in seiner Länge der Vorstrophe). Dafür besteht er oftmals aus 3 Teilen zu je 16 Takten (A—B—C).

Die Melodieführung ist ausdrucksvoll, aber gleichzeitig spricht aus ihr eine gewisse Herbheit und Strenge und ein straffer, scharf akzentuierter Rhythmus. Außer den schon erwähnten Tangorhythmen sind für die melodische Linie kleine Verzierungen (Vorschläge und Pralltriller) und Triolenbildungen, die ebenfalls im südamerikanischen Volkslied und Volkstanz gefunden werden, sehr bezeichnend (Beisp. 7). Zu diesen scharf geformten Melodien treten als Gegensatz weichere gesangliche Themen, die von Terzen und Sexten begleitet sind und ihr Herkommen von der Geigenmelodik nicht verleugnen können (Beisp. 8), wie ja der argentinische Tango stark mit Streicherbesetzung rechnet.

Beispiel 7

Sirio di Piramo, Tango Amigo

Luis Nicolas, Annabella

Luis Nicolas, Annabella

Luis Nicolas, Don Ramiro

Beispiel 8

Luis Nicolas, Assunción

Beispiel 9

Die für den Tango eigenartige Betonung des ersten und vierten Achtels im Takt wird wesentlich durch die Begleitung und die Art der Baßführung unterstützt (Beisp. 9). Der Baß wird überhaupt mit großer Liebe behandelt. Geistvolle Baßführungen, oft kontrapunktisch zur Melodie, Solostellen in punktierten Rhythmen usw., werden in Fülle angetroffen (Beisp. 41 unten). Die Harmoniegebung ist beim argentinischen Tango einfach und erstreckt sich meist nur auf Tonika, Dominante und Subdominante.

Der deutsche Liedtango, dessen Melodien oft als „Schlager" populär werden, ist kein eigentlicher Tango mehr. Im besten Falle übernimmt er einige Begleitrhythmen. Die Melodie ist weich, strebt Volkstümlichkeit an, gerät aber leicht ins Sentimentale und Süßliche und streift oft hart an musikalischen Kitsch.

Die von deutschen Komponisten unter freier Anlehnung an den argentinischen Tango geschaffenen Kompositionen dagegen zeigen eine wirkliche Höhe der Tanzkomposition. Sie gehören mit zu dem Besten, was heute auf dem Gebiet der Tanzmusik geschaffen wird. Eine besondere und eigene Begleitart hat hierbei Rixner durchgebildet (Beisp. 10).

Beispiel 10

Jos. Rixner, Blauer Himmel

Der spanische Marsch (Paso doble). Der Paso doble ist ein schneller Tanz, wird aber in mäßigem $^3/_4$-Takt gespielt. Sein Tempo liegt zwischen dem des Boléro und dem der Seguidilla, von denen er auch Ausdruck und Begleitrhythmus 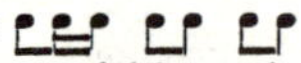 übernommen hat. Da die Tänzer auf jedes Viertel einen Schritt ausführen, wirkt er als sehr lebhafter, rhythmischer und feuriger Tanz, insbesondere durch die Bewegung der Melodie in Viertel-, Achtel- und Sechzehntelgängen unter häufiger Anwendung von Triolen

Beispiel 11

Orfeo Rossi, Toledo

Beispiel 12
Orfeo Rossi, Toledo

(bzw. Pralltriller) und Synkopenbildungen auf das zweite Achtel, aber mit Betonung des ersten (Beisp. 11). Die Begleitung geschieht durch Bässe und nachschlagende Akkordtöne (Beisp. 12). Sehr oft erscheinen markige Baßsoli (Beisp. 13) mit Melodiesteigerung durch Wiederholung von höherer Stufe aus (Beisp. 14). In seltenen Fällen ist statt eines $^3/_4$-Taktes ein $^2/_4$-Takt vorgeschrieben, dessen Viertel aber im gleichen Tempo gespielt werden wie diejenigen des $^3/_4$-Taktes.

Beispiel 13
Orfeo Rossi, Toledo

Beispiel 14
Orfeo Rossi, Toledo

Die Einrichtung für Orchester (Arrangement).

Da Komponist und Bearbeiter nicht immer zusammenfallen (man beachte die Ähnlichkeit mit der Musikpraxis des 16. Jahrhunderts; damals unterschied man auch zwischen dem Melodieerfinder, dem Phonascus und dem eigentlichen Tonsetzer, dem Symphonetes), wird meistens vom Verleger die Komposition an einen Arrangeur zum Instrumentieren gegeben. Dieser Bearbeiter ist eine wichtige Persönlichkeit. Er muß viel können. Von ihm hängt oft der Erfolg eines Stückes ab, und er wird auch stets neben dem Komponisten ausdrücklich genannt. Die günstigste Lösung ist natürlich immer dann vorhanden, wenn der Komponist auch gleichzeitig ein guter Instrumentator ist. Das Arrangement wird meistens nach einer Klavierentwurfstimme hergestellt, die in der Regel Verse und Chorus enthält, mit mehr oder weniger vollständigen Harmonien versehen ist und in seltenen Fällen auch Instrumentationsangaben enthält. Ein geübter Arrangeur stellt die Instrumentation in 2—3 Tagen fertig. Doch ist das Einrichten ein Problem, das vollkommen wohl nie gelöst werden kann; denn die in der Praxis vorkommenden Orchesterbesetzungen sind zu verschiedenartig und die Spieler zu ungleichwertig, als daß ein Arrangement für alle restlos passen würde. Deshalb klingt das für manche Kapellen (besonders für Schallplattenaufnahmen) eigens hergestellte „Spezialarrangement“, das denselben wie früher dem Sänger die Arie „auf den Leib“ geschrieben wird, vom ersten bis zum letzten Takt ausgezeichnet; aber nur als Ganzes, keine Stimme ist dann überflüssig, wird daraus willkürlich nur eine einzige entfernt, so leidet die Wiedergabe außerordentlich.

Gliederung. Zu Vorstrophe und Kehrreim (Form A—B) tritt jetzt noch eine Einleitung (Introduktion) und eine Koda (Schluß) von je 4 oder 8 Takten, so daß die ganze Tanzmusikkomposition aus Einleitung (4 oder 8 Takten), Verse (16 Takten), Refrain (32 Takten) und Koda (4 oder 8 Takten) besteht.

In der Praxis spielt man nun meistens den Refrain drei- oder viermal, und man teilt deshalb die Bearbeitung nach folgendem Schema auf:

Einleitung,
Kehrreim (auch mit Wiederholung, dann geteilt in Orchester- und Gesangsrefrain),
Vorstrophe (Verse),
Spezialchorus (Spezialrefrain),
Ensemblechorus (Ensemblerefrain),
Koda Form: B—B—A—B—B.

Oft wird auch nach der Einleitung mit dem Orchesterrefrain begonnen, und der Gesangsrefrain folgt auf die Vorstrophe.

Einleitung,
Orchesterrefrain,
Vorstrophe,
Gesangsrefrain (zweimal),
Koda, Form: B—A—B—B.

Die Anzahl der Wiederholungen des Kehrreims richtet sich nach dem jeweiligen Tempo bzw. Taktzahl der Komposition. Für das gesamte Stück werden durchschnittlich 3—4 Minuten gerechnet. Zur Verbindung der einzelnen Teile dienen kurze Modulationen.

Dieses Formschema gilt für Foxtrott, langsamen Foxtrott und langsamen Walzer. Der Tango hat meistens die einfachere Form: Einleitung, Verse, Refrain mit oder ohne Wiederholung, Koda und Wiederholung des Ganzen (A—B—A—B; A—B—A—B—B; A—B—B—A—B).

Der dreiteilige argentinische Tango wiederholt alle Teile oder nur den Anfang (A—B—C——A—B—C oder A—B—C—A).

Eine erweiterte Tangoform mit konzertmäßigem Streben und größeren Zwischenpartien hat Rixner im „Blauen Himmel" entwickelt:

Einleitung	6 Takte	Überleitung	6 Takte
Teil A (zweimal)	16 + 16 „	Teil A.	16 „
Überleitung	10 „	Koda	8 „
Teil B (zweimal)	20 + 20 „	(Form: A—A—B—B—A).	

Satztechnische Durchbildung. Die Einleitung nimmt meistens (aber nicht immer) ihr Thema aus dem Kehrreim. Die Koda ebenfalls, sie kann aber auch durch ein kurzes Ausklingen des Refrains ersetzt werden. Auch die Überleitungsmodulationen, die die einzelnen Teile verbinden, beziehen sich vorwiegend auf das Thema. Sie werden gern wirkungsvoll gestaltet unter Benutzung von interessanten rhythmischen Bildungen (Synkopen), chromatischen Akkordfolgen usw. Vorstrophe und ein Chorus stehen meistens in gleicher Tonart, die übrigen Teile (Refrains) benutzen andere Tonarten. Tonart und Tonartwechsel richten sich nach Umfang von Melodie und Instrumenten und beim Gesangsrefrain nach der günstigsten Lage für den Sänger. Tonale Verwandtschaft spielt keine Rolle.

Der Chorus wird je nach Art und Lage verschieden behandelt: Der Orchesterrefrain entspricht meist der ursprünglichen Fassung (Originaltonart). Er läßt das Thema, möglichst unbeschwert von Figuren und Umrankungen, einfach, klar und deutlich erklingen. Der Gesangschorus, für einen oder mehrere Sänger bestimmt, wird auch instrumental, meist für eine der drei Gruppen (Violinen — Saxophone — Blech) bearbeitet.

Der Spezialchorus liebt solistische Auflösung und Variierung des Themas. Die Variante kann melodischer oder rhythmischer Art sein, wird aber auch gut durch Änderung der Harmonie, durch Modulation oder abwechselnde Instrumentierung erreicht.

Der Ensemblechorus, der letzte Refrain des Stückes, ist ein Tuttichorus, der den Kehrreim meist in rhythmischer Verschiebung bringt (Beisp. 15). Während die Melodie-

Beispiel 15

Franz Mück-Caros, Heimliche Liebe

Thema

Rhythmische Verschiebung (Letzter Refrain)

Auch möge das Thema von Beispiel 16 mit seiner rhythmischen Veränderung im letzten Chorus:

verglichen werden. (Vergl. dazu G. O. 41o 18b)

instrumente diese rhythmischen Änderungen vornehmen, halten die Begleitinstrumente den gleichmäßigen Takt fest. Meist kontrastiert der mittlere Teil des Chorus: der erste Teil des Refrains (16 Takte) gibt durch straffe, rhythmische Tuttibewegungen ein scharf umrissenes Bild der Melodie, und nach der Unterbrechung („dolce", oft solistisch) werden die letzten 8 Takte wieder Tutti gespielt. Daran schließt sich die Koda (Tutti, auch solistisch) an. Spezialchorus und letzter Ensemblerefrain fallen manchmal zusammen.

Aus dem Thema kann auch ein ganzer Zwischensatz entwickelt werden (Zwischenspiel, Interlude). So wird z. B. in Rixners „Mitternacht" das Thema des Interludes aus dem Hauptthema abgeleitet (Umkehrung in Moll) und als Kanon durchgeführt.

Charakteristisch für die neuzeitliche Tanzmusik ist der dreistimmige Satz und die kontrapunktische Arbeit. Der Wiener Walzer liebt die zweistimmige Melodiebegleitung (in Terzen und Sexten), einfachste Harmonisation und aufgelockerte, durchsichtige Schreibweise. Die Melodie herrscht unumschränkt. Deshalb werden auch kontrapunktische Gegenstimmen vermieden. Die neuere Tanzmusik dagegen zieht neben solistischer Melodiegebung die Melodiebegleitung in engem und kompaktem drei- oder vierstimmigen Satz vor. Dieser Satz entspricht nicht den Regeln des Chor- oder Choralsatzes, sondern die Harmonietöne folgen in enger Lage den Bewegungen der Melodie (Parallelbewegung), wobei auch alle rhythmischen Bewegungen der Melodie getreu mit ausgeführt werden. Es entstehen auf diese Weise die schon erwähnten diatonischen und chromatischen Folgen von Dreiklängen, Sextakkorden, übermäßigen Dreiklängen usw. Gerade diese Parallelbewegung eines kompakten Akkordes trägt den besonderen Eigentümlichkeiten der Instrumente des modernen Tanzorchesters, vor allem den Saxophonen, ganz besonders Rechnung. In weiter Lage, mit Stimmführung nach den Regeln des strengen Satzes, würden diese Instrumente niemals klingen. Der Ausgangspunkt für die

Schreibweise des älteren Tanzorchesters sind also die Streicher und Holzbläser, für das neuere die Saxophone und Blechinstrumente. Dazu tritt eine reiche kontrapunktische Arbeit: Nebenstimmen in hoher und tiefer Lage, Imitationen, kanonische Führungen und polyphon geführte Mittelstimmen.

Die Besetzung. Während das große Orchester und das Salonorchester für die ältere Tanzmusik und für den zeitgenössischen deutschen Walzer noch strenge Gültigkeit besitzen — das Bearbeiten vom Wiener Walzer für ein Orchester mit anderem Instrumentarium und anderem Satz ist schärfstens abzulehnen — wird das neuere Tanzorchester grundsätzlich anders besetzt.

Seinen Ausgangspunkt bildet zunächst das Salonorchester. Um dasselbe zur Ausführung von neuerer Tanzmusik geeigneter zu machen, wurden Ergänzungsstimmen für Tanzbesetzung mitgeliefert (3 Saxophone, Trompete II, Banjo, Akkordeon). Dieses Arrangement, das oft fälschlich „Salonorchester mit Jazzstimmen" genannt wurde, ist noch ein richtiges Salonorchester. Die Ergänzungsstimmen sind nur aus den Orchesterstimmen ausgezogen und besitzen keine Eigenbedeutung. Diese Instrumentierung ist keine glückliche Lösung gewesen. Der Gesamtklang war dick und schwerfällig, da die neubesetzten Instrumente, insbesondere die Saxophone, meist sehr unsachgemäß behandelt wurden.

Beispiel 16

Franz Grothe, Herz, du kennst meine Sehnsucht (aus dem Tonfilm „Das Schloß in Flandern")

In der neueren Tanzorchesterbesetzung läßt man deshalb die überflüssigen Stimmen (Harmonium, Flöte, Oboe) fort und teilt die einzelnen Gruppen dreifach. Statt Banjo wird Gitarre benutzt. Das heutige Tanzorchester setzt sich also aus folgenden Stimmen zusammen: Klavier (manchmal 2 Klavierstimmen), Violine I, II, III (doppelt außer Violine III; Violine I und II sind regelmäßig, manchmal auch mit Violine III zusammen auf ein Blatt gesetzt); Saxophon I, II, III (abwechselnd mit Klarinette I, II, III); Trompete I, II; Posaune (als 3. Blechstimme), Baß (Streich- oder Blasbaß), Schlagzeug und Gitarre. Das Beispiel einer neuzeitlichen Tanzbesetzung ist beigefügt (Beisp. 16). Dazu wird noch eine Stimme für Cello und in seltenen Fällen auch eine für Viola mitgeliefert, um eine Ausführung in Streichbesetzung ebenfalls zu ermöglichen. Da ein Refrain gesungen wird, liegt auch eine Gesangstimme, meist als Gesangstrio (Terzett) gesetzt, bei. Vereinzelt wird auch heute die Besetzung mit 4 Saxophonen (als 4. eine Es-Bariton) und mit 5 Blechinstrumenten (noch 3. Trompete und 2. Posaune) angetroffen. Allerdings besteht hierbei die Gefahr, daß bei der Ausführung der Klang leicht zu dick wird, während eine bessere Harmoniegebung nicht erreicht werden kann. Eine Stimme verdoppelt die Melodie, während die andere zu dem aus Prim, Terz und Quint bestehenden Dreiklang regelmäßig die Sexte hinzufügt, so daß statt reiner Dreiklänge eigentlich nur noch Quintsextakkorde vorhanden sind:

Beispiel 17

Walter Jäger, Abschied

Die neuere Tanzbesetzung nimmt ebenfalls auf einen bestimmten Aufbau des Orchesters Rücksicht, wie umgekehrt bei der Ausführung auch eine bestimmte Reihenfolge der Instrumente beachtet werden muß, um einen ausgeglichenen Klang zu gewährleisten. Diese Reihenfolge ist: Klavier, Violine I, Schlagzeug, Saxophon I, Trompete I (von jetzt ab könnte Violine I auch fehlen, da sich Saxophon I und Trompete I in der Melodieführung ergänzen), Saxophon II, Posaune, Saxophon III (auch Saxophon III vor Posaune), Trompete II, Baß (kann auch schon früher eingesetzt werden). Die Violinen II und III bringen nur Verdoppelungen der Bläserstimmen und können ebenfalls schon früher erscheinen. Das Arrangement ist so eingerichtet, daß sowohl nur Streicher, nur Bläser, aber auch Streicher und Bläser vermischt einen guten Klang ergeben.

Beispiel 18

Die aufgezeigte Besetzung gilt im wesentlichen für Foxtrott, langsamen Foxtrott und langsamen Walzer. Der Tango hat eine etwas abgeänderte Instrumentation. Der argentinische Tango wird für Klavier, Violine I, II (seltener III), Cello, Baß, Klarinette, Bandoneon (zwei Stimmen für zwei Instrumente = Melodie und Begleitung) und Gitarre eingerichtet (Beisp. 18). Die Stimmen des deutschen Tango umfassen Klavier, Violine I, II, III, Akkordeon (2 Stimmen), Cello, Baß, Klarinette I, II, III, Gitarre, Schlagzeug und Posaune. Für die 3 Klarinetten treten auch oft 3 Saxophone (mit Klarinettenwechsel) ein. Der deutsche Tango rechnet also mit starker Bläserbesetzung, während der argentinische Tango mehr auf die Streicher aufbaut. Der spanische Marsch hat die gleiche Besetzung wie Foxtrott, aber mit Akkordeon.

Instrumentation. Allgemein. In der Instrumentenbehandlung nähert sich das gegenwärtige Tanzorchester sehr der älteren Musikausübung, insbesondere der des Generalbaßzeitalters. So teilen sich schon die Instrumente in die beiden Gattungen der Melodie- und Begleitinstrumente, entsprechend den Ornament- und Fundamentinstrumenten bei M. Prätorius (Syntagma Musicum). Zu den „Fundamentinstrumenten", den Generalbaßinstrumenten des neuen Tanzorchesters, gehören Klavier, Baß, Gitarre, Schlagzeug und Akkordeon („Regal"). Sie sind auf Grund ihrer Spielweise und Tongebung zur rhythmischen Begleitung besonders geeignet. Die Melodieinstrumente umfassen die 3 Gruppen der Streicher, Blechbläser und Saxophone (kombiniert mit Klarinetten). Von den Begleitinstrumenten werden Gitarre und Klavier stellenweise, Akkordeon regelmäßig auch zur Melodiegebung benutzt.

Während das ältere Tanzorchester nur einen Teil der Melodieinstrumente zur Melodiegebung, einen anderen Teil aber ständig zur Begleitung bestimmt (z. B. trägt die 1. Geige durchweg die Melodie vor, die 2. Geige und die Bratsche dagegen begleiten), kennt das neue Tanzorchester diesen Unterschied nicht. Hier kann jedes Instrument sowohl zur Melodiegebung als auch zur Harmoniefüllung herangezogen werden.

Eine weitere Eigentümlichkeit des neuen Tanzorchesters ist die Vorliebe für stetigen Instrumenten- und Klangfarbenwechsel. Es tritt nicht nur bei jedem größeren Abschnitt (Verse, Refrain) eine Änderung der Farbe ein, sondern auch innerhalb eines Teils, häufig sogar alle 4 oder 2 Takte (im besonderen bei solistischer Behandlung), wechselt die Instrumentation.

Besondere Bedeutung hat für das neuzeitliche Tanzorchester die chorische Schreibweise gewonnen. Die einzelnen Instrumentengruppen (Streicher, Blech, Saxophone) werden nicht immer als Tutti miteinander vermischt, sondern sie stehen sich häufig in geschlossenen Chören gegenüber, die regelmäßig im Triosatz ausgeführt sind und sich in der Melodieführung ablösen (Violinchor, Saxophonchor, Blechchor). Ein Beispiel (19) mag diese Schreibweise erläutern. Außer zu Chören werden die Instrumente natürlich zum Tutti vereinigt oder solistisch behandelt (Solo—Solo; Solo—Chor; Solo—Tutti). Beisp. 20 zeigt die Ablösung einer Solomelodie durch das ganze Orchester.

Die Tanzkomposition wird also in Instrumentalsoli, abwechselnde Chöre der ver-

Beispiel 19

Werner Bochmann, Die Liebe träumt

Beispiel 20

Peter Kreuder, Wenn die Sonne hinter den Dächern versinkt
(aus dem Tonfilm „Weiße Sklaven“)

schiedenen Instrumentengruppen und Tutti des ganzen Orchesters aufgeteilt. Das oft registerartige Gegeneinanderkonzertieren von Soloinstrument, Triogruppen („Concertino“) und Tutti in Verbindung mit polyphoner Stimmführung weist ebenfalls sinnfällig auf die Barockpraxis hin.

Die Grundlage für die Begleitung bilden die „Fundamentinstrumente“, die immer mitspielen. Aber auch die übrigen Melodieinstrumente werden, wie schon erwähnt, regelmäßig zur Begleitung herangezogen. Als feste Begleitformen für sie haben sich ausgehaltene Harmonietöne, kurze rhythmische Einwürfe, durhcgehende rhythmische Gegenmelodien, Zierfiguren und mit der Melodie gleich rhythmisierte Akkorde herausentwickelt, die allein oder kombiniert angewandt werden.

Zur Begleitung von Solomelodien werden häufig ausgehaltene Harmonietöne geschrieben, die von einem Saxophontrio ausgeführt besonders gut klingen (Beisp. 21,

Beispiel 21

Helmut Gardens, Herbstweise

O 31072 b). Aber auch gedämpftes Blech kann sich dazu vorzüglich eignen (Beisp. 20). Durchgehende rhythmische Gegenstimmen (oft mehrstimmig), die in Ruhepunkten der Melodie oder bei längeren Tönen derselben größere Bewegung entfalten, werden ebenfalls gern den Saxophonen zugewiesen (Beisp. 22). Kurze rhythmische Einwürfe dagegen eignen sich wieder mehr für das Blech (Beisp. 23). Von ganz ausgezeichneter Wirkung sind die oft im Spezialchorus oder letzten Ensemblerefrain bei der rhythmischen

Beispiel 22

J. Rixner, Pony

Beispiel 23

L. Leux, Truxa-Foxtrott (aus dem Tonfilm „Truxa")

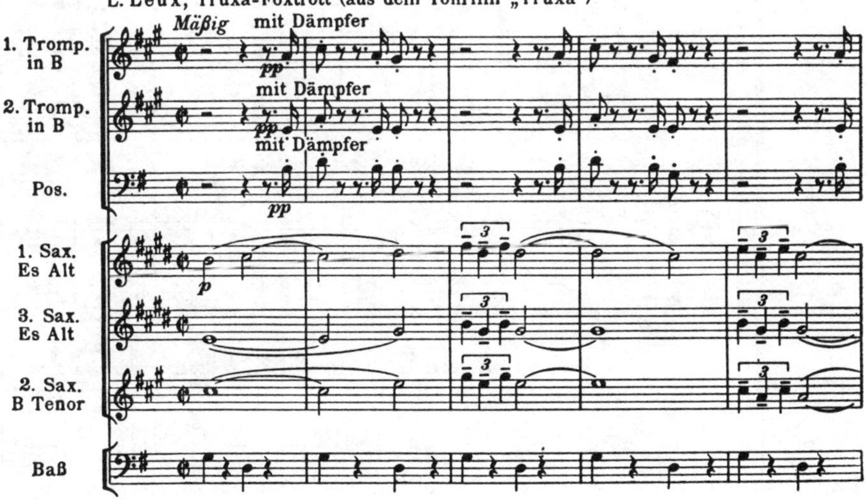

Verschiebung des Themas (aber auch bei Einleitungen und Überleitungen) angewandten Tuttirhythmen, die aus einer rhythmisch gleichen Bewegung aller Instrumente (Beisp.24) bestehen und einen außerordentlich markanten, schlagartigen Rhythmus ergeben (M 6296). Es folgen noch zwei Beispiele, die die verschiedenartige Begleitung von Soloinstrumenten erkennen lassen. Im ersten (25) halten die Saxophone Harmonietöne aus, während die Trompeten bei längeren Tönen des Soloinstruments Gegenfiguren bringen. Das zweite Beispiel (26) teilt den Saxophonen wieder Harmoniegebung zu. Dazu werfen die Streicher Pizzicatorhythmen ein, und das Klavier spielt zu der tiefen Melodie hohe Zierfiguren.

Die Saxophone. Das so oft aus Unkenntnis angefeindete Instrument ist gerade für die deutsche Tanzmusik sehr geeignet, da es zwischen Streichern und Blech steht und sowohl zu guter ausdrucksvoller Melodiegebung sehr befähigt ist — es ist das ausdrucksvollste und modulationsfähigste Blasinstrument — als auch die rhythmische Präzision der Bläser besitzt. Benutzt werden das Alt-Saxophon in Es, das Tenorsaxophon in B

Beispiel 24

L. Leux, Truxa-Foxtrott (Einleitung)

Die übrigen (nicht notierten) Instrumente führen den gleichen Rhythmus aus

Beispiel 25

Ludwig Schmidseder, Weht der Wind über Flur und Hain

Beispiel 26

L. Leux, Truxa-Foxtrott

und manchmal das Baritonsaxophon in Es. Früher wurde auch noch das Sopransaxophon in B (im Wechsel) benutzt, heute wird dafür die Klarinette eingesetzt.

Der Saxophonchor besteht aus 3 Saxophonen in Triosatz (Saxophontrio), und zwar in der Reihenfolge (die der Wichtigkeit der Instrumente entspricht):

1. Saxophon Es Alt,
2. Saxophon B Tenor,
3. Saxophon Es Alt,

Dazu tritt noch manchmal ein 4. Saxophon Es Bariton.

Da damit gerechnet werden muß, daß kleine Kapellen nur 2 Saxophone besetzt haben, wird der Saxophonsatz so ausgeführt, daß er zunächst für 2 Saxophone (1. und 2. Saxophon) geschrieben wird. Dazu kommt dann noch eine Füllstimme (3. Saxophon), die unter Umständen auch fehlen kann, ohne die Aufführung unmöglich zu machen. Die Oberstimme (Melodie) spielt das erste Saxophon, die wichtigsten Harmonietöne das zweite und die weniger wichtigen Fülltöne das dritte Saxophon. Bei paralleler Bewegung der 3 Saxophonstimmen kommen deshalb zwischen dem 2. und 3. Saxophon häufig Stimmenkreuzungen vor, da das 3. Saxophon ja stets in die Lücken einspringen muß (Beisp. 27). Das 4. Saxophon verdoppelt im wesentlichen nur die Oberstimme des Trios in tieferer Oktave.

Beispiel 27

Günther Ernst, Die Liebe kommt immer ganz leise

Der Zusammenklang dreier Saxophone ist ausgezeichnet. Eigentümlich ist das vollkommene Verschmelzen der Instrumente zu einem schönen homogenen Akkord (E 10622 B), der besonders bei langen Harmonietönen, piano oder pianissimo gespielt, in Verbindung mit guter Dynamik (Crescendo und Decrescendo) wundervolle Klangwirkungen ergibt, die an bestimmte Orgelregister erinnern. Verdoppelungen der Saxophone klingen sehr schlecht und sind zu vermeiden, der Klang wird zu dick, und es entstehen zu leicht häßliche Schwebungen zwischen den Instrumenten. Deshalb werden auch die Saxophone nur einfach besetzt. Erträglich ist bei 4 Saxophonen die Melodieverdoppelung in der tieferen Oktave (durch Es-Bariton-Saxophon) und Unisonospiel aller Saxophone in tiefer Lage (Solomelodie), hier wirkt der Klang wuchtig und massig.

In Verbindung mit anderen Instrumenten, besonders mit Blech, verlieren die Saxophone ihren eigenen Klangcharakter und gehen in dem anderen Klang vollkommen auf. Für Melodiegebung werden deshalb die Saxophone stets als Soloinstrument oder als Solochorus im Triosatz gesetzt. Jede Verdoppelung durch andere Instrumente ist hierbei zu vermeiden. Der Saxophonklang verträgt höchstens eine Violingegenstimme in hoher Lage oder kurze Einwürfe des Blechs. Auch gedämpftes Blech tastet die Klangfarbe der Saxophone wenig an (M 6284). Sobald das Blech offen spielt (z. B. im Ensemblechorus), dürfen deshalb die Saxophone niemals die Melodie ausführen, sondern müssen dies immer dem Blech überlassen.

Das Aufgeben der eigenen Farbe und das Aufgehen in den Klang der Blechinstrumente machen die Saxophone andererseits als Harmonie- und Füllinstrumente unersetzlich. Da sie auch länger und ausdauernder als das Blech spielen können, werden sie während eines Stückes durchweg beschäftigt, zur Melodiegebung und zur Begleitung. Der Saxophonsatz bei Harmoniefüllung wird nicht mehr nach den Gesichtspunkten des Saxophontrios hergestellt, doch ist darauf Rücksicht zu nehmen, daß bei Besetzung von einer Trompete und drei Saxophonen eine gute Harmoniegebung gesichert ist. Im Ensemblechorus sind auch Verdoppelungen der Saxophonstimmen durch andere Instrumente durchaus zulässig, da ja der Saxophonklang verschwinden kann. Bei Figuration ist zu beachten, daß die Saxophone nicht (wie es leider noch manchmal anzutreffen ist) wie Flöten oder Klarinetten behandelt werden, denn der Ton der Saxophone ist nicht so dünn und verfügt nicht über die Leichtigkeit der Holzbläser, sondern er ist dick und füllig. In die 1. Saxophonstimme werden alle fehlenden Melodien und Soli der übrigen Instrumente (Trompete, Violine, Posaune, Tenor-Saxophon) in Stichnoten eingezeichnet (Beisp. 28). Damit ist das 1. Saxophon in die Lage gesetzt, bei kleiner Besetzung für alle fehlenden Instrumente einzuspringen. Bei Melodieausführung durch die Trompete spielt es die nächstwichtigen Harmonietöne. In die Tenorsaxophonstimmen sind die Posaunensoli ebenfalls in Stichnoten eingezeichnet; denn häufig ist ein Tenorsaxophon, nicht immer aber eine Posaune besetzt. Wenn ein Teil (Refrain) mit wechselnden Instrumenten wiederholt wird, bedient man sich eines Doppelsystems zur einfachen und übersichtlichen Darstellung von Melodie- und Begleitfiguren (Beisp. 29).

Beispiel 28

Beispiel 29

Zur Abwechslung der Klangfarbe und für Tongebung in höherer Tonlage werden Klarinetten benutzt, die von den Saxophonisten gespielt werden. Auch die tiefe Lage der Klarinette wird für ausdrucksvolle Melodiegebung, besonders bei Tango und langsamen Walzer, ausgenutzt (Beisp. 30).

Beispiel 30

Luis Nicolas, **Assuncion**

Das Blech. Der Saxophongruppe setzt man die Blechgruppe gegenüber, deren Aufgaben schon zum Teil bei Besprechung der Saxophone mit erwähnt sind. Auch das Blech wird chorisch und solistisch behandelt. Seine Hauptaufgabe ist Melodiegebung, weniger Füllung. Wenn das Saxophontrio die Melodie spielt, schweigt meistens das Blech oder bringt kurze rhythmische Einwürfe, die leere Stellen mit rhythmischem Spiel überbrücken. Das Blechtrio besteht aus Trompete I und II und Posaune. Die Posaune entspricht in der Behandlung dem Tenorsaxophon und die 2. Trompete dem 3. Es-Alt-Saxophon. Es sei darauf hingewiesen, daß Trompeten und Posaunen des Tanzorchesters, die etwas anders gebaut sind als die üblichen Konzert-Blechblasinstrumente, die zartesten Melodien in durchaus klangschöner Weise bringen können, besonders unter Verwendung eines Dämpfers. Auch klingt eine von gedämpftem Blech gebrachte kontrapunktische Nebenstimme oder Harmonie gut zu dem Saxophontrio. Spitzentöne (sfz) des Saxophontrios werden vorteilhaft durch das Blech verstärkt (Beisp. 31).

Beispiel 31

Die Streicher. Auch die Violinen werden im Triosatz arrangiert; sie entsprechen in der Behandlung den Bläsern (Beisp. 32). Allerdings sind sie meistens zu schwach (jede Stimme nur einmal) besetzt, so daß sie von der Wucht der Bläser erdrückt werden. Solostellen für Violinen sind nur in äußerst seltenen Fällen vorgesehen. Meistens sind die Violinstimmen die transponierten Bläserstimmen,

Beispiel 32

H. M. Kirchstein: Mein Herz ist noch frei (Aus dem Ufafilm „Verräter")

allerdings mit durchgehenden Melodien (dreistimmig). Da die Violinstimme gleichzeitig Direktionsstimme ist, sind wichtige Stellen, insbesondere Soli anderer (tieferer) Instrumente (Beckenschläge, Klaviersoli, Vibraphonklänge, Posaunensoli usw.), in Stichnoten eingezeichnet. In seltenen Fällen sind auch besondere Begleitharmonien, Pizzicati u. dgl., für die Streicher vorgesehen (Beisp. 20 und 26). Fast regelmäßig bringt die Violine aber höhere Nebenmelodien zum Hauptthema (besonders wenn es vom

Beispiel 33

L. Leux, Truxa-Foxtrott

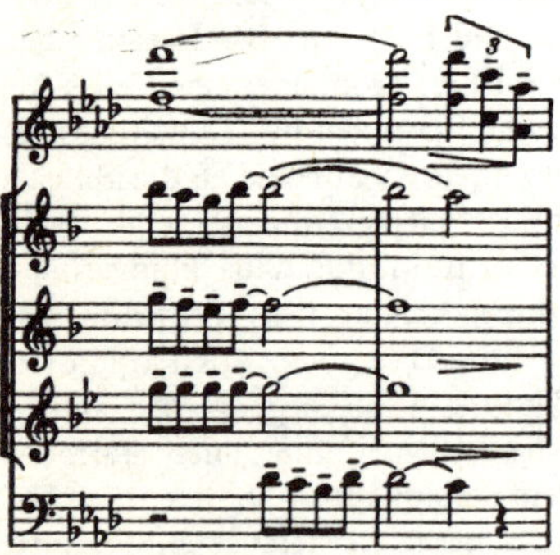

Saxophontrio ausgeführt wird), die entweder von einer Solovioline oder vom ganzen Streicherchor (unisono oder in Oktaven) gespielt werden (Beisp. 33). Sehr häufig wird auch statt eines Bläsertrios ein Violinchorus oder eine Violinsolomelodie eingefügt, doch bleibt dies der Ausführung überlassen und wird in der Orchesterbearbeitung meist nicht besonders vorgesehen. Das Arrangement ist auf jeden Fall so eingerichtet, daß es auch ohne Streicher auskommen kann. Das Cello fällt bei Bläserbesetzung weg, nur in ausgesprochener Streichbesetzung ist es am Platze.

Die Begleitinstrumente. Das Hauptinstrument dieser Gruppe ist das Klavier, und seine Stimme ist ebenfalls eine Direktionsstimme, die außer den Bässen und nachschlagenden Akkorden noch die in Stichnoten eingezeichneten Melodien und Soli der übrigen Instrumente enthält. Die linke Hand greift statt leerer Oktaven meist Dreiklänge in weiter Lage (Dezimen), auch Septimenakkorde oder Quinten und führt Oktavgänge in Gegenbewegung zur Oberstimme, chromatische Figuren u. dgl. aus. In die

Tanzstücke werden gern Solotakte oder größere Klaviersoli eingefügt, die das Thema variieren (Beisp. 34 und 36). In Beispiel 36 wird das Thema (Beisp. 35) der Komposition variiert. Klaviersolotakte werden auch häufig auf der Celesta gespielt (Beisp. 46).

Beispiel 34
Juan Llossas, Ewige Sonne

Beispiel 35

Beispiel 36
Franz Mück-Caros, Heimliche Liebe

Das Schlagzeug besteht aus großer und kleiner Trommel (die große Trommel mit Fußbedienung und Dämpfer, die kleine mit Schnarrsaiten und Dämpfer), Fuß-Beckenmaschine, Holztrommel usw. Nähere Einzelheiten über das Schlagzeug gehen aus der Darstellung von H. Gärtner, Hohe Schule der Musik Bd. IV, S. 179ff. hervor.

Die Gitarre ist an Stelle des noch vor einigen Jahren in den Tanzkapellen sehr verbreiteten Banjo getreten, das einen zu harten, abgerissenen Ton und durchdringenden Klangcharakter besaß. Die Gitarre wird nicht nur zur Begleitung benutzt, sondern sie findet auch (hauptsächlich im Tango) solistische Verwendung. Zum Beispiel beginnt der Tango von P. Barzizza „Canta Chiquita" mit einem Gitarresolo, während die übrigen Instrumente (auch die Streicher) begleiten (Beisp. 37). Die Notation der Begleitharmonien geschieht in drei- und vierstimmigen Akkorden mit darübergeschriebener Bezifferung

Beispiel 37

(Beisp. 38). Außer dieser einfachen Begleitung führt die Gitarre auch manchmal bewegtere Figuren aus (Beisp. 39 und 40).

Beispiel 38

Beispiel 39

P. Barzizza, Canta Chiquita

Beispiel 40

J. Rixner, Blauer Himmel

In der Akkordbezifferung bedeutet ein großer Buchstabe den Durdreiklang, großer Buchstabe mit „m" (z. B. Cm) den Molldreiklang, großer Buchstabe mit 7 (bzw. 9) den Dominantseptimakkord (bzw. Nonenakkord). Der übermäßige Dreiklang wird mit „+" und der verminderte mit „dim" bezeichnet. Ein Teil der Bearbeiter drückt auch (in Anlehnung an die englische Bezeichnungsweise) die Tonarten, deren Anfangston nicht in der C-Dur-Skala liegt, durch den Ausgangston mit folgendem Versetzungszeichen aus (z. B. C♯ für Cis-Dur; E♭ für Es-Dur).

Der Baß ist für das Tanzorchester ein sehr wichtiges Instrument. Er verleiht Grund und Fülle und wirkt durch rhythmische Betonung. Früher benutzte man ausschließlich den Blasbaß (Tuba oder Sousaphon), heute nimmt man mehr den Streichbaß oder beide kombiniert. Der Baß bringt beim Foxtrott die Baßtöne auf das erste und dritte Viertel, beim langsamen Walzer nur auf das erste Viertel. Wichtige Baßfiguren erscheinen auch auf den übrigen Vierteln. Beim Tango spielt der Baß alle vier Achtel, bringt aber auch die für den argentinischen Tango besonders bezeichnenden Baßläufe (Solotakte), Pizzicati von Arpeggien u. dgl. (Beisp. 41).

Beispiel 41

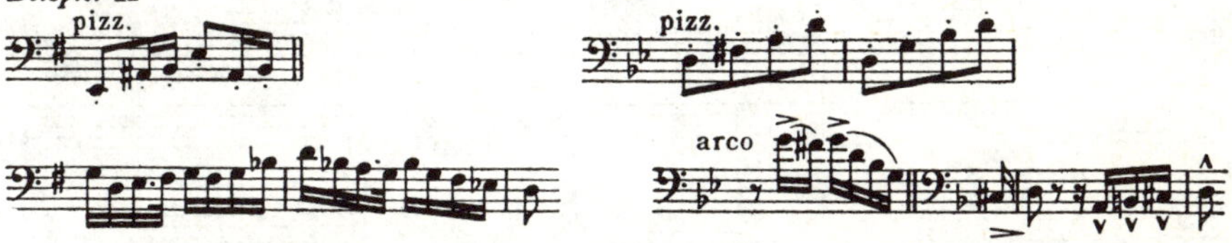

Akkordeon und Bandoneon. Während früher die Ziehharmonika (Bandoneon und Akkordeon) fast nur in der „Schrammelbesetzung“ eine vollwertige Verwendung gefunden hat, ist sie heute zu einem wichtigen Instrument des Tanzorchesters (oft in mehrfacher Besetzung) geworden.

Das Bandoneon allerdings tritt immer mehr zurück. Einmal machen die hervorragenden rhythmischen Eigenschaften infolge der gekoppelten Begleitakkorde (Dur, Moll, Hauptseptimen, verminderte Septimen, übermäßige Dreiklänge, Nebenseptimenakkorde in sämtlichen Tonarten) besonders in Verbindung mit expressiver Balgdynamik das Akkordeon zu einem ausgezeichneten Tanzmusik-Instrument, dann ist auch das Instrument durch seine größere Form — es wird bis zu 5 Chören gebaut — der Klangmöglichkeit des Bandoneons überlegen, und vor allem ist die Spieltechnik des Akkordeons leichter als diejenige des Bandoneons; denn letzteres tönt auf Druck und Zug verschieden und besitzt eine Tastatur, die nicht nach musikalisch-logischen Gesichtspunkten, sondern, ähnlich wie die Tasten der Schreibmaschine, nach der Häufigkeit der benutzten Töne angeordnet ist, während das Akkordeon bei Zug und Druck gleichtönt und seine Tastatur nach musikalischen Prinzipien (Quintenzirkel, chromatische Tonleiter, Pianotastatur) aufbaut.

Das Akkordeon dient im neueren Tanzorchester sowohl zur Begleitung als auch zum Solospiel. Der Tango stellt sein Hauptanwendungsgebiet dar. Hier spielt es ununterbrochen mit, begleitet und bringt Solo- und Nebenmelodien. Die Akkordeonstimme ist in Doppelsystem-Schreibweise ausgeführt: ein System für die Melodie (oft mit einfacher Terzen- und Sextenbegleitung), das andere für die Begleitakkorde (Beisp. 18). In Melodieabschnitten spielt es häufig Läufe und Zierfiguren (Beisp. 42). Bei dem argentinischen Tango variiert es gern die Refrainmelodie, wobei Melodie, Begleitung und Variation günstig zusammen auf einem Dreifachsystem notiert werden (Beisp. 43). Sehr zu beachten ist, daß die Begleitakkorde den gleichen Rhythmus wie die Klavier-

Beispiel 42

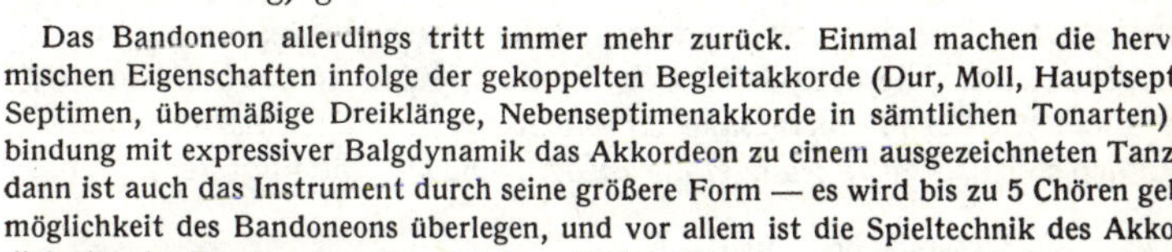

Beispiel 43
Luis Nicolas, Capricho

Beispiel 44

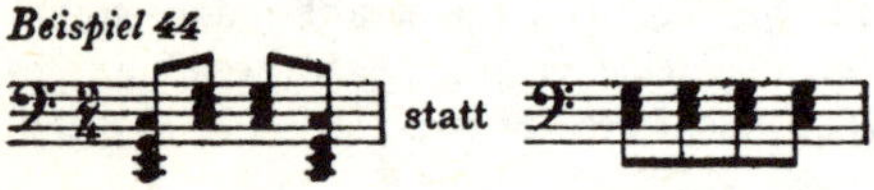

akkorde haben. Durch Wechsel der Oktavlage auf das erste und letzte Achtel des Taktes wird die nötige Abwechslung und ein guter Klang erzielt (Beisp. 44).

Die Gesangsstimmen. Die der Orchesterbearbeitung beigelegte Gesangsstimme ist fast immer als Terzett gesetzt. Allerdings lehnt sich dasselbe weniger an das Instrumentaltrio an, wird auch nicht wie der Männergesang im reinen vierstimmigen Satz behandelt, sondern es geht auf den solistischen Refraingesang zurück. Die Melodie singt der 2. Tenor.

Beispiel 45
Ludwig Kletsch, Abschied, Text: Walter Jäger

Die beiden übrigen Stimmen (1. Tenor und Baß bzw. Bariton) geben dazu die Harmonietöne, aber in der Weise, daß die Begleitstimme des 1. Tenors über der Melodie liegt. Die Melodiestimme ist also nicht oberste Stimme, sondern sie liegt wie vor Jahrhunderten eingebettet in ihre Begleitstimmen (Beisp. 45).

Es sei noch darauf hingewiesen, daß bei der Einrichtung für Orchester Dynamik, Phrasierung und musikalische Artikulation peinlichst genau ausgearbeitet werden müssen, da nur auf diese Weise eine hochkünstlerische Wiedergabe möglich ist. Auch wäre es gut, wenn die Komponisten (bzw. Bearbeiter) durch Metronomangaben (statt der allgemeinen Bezeichnungen, wie „Mäßig", „Sehr langsam" usw.) auch ihren Teil dazu beitragen würden, das allgemeine Durcheinander in den Tanztempi zu beheben.

Die Ausführung.

Die Wiedergabe der Tanzkomposition durch die Tanzkapellen muß in technischer und musikalischer Beziehung einwandfrei sein. Auch hier ist strengster Maßstab anzulegen, denn Tanzmusik ist, wie schon mehrfach betont, keine minderwertige Musik, die schlecht ausgeführt werden kann und für die mittelmäßige Spieler gut genug sind, sondern innerhalb des ihr gegebenen Rahmens ist beste und künstlerischste Wiedergabe zu fordern. Tanzmusik ist kein Handwerk, sondern Kunst und bedarf auch des ganzen Einsatzes einer Persönlichkeit. Das Beispiel des Jazz hat gezeigt, welchen Einfluß eine minderwertige Ausführung haben konnte. Schaffung guter Werke und hochkünstlerische Ausführung sind deshalb gar nicht voneinander zu trennen, und das Schicksal der künftigen deutschen Tanzmusik hängt davon ab, in welchem Maße es gelingt, den Wert des Werkes und die Güte seiner Ausführung zu steigern.

In der Tanzmusikwiedergabe haben unsere Kapellen noch sehr viel zu lernen. Auch in der Ausführung herrscht noch zu sehr die Anbetung des Auslandes. Jede Neuheit wird sofort begierig aufgenommen und ohne Prüfung nachgeahmt. Mit dem Worte „Stil", das diese Modetorheiten bezeichnet, wird großer Unfug getrieben. Die Aufgabe einer deutschen Tanzmusik kann es niemals sein, einen Stil, der einem ganz anders gearteten Volkstum entsprungen ist und für dieses Volkstum vielleicht Gültigkeit besitzt, nachzuahmen und auf eine deutsche Komposition anzuwenden. Erstrebenswertes Ziel muß es immer sein, die Gestaltung allein aus dem Werk und seiner Zweckbestimmung herauszufinden. Ist das Werk deutsch, so wird dann auch der richtige deutsche Stil zum Ausdruck kommen.

Zu einer guten Tanzmusikausführung gehören: geschmackvolle Auswahl der Stücke, gut klingende Besetzung, genaues Zusammenspiel, einwandfreie Behandlung der Instrumente und künstlerische Ausdeutung.

Spielauswahl (Repertoire). Erste Aufgabe für die Vermittler der Tanzmusik ist es, aus der unglaublichen Fülle von Tanzmusiken aller Art, mit der die Kapellen ständig überschwemmt werden, das Gute und Hochwertige herauszufinden und jeden minderwertigen Schlager abzulehnen. Die Kapellen haben die hohe verantwortungsvolle Aufgabe, an der Erziehung und Bildung des Volkes mitzuarbeiten. Deshalb darf nur wirklich Gutes geboten werden. Niemals ist dem oft verwilderten Geschmack des Publikums nachzugeben oder gar auf die dunklen Instinkte Verdorbener zu spekulieren.

Besetzung. Sehr umstritten ist noch die Besetzungsfrage. Es wird oft die eine Besetzungsart gegen die andere, insbesondere Streichbesetzung gegen Blasbesetzung, ausgespielt und behauptet, die erste sei deutsch, die zweite undeutsch. Erklärungen dieser Art muß mit aller Schärfe entgegengetreten werden, denn es wird damit Besetzung mit Inhalt und Interpretation verwechselt. Zur Ausführung von deutscher

Tanzmusik sind alle Instrumente geeignet, die die Tanzmusik in deutscher Weise wiedergeben können, d. h. die zu schöner Melodie- und Harmoniegebung befähigt sind. Daß ausgesprochene Schlag- und Geräuschinstrumente grundsätzlich zurückzutreten haben, versteht sich am Rande, und diese Erkenntnis hat sich auch allgemein durchgesetzt. Ausschlaggebend ist nicht das Instrumentarium, sondern immer nur das Werk und die Art seiner Wiedergabe. Kitsch, in Streichbesetzung gespielt, bleibt Kitsch, und schlechte Musiker werden auch in Streichbesetzung schlecht spielen. Auch die alte deutsche Bauerntanzbesetzung kennt neben Streich- und Zupfinstrumenten sehr wohl die Besetzung mit Bläsern (Klarinetten und Trompeten), auch sei noch einmal auf die Bedeutung der Holzbläser für den Wiener Walzer hingewiesen. Zweifellos besitzen gerade die Bläser gewisse Vorteile, die sie für Tanzmusik ganz besonders geeignet machen, z. B. das durch die Zungentechnik ermöglichte plötzliche und schlagartige Einsetzen und Beendigen des Tones, das dem Spiel eine außerordentlich rhythmische Präzision verleiht und Streichern in dieser Weise unmöglich ist. Andererseits müssen auch die Streicher ihrer Eigenart gemäß gespielt werden. Bei der heute angewandten Besetzung von je 3 Instrumenten einer Gattung sind die 3 Violinen im Verhältnis zu den Bläsern zu schwach. Es müßte jede Stimme wenigstens 2—3fach besetzt sein, um richtigen Klangsausgleich zwischen Streichern und Bläsern zu schaffen.

Ausschlaggebend für eine gute und richtige Tanzmusikausführung ist aber die Größe des Orchesters. Mit einer kleinen Besetzung von 4 oder 5 Mann (wenn also von jeder Instrumentengruppe nur ein Instrument besetzt ist) kann man mit dem üblichen Arrangement keine gute Tanzmusik machen; denn eine klangvolle Harmoniegebung, die die neuere Tanzmusik, insbesondere die deutsche, anstrebt, ist auf diese Weise nicht zu erreichen. Nur durch besondere Bearbeitung können auch bei kleinerer Besetzung wohlklingende Harmonien erzielt werden (man vgl. die Aufnahmen der „Goldenen Sieben“ auf Elektrola). Allerdings fehlen dann die schönen Chorbildungen gleicher Instrumente. Wenn sich keine große Besetzung ermöglichen läßt, ist es im allgemeinen besser, statt 1 Violine, 1 Saxophon, 1 Trompete usw. als Melodieinstrumente aufzustellen, eine Gattung, z. B. das Blech, ganz wegzulassen und dafür die anderen Instrumente (z. B. Violinen und Saxophone) dreifach als ganzen Chor zu besetzen.

In der Praxis haben sich bei den Tanzorchestern zwei Richtungen herausentwickelt. Die einen bevorzugen mehr die Bläser, die anderen mehr die Streicher. Zu ersteren gehört Hans Bund, Oskar Joost und die „Goldene Sieben“, zu letzteren Barnabas von Geczy und wieder Hans Bund (Tanzstreichorchester). Eine Verbindung von Blas- und Streichbesetzung versucht Peter Kreuder mit seinem „Tanzsinfonieorchester“ (auf Telefunkenplatten). Selbstverständlich wird auch von Kapellen, die Bläser bevorzugen, der Wiener Walzer niemals in Triogruppen von Saxophonen und Blech gespielt, sondern immer nur in einer Besetzung, die sich dem Wiener Tanzorchester annähert. Auch der Tango wird allgemein mit Streichinstrumenten ausgeführt, was auch schon durch das Arrangement berücksichtigt ist. Um den verschiedenartigen Besetzungsarten gerecht zu werden, hat sich die Praxis der Doppelbesetzung eingeführt, eine für das neuzeitliche Tanzorchester charakteristische Erscheinung. Dies ist um so nützlicher, als ja viele Tanzkapellen noch Konzert- und Unterhaltungsmusik in der üblichen Salonorchesterbesetzung auszuführen haben. Es spielen z. B. nicht nur die Saxophonisten ohne Ausnahme Klarinette, sondern die Bläser beherrschen meist noch ein Streichinstrument.

Zur Übersicht folgen einige Angaben über Tanzbesetzungen größerer Kapellen. Hans Bund besetzt bei Tanz folgendermaßen:

3 Violinen, dreimal geteilt;
Saxophon I (Es Alt), Nebeninstrument: Klarinette I in B,
Saxophon II (B Tenor), Nebeninstrument: Klarinette II und Harmonika,
Saxophon III (Es Alt), Nebeninstrument: Klarinette III und Violine,
Saxophon IV (Es Bariton), Nebeninstrument: Violine,
Trompete I (in B),
Trompete II (in B),
Posaune,
Klavier, Nebeninstrument: Harmonika,
Gitarre, Nebeninstrument: Bandoneon,
Streichbaß,
Schlagzeug mit Xylophon und Vibraphon.

Oskar Joost besetzt ebenfalls 4 Saxophone, aber 3 Trompeten und 3 Posaunen, Klavier, Streichbaß, Gitarre, Schlagzeug (mit Pauken und Vibraphon) und Bandoneon (ständig). Die Saxophonisten spielen Klarinette, die Trompeter sind Geiger und die Posaunisten können zum Cello wechseln, so daß eine vollständige Umstellung auf Streichbesetzung möglich ist (vgl. die Tangoaufnahmen von O. Joost auf Grammophon).

Vollkommen ohne Blech arbeitet Barnabas von Geczy. Seine Besetzung ist: 3 Violinen, 1 Bratsche, 2 Celli, 2 Bässe, 1 Klavier, 2 Holzbläser (Klarinette und Saxophon) und kleines Schlagzeug (12 Mann).

In dem Streben, der deutschen Tanzmusik eine ganz besondere Note zu verleihen, gründete Hans Bund im Jahre 1934 das „Tanzstreichorchester". Da für diese Besetzung die üblichen Orchesterstimmen ungeeignet waren, mußten sie von einem Bearbeiter (Ernst Fischer) besonders hergerichtet werden. Dieses ausgezeichnete Orchester wurde durch Rundfunk und Schallplatten (Telefunken) schnellstens bekannt und galt als eine Sensation im In- und Auslande. Es ist zu bedauern, daß diese gute Idee aus finanziellen Gründen nicht weiter ausgebaut werden konnte. Das Orchester setzte sich wie folgt zusammen:

8 erste Violinen,	2 Bässe,	2 Klaviere (Celesta),
6 zweite Violinen,	1 Oboe,	1 Gitarre,
2 Bratschen,	1 Englischhorn,	1 Schlagzeug.
2 Celli,	2 Klarinetten,	

Das folgende Beispiel (46) gibt einen Einblick in die Partitur einer solchen Bearbeitung für das Tanzstreichorchester und zeigt auch die wechselnde Instrumentenbehandlung innerhalb eines Refrains. Die Besetzung weicht geringfügig von der oben angegebenen ab. Das Arrangement ist von L. Kletsch.

Die Behandlung der Orchesterbearbeitung. Größere Besetzungen können ohne weiteres aus dem gedruckten Stimmenmaterial spielen. Je nach der Komposition, der Besetzung der Kapelle, der stilistischen Auffassung und dem Musikempfinden des Orchesterleiters und dem technischen Können der Musiker werden jedoch am Arrangement kleine individuelle Abänderungen vorgenommen. So wird der Refrain z. B. passender unter die Instrumente aufgeteilt; ein nicht im Arrangement vorgesehener Streicherchorus (gern beim langsamen Walzer) kann eingefügt und den einzelnen Instrumenten können solistische Partien zugeteilt werden. Bei Tango wird der Kehrreim, aber auch oft die Vorstrophe, in einzelne Solopartien zu einer, drei oder vier Violinen, Bandoneon, Klarinette (in tiefer Lage pp, drei Klarinetten in tiefer Lage unisono, auch dreistimmig), gestopftes Blech, Klavier und dazu Tutti aufgeteilt. Während dabei der argentinische Tango in überwiegender Streicherbesetzung (unterstützt durch Bandoneon und Klarinette) interpretiert wird, eignet sich der deutsche Tango mehr für gemischte Besetzung, d. h. chorweise werden Streicher mit Bläser vermischt, zur Unterstreichung und zur Steigerung wird hier gern der Blechsatz (mit Dämpfer), unter Umständen auch der Saxophonsatz verwandt.

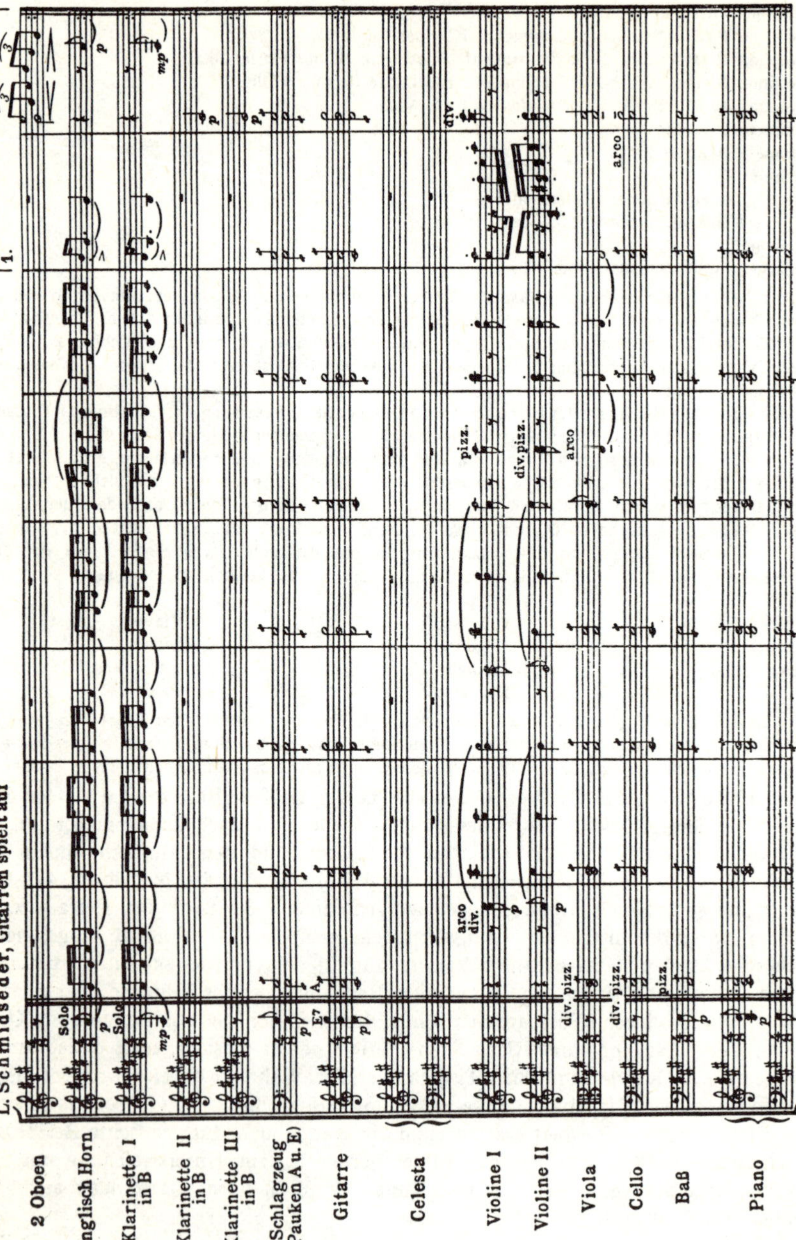
L. Schmidseder, Gitarren spielt auf
1.
2 Oboen
Englisch Horn
Klarinette I in B
Klarinette II in B
Klarinette III in B
Schlagzeug (Pauken A u. E)
Gitarre
Celesta
Violine I
Violine II
Viola
Cello
Baß
Piano
Solo
E7
A
arco div.
div. pizz.
pizz.
arco
div.
mp
p

Beispiel 46

2 Ob.
Engl.Hr.
Klar.I
Klar.II
Klar.III
Schlagz.
Git.
Cel.
Viol.I
Viol.II
Viola
Cello
Baß
Piano
obbl.
Solo
arco Solo
arco
A7
D
E7
H7

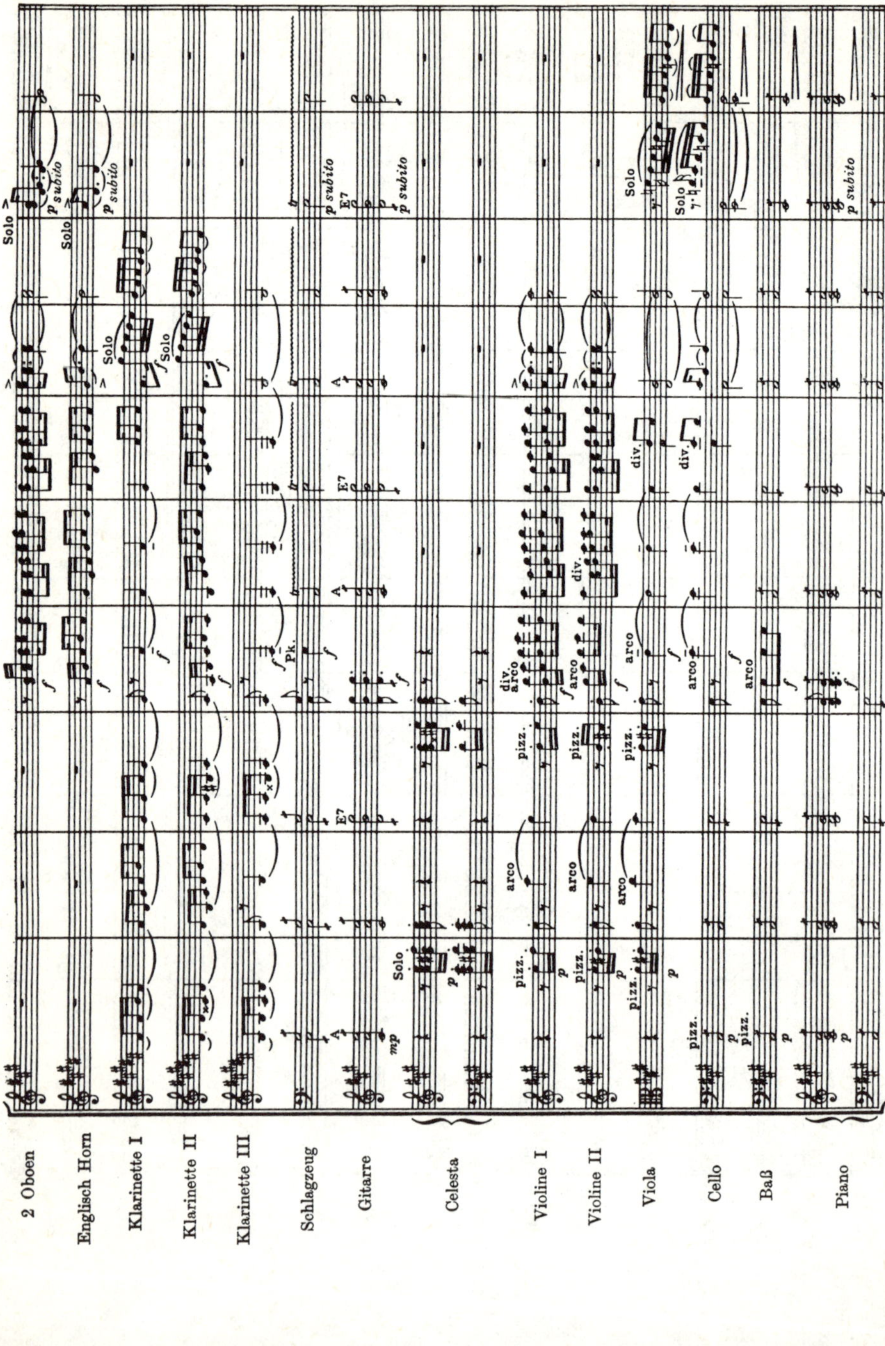
2 Oboen
Englisch Horn
Klarinette I
Klarinette II
Klarinette III
Schlagzeug
Gitarre
Celesta
Violine I
Violine II
Viola
Cello
Baß
Piano
Solo
pizz.
arco
div.
Pk.
p subito
E7
A

Schwieriger ist aber die Behandlung des Arrangements bei kleiner Besetzung, denn nicht jede Orchestereinrichtung und nicht jedes Stück klingt darin gut. Es gibt Melodien, die unbedingt mehrstimmig ausgeführt werden müssen, andere wieder benötigen eine ebenfalls mehrstimmig ausgeführte rhythmische Begleitstimme. Ausgehaltene Harmonietöne, meist dem Saxophonchor zugeteilt, können von einem Saxophon nicht gebracht werden, denn der eine Ton des Saxophons hat zu wenig Bewegung. In diesem Falle wird man auf den ausgehaltenen Harmonieton verzichten und dem Saxophon eine andere, z. B. eine die Melodie begleitende zweite Stimme geben: aus einer Melodie mit begleitender Harmonie wird dadurch ein schönes Duett. Vor allen Dingen muß das Klavier sehr füllen, zum Teil durch Mitspielen der Melodie (in Stichnoten eingezeichnet) und vollgriffiges Akkordspiel. Sind Solostimmen tiefer Instrumente (Posaune, Tenor-Saxophon) eingezeichnet, so empfiehlt es sich, dieselben auf dem Klavier eine Oktave höher zu spielen (also mit der rechten Hand statt der linken). Ist nur Klavier, Schlagzeug, Saxophon und Violine besetzt, so muß das Saxophon die in Stichnoten eingezeichneten Trompeten, Posaunen und Tenorsaxophonstellen mitbringen, aber auch eine gute zweite Stimme zur Violine bilden. Außer Harmonietönen sind viele Saxophon-Begleitfiguren, die mit mehrstimmiger Ausführung rechnen, ebenfalls auszulassen. In kleiner Besetzung ist, wie schon ausgeführt wurde, möglichst erst einmal der Saxophon- und Streichersatz zu vervollständigen, dann erst das Blech, so daß es z. B. empfehlenswert ist, nach der Trompete I nicht Posaune zu besetzen, sondern erst das 2. und 3. Saxophon.

Das Zusammenspiel. Große Bedeutung für die gute Wiedergabe von Tanzmusik besitzt das einwandfreie Zusammenspiel. Bei Ankündigung von Kapellen hört man immer wieder: „Herr XY mit seinen 15 Solisten.“ Daraus spricht eine vollständige Verkennung der Aufgaben einer Kapelle. So gut es ist, wenn jeder einzelne Spieler über die Technik und künstlerische Reife verfügt, um auch solistisch wirken zu können, so ist das bei Tanzmusik nicht das Wichtigste. Wesentlich aber für eine deutsche Tanzmusik ist genauestes Zusammenspiel, fein aufeinander abgestimmtes — kammermusikalisches — Musizieren, feinstes Auswiegen des Klangkörpers. Das starke Hervorstellen des Solisten neigt immer zu leerer Technik, zu aufdringlichem Virtuosentum, es geht auf den Jazz zurück. Dort mußte jeder Spieler durch solistische Extravaganzen, durch Hot- und Break-Spiel, durch öfteren Instrumentenwechsel innerhalb eines Stückes hervortreten und glänzen. Der deutsche Stil dagegen ist nicht der Solisten-, sondern der Ensemblestil. Auch entspricht unserer Lebenshaltung nicht die Beziehung auf das Einzelwesen, sondern die Gemeinschaft. Unberührt von dieser Forderung bleiben selbstverständlich solistische Partien innerhalb eines Stückes, die als Gegengewicht gegen das chorische Spiel eingelegt sind.

Um das richtige Zusammenspiel zu erreichen, sind Proben und immer wieder Proben nötig. Auf größte Genauigkeit des Zusammenklanges ist zu achten. Besonders bei chorischen und Tutti-Stellen ist das präzise Zusammengehen der Stimmen zu üben. Alle Stimmen haben sich hier nach der führenden zu richten, sie müssen hinter der ersten „so ausgerichtet werden wie die Soldaten“ (Rixner). Es gibt keine weniger bedeutsamen Stimmen, die etwas ungenauer spielen könnten; die 2. Trompete, das 3. Saxophon sind genau so wichtig wie die 1. Stimme. Dies gilt besonders für die Violinen, die sowohl im Violinchor als auch im Tutti gern etwas „aus der Reihe tanzen“. Ebenso müssen die Posaunen genau mit den Trompeten zusammengehen.

Durch dieses exakte chorische Zusammenspiel entsteht auch der eigentliche Tanzrhythmus, denn die Träger des Rhythmus sind die Melodiestimmen und nicht, wie oft irrtümlich gesagt wird, die „rhythmischen“ Begleitinstrumente. Die Begleitung von Schlagzeug und Gitarre darf deshalb nicht zu stark sein, sonst klingt sie wie ein häßliches Gerumpel. Besonders monoton und undeutsch wirkt die zu laute Taktgebung bei unrhythmischen, längeren Melodietönen, die nicht durch eine bewegte Gegenstimme ergänzt werden (man vgl. O 31024b).

Zu proben sind auch alle Solostellen, die oftmals nicht einwandfrei vom Blatt gespielt werden können; besonders gilt dies für das Klavier. Bei den solistischen Stellen fallen natürlich die strengen Bindungen der Stimmen untereinander weg. Hier hat die Solostimme uneingeschränktes Recht und Pflicht zu solistischem freiem Vortrag unter künstlerischer Berücksichtigung von Dynamik, Agogik, Phrasierung, mit einem Wort, der besten Behandlung der melodischen Linie. Eine besondere Aufgabe besteht dann in dem Herausarbeiten feinster Abschattierungen von Soloinstrument zur Begleitung. Hier muß unbedingt auf zurückhaltendste Begleitung geachtet werden (p bzw. pp). Die Saxophone, die meistens harmonische Begleitung auszuführen haben, können gar nicht leise genug gebracht werden, denn sie füllen durch die Eigenart ihres Tones ungemein. Deshalb empfiehlt es sich z. B. bei länger ausgehaltenen Harmonietönen der Saxophone, den Begleitakkord nicht mit gleichmäßiger Stärke auszuhalten, sondern immer nur den Anfang (Akkordwechsel) etwas markiert anzugeben und dann sofort wieder sehr zurückzuhalten (fp), sonst wird der Begleitklang zu dick (man vgl. die dynamische Bezeichnung bei den Saxophonen in Beisp. 25).

Auf die einwandfreie Behandlung der Instrumente ist besonderer Wert zu legen. Es muß sich höchste und sauberste Technik mit außerordentlich geschmackvollem, klangschönem Vortrag verbinden. Das Einzelinstrument soll nicht zu besonderen „Effekten“ benutzt werden, sondern einzig und allein unter Berücksichtigung seiner musikalischen Aufgabe innerhalb des Ganzen. Dies gilt besonders für die Bläser. Gequake und Genäsele ist nicht nur unschön, sondern wird auch dem Instrument nicht gerecht. Selbstverständlich können alle Blasinstrumente ähnlich wie die Streichinstrumente mit Vibrato gespielt werden. Dies trägt zur Beseelung des Tones bei. Aber dieses Vibrato darf weder in ein Meckern ausarten noch sich dem gleichmäßig seelenlosen Vibrato einer Kinoorgel angleichen. Es muß wie bei den Streichinstrumenten musikalisch angewandt werden, mit Wandlungen des Tempos und Ausschlages je nach Ausdruck der Komposition und nach Tonlage und Instrument.

Das Saxophon ist ein sehr wertvolles Instrument, das, richtig behandelt, sich sehr der Modulationsfähigkeit der Streichinstrumente und der menschlichen Stimme nähert. Leider wird es meistens noch schlecht gespielt, so daß leicht der Eindruck entsteht, es sei kein gutes und vollwertiges Instrument. Wenn keine Ansprüche an Tonreinheit und Tonqualität gestellt werden, ist es nämlich ziemlich leicht zu erlernen. Andererseits verlangen aber vollkommene Sauberkeit der Töne und höchste Schönheit des Klanges ein sehr genaues und eingehendes Studium; denn die einzelnen Töne des Saxophons sind selten von Natur aus rein. Sie müssen durch Lippendruck und zum Teil durch die Art des Fingersatzes rein intoniert werden. Es sei darauf hingewiesen, daß eine ganze Reihe von Tönen durch Veränderung des Ansatzes um mehr als einen halben Ton geändert werden können. Deshalb wird oft die Tongebung in der höheren Lage des Saxophons unrein und auch klanglich schlecht (nasal, weinerlich, nach „ä“ gefärbt) ausgeführt. Immer wieder kann man auch im Rundfunk und auf Schallplatten schlecht gespielte Saxophone hören. Hier hilft nur eiserne Energie der Dirigenten und intensives Studium der Saxophonisten (Beispiel für gutgespieltes Saxophon: A 2026, Beispiel für schlechtgespielte Saxophone: M 6249, „Vergißmeinnicht“ letzter Refrain).

Eine weitere Untugend der Saxophonisten ist das zu laute Spiel. Eigenartigerweise merkt der Spieler nicht, wie sehr der Ton des Saxophons füllt, so daß er leicht geneigt ist, lauter zu spielen, als es für die Darbietung zweckdienlich ist. So hört man häufig bei kleiner Tanzbesetzung (Klavier, 1 Violine, 1 Saxophon, Schlagzeug) ein durchdringend lautes und heulendes Saxophon. Überhaupt klingt das Saxophon leise besser als laut, und es verfügt über ein sehr vollklingendes Piano und Pianissimo. Zur schönen und ausdrucksvollen Tongebung ist es nötig, das Blatt möglichst dünn zu wählen; dadurch beherrscht der Spieler den Ton mehr, kann ihn beseelen und ihn wundervoll schmiegsam und zart hervorbringen. Allerdings setzt dies ein genaues Studium voraus, da bei dünnem Blatt die Gefahr näselnder Tongebung besonders groß ist.

Ganz zu vermeiden sind beim Saxophon die sog. Effekte, wie Weinen, Lachen, Schluchzen, Glissando, Quaken und Slap Tonguing. Leider hört man im Rundfunk noch Harlekinaden, wie „Lachendes Saxophon" u. dgl. Solche Mätzchen vermitteln vom Saxophon ein völlig falsches Bild. Sie zeugen nicht nur von schlechtem Geschmack, sondern lassen jedes künstlerische Verantwortungsbewußtsein bei den Ausführenden vermissen.

Zum Klangfarbenwechsel und für Tongebung in sehr hoher Lage spielen heute die Saxophonisten durchweg auch Klarinette. Doch scheint uns diese Praxis weder dem Saxophon noch der Klarinette sehr zuträglich zu sein, denn beide Instrumente sind in Bau, Mundstück, Blatt, Volumen und Toncharakter grundverschieden, so daß sie nicht mit gleichem Ansatz gespielt werden können. Solange Saxophon und Klarinette von demselben Spieler geblasen werden, erklingen beide Instrumente niemals in höchster klanglicher Vollkommenheit. Entweder leidet das Saxophon oder die Klarinette, oft aber beide.

Das Blech. Die im modernen Tanzorchester gebrauchten Blechinstrumente sind im Bau von den sonst üblichen Trompeten und Posaunen etwas verschieden. Dadurch, daß sie länger gestreckt und enger mensuriert sind, geben sie einen spitzeren, dünneren, gleichzeitig aber auch einen helleren, strahlenderen und doch sehr weichen Ton. Sie dürfen auch nicht mit zu großer Lautstärke und nicht zu hart geblasen werden, sondern sie müssen sich als wohlklingende Melodieinstrumente dem Ensemble gut einfügen. Häufig und mit Recht werden die Blechinstrumente mit Dämpfer gespielt, und zwar wird innerhalb einer Kompostion gern zwischen offenem und gedämpftem Spiel gewechselt. Doch ist zu beachten, daß Dämpfer nicht ohne weiteres benutzt werden können; zu einem geschmackvollen Spiel mit Dämpfer ist längeres Studium nötig. Auch müssen aus den verschiedenen Arten von Dämpfern diejenigen, die sich für deutsche Tanzmusik eignen, richtig ausgewählt werden. Der Ton darf durch den Dämpfer niemals verunstaltet werden, sondern er muß immer edel bleiben (O 31021 b und M 6249). Wie bei der Violine wird bei der Trompete der Ton nicht nur gedämpft, sondern auch in seiner Klangfarbe geändert, aber niemals soll das Spielen mit Dämpfer zu einem gepreßten, näselnden, quäkenden und krächzenden Ton führen. Durch den Dämpfer wird das Heroische der Trompete abgemildert zu feiner zarter Tongebung („Silberton").

Von den übrigen Instrumenten muß vor allem das Klavier ein gutes Begleitinstrument sein. Hier bringt die linke Hand die Baßtöne, aber möglichst nicht in leeren Oktaven, sondern in Akkorden, als Dezimengriffe, auch in Quinten. Die rechte Hand spielt die

Harmonien als Akkorde entweder nachschlagend oder durchgehend. Damit der Begleitrhythmus gut wird, muß der Klavieranschlag kurz sein, besonders in der rechten Hand (beinahe staccatissimo) und möglichst ohne Pedal. Sehr große Griffe der linken Hand werden kurz arpeggiert. Die Violinen müssen mit edler schöner Tongebung gespielt werden, ebenso muß die Bogenführung dem Instrument gemäß sein. Ganz abzulehnen ist der kurze ruckweise Bogenstrich, wie er durch das Hot-Spiel eingeführt wurde. Der Baß ist meistens ein Streichbaß, seltener ein Blasbaß (Sousaphon). Außer als Streichbaß wird er als Zupf- und Schlagbaß behandelt, eine Spieltechnik, die einen ausgezeichneten Begleitrhythmus erzeugt. Es wird viel zu wenig beachtet, daß ein Kontrabaß auch bei kleiner Besetzung von guter Wirkung ist.

Der musikalische Vortrag. Wie die Tanzmusik in der technischen Präzision und im handwerklichen Können der besten Kunstmusik entsprechen muß, so ist auch die Gestaltung des Werkes — der musikalische Vortrag — innerhalb des gegebenen Rahmens in vollendeter Weise durchzuführen. Dieser Vortrag muß stilrein im Ausdruck sein. Im Stil des Vortrages, der nicht mit den meist als „Stil" bezeichneten Modeerscheinungen verwechselt werden darf, unterscheidet sich die Tanzmusik von der Kunstmusik. Das Finden des richtigen Stils ist die Voraussetzung für einwandfreie Tanzmusikwiedergabe. Auch heute ist es, gerade so wie am Anfang des 19. Jahrhunderts I. N. F. Knaffl beschreibt (Knaffl-Handschrift, neu hrsg. von V. v. Geramb in „Quellen zur deutschen Volkskunde" Heft 2, 1928, S. 110), für einen sonst ausgezeichneten Künstler nicht ohne weiteres möglich, Tanzmusik richtig auszuführen. Zu leicht „verhunzt" er sie wie damals der „a la camera-Virtuose", wenn er obersteirisch geigen wollte. Tanzmusik darf weder mit der Strenge des Ausdrucks sinfonischer Musik gebracht werden, noch sind die musikalischen Mittel zu übertreiben, daß sie zu einem schwülstigen Spiel ausarten. Die Tänze dürfen auch nicht pedantisch und philisterhaft trocken gespielt werden, sie müssen beschwingt sein und zünden. Ebenso ist auch der unterschiedliche Charakter der einzelnen Tanzkompositionen zu erfassen, ob es ein Tango, Walzer usw. ist (auch der deutsche Tango unterscheidet sich wieder vom argentinischen im Ausdruck) und ob es ein mehr melodisches, mehr harmonisches oder mehr rhythmisches Stück ist.

Der Ausdruck muß seinem Wesen nach deutsch sein. Niemals darf er zur Nachahmung der Vortragsweise eines anderen Volkes ausarten. Besonders gilt dies für die Refrainsänger. Das Imitieren des anglo-amerikanischen „Stils" (möglichst noch in englischer Sprache), die Flüsterbaritone, die jammernden, wimmernden unmännlichen Sänger, die Hot-Sänger und die mit tiefer, rauher Stimme halb zu Sprechen und halb zu Singen versuchenden Frauen sind für eine deutsche Tanzmusik unerträglich.

Daß Verunstaltungen der melodischen Linie, Improvisationen, Hot- und Break-Spiel ebenfalls nicht zum Stil der deutschen Tanzmusik gehören, ist schon mehrfach betont worden.

Maßgebend für den Vortrag unserer Tanzmusik ist ausgeprägt feine Interpretation, Herausarbeitung der melodischen Linie unter genauester Berücksichtigung von Phrasierung, Dynamik, Agogik und Rhythmik. Es müssen nicht nur Zeichen und Spielvorschriften peinlichst genau ausgeführt werden, sondern darüber hinaus muß auch das nicht durch Zeichen Ausdrückbare erfaßt und künstlerisch gestaltet werden. So ist innerhalb des streng mathematisch gleichen Taktes die Melodie unter Berücksichtigung agogischer Momente durchzuführen, wie es den Regeln ausdrucksvoller Melodieführung entspricht.

Die für die neue Tanzmusik charakteristischen Figuren, wie Triolen und Synkopen, werden oft falsch ausgeführt, so daß dadurch die ganze Komposition in Mitleidenschaft gezogen wird. Die Triole muß sehr breit gespielt werden mit Betonung und agogischer Verlängerung der ersten Note, auch die beiden anderen Töne haben kleine Akzente. Die so oft angegriffene, noch mehr aber verkannte und falsch ausgeführte Synkope kann in 2 Arten gespielt werden; einmal scharf rhythmisch, mit Betonung der zweiten längeren Note: ♪ ♩ ♪ (= brechende Synkope). Durch die Überbetonung des Metrischen besitzt sie einen stark aufstachelnden Charakter. Sie wird meist in Negertänzen (Cake Walk) angetroffen, darf aber nicht, wie es noch häufig von deutschen Spielern geschieht, allgemein angewandt werden. Die zweite Art der Synkope, mehr eine rhythmische Spielmanier, wird ebenso geschrieben ♪ ♩ ♪, aber nicht mit Betonung der zweiten Note ausgeführt, sondern die erste Note wird ähnlich wie bei der Triole betont und agogisch verlängert (= gleitende Synkope). Die zweite Note wird nicht als Schwerpunktsverlagerung empfunden, sondern sie wird nur ihrem Werte nach ausgehalten und unterscheidet sich von dem vorhergehenden Achtel wegen dessen agogischer Verlängerung nicht mehr allzusehr, so daß die ganze Figur sich in Charakter und Spielweise sehr der Triole nähert. Diese Ausführungsart der Synkope ist feiner und abgeschliffener und entspricht mehr musikalisch ausdrucksvollem Spiel. Während die anfangs genannte (brechende) Art ein mehr primitives Gepräge aufweist, wird durch die gleitende Ausführung der scharf akzentuierende und aufpeitschende Charakter der Synkope gemildert. Sie verwandelt sich in ein musikalisches Ausdrucks- und Vortragsmittel, das die melodische Linie nicht verzerrt. Zur näheren Erläuterung sei auf 2 Schall-

Beispiel 47

Beispiel 48

platten hingewiesen. Beispiel 47 findet man auf GO 41 038a (Überleitung zwischen erstem Refrain und Verse). Man erkennt gut den ausdrucksvollen, gleitenden Charakter der Synkope und die Betonung auf das jeweilige Anfangsachtel. Beispiel 48 (auf O 31 024b, letzter Ensemblerefrain) ist etwas rhythmischer, zeigt aber die Achtelbetonung noch deutlicher. Diese Betonung der kurzen Note (vor der Synkope) findet man auch regelmäßig im spanischen Marsch (Beisp. 11). Die nahe Verwandtschaft von Triole und gleitender Synkope führt oft zu gegenseitigem Vertauschen bei rhythmischer Variation.

Eine längere Reihe von Synkopen ♪ ♩ ♩ ♩ ♫ ♪ kann man sich aus gebundenen Achteln zusammengesetzt denken ♫ ♫ ♫ ♫ ♪, bei der der jedesmalige Schwerpunkt nicht auf die synkopierte Note gelegt wird, wie ♪ ♩ ♩ ♩ ♫ ♪, sondern in einem kleinen Crescendo zu der zweiten Note hinführt: ♫ ♫ ♫ ♫ ♪. Die synkopierte

Note setzt also nicht gleich mit vollem Akzent ein. Diese Spielweise kann nur von Blas- oder Streichinstrumenten, nicht von Klavier oder Schlaginstrumenten richtig ausgeführt werden. Betonung und agogische Verlängerung sind zwar auch diesen Instrumenten möglich, nicht aber die kleinen charakteristischen Crescendi der einzelnen Viertel.

Zum guten Vortrag gehört auch das Erfassen des richtigen Tempos der Tanzkompositionen. Hier muß nun mit aller Entschiedenheit darauf hingewiesen werden, daß — da Tanzmusik eine künstlerische Angelegenheit ist — das genaue Zeitmaß nicht von Tanzlehrern oder Tanzlehrervereinigungen bestimmt wird, sondern allein durch die Komposition und ihre künstlerische Interpretation. Die Tanzschritte ändern sich in jedem Jahr, nicht aber die Musik eines einmal geschaffenen Werkes. Und jede Tanzkomposition kann gut und richtig nur in einem ganz bestimmten Tempo gespielt werden; in diesem besitzt sie auch den besten Rhythmus, aber es wird zwischen den einzelnen Tanzkompositionen für Tänze gleicher Gattung immer kleine Verschiedenheiten im Zeitmaß geben. Doch nimmt der Tänzer solche geringen Unterschiede gern in Kauf, wenn er dafür eine grundmusikalische Wiedergabe mit bestem Rhythmus eintauscht. Das rücksichtslose Übertragen festgelegter Tempi auf die Ausführung muß zu einer Mechanisierung der künstlerischen Arbeit führen. Bei dringendem Bedürfnis nach verbindlichem Zeitmaß für die einzelnen Tänze gibt es nur einen Ausweg: die Komponisten zu veranlassen, ihre Stücke nur für die festgelegten Tempi zu schaffen.

Zur Übersicht soll das ungefähre Zeitmaß der verschiedenen Tänze folgen:

Ländler	MM 𝅗𝅥. = 48	Foxtrott (sehr schnell)	MM 𝅗𝅥 = 126—138
Wiener Walzer	MM 𝅗𝅥. = 56—60	Foxtrott (schnell)	MM 𝅗𝅥 = 108—116
Polka (älter)	MM ♩ = 88	Foxtrott (mittel)	MM 𝅗𝅥 = 88—96
Polka (neu)	MM ♩ = 122	Foxtrott (mäßig)	MM 𝅗𝅥 = 72—80
Rheinländer	MM 𝅗𝅥 = 58—63	Foxtrott (langsam)	MM ♩ = 113—116
Marschtanz	MM ♩ = 114—120	Langsamer Walzer	MM ♩ = 104—108
Paso doble	MM ♩ = 144—160	Tango	MM ♩ = 112—116

Ausblick.

Mit diesen Ausführungen wurde versucht einen Überblick über die deutsche Tanzmusik, im besonderen die der Gegenwart, zu geben. Es ist aber nicht möglich, schon heute ein vollständig abgeschlossenes und abgerundetes Bild zu vermitteln, denn wir stehen noch inmitten einer Entwicklung, deren Dauer nicht abzusehen ist. Unsere Darstellung soll aber durch Klärung von Fragen, Herausarbeiten und Aufstellen von Grundsätzen diese Entwicklung erleichtern und Irrwege vermeiden helfen. Das Ziel dieser Entwicklung, darüber besteht kein Zweifel, kann nur das Schaffen einer wirklich deutschen Tanzmusik sein. Um dies zu erreichen, muß sich unsere Tanzmusik zunächst einmal von der bloßen Nachahmung ausländischer, besonders der englischen und amerikanischen Tanzmusik freimachen. Dies darf aber wiederum nicht zu einem vollständigen Ignorieren der Tanzmusik dieser Länder führen, sondern wertvolle Anregungen, die zweifellos vorhanden sind, sollen aufgegriffen und in unserem Sinne verarbeitet werden. Unser Streben wird ferner darauf gerichtet sein, die deutsche Tanzmusik von allem musikalisch Minderwertigem und von Zersetzungserscheinungen jeder Art zu befreien.

Ansätze zu einer eigenen und wertvollen neuen deutschen Tanzmusik sind vorhanden; und diese Richtung muß bewußt weitergepflegt werden. So hat z. B. Carl Robrecht schon vor mehr als 10 Jahren versucht, die einfache Schlagerform zu verlassen und sie zu erweitern. Seine Tanzkompositionen „Fließendes Gold", „Spiel der Wellen" und vor allem der sinfonische Foxtrott „Samum" zeigen ein ganz eigenes Gesicht und weisen in die Zukunft. Wie hier freiere Formen angewandt werden, so ist es auch durchaus möglich, Tanzstücke in strengeren musikalischen Formen, also Rondo-, Sonaten-, Variationsform usw., zu schreiben. Wesentlich ist, daß Komponisten von großem Können sich der Tanzmusikkomposition annehmen.

Da die deutsche Tanzmusik gern tiefer schöpft und zu kunstvoller Durcharbeitung neigt, wäre es angebracht, die Streicher nicht, wie es heute noch durchweg geschieht, nur als Verdoppelungen der Bläser zu betrachten, sondern sie den Bläsern als gleichwertige Partner gegenüberzustellen. Dieses würde gleichzeitig zu einer Bereicherung der Kompostionen führen, denn den ausgesprochenen Bläserthemen müßten nun auch aus dem Sinne und der Eigenart der Streicher hervorgegangene Themen gegenübergestellt werden (man vgl. die Ansätze zu dieser Behandlung auf A 2168).

In der angedeuteten Weise wird sich unsere zukünftige Tanzmusik formen. Aus den Fesseln sklavischer Nachahmung befreit, erkennt sie stets das Gute und Wertvolle in der Tanzmusik anderer Völker an, aber sie muß immer ihren besonderen und eigenen Ausdruck behalten und wird der Tanzmusik der übrigen Länder durchaus selbständig gegenüberstehen, da sie aus unserem Geiste und unserer Art gestaltet ist.

Literatur über das von mir behandelte Gebiet gibt es nicht. Um so dankbarer nenne ich die Namen der Verleger, die durch Bereitstellen von Notenmaterial meine Arbeit ermöglicht haben. Es sind: Johann André (Offenbach), Cesar R. Bahar (Berlin), Beboton-Verlag (Berlin), August Cranz (Leipzig), Robert Forberg (Leipzig), Wilhelm Gebauer (Leipzig), Heinrichshofens Verlag (Magdeburg), E. Krause (Braunschweig), Henry Litolfs Verlag (Braunschweig), Edition Meisel (Berlin), B. Schott's Söhne (Mainz), Edition Standard (Berlin), Sterbini & Co. (Berlin), Ufaton Verlag (Berlin), Wiener Boheme Verlag. Auch sei Herrn Arthur von Gizycki, Hauptschriftleiter der „Unterhaltungsmusik", Herrn Walter Berten, sowie den Komponisten und Kapellenleitern Franz Joseph Adldinger, Hans Bund, Franz Grothe, Oskar Joost, Harold M. Kirchstein, Hanns Löhr, Joe Rixner für freundlich erteilte Auskünfte herzlich gedankt.

Schallplatten stellten in liebenswürdiger Weise die Firmen Electrola, Grammophon, Lindström und Telefunken zur Verfügung. Als kleine Auswahl seien folgende Nummern genannt:

Electrola	EG 3178	Grammophon	E 10622	Lindström	O 31037	Telefunken	M 6296
	EG 3255		E 10464		O 25316		M 6284
	EG 3862		E 10485		O 31034		M 6249
	EG 3458		H 47091		G.O. 27257		A 1642
	EG 3971				G.O. 41038		A 1482
	EG 3650	Lindström	O 31072		G.O. 41023		A 2168
	EG 3859		O 31024		G.O. 41045		A 2187
	EG 3945		O 31021		G.O. 41034		

Die Lehre vom Partiturspiel*)

von

Professor Richard Hagel, Berlin.

Was dem bildenden Künstler das „innere“ Auge, ist dem Tondichter das „innere“ Gehör. Jeder schöpferische Künstler hat die — der Eigenart seiner Kunst entsprechenden — inneren „Wahn-Vorstellungen“, welche sich, oft erst nach schwerem Ringen, zu klaren festen Gebilden verdichten. Ein bedeutsames Zeugnis hierfür sind, auf dem Gebiete der Musik, Ludwig van Beethovens Skizzenbücher (Staatsbibliothek Berlin). In dem vorliegenden Lehrgang haben wir es mit der Klangwelt der Musik und ihrer Materie zu tun. Während dem Dichter das Mittel zur Darlegung seiner Ideen in seiner Muttersprache bereits fertig vorliegt und von Jugend an innig vertraut ist, muß der Maler, der Bildhauer und der Musiker sich das Handwerkliche erst mühsam aneignen.

Allen Künsten gemeinsam ist der Sinn für den Rhythmus. Rhythmus ist frei geregelte Bewegung, die sich eng dem Affekt anschließt; in starres System gebracht, ist sie jedoch Takt. Beides sind wesentliche Bestandteile der Musik. In dem Maße, wie sie erkannt wurden, sind die Naturphänomene der Klangwelt den Menschen die ersten Lehrkräfte auf musikalischem Gebiet geworden: aus natürlichem Nachahmungstrieb heraus haben die Menschen sich allmählich die verschiedensten Instrumente geschaffen. Der Antrieb zum Gestalten musikalischer Gedanken entsprang den gegensätzlichen Empfindungen von Freude und Schmerz. Hierzu stand der Menschheit von Urbeginn an gleich das vollkommenste Instrument — die menschliche Stimme — zur Verfügung. Mit der Entwicklung des sprachlichen Ausdrucks ging die des Gesanges Hand in Hand. Die Gesänge wurden von Generation zu Generation vorerst mündlich überliefert; später wurden die Chorgesänge in ihrem Ablauf durch Bewegungen des Leiters sinnlich veranschaulicht und damit gestützt (Cheironomie). Mit dem Aufkommen der Idee, die Linien zur Festhaltung der Tonhöhe heranzuziehen, war der Grund zur Weiterentwicklung der Musik wirksam gelegt. Das Stimmgewebe der Polyphonie machte das Abhören eines Chorgesanges durch den „Praecentor“ lediglich aus den Stimmbüchern immer schwieriger. Es entstand hieraus zwingend die Partitur, d. h. die Notwendigkeit, den

*) Dieser Lehrgang verwertet die Erfahrungen einer sechzehnjährigen Lehrtätigkeit an der Staatlichen Hochschule für Musikerziehung und Kirchenmusik (Berlin). Er ist zum Selbststudium wie zum Gebrauch beim Unterricht bestimmt. Bei der Endgestaltung war mir mein Schüler Fritz Schöneich, Organist zu Frankfurt a. M., in dankenswerter Weise behilflich.

Gesamtablauf durch die taktmäßige Übereinanderordnung der einzelnen Singstimmen sinnfällig festzulegen.

Die Partitur erweiterte ihre Ausmaße mit dem Aufkommen der Instrumentalmusik. Wie der Maler erst viele Bleistiftskizzen macht, bevor er sein farbenprächtiges Ölgemälde ausführt, so bannt der gestaltende Tondichter seine Ideen erst in die Skizze eines reinen vierstimmigen Satzes, bevor er sein Tongemälde in die instrumentale Farbenpracht einkleidet. Während beim reinen vierstimmigen Satz alle Stimmen gleichberechtigt erscheinen, finden sich nun in der Partitur Einklang- und Oktaven-Verdopplungen des thematischen und harmonischen Materials, nach oben und unten durch die Streicher und die verschiedensten Blasinstrumente, rhythmisch oft durch die Pauke gestützt. Der eine Orchesterpartitur aufs Klavier übertragende Spieler hat nun die umgekehrte Aufgabe zu vollbringen. Er soll, auf Grund seiner harmonischen Kenntnisse und seines pianistischen Könnens aus dem Orchestersatz einen leicht spielbaren Klaviersatz im Augenblick gestalten. Unser Leitfaden geht vom Orchester der Klassiker aus. Aber auch die spätere, vielfach reichere Anwendung der Blasinstrumente erfordert und gestattet bei der Gestaltung des Klaviersatzes keine Abweichung von den Grundgesetzen des reinen vierstimmigen Satzes. Ein sog. Beethoven-Orchester setzt bei 50 Künstlern 500 Finger in Bewegung; dem Klavierspieler stehen aber nur 10 zur Verfügung. Er ist also zu Konzessionen gezwungen, die er vermöge der Gesetze des reinen Satzes unbedenklich und erfolgreich machen kann.

Als Vorstudien werden vorausgesetzt:

klavieristisch: das Studium von Johann Sebastian Bachs zwei- und dreistimmigen Inventionen und vor allem des Wohltemperierten Klaviers, dieses deutschen Wunderwerks des reinen Satzes;

theoretisch: das Studium der gesamten Harmonielehre und des Kontrapunkts;
die Kenntnis der alten Schlüssel;
das Studium der Instrumentenkunde;
das Studium der Instrumentationslehre.

Von den Elementen einer Partitur.

Die menschliche Stimme. Die abendländische Musik der Gegenwart hat sich von Palestrina (1505—1594) und Orlando di Lasso (1539—1594) an entwickelt; Ausgangspunkt war der Gesang des Kultus.

Die menschliche Stimme teilt sich, ihrem Tonumfange gemäß, ein in Sopran (Diskant), Mezzosopran, Alt, Tenor, Bariton und Baß. Um die Hilfslinien zu vermeiden, hat man die dem Umfange der einzelnen Stimme gemäßen Schlüssel erfunden. An dem folgenden Notenbeispiel ersieht man am besten diese für die damalige Zeit geradezu geniale Lösung:

Beispiel 1

Zum Studium empfiehlt sich hierzu die 3. Stufe der Chorübungen von Franz Wüllner (NB.! Alte, [Original-] Ausgabe) in folgender Reihenfolge: Nr. 13, 14, 15, 17 (in dessen dreistimmigem Teil Terzenfolgen stets in eine Hand zu nehmen, sich wirksamst empfiehlt), 19, 33, 20, 24, 26, 28, 32, 35, 36, 39, 40, 45, 47, 48, 49, 52.

Man hüte sich vor jeder Übermüdung; „wenig und oft" sei hier die Losung: Repetitio est mater studiorum! — Anfangs verfahre man so: Man verteile den Sopran und Alt auf die rechte, Tenor und Baß auf die linke Hand. (Bei Orlando di Lasso jedoch verwende man den „Klaviersatz", d. h.: rechte Hand 3 Stimmen und linke Hand nur die baßführende Stimme.) Man schlage, vom Baß aus beginnend, den Ton jeder Stimme einzeln an und wiederhole erst dann den Akkord als Ganzes, und so von Takt zu Takt (Beisp. 2. Wüllner Nr. 13, 1. und 2. Takt).

Beispiel 2

Diese Art hat sich stets ausgezeichnet bewährt, vor allem dann, wenn man einen Erfolg geduldig auf lange Sicht stellt. Choräle zu spielen empfiehlt sich anfangs weniger, da hierbei das Gehör eine gewisse Sorglosigkeit im Lesen unterstützt. Des harmonischen Ablaufs muß der Spieler sich stets bewußt sein; er folge ihm kritisch auf Grund seiner Eigenkenntnisse: Konzentrations- und nicht oberflächliche Transpositionsübung steht hier zur Erörterung.

Ist dieses Pensum erledigt, gehe man an Hand dieses Leitfadens frohgemut an die Orchesterpartitur, und zwar mit der Symphonie G-Dur (mit dem Paukenschlag).

Die Streichinstrumente bedienen sich des Violin-, Alt-, Tenor- und Baßschlüssels.

Die Blasinstrumente bieten in ihren verschiedenen Stimmungen anfangs einige Schwierigkeiten.

Man unterscheidet transponierende und nichttransponierende — und schärfe sich ein: das Instrument transponiert, nicht der Spieler! Bei den nichttransponierenden deckt sich der Klang mit der Notation.

Hierzu ist zu sagen:

Jede Röhre hat ihren Eigenton, dessen Höhe bzw. Tiefe durch die Länge und Weite des Hohlkörpers bedingt ist. Durch Einfügen von 6 Löchern in bestimmten Abständen gewinnt man, verursacht durch Verkürzung der Luftsäule, die diatonische Dur-Tonleiter des betreffenden Eigentones. Nehmen wir die C-Dur-Tonleiter, wie sie das Tastenbild des Klaviers zeigt, als feststehend an, so ergibt sich folgendes Resultat: Ist der Eigenton der betreffenden Röhre das c der eingestrichenen Oktave, dann deckt sich der Klang mit der Notation. Verlängert man die Röhre im Verhältnis einer großen Sekunde, so gleitet der Klang auf der ganzen Linie um eine große Sekunde nach unten (Beisp. 3). Verlängert man die C-Röhre im Verhältnis einer kleinen Terz, so gleitet der Klang um eben dieses Intervall nach unten (Beisp. 4). Verkürzt man jedoch die C-Röhre im Verhältnis einer großen Sekunde, so steigt der Klang um eben dieses Intervall nach oben (Beisp. 5).

Beispiel 3

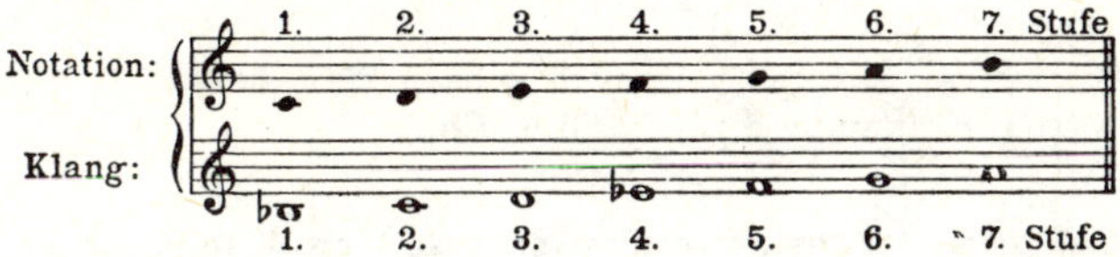

Beispiel 4

Beispiel 5

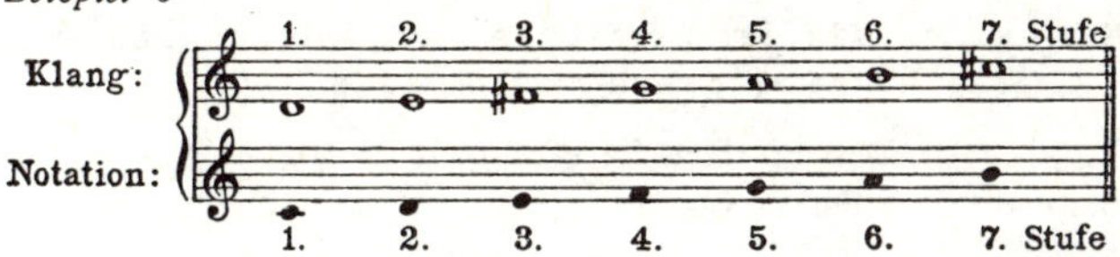

Vom jeweiligen Eigenton der betreffenden Röhre ausgehend, spricht man daher von C-, B-, A-, D-, Es-, E-, F-, G-Stimmung.

Bei den Holzblasinstrumenten hat man Beweglichkeit und Tonumfang durch Einführung von Klappen, bei den Blechinstrumenten durch die Ventile chromatisch erweitert. Ehemals waren Hörner und Trompeten auf die Naturtöne beschränkt und konnten, der etwaigen Modulation folgend, die Stimmung nur mittels Umwechseln von Bögen verändern.

Beispiel 6

Klangtabelle:

NB.! Corno alto (= hoch) deckt sich mit der Trompetenlage!

Die Pauke (jeweils Tonika und Dominante) wird im Baßschlüssel notiert.

Das Orchester in der Symphonie der Klassiker.

Im Verlauf dieser Abhandlung gelten folgende Abkürzungen:

I., II. = 1. und 2. Violine	Ob. = Oboe	C. = Corni (Hörner)
Br. = Bratsche	Eh. = Englisch Horn	Trp. = Trompeten
Vcl. = Violoncello	Cl. = Clarinette	Bstrp. = Baßtrompete
Cb. = Contrabaß	Bcl. = Baß-Clarinette	Tb. = Tuba
Picc. = Piccoloflöte	Fg. = Fagott	Pk. = Pauke.
Fl. = Flöte	Cfg. = Contrafagott	

Den Grundstock des Orchesters der Klassiker bilden die Streichinstrumente: I. und II. Violine, Viola-Bratsche, Violoncello und Contrabaß; deren Tonlage entsprechen

1. und 2. Flöte, 1. und 2. Oboe, 1. und 2. Clarinette, 1. und 2. Fagott; i. a. entsprechen sich:

I.	= Fl.	Vcl. = Fg.
II.	= Ob. (NB.! oft unter I.)	Cb. = Cfg.
Br.	= Cl.	

Was am Flügel die Pedale, sind im Orchester die Hörner (C 1 bis 4) resp. die Posaunen (1.—3. Pos.) und Trompeten (1. und 2. Trp.); den Rhythmus stützen 2 Pauken, deren Stimmung jeweils die Tonika und die Dominante ist.

Die Anordnung der Instrumente einer Partitur ist, von unten nach oben, folgende: Cb., Vcl., Br., II., I., Pk., Tb., Pos., Trp., C., Fg., Cl., Ob., Fl., Picc.

Von der Umwandlung eines Orchestersatzes in einen leicht spielbaren Klaviersatz.

Grundregeln. Die Bildung des Klaviersatzes hat zu erfolgen nach den harmonischen Gesetzen des reinen vierstimmigen Satzes.

Primär ist stets das Haupt- resp. das zur Melodie erweiterte Motiv
Sekundär ist das Fundament, d. i. Vcl. + Cb.
Tertiär ist die Harmonie.

Um dem Hauptmotiv, seiner Bedeutung gemäß, den ungehemmten Ablauf stets zu sichern, ist die jeweils führende Hand möglichst von jedem Harmonieton zu entlasten. Ausnahmen sind: melodische Oktav-, Terz- und Sextenfolgen, die, der Eigenart des Klaviersatzes entsprechend, grundsätzlich in einer Hand liegen sollen.

Das Fundament bilden Violoncell und Contrabaß; man fundamentiert, d. h. führt den Baß in Oktaven, solange keine Mittelstimme in Frage steht. Ist dies der Fall, so scheidet der Contrabaß, als Oktavverdopplung nach unten, aus.

Die Mittelstimmen sind beweglich, d. h.: sie sind nicht an die gerade notierte Oktavlage gebunden; vielmehr können sie, aus klavieristisch klanglichen und technischen Gründen, innerhalb der gegebenen Außenstimmen, versetzt und so an die rechte resp. linke Hand angepaßt werden.

Beispiel 7

(Fingersatz!)

Die Verbindung des Fundaments mit der Harmonie erfolgt über das Vcl. in eine höhere oder tiefere Oktave (Beisp. 7).

Bei Sprüngen muß demnach der geforderte Baßton der tiefste Harmonieton bleiben!

Erscheint die Stimmführung in weiter Lage, so ist die Harmonie in enger Lage an die führende Oberstimme anzulegen, wenn das Fundament melodische Bedeutung gewinnt (s. Menuett in der Haydn-Symphonie 7, 12ff.); die Oberstimme ist durch die höhere Oktavlage an sich sinnenfällig genug.

Wird der klare Ablauf des Motivs durch einen kollidierenden Harmonieton gehindert, so muß der Harmonieton weichen, d. h. ausfallen.

Man vermeide bei der Harmoniebildung zwischen den beiden Daumen weite Abstände.

Also: die Harmonie möglichst zwischen  und  legen!

Von den technischen Gegensätzen der Orchesterinstrumente zum Klavier.

Jedes Instrument hat seine ihm eigene Technik. Eine Übertragung auf andere Instrumente hat immer ihre Schwierigkeiten. Was auf dem einen leicht, ist auf dem anderen schwer, ja oft überhaupt nicht adäquat auszuführen.

Die Streicher haben zwei Möglichkeiten der Tonerzeugung:

a) durch den Bogen — arco — bilden sie, gleich der menschlichen Stimme und den Blasinstrumenten, einen langgezogenen Ton, und

b) durch Anreißen der Saite mittels eines Fingers — pizzicato — einen der Gitarre oder der Harfe ähnlichen Klang. Das Pizzicato der Streicher wird auf dem Klavier so wie in Beisp. 8 ausgeführt.

Beispiel 8

(Guitarrenklang; Akkord in enger Lage)

oder

(Harfenklang; Akkord in weiter Lage)

Der Anordnung der Saiten der Streichinstrumente entspricht die weite Lage der akkordischen Gebilde; sie werden auf das Klavier in enger Lage übertragen. Also:

Beispiel 9

Akkordische Tonwiederholungen sind auf das Klavier so zu übertragen:

Beispiel 10

NB.! Die Mittelstimmen können innerhalb der äußeren Stimmen wandern und sind in solchen Fällen also nicht an die notierte Lage gebunden.

NB.! Der Daumen der linken Hand stets harmonisch unbelastet!

Beispiel 11

Die Pauke ist, um das ihr charakteristische Nachhallen zu gewährleisten, gemäß Beisp. 11 auszuführen (den 5. Finger liegen lassen).

Diese **typischen** Beispiele müssen dem Lernenden stets gegenwärtig sein.

Besonderheiten des Klaviersatzes.

Klavier und Klavierstil haben u. a. folgende spiel- bzw. satztechnische Eigentümlichkeiten:

1. **Oktavenparallelen**, innerhalb derer an die obere oder untere Note jeweils die Terz angelegt ist. (Eine Eigentümlichkeit insonderheit des Brahmsschen Klaviersatzes). Zum Beispiel:

Beispiel 12

Brahms: Walzer, Op. 39,8

2. **Oktavengänge** beider Hände, die aber nicht von beiden Händen gleichzeitig, sondern nacheinander angeschlagen werden. (Eine Eigentümlichkeit insonderheit des Lisztschen Klaviersatzes.) Zum Beispiel:

Beispiel 13

Liszt: *a)* **Ungar. Phant. f. Klav. u. Orch., „Cadenza," 7, 8, u. 9**

b) **Klavierkonzert A-Dur, (im „Marziale," un poco animato)**

3. **Das Kreuzen** (Überschlagen) **der Hände**, erstmalig von Domenico Scarlatti (1685—1757) zu besonderen Klaviereffekten angewandt (Beisp. 14).

Dieser Möglichkeiten des Tasteninstruments erinnern wir uns, wenn nun beim Partiturspiel entsprechende Orchesterpartien in klanglich adäquater Weise auf das Klavier übertragen werden sollen.

Beispiel 14

D. Scarlatti: Sonata XXIV, D-Dur, 7, 19 u. 20

Im folgenden bedeutet demgemäß der Hinweis „Brahms" („oben" oder „unten") den Oktavgriff mit oben oder unten angelegter Terz, „Liszt" das nacheinander erfolgende Anschlagen der Hände bei Oktavengängen, „Scarlatti" das Übergreifen der einen Hand über die andere.

Endlich werden technische Vereinfachungen (z. B. bei Terzen- und Sextengängen) dann vorgeschlagen, wenn manuelle Schwierigkeiten dem musikalischen Ablauf hinderlich sein könnten.

In den nunmehr folgenden Anmerkungen zu den im Notenanhang ausgeführten Beispielen und im Notenteil selbst werden folgende Abkürzungen gebraucht (s. auch S. 320):

T. = Takt / = eine Figur (Taktteil) wird wiederholt
f. = und der folgende ·/. = ein halber (oder ganzer Takt) wird wiederholt,
ff. = und die folgenden r. H. = rechte Hand l. H. = linke Hand.
NB.! verweist vom Notenbeispiel auf die entsprechende Anmerkung.

Symphonie Nr. 6 (mit dem Paukenschlag) von Joseph Haydn (Beisp. 15).

Man beginne das Studium jeweils mit dem langsamen Satz, da dessen ruhiger Ablauf ein sicheres Einfühlen in seine Struktur am leichtesten gestattet.

2. Satz: Andante; Streichquintett + Fl., Ob., Fg., C., Trp. und Pk.

T. 1. Br., als Baß-Oktav-Verdopplung nach oben, schaltet hier und in ähnlichen Fällen aus.

T. 5. Dieses „Contra-C" kann ohne Bedenken gefordert werden, da die meisten Kontrabässe heute einen Mechanismus haben, der die Umstimmung der tiefsten (E-) Saite leicht ermöglicht.

T. 9—16. Dem Motiv muß die Harmonie weichen! Also: die l. H., harfenartig, in die tiefere Oktave legen.

T. 12 u. 15. NB.! Ohne Leittonverdopplung!

T. 25. Die linke Hand übernimmt die Streichinstrumente; das Fundament wird stets als Vorschlag behandelt; der Handsprung wird durch das rechte Pedal gestützt.

T. 27. Die Br. ist, bei NB.!, harmonischer Bestandteil.

T. 28 (2. Hälfte). Die r. H. übernimmt Fl., Ob. + I., die Oboe übernimmt hier die Funktion von II.

T. 34. Die Hände lösen sich gegenseitig ab (so auch T. 38).

T. 39 übernimmt die Br. den Baß!

T. 41. Händeverteilung bei NB.!

T. 53. I.: r. H. portato, Mittelstimme: l. H. staccatò; Fundament mittels Ped. nachklingen lassen.

T. 61. NB.! Im Baß technische Erleichterung, Oktavverdopplung nur auf dem Schwerpunkt!

T. 64. NB.! Br. schaltet aus, da der alterierte Ton „fis" nicht verdoppelt werden darf.

T. 66. Regel: An die Oberstimme (I.) müssen die Mittelstimmen in enger Lage angeschlossen werden.

T. 81. NB.! Leittonverdopplung muß vermieden werden.

T. 84. Fingersatz! Die Fixierung der zweiten Sext wird durch das „Pedal" überbrückt. — Bei NB.!: r. H. durch Armrollung! Die Wechselnote f fällt aus.

T. 107. Trp. + 1. C. führen.

T. 121. R. H. schlägt ihr „e" mit Pedal an und springt auf das „c" der Br.

T. 125. L. H.: Vcl. + Br.

T. 131. Die motivische Führung hat I.

T. 137. I. führt.

T. 138. Trp. + C. sind hier nur als „Farbe" zu bewerten.

T. 141 führt die Oboe.

Ab T. 145: Oboe führt; l. H.: Orgelpunkt (als Vorschlag) + Harmonie.

T. 146. NB.! Das „des" der II. gleich einem milden Mondstrahl, also p!

T. 156. Zart verklingen lassen.

3. Satz: Menuett; ein feststehender Tanzbegriff; die Bezeichnung Allegro molto bezieht sich daher lediglich auf die Belebung des Ausdrucks.

NB.! Mit dem Wechsel der Tonart (von C- nach G-Dur) mußten die Hornisten, weil nur auf die Naturtöne angewiesen, den sog. G-Bogen einsetzen. Dadurch liegt der Klang nunmehr eine Quarte unter der Notation. — Nach wie vor halte man sich in erster Linie an das Streichquintett.

T. 3 u. 7. NB.! Bei der Bedeutung des Basses wird die r. H. ausnahmsweise durch harmonische Töne ergänzt.

Ab T. 12 erhält der Baß wiederum melodisches Gewicht; auch hier wird die Harmonie ausnahmsweise der r. H. überwiesen.

T. 15. Bei NB.! muß anstatt des „g" (der II.) der Grundton „a" der C. eingewechselt werden, damit der Sekundakkord feststeht. Der Verstoß des Meisters gegen die Theorie (die Verdopplung der Septime, die beim Sekundakkord ja im Baß liegt) fällt im Orchester nicht auf.

T. 28ff. Sequenz; da die dissonierenden Intervalle in I. (r. H.) liegen, bringt die l. H. nur die reinen Dreiklänge, und zwar die jeweilige Dominante in weiter, die anschließende Tonika in enger Lage! Jeder Takt wird durch das rechte Pedal durchgehalten (Bläserakkorde).

T. 38 u. 39. Ohne ritardando!

T. 48. Vorschlag der I. in enger Lage.

T. 59. NB.! Das der Pk. eigentümliche Nachhallen wird durch Festhalten der unteren 8va wirksam gemacht.

Trio. T. 68. NB.! Keine Leittonverdopplung!

4. Satz.

T. 1 u. 2. An das Vcl. (l. H.) wird die Harmonie in enger Lage angelegt.

T. 7 u. 8. NB.! r. H. Klaviersatz!

Ab T. 9, mit Einsatz der Fl., schaltet I. aus (gleich der Orchesterausführung, wo der Dirigent, zugunsten der solistischen Bedeutung der Fl., alle Streicher zurücktreten läßt).

T. 14 (mit Auftakt) gleich Takt 7, nur r. H. eine 8va höher.

T. 23. NB.! Die Sexten zwischen I. und II. in eine (r.) Hand!

Ab T. 30 (NB.!) führt I. (Fg. ist eine Oktavverdopplung nach unten, Fl. eine nach oben; beide schalten hier aus).

T. 35. Klaviersatz.

Ab T. 44. Bei NB.! technische Erleichterung.

Ab T. 48. Man beachte bei NB.! das charakteristische Nachschlagen des Cb. in die tiefere Oktave.

T. 56. Die rhythmische Eigenart des Fundaments wahrend, folgt die Harmonie synkopisch nach.

T. 59—62. Um die Homogenität des Klanges zu gewährleisten, wird der angegebene Fingersatz vorgeschlagen!

T. 64. Tonwiederholungen werden in allen ähnlichen Fällen stets so (wie ausgeführt) wiedergegeben.

T. 75 u. 76. R. H.: I.; l. H.: s. Ausführung! (Vgl. T. 210f.!)

T. 112. Diese Stelle ist schwieriger als die vorherige Parallele (T. 39).

T. 122 u. 124. NB.! Anschluß an l. H.

T. 126 = T. 53.

T. 160. Den 5. Finger der l. H. jeweils ein Viertel liegen lassen!

T. 172. NB.! Vcl. und Cb. sind Oktavverdopplungen nach unten, schalten aus; der Orgelpunkt (ab T. 167) ist als bedeutsam festzuhalten; dem dient auch der für Takt 174 (NB.!) vorgeschlagene Fingersatz.

T. 210 = T. 75.

T. 223. Die aufstrebende Linie der 16tel (der II.) (NB!) muß gewahrt bleiben; das Fundament des vorigen Taktes wirkt nach!

T. 242. à la Franz Liszt!

T. 249. NB.! Die alten Meister hatten nur zwei Pauken — Tonika und Dominante — zur Verfügung. Die Lösung des Unterdominantproblems ist am wirkungsvollsten, wie hier angegeben.

T. 258. NB.! L. H. oktaviert nur die rhythmischen Schwerpunkte.

T. 265 (u. f.). NB.! Fl.: Kuckuck! (Hier bricht des Meisters Humor durch!)

T. 267 (u. f.). Die letzten beiden Pk.-Schläge: bedeutungsvoller Abschluß!

1. Satz.

T. 1. Hörner im G; der Klang liegt — NB! im Baßschlüssel — eine Quinte **über** der Notation.

T. 5. Man beachte das (im Gegensatz zu T. 1) hier vorgeschriebene An- und Abschwellen (messa di voce) des Taktes. R. H.: NB.! „Brahms“.

T. 7 gewinnt die Br. erst vom 4. Achtel ab NB! harmonische Bedeutung.

Ab T. 10: Sequenz; kleine Hände lassen das Fg. weg!

T. 13. Vom 4. Achtel ab schaltet das Vcl., da Oktavverdopplung der Br., aus.

T. 16. R. H. wird als „arpeggio“ ausgeführt, das die l. H. überschlagend mit dem c''' von I. abschließt; rechtes Pedal!

T. 18. Vivace assai ist keine Tempo-, sondern eine Affektbezeichnung!

T. 22 und T. 23. Technische Erleichterung in der r. H. bei NB.!

T. 31. Die harmonische Kadenz, sehr bedeutungsvoll, wird am eindringlichsten so wiedergegeben, daß die Harmonie dem Fundament nachschlägt (auf dem 2. bzw. 5. Achtel, bei NB.!).

T. 32. NB.! Die II. wird als Brücke zum Vcl. in die tiefere Oktave gelegt.

T. 41 und 42. NB.! Die Oboe liegt über dem Hauptmotiv, in T. 56 und 57 aber unter demselben; beide Male l. H.: II.

T. 45. Als Stütze für die 16tel-Bewegung der r. H. ergibt sich harmonisch „h“ von selbst.

T. 49. Stütznote: „fis“; vgl. die vorige Anmerkung!

T. 67 (u. ff.). Scharfer Tanzrhythmus.

T. 82. NB.! II. (Mittelstimme) melodisch-harmonisch behandeln!

T. 109 (mit Auftakt). NB.! Vcl. an die Mittelstimmen anlegen!

T. 135 (u. ff.). Die l. H. fundamentiert jeweils das 1. Achtel, währenddessen die r. H. den vollen Dreiklang bringt.

T. 145 u. 146. Ausführung gleich T. 77 u. 78.

T. 192 (u. ff.). Die l. H. fundamentiert jeweils das 1. Achtel.

T. 196 und 200. NB.! Dem Motivischen (16tel Figur von II.) muß das Harmonische (I.) jeweils weichen.

T. 223 (u. f.). Fg. aus pianistisch-klanglichen Gründen an Ob. anlegen!

T. 229—231. Wie 80—82 (Mittelstimme! — T. 82).

Die Symphonie Nr. 39 in Es-Dur von Wolfgang Amadeus Mozart,

welche nun folgt, birgt eine Fülle von Problemen, die in ihrer Struktur oft wesentlich von den bis jetzt erörterten abweichen. Der dramatische Mozart hat das Wort. Die Reihenfolge der Sätze sei wiederum 2., 3., 4., 1 (Beisp. 16).

2. Satz: Andante. Es sei vorerst daran erinnert, daß der Klang der hier geforderten Clarinetten in B eine große Sekunde, der der Es-Hörner eine große Sext **unter** der Notation liegt.

T. 1. Das Terzenmotiv stets ungeteilt in einer Hand!

T. 46. Sequenz; r. H.: Fingersatz beachten!

T. 72 ruht das Thema in der 2. Cl. und im 1. Fg.

T. 87—90 = T. 72—75.

T. 96—107. Ausführung wie Takt 30ff.

T. 116—119 = T. 46—49.

In T. 137 u. 138 führt (NB.!) die r. H.; die l. H. übernimmt Fundament und Harmonie (Überschlag à la Scarlatti!).

T. 139. Ablösung der Hände bei NB.!

T. 148 = T. 72.

3. Satz: Menuetto (Allegretto!).

T. 9. Für die harmonische Gestaltung der Mittelstimmen ist hier einzig das Verhältnis der Baßführung (Vcl.) zur Oberstimme maßgebend!

T. 33ff. = T. 9ff.

T. 45. Die Mittelstimme wird melodisch-harmonisch behandelt.

T. 48. Der Klangunterschied im Orchester veranlaßt die Verlegung in die höhere Oktave.

T. 53 gelangt die Br. als Baß zur Bedeutung. Es sei hier wiederholt darauf hingewiesen, daß das Klavier seine eigenen Klanggesetze hat, die bei der Umbildung des Orchestersatzes in den Klaviersatz stets zu beachten sind!

4. Satz: Finale: (Allegro).

Man schenke den angegebenen Fingersätzen, die sich fürs Partiturspiel bewährt haben, volle Beachtung!

T. 16. L. H. eine Oktave tiefer, aus motivisch-technischen Gründen (r. H.!).

T. 42, 54, 115, 204 (NB.!) ist das Kreuzen der Hände (à la Scarlatti) die beste Lösung.

T. 65. Beim Triller die Harmonienoten nicht liegen lassen.

T. 74 (NB.!), 75, 76 (NB.!), 77. Bewährte technische Erleichterungen!

T. 89 = T. 241. L. H. durch Armrollung, nicht durch 4. u. 5. Finger!

T. 115. Siehe unter T. 42.

T. 153. Reprise.

T. 204. Siehe unter T. 42. Erst die linke Hand allein üben!

T. 213—243. Ausführung wie T. 63—90!

T. 241. Siehe unter T. 89.

Es wird wiederholt an die Regel erinnert: Dem Motivischen hat das Harmonische nachzustehen bzw. zu weichen!

1. Satz: Adagio — Allegro.

T. 1, 3 u. 5. NB.! Pk. klingt so am wirkungsvollsten. Man ziehe hieraus für ähnliche Fälle die Lehre.

Ab T. 9 ist kaum eine bessere Lösung möglich. Dem Orgelpunkt war seine Bedeutung, der 32stel-Figur (zwischen I. und II.) der ungehinderte Ablauf zu sichern. Der dunkle Klang der Flöte gestattet ihre Verlegung in eine tiefere Oktave (NB!) um so unbedenklicher, als ihr Motiv nur eine melodische Dreiklangszerlegung ist.

T. 22. NB.! Der Ton „es" der C wandert aus klavieristisch-klanglichen Gründen!

T. 89 u. a. L. H. Fingersatz!

T. 98. NB.! Aus Dezimen werden hier und in ähnlichen Fällen Terzen.

T. 115 und T. 152 (NB!) führt das Fagott.

T. 117 u. 118. „Brahms oben"; T. 119: à la Franz Liszt.

T. 254ff. = Ausführung wie T. 97ff.

T. 272ff. = Ausführung wie T. 115ff.

Ausklang.

Ein von Zeit zu Zeit immer wiederholtes inniges Versenken in die hier gelösten Probleme — Umbildung eines Orchestersatzes in einen leicht ausführbaren Klaviersatz, auf Grund der ewigen Regeln des reinen vierstimmigen Satzes im Sinne Johann Sebastian Bachs — führt den Spieler am schnellsten und sichersten zum Ziele: zum Eindringen in die symphonischen Werke unserer großen deutschen Meister. Jedoch:

Ohne Fleiß kein Preis!

Beispiel 15

J. Haydn, Symphonie G-Dur.

2. Satz: Andante

(Die Zahlen beziehen sich auf die Takte; vgl. die Abkürzungen auf S. 323.)
NB.! verweist auf die zugehörige Anmerkung im Textteil.

57-67
NB.
NB
75
80-82
NB.
84
p
Ped.
NB.
104 f
107-113
Ped.
111-107
108-112
121
Ped.
r. H.

3. Satz: Menuetto

54-56 59-62

Trio 62-77

4. Satz

1-8

17-31

35-72
NB.
75f
Diese beiden Takte spielt die l.H. 4mal!

84-88

91-103

112-125

131-133

136-138

160 f

163-177
164
167
168
170
172
173
175
177
NB.
199-208
200
202
204
206
208
210 f (cf. 75)
220-229
221
NB!
224
226
228

234-245

248-268

1. Satz: Adagio

1-7

10f

13-16

22f. Vivace assai.

108 f
NB!
109
116 f
NB!
117
120 f
124 f
r. H.
134 ff
135
192 - 196
NB!
194
196
219 - 228
220
222
NB!
224
226
228
229 ff - 280 ff
255 ff
257

65
72-78
73
76
92-95
(zart)
93
95
109-111
110
137-139
r. H.
r. H.
139
l. H.
151-Ende
154
156

Beispiel 16

W. A. Mozart, Symphonie Es-Dur.

2. Satz: Andante

3. Satz: Menuetto

4. Satz

62-90
r. H.
tr
NB!
NB!
NB!
NB!
101f
105f
115f
r. H.
NB!
r. H.
125f
140-142
204-211
l. H.
r. H.

r. H.
209
(r. H.)
r. H.
211
241 f
244
NB!
251-Ende
252
254
256
258
260
261
263
1. Satz: Adagio
1-3
NB!
2
p
9-11
10 NB!
22-28
pp
23
Allegro
26

50-58
61-63
71-74
83f
89-92
97-101
NB!
110
115-120
NB!
l.H.

125f
126
152-162
153
155
157
159
161
181-183
183
254-260 NB!
272-276
274
276
303-Ende
304
306
308

Sachregister

zu Band I bis IV.

Abkürzungen: Gsg. = Gesang; K.-B. = Kontrabaß; Kp. = Kontrapunkt; Kl. = Klavier; Vl. = Violine; Vc. = Violoncello